B面昭和史

1926▶1945

半藤一利

平凡社

B面昭和史 1926-1945✺目次

装幀　菊地信義

プロローグ

一週間しかなかった年

昭和元年

大正十五年（一九二六）十二月二十五日午前一時二十五分、長く患っていた大正天皇が神奈川県葉山の新築成ったばかりの御用邸で亡くなられた。ほぼ二時間後の午前三時十五分に、同じ御用邸内において「皇室典範」にのっとり、皇太子裕仁《ひろひと》親王が践祚《せんそ》式を行われて、第百二十四代天皇となる。ときに二十五歳。同時に、宮城の賢所《かしこどころ》で、鈴の音とともに新帝践祚の奉告がなされ、皇位の象徴である三種の神器のうち剣と璽《じ》とが新天皇のもとにはこばれてきた。「剣璽渡御《とぎょ》の儀」である。その直後、枢密院会議が御用邸内でひらかれ、政府提案の「昭和」の元号が決まる。

こうして昭和時代が始まったのである。

——と、政治・経済・外交・軍事を中心とするいわゆる「A面の歴史」を語ろうとすれば、以上のように史料にもとづく〝事実〟をつづけることになる。ところが、本書が主題とするのは歴史探偵が掘りだした、ごく一般の日々の生活にあった話だけで昭和史を語ってみよう、というのである。片々たる街の片隅の裏話で滔々《とうとう》たる歴史の流れがたどれるか、となると、かならずしも自信はないが、「細部にこそ神が宿る」という言葉もある。民草の日常の生活のすぐそこにある「こぼれ話」を拾いだし、それらをつなげていくことで、かえって時代というもののほんとうの姿がみえてくることになるかもしれない。そんなことを漠然と考えて、とにかく一歩を果敢に踏みだすことにする。

✹元号は「光文」？

この日、十二月二十五日午前三時半すぎ、凍《い》てつくような東京の街々を「号外！　号外！」と威勢よく鈴の音を鳴らしながら、東京日日新聞（現毎日新聞）のハッピ姿の号外配りが駆けまわった。眠りを破られた人たちは寝巻姿で表に飛びだし、この号外を競って求める。号外は「聖上崩御」「新帝践祚」「元号決定」などを早々と報じていた。

とくに元号にかんしては、「枢密院に御諮詢《しじゅん》あり、同院において慎重審議の結果、『光文』『大治』『弘文』等の諸案中、左の如く決定するであろう。／『光文』」と、スクープの文字が躍っていた。

元号は「光文」であろうとの特報は、報知新聞もあとを追って大きく報じる。国民はそれを決定事項のようにうけとめた。ところが、正午も近くなったころ、朝日新聞と時事新報とが、元号についての勅語のでたことを、これも鈴を鳴らしての号外で報じたのである。

「朕《ちん》、皇祖皇宗ノ威霊ニ頼リ、大統ヲ承《う》ケ、万機ヲ総《す》ブ。茲《ここ》ニ、大正十五年十二月二十五日以後ヲ改メテ昭和元年トナス。御名御璽」

東京日日新聞の内部は震撼《しんかん》した。これが正しければ、百年にいっぺんあるかないかのような大誤報となるではないか。神経過敏なものはこれで会社が潰れるのではないかと憂慮に沈んでしまう。どうしてこのような事態が惹き起こされたのか。『毎日新聞七十年史』によれば、まず極秘情報がひとりの政治部記者から政治部長西村公明にもたらされ、部長はこれを主幹の城《き》戸《ど》元亮《もとすけ》に報告する。天皇の容態悪化とともに、新聞各社は担当記者を増員し、まずは「新しい年号」のスクープにそれぞれが血眼《ちまなこ》になっているとき、そこにこの極秘情報である。よーし、やった、と平静を装いつつ勇み立ったとしても、これは当然というもの。さらに、元首相の大物の枢密顧問官清浦奎吾《けいご》に接近している秘書課長の名村寅雄から「光文になるらしい」の極秘情報も別途で入ってくる。そのほかに二、三の記者からも。そこで日日新聞は綜合本部を設けて慎重に、そして早急に審議し、「光文」の号外発行に踏みきることとなる。

いまになれば、事実がいとも明らかになっている。一木《いちき》喜《き》徳郎《とくろう》宮内大臣を中心に、宮内省はその時に備えて元号草案の作成に早くから着手している。昭和、伸和、恵和、敬和、休和、咸和、神化、観化、敦化、景化、光化、化光、天光、大光など候補は四十三にのぼった。が、四十三の候補のなかに「光文」はなかったのである。

では、光文はまったくの幻の元号であったのか、となると、あながちそう簡単に切り捨てることはできないのである。枢密顧問官の金子堅太郎や江木千之《かずゆき》、それに黒田長成《ながしげ》が加わり、宮内省とは別に、元号案の選定を考えていたというのである。彼らは密議をこらし、その考案を黒田藩史編纂所の中島利一郎に命じる。結果としてその中島案のなかに「光文」がいちばんに案出されていた。東京日日新聞はその枢密顧問官の筋から情報をえていたと思われる。

そして史料では、元号選定のための枢密院会議が二十五日午前六時から御用邸内でひらかれ、約五時間にわたる論議の結果、「昭和」の決定をみた、ということになっている。このとき、黒田顧問官から「光文」の提議がなされたが、「すでに新聞が号外で報道している。その報道どおりに決定したのでは枢密院の沽券にかかわる」と異論がでたために没になった、というのである。この説はいまもなお主張されたりしているが、とどのつまりは伝説にすぎず、そんな論議はいっさいなかったというのが、東京日日には気の毒ながら、事実なのである。

枢密院の審議について残された史料（たとえば若槻礼次郎『古風庵回顧録』）からは、倉富勇三郎顧問官が「上治」という私案をだしてきて、「昭和」に反対したことが明らかになっている。宮内省からの提示をうけた若槻礼次郎内閣は、『書経』堯典《ぎょうてん》の「百姓昭明、万邦協和」からとって「昭和」を提案しているが、この堯（古代中国の理想の皇帝）は禅譲の天子で、位を子孫に譲らず、舜《しゅん》に譲り、舜は禹《う》に譲った。それは今日でいう共和政治のようなものであるから、「昭和」は好ましくない、というのが倉富顧問官の主張であった。それよりも『易経』にある「上治」のほうがはるかによろしい、と頑固に案を引っこめようとはしなかった、というのである。

あとで元老の西園寺公望《さいおんじきんもち》がこの話を聞いてこういった。

「どちらでもいい。とにかく元号はだれにでも書けるのがいい。慶應はむつかしすぎた。字画が少なければそれでいい。昭和でもよいと思う」（『西園寺公と政局』第一巻）

それにしても、倉富顧問官の共和制になるからいけないという反対論は、相当に笑わせる理屈であるが、考えてみると、史上かつてなかった太平洋戦争の敗戦・降伏によって、昭和時代の後半は、「天皇統治の大権」から「主権在民」へとこの国のかたちはたしかに変革したともいえる。とすれば、この顧問官の杞憂は、将来を予見して当たっていた、といってもいいのかもしれない。

それはともかくとして、元号の正式決定が午前十一時ごろであったのであるから、日本国民はそのときまで時代が昭和となったのを知らぬまま（なかには光文と思いこんだまま）、厳粛な気持ちでその朝を迎えていた。街々に立てられた日の丸には黒い喪章がつけられ、そして新聞は街の様子をこう伝えた。

「前夜まで、あれ程花やかさを競ふて居た銀座街も松屋、松坂屋を始め銀座カフェーいづれも戸を閉じて『謹んで休業』の立看板が立て並べられて、人出さへない尾張町の角にはぬけ目ない商人が蝶形の喪章を箱に入れて『裏表つき僅《わずか》十銭』と人を呼んでゐる」（東京朝日新聞 十二月二十六日付）

そして正午ごろ年号が昭和となったのを国民は知った。となるに及んで、東京日日の号外はいくらなんでもあまりにひどすぎる勇み足となった。弁護の余地はまったくない。当然のことながら責任者の懲罰という問題が浮かび上がってくる。東京日日側はさし当たって主なる責任者の一年あるいは半年の罰俸で収拾しようとしたが、大阪毎日新聞社長の本山彦一が、「これほどの大失態に、最高幹部がだれも責任をとらぬ法はない。もし責任をとらないなら自分が辞める」といいだし、これでまたスッタモンダの大騒ぎとなる。本山は稀にみる皇室崇敬論者であったという。

このとき大阪毎日の記者であった阿部真之助（のち政治評論家をへてＮＨＫ会長）が、その顚末を書いている。

「本山社長の激怒したのは、この誤報により新聞の信用を傷《きず》つけたその責任を問うということもあろう。天子様に申し訳ないという心持もあったであろう。しかし頻々とやってくる脅迫に堪えかねたということもあるに違いなかった。この問題は城戸を大阪に、大阪にいた松内冷洋を東京に、交替することによって決着した。この波動が次々に下流に及び、多量の社員が東西に入れ替った。私事ながら、私が大阪から東京に帰るようになったのも、光文事件の間接のあおりだった」（「文藝春秋」臨時増刊・昭和メモ）

なお、〝事件〟のそもそもの発火点となった政治部記者杉山孝二は、その後間もなく退社し、完全に消息を絶った。戦後の毎日ＯＢ会にもついぞ顔をみせることはなかったという。

じつは、ここでわたくしが注目するのは、阿部の回想記にある「頻々とやってくる脅迫」の一行なのである。大正デモクラシーの社会風潮もすでに衰微して、昭和が開幕したときには皇室尊崇・愛国者という大義名分をかかげる〝暴力組織〟が猛威をふるいはじめていたのであろうか、という思いなのである。元号を誤って速報し大失敗を演じた、いまになればただそれだけの話が、大きな新聞社の根基を揺るがす大事件となっていた。そこには、のちの自由な報道活動の手枷《かせ》足枷となる「皇室記事は鬼門」の徴候が、早くも見えているということなのか。そのことに驚くのである。

阿部はこう書いている。

「明治の末年から、大正の初期にかけては、暴力団も微力で、甚《はなはだ》しく新聞の煩《わずら》いとなるほどのことはなかった。それが俄《にわ》かに暴威を振うようになったのは、床次竹二郎《とこなみたけじろう》が内相時代、全国の博徒を糾合し、国粋会を創《はじ》めて以後のことであった。世の中の日陰者となっていた彼等が、国粋者として、愛国者として表面に浮び出し、大手を振って横行するようになって以来の現象だった」

床次が内務大臣であったのは大正七年（一九一八）九月から十一年六月のことである。第一次世界大戦のあおりをうけた大正後期には、デモクラシーよりもナショナリズムということなのか。いずれにしても「昭和」は物騒な騒動からはじまった。

✹「イ」の一字

「……横浜の居留地の本屋の店先でみたフランスの雑誌に、初めてテレビジョンのことがのっていた。ポンチ絵だったんですが、それを見てテレビジョンを研究しようと考えた」（高柳健次郎「テレビ事始」）

浜松高等工業学校（現静岡大学工学部）の教授であった高柳健次郎が、その〝動機〟を語った一文である。

なるほど、この「ポンチ絵」なる言葉はなんとなく今日のテレビを象徴しているようで、まことに愉快に思える。といっても、いまの読者にはピンとこないであろう。ポンチ絵とは、いまでいう漫画であるが、正真正銘の死語で、使う人はほとんどいない。そもそもが安政年間（一八五〇年代）に来日したイギリス人ワーグマンが The Japan Punch と題する木版英字の月刊漫画雑誌を発行したことに発する。打撃を意味するパンチがなまってポンチとなり、ポンチ絵という言葉が誕生する。高柳教授が横浜の外国人居留地の本屋で手にしたのは、間違いなくその The Japan Punch の一冊であったのであろう。

つまり、この言葉がまだ一般的にいわれていたくらいはるか昔に、高柳はその研究を思いたったことがわかる。もって回らずにあっさりいってしまえば、高柳が全電子方式によるテレビジョンの開発をめざして実験を開始したのは大正十三年（一九二四）のことであったという。そして二年後の暮、予算もなく、妻の結婚持参金三百円をすべて投じる、という悪戦苦闘をへて受像実験に初成功する。雲母板の上に墨で書いた字が、ブラウン管上に再生されて映ったのである。

ここは長々と高柳の手記を引いたほうがいいかと思う。

「忘れもしないその日、暗箱のような受像装置をのぞきこむとイの字がブラウン管の画面上にちゃんと崩れることなく映っているではないか。私は暗箱をとびだし、助手や先生方を大声で呼んで、見てもらった。初めてテレビの画が出たと大喜びに喜んだのだった。もっとも普通の人から見れば、小さな〝イ〟の字が止まってただ映っているだけで、面白くもなんともないものだったかもしれない。しかし、これは私にとって生涯最大の感激の瞬間であった」

「忘れもしないその日」と高柳がいうその日は、大正十五年十二月二十五日。はたしてブラウン管の画面上に「イ」の一字が映ったのは大正時代であって、残念ながら昭和の開幕が間に合わなかったのか。じつは、それこそ虚実皮膜の間といったところで、どっちが虚でどっちが実か、絶妙この上ないところである。当の高柳の手記にもまことに微妙なことが書かれている。

「私と助手は、夜遅く実験を終えて学校を出た。凍てつく戸外ではちょうど号外の呼び声が、大正天皇のご崩御を伝えていた」

いかがなものか。ここは「大正」に目をつむってもらって、開幕を飾る快挙として、世界最初の電子式テレビの誕生は昭和元年ということにしておきたいと思うのであるが。

この全電子式テレビ受像器は、静岡大学の高柳記念未来技術創造館にいまも残されている。そしてＮＨＫ浜松放送局の玄関わきに、記念の「イ」の字を深く彫りこんだ石碑が立っている。

昭和時代がはじまってすぐに流行した歌に「昭和の子供」という、リズムがジャズ調の歌がある。これが昭和ということになるとすぐ思い出せる。

〽昭和　昭和　昭和の子供よ　僕たちは
　姿もきりり　心もきりり
　山　山　山なら　富士の山
　行こうよ　行こう　足並みそろえ
　タラララ　タララ　タララララ

昭和五年生まれで、音感ゼロのわたくしがいまでも、一番だけならなんとか歌える。何でも日本放送協会が、改元するとすぐに新作の子供の歌をいくつかつくって、どんどん電波にのせることを考えた。そのときに歌われたひとつで、その明るさが新時代にぴったりでヒットした、というのである。作詞久保田宵二、作曲佐々木すぐる。作詞家はよく存じない方であるが、作曲家のほうには「月の沙漠」や「お山の杉の子」などいくつか耳になじんだ名曲がある。もっとも、のちにコロムビアから発売されて大そう売れたというから、わたくしが覚えさせられたのはラジオではなくて、レコードのほうであったかもしれない。

この「昭和の子供」から忘れられないひとつの話がある。作家・劇作家にして演出家でもあった亡き久世《くぜ》光彦《てるひこ》さん（昭和十年生まれ）が、わたくしが昭和五年生まれと知ってこんなことをいったのである。

「半藤さんの同級生や周りの人に、昭と和の字の名前の人がさぞや多いでしょうね」

いわれてみて気づいた。小学校の同級生に昭《あきら》、昭介、昭五、和夫、和彦、そして和子、和江、昭子と数えてみたら四十五人中に八人もいた。また、二年下の双子の従妹が昭子と和子と、なるほど、われら「昭和の子供」には昭和の年号からとられた名前のものが多い。

久世さんはそれから意味ありげにいうのである。

「面白いのは、とくに《昭》という字は、元号が昭和になるまで日本人のほとんどが知らなかった字なんですよ。明治や大正生まれのお父さんお母さんにはおよそ《昭》のつく名前はそれまで思いつかなかった。それればかりではない、《昭》の入ったほかの熟語を知らなかったはずです。それだけに、これはいいやって、みんなが子供の名前にそれをつけたんだと思いますよ」

びっくりしたわたくしは帰宅して急いで漢和辞典を引いた覚えがある。昭代《しょうだい》、昭回、昭然、昭昭、昭穆《しょうぼく》と使ったことのない文字がならんでいる。わずかに昭示ぐらいが一、二度見たことがあるか。

ところでこの話に後日談があった。久世さんが何かにこの「昭」の名前の話を書いたらしいのである。すると、ソニーの創業者のひとり盛田昭夫氏から葉書が届いたという。「私は大正十年生まれなんですが」とあった。久世さんはエッといったきりでつぎの言葉もでなかったが、盛田氏の便りはおしまいにこういう意味のことを付け加えていた。

「私の祖父と父が、そのころ鈴涙塾という塾をもっており、そこの漢学者に選ばせたと聞いております」。そうか、この漢学者はさきに『書経』堯典をみていたのだと、久世さんは胸を撫で下したというのである。

昭和元年生まれ

こうして昭和時代はメディアの活潑化、右翼の台頭、テレビの誕生と、その前途を予想させながら、明るく第一歩を踏みだした。新しい天皇は若く、ヨーロッパ外遊の経験のある初めての天皇であり、祖父明治天皇のような豪放な、そして幼少から聡明であるとの世評が高まっている。国民はひとしく新しい時代への期待に胸をふくらませた。と書いたものの、新聞面などをみると、それをあっさり全面的には肯定できないような記事がちらほらしている。

十二月二十六日　東京市従業員四五〇人総罷業（ストライキ）——東京朝日新聞。

十二月二十八日　東京拓殖銀行京城支店に独立派朝鮮人が投弾する——東京朝日新聞。

十二月三十一日　東京市、登録されている失業労働者二六五〇人に指定された食堂で使える食券（五銭券九枚綴り）を配給——東京日日新聞。

ちなみに、『日本労働運動史料』によると、この年の同盟罷業（ストライキ）四六九件、参加人員六万三六四四人。小作争議二七五一件、参加農民一五万一〇六一人であったという。大正十二年の関東大震災の余燼やその後の経済行きづまりの深刻さ、なんとも重苦しい時代閉塞感が日本全国をくまなく蔽っているのが実情、といったほうがいいのかもしれない。

そのなかで、明るさがちょっぴりのぞいている報道があった。

十二月三十日　宮中大奥（女官）のお局《つぼね》制度廃止に決定――東京日日新聞。

いまになると、この決定は新天皇の強い意思によるものであったことが明らかになっている。ともあれ、その昭和元年は、十二月二十五日から三十一日までの一週間しかない。雑誌の編集者をしていたとき、昭和元年生まれの有名人を探しだそうと大そう苦労したことがある。当時の日本人は満年齢で数えてはいなかったゆえに、生まれたばかりの赤ちゃんがたちまち二歳となることを不憫に考えた親たちの多くが、昭和二年一月生まれとして役所に届けた。とくに女の子の場合がそうであった。

それでさんざんに探し求めてやっとひとり、戸籍上でも正真正銘の昭和元年生まれを見つけた。ヴァイオリニストの巌本真理《いわもとまり》さん、たしかこの人だけと記憶していたが、『日本人名大辞典』をひらいたら一九二六年一月十九日生まれとなっていた。さては、残念ながら記憶違いであったのか。では誰であったかとなると、もうまったく思いだせないのである。ああ。

第一話

「大学は出たけれど」の時代

昭和二～四年

昭和二年（一九二七）

昭和という時代は、不幸なことに、大正時代からの多くの重たい難題を抱えて開幕せざるをえなかった。それは否応なしに近代日本のさまざまな遺産を継承することでもあった。

その第一の難問は第一次世界大戦後に襲ってきた不景気である。戦争終結とともに輸出がいっぺんに止まって、輸入超過となる。物価は下落するいっぽうということで、ぬきさしならない不況がつづいていた。その上に異常気象による東北地方の凶作とが重なった。弁当ももっていけない欠食児童、娘の身売り、そうした悲惨な状況解決のための緊急の、思いきった対策が強く要求されていた。

ところが対策もままならないうちに、各銀行の経営悪化にともなって、東京渡辺銀行の破産にはじまる金融恐慌が社会をいっそう混乱させる。銀行にたいする不信は、そのまま国にたいする信頼の喪失となり、民心は動揺し落ち着きを完全になくしてしまった。

こうした情勢下に、昭和に入って早々に対外宥和《ゆうわ》路線をすすめる若槻礼次郎内閣が倒れ、〝強硬外交〟をスローガンとする田中義一内閣へと代わることになる。そしてこれが内に鬱屈した国民感情を外へ向かって奮い立たせる結果を生んだ。すなわち第一次の山東出兵である。

つまり第二の難関は対中国政策ということになる。田中内閣は満蒙分離政策を堂々とかかげた。その意味するところは、万里の長城の北の満洲・蒙古は中国本土とは別のものとみなす。ゆえに満蒙問題についての交渉はそこの実力者とだけ行う。中国統一をめざす国民政府は交渉相手にしない、と日本政府は勝手に決めたのである。

七月に田中内閣が策定したアクティブな「対支政策綱領」は、これからの「軍国主義外交」の端緒をひらいたものとみることができる。のちの昭和七年(一九三二)、日本の指導で満洲国がつくられる。それはまさしくこの満蒙分離政策の実行そのものであった。

新聞の三面記事から

昭和二年一月一日の社説で時事新報は高らかに謳いあげた。

「新帝の新政に対する国民の理想は、光明平和なる新時代の建設である。内にあっては、民心に光明あり、外にありては世界に平和なる新政治の実現に向って、その進むべき一途を決し、上下一致もって新時代の経営に当らねばならない。(中略)平和主義の為に、大いに奮発努力することが、新帝新政の一大特色でなければならない」

まったく御説ごもっともと国民諸氏は思ったことであろうが、さはさりながら、といっぽうでソッポを向きたくなったにちがいない。「民心に光明あり」といわれたって、背に腹はかえられない。なにしろ食うに困る不景気の新時代の開幕であったからである。

不景気の話を、まず最初にやるのはあまり楽しいことではない。そこでせいぜい気の滅入らないような話題からはじめると、この頃、東京には「クズイー、お払い」とかけ声をかけて歩くクズ屋さんが五千余人いた。彼らは問屋から毎日五円から六円程度の元手を借りて商いをやっていた。ところが金回りが悪くて、問屋が彼らに毎日の資金を払えなくなってしまう。いきおい東京のクズ屋さんは総失業。「クズイー」の声が聞かれなくなった。各家庭ではクズの始末に困りぬいたという。

そのころ電灯料を二カ月払わないと、容赦なく電気を切られてしまった。切られたからにはやむを得ず、ロウソクの灯で内職の袋貼りやら傘張りなどに精出していると、子供が狭い家で飛び回ったりしてロウソクを倒す。お蔭で東京は昭和のはじめにはやたらに火事が起こった。電気といえば壁にコンセントの穴なんかないので、二股のソケットはたいそう貴重であったことをわたくしなんかも覚えている。

こんなことを細々とかいているより、新聞の三面（社会面）記事から拾ってみるほうが、当時の世相がどんな具合であったかがたちまちわかろうか。五月二十三日付の読売新聞の見出しから。

・大西洋横断飛行機　無事パリに着く。ニューヨークから無着陸で、リンドバーグ大尉の大成功

・女給コックの道行き

・失職して巡査から万引きへ
・女給の投身未遂　主人に犯されて悲観し
・若き妻の身投げ　函館から上京し
・芸妓の剃刀自殺　結婚を両親に反対されて
・四十五六歳の女の轢死体　胴体真っ二つ
・空地に行倒れ
・けふ楽《らく》〔千秋楽〕の大相撲

若い女性の自死続出の背景には生活苦があるのかもしれない。そうかと思えば、いっぽうでめっぽう金遣いの荒い連中もいたようである。いつの世でもそうなのか、富裕層と貧困層との格差は、不景気なときほどひどいようである。貴金属店やデパートの高級品売場がやたらと活気づき、芝居興行も満員御礼の毎日がつづいていたという。「入場料を十円もとっていたある劇場でも当節は『切符売場で売り切れのため断わられる人が非常に多くなったよ』とうそぶき、新宿の某活動小屋〔映画館〕では三円という入場料ながら満員を続けたという」（東京朝日新聞五月七日付）

いやはや、あるところにはあるのだ、と溜息がでるだけである。

それに調子を合わせたわけでもあるまいが、日本ラグビー蹴球協会が発足したのが四月二十一日。五月には第一回オープンゴルフ選手権大会が程ヶ谷ゴルフ場で開催されている。

✺流行した歌二つ

いっぽうで、『昭和史ハンドブック』（平凡社）によると、昭和二年に流行した歌として「どん底の歌」だけがあげられていて、ほかにはなかったのかと首を傾《かし》げたくなる。ロシアの作家ゴーリキーの『どん底』を主題とした歌で、なんとなく金融恐慌でアップアップしていた時代を象徴するような歌詞で、これはもう「なるほどネ」と納得するほかはない。それにロシア革命（大正六年＝一九一七）いらい、その影響をうけて大正末から猛威をふるいだしたマルクス・レーニンイズム全盛もあって、当局がきびしく統制しようとすればするほど、国民の間でひそかに歌いつがれていったのかもしれない。ただし、音感の鈍いわたくしは歌えない。

夜でも昼でも　牢屋は暗い
いつでもオニめが　あああ
えいやれ　窓からのぞく……

という三番までの短いものであるが、哀愁たっぷりの曲である（そうな）。翌三年にかけてもしきりに歌われたというから、かなり正しく当時の国民感情を代弁していたと思われる。

さらに、これも残念ながら歌うことはできない歌がある。大正天皇「御大葬の歌」である。大葬そのものは二月七日に新宿御苑葬場殿で行われている。記録によれば、大赦によって十三万七千六百余人が出獄し、四万六千百余人が減刑になったというが、大正十四年（一九二五）

四月に公布された治安維持法違反者は除外されている。そうしたことをうしろにおいて歌詞を読んでみると、天皇を現人神《あらひとがみ》とするこの国のかたちづくりがもうはじまっているような気がしてこないでもない。とするのは、わたくしの思い過ごしにすぎないであろうか。

地にひれふして天地《あめつち》に　いのりし誠　いれられず
日出《い》づる国の　くにたみは　あやめもわかぬ　闇路《やみじ》ゆく
大葬《おおみはふり》の　けふの日に　流るる涙　はてもなし
きさらぎの空　春浅み　寒風《さむかぜ》いとど　身にはしむ

そして涙をはてしなく流した全国民は喪に服することになる。その服喪の期間に小学校に入学となった一年生たちは、男の子は黒い腕章を巻き、女の子は胸に黒いリボンをずっとつけさせられた。「めでたさも中位なりおらが春」と、小林一茶の句がふと浮かんできたのはどうしたことか。いや、昭和という新時代がはじまったのに、さっぱりめでたくはなかったのかもしれない。神田文人編『昭和史年表』（小学館）にはこうある。

〈3・14　衆院予算総会で「東京渡辺銀行が破綻」との蔵相片岡直温《なおはる》の失言で預金取付がおこり、「金融不安」がつのって金融恐慌の端緒となる〉

そしてどれほどの銀行が休業してしまい、預金者に大迷惑をかけたかは、別表（次頁）のとおりである。このなかの三月二十二日の左右田《そうだ》銀行の場合にはこんな、ある意味では愉快ともいえる悲話が残されている。筆者は竹裏園生、もちろんペンネームであろう。

預金の支払いを再開した東京中野銀行の前に行列する人たち（昭和２年３月）

金融恐慌休業銀行一覧

3・14　片岡蔵相予算総会で失言
3・15　渡辺銀行、あかぢ貯蓄銀行（東京）
3・19　中井銀行（東京）
3・22　村井銀行、中沢銀行、八十四銀行（東京）久喜銀行（埼玉）
左右田銀行（横浜）
3・23　徳島銀行（徳島）浅沼銀行（岐阜）桑船銀行（京都）
3・24　添田銀行（福岡）
3・31　東葛銀行（千葉）
4・8　第六十五銀行（神戸）
4・13　鞍手銀行（福岡）
4・15　栗太銀行（滋賀）
4・17　若槻内閣総辞職
4・18　近江銀行（大阪）台湾銀行各支店
4・19　蒲生銀行（滋賀）泉陽銀行（大阪）蘆品銀行（広島）
4・20　共栄貯蓄銀行（東京）広島産業銀行（広島）西江原銀行
（岡山）門司銀行（福岡）
4・21　十五銀行、武田割引銀行（東京）明石商工銀行（兵庫）
4・23　鹿野銀行（山口）
4・25　若狭銀行（福井）河泉銀行（大阪）魚住銀行（兵庫）
5・16　相知銀行（佐賀）
（東洋経済新報社版『索引政治経済大年表』による）

『ドキュメント昭和史』第１巻（平凡社）より

「預金者を安心させるために銀行が取付の時、紙幣束を山と積み上げて見せるのは最も古い手であるが、今度は大抵の銀行がこれをやった。そして何程かの効能はあったようだが、ひとり左右田銀行の預金者は、『札は表面ばかりで中は古本だ』といってこれを信ぜず、ドンドン取付けて、遂に銀行を休業の淵へ蹴り込んでしまった」

それというのも左右田銀行はかつて銀行破綻騒ぎがあったとき、中に古本いっぱいの木箱を貨物自動車で運びこみ、「日銀からいま紙幣が到着しました」といって預金者をだました前歴があったのである。このときは、「また、やってるぞ」とこのからくりが思いだされて、かえって信用を失ってしまった。

天皇崩御の喪に服しているときのこの大騒ぎ、たしかに「どん底の歌」ではないが、夜でも昼でも社会は暗い、昭和の幕開けはそんな風であったようである。

有卦《うけ》に入った文士たち

こうした鬱々たる時勢にあって、無茶苦茶に楽しい話がなかったわけではない。なぜかすこぶる景気のよろしいブームが突如として起こったのである。それを落とすわけにはいかない。しかもいまの本の売れない時代に、本が売れて売れて文士諸氏がウハウハとなったという、戦前の昭和史全体を通してみても奇蹟としかいいようのない話なのである。かきすすめようとする先から自然にヨダレが垂れてくるのを抑えることができない。

すなわち、断るまでもない〝一冊一円ナリ〟の円本全集の話。これを予約販売しようという壮大な賭けに打ってでたのが改造社社長山本実彦《さねひこ》である。改造社は大正十二年（一九二三）の関東大震災で、社屋から八十万冊の在庫本まで焼失し、損失百二十万円の大打撃で潰れるのではないかとの噂まで流れていた。そこで山本はこの危機を乗り切るには、大量生産による廉価販売しかないと考えた。

「世間が驚殺するような大出版の夢を描いた。新聞読者の一割を目安として、現代日本文学全集という名を選び、定価を一円とした。円札一枚、五十銭玉二つというところに、私の狙いがあった。定価を一円にしなかったら、この事業は失敗だったかもしれない」

と山本は回想録『小閑集』にかいている。

予約申込金一円、各冊一円、全六十三巻、「出版界の大革命を断行し、特権階級の芸術を全民衆に解放せんとす」のキャッチフレーズで、新聞に大きな広告をだしたのが、じつは大正十五年（一九二六）十一月。そして第一回刊行が『尾崎紅葉集』で、これが十二月三日であった。当時、東京のタクシーは市内どこでも一円が相場で「円タク」とよばれたが、これにあやかってこの「円本」販売はまさに図に当たった。とにかく予約読者はたちまち三十八万人を超えた（一説に六十二万人）というから、ほかの出版社はアッケにとられた。

いや、計算高い連中がただポカンとしているはずはない。負けてなるものか、改造社につづけと、各社が円本全集の発売に乗りだした。新潮社が『世界文学全集』全三十八巻のプランを打ちだしたのが一月。さすがに老獪で、手の打ち方の早いこと。そしてユーゴーの『レ・ミゼラブル』（豊島与志雄訳）を三月には売りだしている。以下、六月に第一書房『近代劇全集』全四十三巻、同じく春陽堂『明治大正文学全集』全五十巻、興文社『小学生全集』全九十六巻、アルス社『日本児童文庫』全七十六巻などなど、われもわれもと定価一冊一円の全集・選書の予約刊行にふみきっている。ついでにいうと、岩波書店が「我が道を征《い》く」とばかりに岩波文庫を創刊したのが七月十日。星一つが二十銭と面白い定価づけをした。それで星一つは小林一茶『おらが春』など十一点、星二つが夏目漱石『こころ』など九点、星三つのリッケルト『認識の対象』、星五つのトルストイ『戦争と平和』と、計二十二点が第一回の発売である。

その上に、円本ブームは円本広告ブームともなっている。新しく出版広告に乗りだした電通が、すでに大きなシェアをもっていた博報堂に挑戦、たがいに社運を賭けて大宣伝戦をくりひろげる。作家永井荷風は日記『断腸亭日乗』の三月三十日の項にこう記している。

「近年予約叢書の刊行流行を極む。此頃電車内の広告にも大衆文芸全集一冊千頁価一円、紙質は善良などといえるを見るなり」

そして結果的には、この円本ブームが日本の出版界にマスプロ・マスアド・マスセールの道をひらき、いわゆる本の買い取り制度を崩した。昭和になって、出版界は荒っぽい戦国時代に突入したことになる。ただし念のためにかくが、いまだ当時の出版界全体は底力がなく、円本ブームは昭和五年には沈静化、多くの円本はゾッキ本市場に堆《うずたか》くつまれてしまうことになる。

底が浅かろうが力がなかろうが、とにかく時ならぬ円本ブームに作家や翻訳家たちが軒なみに潤ったことはたしかである。貧乏文士の通り相場がけし飛んでしまう。この年から翌々年の四年にかけて、いままで知識階級での貧乏人代表とみられていた文士たちは、多額の印税をうけとってふところがいっぺんに暖かくなった。島崎藤村の場合でいうと、最初にもらった印税は二万円を超えたという。当時は米価一升四十六銭のころ、いまの価格に直せばいくらになるのであろうか。

そこで、ぞくぞく欧米旅行を企てたり、軽井沢に別荘を建てたり、高級自動車を買ったりという豪勢さ。たとえばソ連へは中条（のち宮本）百合子、吉屋信子、小山内薫など。正宗白鳥夫妻はアメリカへ、久米正雄夫妻はヨーロッパ、林芙美子もヨーロッパへ……。軽井沢に別荘組は室生犀星、堀辰雄……。谷崎潤一郎は阪神沿線岡本に、四百六十坪の土地を求め、中国風の豪奢な住宅を新築した。わたくしは編集者時代に何度か訪れたことがある。

そしてわが荷風さんは……？

もういっぺんその日記、三年一月二十五日に、「空晴れわたり、昨日にもまさりて更に暖《あたたか》なり」と気分も爽快に記し、

「午後三菱銀行に赴き、去秋改造社及び春陽堂の両書肆より受取りたる一円全集本印税金総額五万円ばかりになりたるを定期預金となす」

と、ホクホク顔（?）で記している。

さらに惚れた芸者のお歌を落籍して、三年三月下旬には彼女の希《のぞ》みのままに麴町三番町に待合「幾代」を荷風は買い与えているのである。まさに円本さまさまである。

「思出せば昭和二年の秋なりけり一円本全集にて意外の金を得たることありしかば、その一部を割きて茶屋を出させやりしなり。お歌今だにその時の事を忘れざるにや」

昭和十九年（一九四四）一月二十八日の『日乗』である。戦時下の物資払底の折、ふとそんな古き良き時代が想いだされたのであろう。

芥川龍之介の自殺

「人生は一行のボオドレエルにも若《し》かない」

とは、芸術至上主義をうたい、現実的な生活の瑣事《さじ》を忌避するかのような、芥川龍之介の有名な言葉である。

その芥川が七月二十四日に自殺した。享年三十五。その動機と意味については、すでに多くの人たちによってさまざまに論評され説明されている。やれ発狂の恐怖だとか、やれ作家としての行きづまりだとか、やれ猛威をふるいだしたプロレタリア文学へのコンプレックスだとか、なかには悪性の性病のためだなどと呆れる説までなされている。とても探偵ごときが首を突っ

「ぼんやりした不安」の言葉を残した芥川龍之介の35歳の自殺は各紙で大きく取り上げられた

こめる余地はない。芥川その人は「少くとも僕の場合は……何か僕の将来に対する唯ぼんやりした不安である」と「或旧友へ送る手記」に書き残している。その「ぼんやりした不安」を何か神秘的な、昭和という破滅の時代にたいする予言のようにうけとめるにとどめている。

で、あえて何かつけ加えるとなると、当時の新聞はこの死をどう報じたか、まずはそんなところということになるか。なかでも七月二十五日の都新聞（現東京新聞）である。「或旧友へ送る手記」の全文まで載せて長々と報じている。それをすべてというわけにもいかないので、興味深く思えた死の前夜の芥川の行動の部分のみを紹介する。それだけでも結構長い引用となる。

「氏は多年肺結核を病み最近は強度の神経衰弱にかかり、自殺の恐れがあるので、家人がそれとなく、氏の身辺を警戒していた。廿三日夜は遅くまで書斎で読書しており、午前零時頃に便所に起きたので、それを怪んで起きてきた人（氏の実母の姉）に『これを下島さん（氏の主治医）に渡して下さい』と『自嘲』と題して『水洟《みずばな》や鼻の先だけくれのこる』と書いた短冊を渡したので、不審に思ったが二階の書斎に変った様子もないので、家人は安心して就寝した。書斎には執筆中の『西方の人』の書きかけの原稿あるのみで整然として整理され、就寝前書斎において睡眠薬を多量にあおったらしく、就寝前夫人を安心させるため、いつも用いる睡眠薬を飲んだと言ったが夜明け頃いつもと様子が異《ちが》うので、夫人が様子を見に行き、急変を発見したのである」

どうも少々下手な文章で要領を得ないところがあるが、芥川が深夜まで淡々としており、遺書と最後の原稿を書いてからトイレにいったことまでがわかる。それくらい平常心での覚悟の自殺ゆえに、

「生かす工夫、絶対に無用」

と夫人への遺書にしたためたのであろう。

また記者は、「自嘲」の句は、「故人の古い作ではありますが、まず辞世としてみるべきものでありましょう」との久米正雄（であると思われる人）の談話をかきとめている。この句は大正八、九年ごろの作とわかっているが、わたくしも同感したい。電気もつけずひとり書斎で沈思黙考、胸中のもやもやとした不安と向き合っていると、自分のデスマスクが闇の中に描かれてきたのであろう。真っ暗ななかに自分の鼻先だけが冷たく光っている、そんな死に顔が。

夏目漱石によって「鼻」が推賞されて世に出た芥川が、死にのぞんで意識したのが鼻であったとは。「自嘲」と前書きをつけたところに、辞世としてもいい深い意味がある。これまでの自分の人生すべてにたいする自嘲ということではなかったか。また、最後の原稿の結びは「自分は神様ではない。大凡下《だいぼんげ》である」の一行であった。

✹初開通の鉄道ばなし

文学的な話題から離れて、ここでまたまた新聞記事を——。十月十五日の東京日日新聞の広告にこんな面白いのが載っている。いまでいう住宅の分譲広告である。

「住宅の縦覧会。○建設家屋百一戸、建坪十五乃至廿五坪。○場所（小田原急行線）第一祖師ヶ谷大蔵駅前、第二喜多見駅前、第三狛江駅前、第四登戸駅前。
右新宿駅より二十分乃至三十五分。
○家屋処分方法。即売半金前納、三分の一前納、月掛年賦賃貸等。
○一日より三十一日迄縦覧無料。
小田原急行鉄道」

当時の広告ゆえに読みづらいところがあるが、意味はわかる。それぞれの駅前にいまでいう住宅展示場があって、是非ご覧にいらっしゃいと誘っているのである。こうなると、のちに流行語となった「いっそ小田急で」のその小田急がいつ開通したのかが、がぜん気になってくる。なんと、これが二年四月一日なんである（会社設立は大正十二年五月）。新宿—小田原間二時間二十分、料金は一円三十六銭。

相当のちの話となるが、東京横浜電鉄の社長として辣腕をふるい、昭和十七年にはこの小田急までも合併して東京急行電鉄（現東急）という大鉄道会社を設立した五島慶太が、徳川夢声と『夢声対談』で少なからず得意そうに語っている。

「まったく関東大震災さまさまでした。震災後、日本橋や京橋におることができないから、みんな郊外に出た。ちゃんとこっちが郊外に住宅地を造成しておいたから、そこへみんな入ってくれたんです。その前は、あんなところに住むものは、退役軍人以外になかった」

これはもうなるほどネと合点するばかり。大震災が東京の住宅地を東西南北とくに西の郊外へとぐんぐんひろげていったのである。さきの五島慶太の履歴をみるとそのことがよくわかる。そもそもが目黒蒲田電鉄にはじまって、彼がつぎつぎに買収ないし合併していった鉄道会社の名はざっとつぎのとおり。池上電鉄、玉川電気鉄道、京浜電気鉄道、東京横浜電鉄、京王電気軌道、相模鉄道……。すべて鉄道建設と沿線の住宅地分譲をいっしょに行う積極的な企業家活動が成功したのである。

そういえば、戦後になって〝五島慶太の東急と堤康次郎の西武〟といわれた宅地造成やらホテルやらレジャー施設やらデパートをめぐっての大合戦絵巻が思いだされる。では、その西武鉄道は？　やっぱり気になってくる。これがまた、下落合―東村山間に電車をはじめて走らせたのが二年四月十六日というではないか。なるほど、その天下争奪戦の前哨戦の火蓋は、もうすでに昭和開幕とともに切られていたのか。

こうして東京はぐんぐん変貌していく。震災のため下町から焼けだされた人びとが、山の手からさらにその先の、とくに西や南の郊外へと移っていった。必然的にその郊外への起点である渋谷や新宿が存在を重くしていく。単なる盛り場にあらず、いまの言葉を借りれば副都心的な繁華街へとのし上がっていったのである。

と同時に、地方からの人びとの流入、その結果としての東京の人口の爆発的な増加ということも、忘れずにつけ加えておかなければならないであろう。余談になるが、新潟県の小地主の四男坊生まれのわが父と茨城県の自作農家の末ッ子のわが母とが、新世帯を昭和三年暮に隅田川の向こう側の東京府下南葛飾郡大畑村字吾嬬《あざあづま》(のち向島区吾嬬町)にもったのも、まさにその証しといえようか。まだ大した稼ぎのないものにはとても郊外の新興の宅地とはいかず、ついこの間まで田んぼで、海抜ゼロメートルの湿地帯にうるわしき新婚の夢を結ばなければならなかったのであろう。

さらに余談となるが、昭和改元のころ、東京市には十五区しかなかったのである。麹町、神田、日本橋、京橋、芝、麻布、赤坂、四谷、牛込、小石川、本郷、下谷、浅草、本所、深川がそれである。これでおわかりのように渋谷も新宿も東京府下の〝田舎〟であった。ましてやわが産土《うぶすな》の大畑村においてをや。

鉄道の話と浅草区の名前のでたところで、それに乗じて話題を転じることを許していただきたい。といっても、鉄道初開通の話であるからぜんぜん無関係というわけではない。ただし、小田急や西武鉄道などと違って、たったの二・二キロ。

まずは十二月二十四日付の朝日新聞から。

「……上野・浅草両停車場、中間の稲荷町、田原町前の停留所には（十二月）二十日いずれも乗降口の整備にかかり、たちまちマッチ箱型の小さな建物が路面にぽっかりと出来上った」

と、これだけで上野・浅草あたりを知る人には了解されるであろう。日本初の地下鉄開通の話である。すでにふれたように、たったの二・二キロ、上野—浅草間だけで、所要時間五分、全線十銭均一。この年の大晦日にゴロゴロと走りだした。物見高い江戸ッ子は初日になんと十万人が押しかけた。最初の客の感想が残っている。

「人間がモグラになった」

ちょっと話題をひろげると、地下鉄が最初に走ったのはロンドンである。一八六三年というから文久三年、高杉晋作が奇兵隊を編制したころである。ただし、当時の地下鉄の動力は蒸気機関で煙を地上に出すのに大そうな苦心があった。その後は一九〇五年（明治三十八年＝日露戦争の終った年）までにブダペスト、グラスゴー、ボストン、パリ、ニューヨークの各都市で開業する。動力も電気になり、便利で快適な乗りものとなった。ロンドンの地下鉄が電車になったのも一九〇五年。

さて、いま〝地下鉄の父〟として銀座駅に胸像が残されている山梨県出身の実業家早川徳次《のりつぐ》が、生まれてはじめて乗ってみたのがこの電化されたロンドンの地下鉄であった。大正三年（一九一四）三十三歳のとき。地面の下を高速で走りぬけていく電車をみて、もうびっくり仰天。この地下鉄を新しい都市交通の手段として東京で実現できないかと思いついた。

日本に帰ってくると、早川は毎日のように銀座の街頭に立った。そして市電、自動車、馬車などの交通量を計り、家にもち帰って夫人とともに記録をつくりあげていく。六カ月の長い時間をかけて、結論を導きだした。

「浅草から上野、そして神田、日本橋、さらに銀座、新橋を結べば、これは十分に採算がとれる」

かくてアジアで最初の地下鉄の起工式が行われたのが大正十四年（一九二五）九月二十七日午前八時。これがなんとロンドンでダーリントンからストックトンまで地下鉄が走りだしたときの同月同日同時刻であったという。

川向こうの悪ガキ育ちのわたくしの、地上最大の遊び場は浅草であった。めったに連れていって貰えなかったから、ご褒美は浅草行きだと餌をぶら下げられると、とたんに品行方正のいい子になった。それで、地下鉄にも三つか四つのころに乗ることができたと思う。このへんは手前勝手な記憶ということになるし、乗ったは事実であるが、ワーイッと喜びすぎて何もかも上の空、ほとんど覚えていない。が、ただ一つ、ドアの開閉が自動だったことに目を丸くしたのだけはいまも記憶にある。それと真ッ暗闇のなか、遠くの青や赤の電光がぐんぐん迫ってくるのが、魔法の国にでもいったようで、浅草と上野の間を何度も何度も往復した。小学校に入る前の子供は、たしか無料ではなかったか。

昭和三年（一九二八）

この年の四月、蔣介石の国民党政府軍が山東省に出撃し、済南を占領するに及んで、居留民保護のため田中義一内閣は内地から第六師団の大挙出動を命じた。これが第二次山東出兵である。蔣介石は「わが軍は誓って治安の責任を負う。ゆえに速やかに日本軍の撤退を要望する」と声明したが、信ぜざる日本軍との間に衝突が起こった。

思えば大正の中頃から日本と中国との関係は険悪化し、ぬきさしならぬところまで達していたのである。中国の排日・侮日・反日の勢いはすさまじいものがある。とくに昭和に入るころより統一の気運が顕著になり、とりわけ広東に本拠を構えた蔣介石の国民党政府が予想以上の力を得て、中国北部（北京周辺の五つの省）を制圧しつつあった。

その勢いを何とか抑えようと第二次の山東出兵となったのであるが、じつをいえば、それは国民党軍が満洲へと進出するのを恐れての、政府と日本陸軍のとりあえずの対症療法でしかなかった。

根本的な解決もないままに、満洲の日本権益はいまや危殆に瀕しつつあるのではないか。しかし、政府は強硬を唱えてはいるが、結局は頼むに足らない。となって、ここに頭をもたげてきたのが日本陸軍。もはや弱腰の政策を黙って見過ごしていることはできないと焦燥にかられ、同志的に結合した陸軍の俊秀たちが積極的に動きだした。

それが昭和三年六月の、満洲の軍閥の頭領たる張作霖爆殺という謀略工作へとつながっていく。当時「満洲某重大事件」といわれた事件である。国防の不完全を焦慮する陸軍の、昭和史をあらぬほうへと引っぱっていく謀略的な満洲への政治進出の端緒が、ここにひらかれたのである。

大相撲の実況

「明治を鉄と石炭の時代とするなら、昭和は電気とガラスの時代であった」と、だれがいったのか忘れたが、至言がある。軍事的にはのちに石油の時代が追っかけてくるが、少なくとも昭和一ケタの時代を華やかに彩《いろど》ったのは電気とガラスであったと、そう断じてもあながち間違いとはならないであろう。

ガラスはともかく、その電気時代を代表するものの一つに、ラジオがあった。放送そのものは大正十四年（一九二五）三月からはじまっている。そして全国的な日本放送協会（以下NHKとする）が組織されたのが十五年八月。年が明けた昭和二年の大晦日に、東京は上野の寛永寺からゴーンゴーンと除夜の鐘が電波に乗ったが、それを聞くことができたのはまだ五十万人そこそこであったとか。

そんなときに翌三年十一月、新天皇陛下の即位の大典が京都の紫宸殿《ししんでん》でとり行われることとわかった。「よし、チャンスなり」とNHKはこの盛典を全国に中継放送して大いに祝おうと、大目標をかかげた。そうなれば、なんぞ猶予やあるで、急げ急げと金に糸目をつけずに地方放送局を開設していく。そして九月には全地方放送局を結ぶ全国放送網を完成させた。

と、ＮＨＫの宣伝みたいなことをかいたが、かきたいのはそんなことではなく、大相撲に関する話のほうである。

初場所やひかへ力士のくみし腕——久保田万太郎の句である。この句に象徴されるように、相撲ファンなら、新しい年は隅田川の川面に流れるやぐら太鼓の音とともに明ける、と思うことであろう。ところが、いまと違ってこの年の初場所ごろの相撲は人気がなく、協会は経営難でフウフウいっていた。そこへＮＨＫから、ラジオで中継放送をしないか、という話がもちかけられた。

じつはＮＨＫの側には少々の自信があった。前年の八月十三日、甲子園で開幕した第十三回全国中等学校優勝野球大会（現全国高等学校野球選手権大会）で、ＮＨＫラジオがはじめて実況放送を流した。まだこのときは東京（ＪＯＡＫ）と大阪（ＪＯＢＫ）と名古屋（ＪＯＣＫ）の三局しかなかったのであるが、ともかくも聞いた人はみんな興奮して大喜びであったんですから、とＮＨＫ側は強引であった。

ところが相撲協会の親方衆は、でっかい図体をぶるぶる震わせて反対する。

「そんなことを許してしまったら、国技館の観客はますます減ってしまう。桑原桑原」

六代目出羽海親方だけは違っていた。

「なるほど、ラジオで面白い勝負を耳にすれば、相撲に関心の薄い人もきっと国技館にくるようになる」

この決断で、一月十二日、「残った、残った」とはじめて相撲の実況がラジオから流れでた。これが大当たりで、大鉄傘《だいてつさん》下のマス席は超満員となる。ついでにそれ以前は無制限であった仕切りに、制限時間がきめられたのもこのとき。幕内十分、十両七分、幕下五分。ラジオ放送に合わせたのである。ちなみに、いまは幕内四分、十両三分、幕下二分、テレビも加わってより厳しくなったもの。文明はたしかに陋習《ろうしゅう》を駆逐するようである。

さらにラジオ話をつづけてしまうと、弓なりに細長い日本列島の北端から南端までとどく全国中継放送網が完成したのは十一月五日。翌六日の午前五時、東京中央放送局から、松田義郎アナウンサーの「気をつけ」の号令とともに、高らかに鳴り響くラッパの吹奏が日本中のラジオにとどいた。天皇皇后両陛下が即位の礼をあげるため京都へ向かって、宮城（現皇居）を出発するまさにその時刻であった。これが七つの基幹局（東京・札幌・仙台・名古屋・大阪・広島・熊本）を結んでの全国中継がはじまったとき、という。

ちょっと待てよ、わが記憶によれば、全国中継のラジオ放送のいちばん最初はラジオ体操ではなかったか、と思う。いや、そうかいたこともある。事実、資料をみれば、「躍る朝日の光をあびて／曲げよ　伸ばせよ　われらが腕《かいな》／ラジオはさけぶ／一、二、三」と昭和一ケタ以上には至極なつかしい歌のラジオ体操のほうが、たしかに先である。すなわち十一月一日、陸軍戸山学校軍楽隊からひきぬかれた江木理一が、アナウンサーがわりをつとめ、東京愛宕山のNHK第一スタジオで、パンツ一枚でやりだしたのが日本初、とたしかにあるのである。もっとも、ずっとのちのことになるが、かしこくも宮中で照宮《てるのみや》（成子《しげこ》内親王《ないしんのう》）さまがラジオ体操をはじめたと聞いて、パンツ一枚では恐れ多いと、正装に威儀を正すことにして、江木はマイクの前でイチ・ニッ・サン、とやったというが。

さてさてとよくよく調べてみれば、残念ながらこのときは東京だけのローカル定時放送で、全国の家庭のラジオには流れなかったのであるそうな。これが「全国のミナサーン、お早うございます」と全国放送になったのは翌四年二月十一日から。この日付は、いまは建国記念の日、昔は紀元節の日であったことはかくまでもないか。

そしてこれはまったく余計なことながら、先ごろ新聞各紙がいっせいに大々的に発表した『昭和天皇実録』を読んで発見したことをかいておく。天皇皇后両陛下は、即位の礼で三年十一月に京都へ向かう途中、名古屋駅で下車された。このとき駅頭に海軍の陸戦隊を指揮して警護のために迎えにでたのが山本五十六《いそろく》大佐、のちの連合艦隊司令長官であった。恐らく昭和史において天皇と山本が対で顔を見合わせることとなったはじめてのとき、ということになるのではないか。山本贔屓《びいき》を常々口にだしているわたくしは、この話、とにもかくにもだれかに語りたくて仕様がないので、一筆しておく。

無念、菊池寛、落選す

日本初、ということのつづきでいえば、B面というよりはむしろA面の話題になるけれども、二月二十日に最初の衆議院議員選出の普通選挙が行われている。

明治二十二年（一八八九）の憲法発布いらい議会制度が実施されてきたが、これまでは直接国税三円以上を納めた二十五歳以上の男だけに議員を選ぶ権利が与えられていた。その制度が撤廃され、二十五歳以上の男ならすべてOKと改められたのがこの普通選挙で、かくて有権者は千二百四十万人となる。といったって、総人口のわずか二割にすぎなかったが。ともあれ、日暮れて道遠し、であって、「普選のつぎは婦選だ」と女性運動家はこのとき大いに叫んだが、女性が選挙権を手にするのはそれから二十年近くのちのマッカーサー改革まで待たなければならなかった。

そんな小むつかしい話ではなく、この選挙は保守政党の勝利に終ったものの、無産者の政党が八人もの代議士を議会に送ったことだけをちょっと注目しておきたい。これには薩長藩閥いらい天下を牛耳《ぎゅうじ》ってきた保守側はびっくり仰天した。少々の官憲〔内務省や軍報道部〕による露骨な選挙干渉で十分であろうと、小馬鹿にして太平楽をきめこんでいただけに、あわてふためいた。

それに大正末から世の風潮には、社会主義革命必至、資本主義崩壊の勢いがましつつあった。

文学者のなかにも左翼へ転ずるものが続出していた。〝マルクス・ボーイ〟なる存在もでてきた。そうといまさらのように気づいて、ボヤボヤしていると日本はソ連の真似をして社会主義の国になってしまう、早急に手を打たねばならない、ということで、六月二十九日に政治犯を取り締まる治安維持法が強化される。いや、改悪されたのである。

そもそもの治安維持法は大正十四年四月に公布されていたもので、たとえば〝国体変革〟の罪は懲役十年以下であったものが、「死刑又は無期もしくは五年以上」とこのときに変えられたのである。それに加えて、明治四十四年（一九一一）に設置されていた「特別高等警察」（特高）を大きく拡大し、全県の警察に特高警察課をおくことになったのが七月三日。治安維持法といい特高警察といい、この二つがのちのちの昭和史を激震させることになったのはもう周知のとおり、これ以上余計なことをかくこともない。

第一回普通選挙の宣伝ポスター

それよりもこの選挙で、文藝春秋社社長にして編集長の菊池寛が東京第一区で社会民衆党から立候補した。こっちのほうがB面らしくていい。なんで左翼政党からの出馬なのか。菊池の言によれば、『三国志』の諸葛孔明の「三顧《さんこ》の礼」と同じで、「三度熱心に勧められたので、到頭やって見る気になった」そうな。（もちろん生まれる前のことゆえ知るべきもないが）聞くところによれば、お蔭で文藝春秋社はさながら戦場のごとくになったという。社員は雑誌編集や販売の本業のかたわら選挙応援に総動員となり、東京第一区中を駆け回った。演説会の弁士には著名人もぞくぞく引っぱりだされる。新渡戸稲造、末弘厳太郎《いずたろう》、本位田祥男《ほんいでんよしお》から正宗白鳥、里見弴《とん》、武者小路実篤、高田保、横光利一、小島政二郎などまで。

正宗白鳥の回想にある。

「私は一晩に、二、三回続けて応援演説をやった。私の政治演説なんか、可笑《おか》しなもので、一世一代と云うことなのだが、横光利一なんかは『うまい』と云っていた」（『菊池寛文学全集』月報）

その横光の演説は、となると、こうである。

「自分は先日の演説会の会場で、聴衆の一人から履き物を間違えられた。人の履き物を平気で間違えて行くような人間がいる限り、普選もまだまだという感が深い」（佐々木孝丸「普選と無産政党」『ドキュメント昭和五十年史』汐文社）

こんな応援演説ではたして大丈夫であったのであろうか。ついでにいうと、新聞は残らず面白半分ないしは冷ややかに扱っていたという。なかでも読売新聞の「局面転換としては、自殺よりは人間味がある」は、かなり辛辣とみるほかはない。社会主義革命の恐怖から、菊池が無産政党の袖にすがりついて自分の延命を図った、といわんばかり。そうとるほかはない。〝自殺〟の文字の裏には菊池の親友芥川の死がちらちらしている。つまり世情はブルジョア文士に冷たく、プロレタリア作家に親近感をもっていたことを示唆している。

さて、選挙の結果であるが、有権者十万余人のところ立候補者十五名、投票率七七パーセント。当選者五人の下の下の得票五六八二の第七位で、無念にも落選。菊池は「敗戦記」に淡々としてかいている。

「文学愛好者と云うものは、その家の息子や娘などに多く、戸主の文学愛好者は極めて少いものであることが分った」

さして気は落とさなかったらしいが、その影響は甚大であった。厖大な選挙戦費用は直接に菊池のふところに響いた。つまり会社の経営に。それに雑誌の売れ行きもガタ落ち。やむなく非常手段がとられたことを、当時の社員大草実が回想している。

「次点の次。それで金を使ったんだ。途端に月給を三分の一ぐらい減らされちゃったんだよ。そのころアテネフランセに僕は通ってたんだが、月給減らされてからどうにもしようがないからやめた。恨んだな、やっぱり」(『昭和動乱期を語る』)

このとき、菊池は得意の墨書による勧告を全社員にだした。

「能力のあるものは社をやめよ。どこにも行けないものに限り社に置く」

この堂々たる勧告文の背景には、不景気この上のない世相があったことは、あらためてかくまでもない。

✷ストライキと流行歌

さらに「ついでに」というしかない話をつづけると——三月十四日付の東京朝日新聞の記事である。

「神田書籍街の大店、南神保町の岩波書店と、向い側なる仲猿楽町の巌松堂に、書店には珍しい争議が起り、同業者および警視庁労働係では、一般に波及するを恐れて警戒している」

争議すなわちストライキである。こっちは普選後の売れ行き不振のため、でまさかあるはずはない。

岩波書店のほうは、編集・校正・出版・営業など各部の社員四十人に、少年店員四十人が合して、待遇改善そのほか封建的雇用法の改善十二項目をあげて、店主岩波茂雄の自宅に押しかけて要求した。これがあっさり一蹴されると、ならばと〝怠業状態《ストライキ》〟となったもの。

「十三日夜は少年店員もこもごも気勢をあげ、可憐な文章などを書いて、『夜学に行かせろ』『も少し眠らせろ』などと叫んでいた」と朝日新聞は報じた。

もういっぽうの巌松堂は全員が「小僧さんばかりの罷業」であったという。原因は、数日前に店員が小僧の一人を殴りつけたことに発する。こっちは十三日朝からストに入り、裏手の寄宿舎にこもり、波多野社長に果敢に要求をつきつけた。

「少年店員を無実の罪で殴った中道、今泉を解雇すること。われわれを『どん』づけに呼ば

不景気のさなか、大日本紡績の女工たちもストライキに踏み切った

ないこと。玄米飯を食わせないこと。畳一畳に一人でなく、二畳にすること。少年店員の初給を十二円にすること……」

かいていても自然と口もとが緩む微笑ましさがあるが、こうなると「頑張れ」と出版俸給者組合そのほかの応援が加わり、少年店員たちもかけそばやかけうどんで腹をつくっての団体交渉で、経営者も降参を早めざるをえなかった。

昭和に入っても、世界の趨勢からみれば、まだまだ日本の文明化はあらゆる面で遅れに遅れていたといえようか。ともあれ労働者、知識人などによる働きかけが普通選挙へと政府をふみきらせ、そしてまだ残存していた封建的な雇用つまり丁稚《でっち》小僧制度が突き崩されようとしていたことが、少なくともみてとれる。これを大正デモクラシーの成果とするのが、公正な歴史の見方ということになろうか。いや、すでにかいたように、金融恐慌下の貧困生活を救うものとして多大の期待をかけられた社会主義思想が、いまや猛威をふるいだし、少年店員たちもすでにその影響をうけていたとみたほうがいいか。まさかそこまでは社会主義が浸透していたとは思えないのであるが……。

というむつかしい議論はともかく、話をがらりと大きく変えてしまえば、すでにふれたようにここでマルクス・ボーイなるものの活躍となる。じつは翌四年五月ごろから大流行した流行歌に「東京行進曲」がある。〽昔恋しい銀座の柳　仇《あだ》な年増《としま》を……と昭和戦前生まれにはなつかしく歌いだせるかの名曲（?）である。雑誌「キング」に菊池寛が六月から連載をはじめた小説が、溝口健二監督で映画化が予定され、その映画主題歌第一号としてつくられることとなる。それで西条八十《やそ》のもとにこの主題歌の話がもちこまれたのは、この年の秋も深まったころなのである。早稲田大学の仏文科の教授であり詩人でもある西条は、これを快く引きうける。彼の回想に『唄の自叙伝』があって、それによると、その第四連の出だしは、〽シネマ見ましょか　お茶のみましょか／いっそ小田急で逃げましょか……といまではすっかり有名になった詞になっているが、じつはもともとの歌詞は、〽長い髪してマルクス・ボーイ　今日も抱える「赤い恋」……であったというのである。西条はかいている。

「マルキシズム全盛で、長髪で深刻そうな顔をした青年が、翻訳されたばかりの〔ソ連の〕コロンタイ女史の『赤い恋』を抱えているのをよく見掛けた世相描写のつもり」

であったという。ところが、レコード会社ビクターがびびってしまった。

「このォ、どういったらいいか、つまり『マルクス・ボーイ』と『赤い恋』これは困ります。これでは官憲から、うるさい文句が出かねません。どうか書き換えていただけませんか」

西条はこの注文が大いに不満であったらしいが、それならばということで、いま人びとの関心を集めているシネマと郊外電車とを登場させることにしたというのである。

治安維持法にもとづき、いわゆる「三・一五事件」の大検挙があったにもかかわらず、世はまさにマルクス・ボーイが大手をふって闊歩していた。改造社から円本で、全二十七巻の『マルクス・エンゲルス全集』の第一巻が配本されたのはこの年の六月のことであった。その翻訳者がものすごい。当時の学究九十八名。有名なところの名をあげると、堺利彦、笠《りゅう》信太郎、有沢広巳、山川均、蠟山《ろうやま》政道、向坂《さきさか》逸郎、荒畑寒村、平野義太郎、森戸辰男エトセトラ。

流行歌の話題がでたところで、ついでにかいておくと、古賀政男つまり古賀メロディーのデビュー曲「影を慕いて」の歌が突然思いだされてきた。流行したのは昭和七年なのであるが、彼が絶望して自殺未遂をして、世をはかなみつつ夕焼け雲をみているとき、ふと一片の詩が浮かんだ。それがキッカケでこの大流行歌ができたのだという。古賀がそのころのことを長々と喋っている。それが困窮の昭和はじめごろの時代相を語ってくれていて、なかなかに貴重である。

「昭和三年は不景気のどん底でしてね。（中略）就職口がないんですよ。われわれ私立学校出の月給は五十五円から、六十円でした。官立は五円ぐらい高い。（中略）せっかく大学を出るというのに、つまり箔《はく》がつくのに、学生アルバイトと同じ程度の月給しかくれない。こんな世の中に絶望を感じ、死んでやれと思った。昭和三年の秋、こうしたはかない世相を歌にぶつけ失恋の形で表現したのがギター伴奏の『影を慕いて』でした」（昭和四十四年十一月の談）

すなわちコーヒー一杯五銭、かけそば五〜十銭、カレーライス七〜十銭、理髪四十〜五十銭、背広つるし十五〜二十円、背広注文二十五〜四十円のころである。まこと安月給、食うに食えない時代であったのであろう。

もう一つ、英文学者にして名随筆家福原麟太郎氏の文章を引いておく。

「昭和三年ころ私は三十三歳である。（中略）あのころ私は東京高師助教授で月給を百七円貰っていた。家賃が五十六円であった。決して大きな家ではなく、階下三室と言っても室らしいのは六畳一間で、階上二室、こちらは八畳と三畳であったろうか。当時は家が乏しかった。私はいつでも、家賃の五倍の生活をしていたから、その時分には家賃を含めて二百八十円の費用がいったはずだが、どうしてそれを支払っていたのかということになる」（「昭和のはじめ」『この道を行く——わが人生観』大和出版）

やむなく福原さんはアルバイトに精出していた。それでどうやらしのげたらしいが、「貯蓄は全然と言って良いほど無かったから、どうも不思議である」と福原さんは首を傾げている。

✳史上初の金メダル

B面昭和史としてこの年でかき落とせないのは、八月のアムステルダムでひらかれた第九回オリンピック大会に日本は史上初参加、しかも織田幹雄選手が初の金メダルをとったことであろう。八月二日の陸上競技三段跳びで、織田選手は一五メートル二〇センチを跳び、アメリカのケーシー選手の一五メートル一七センチをおさえて、センターポールに高々と日の丸を揚げた。もちろん国歌「君が代」の奏楽もあった。

ところでその日の丸であるが、まさか日本人が優勝すると思っていなかったので、アムステルダム市は用意していなかった。市中のどこの店にもなかった。さあ、困ったとなったとき、日本選手団からお貸ししますと申し出があった。勝ったとき身体に巻いてフィールドを歩こうと思って織田が日本から持参した大きな日の丸である。センターポールに揚げられた日の丸の、いやあ、その大きなこと、二位、三位の国の二倍以上もあった。その写真はいまも残っていると思うが……。

この織田にわたくしは生前に二度会って取材をしているが、これぞスポーツマンそのもの、といったさわやかな謙虚な人であった。色紙を頼まれると、

「強いものは美しい」

といつもかいていた。徹底的に鍛えられた身体は緊張と弛緩とがリズミカルに交代する、そ

れは美といえる、きちんと練習もせずに、ただ勝つことだけを求める、それは邪道である、と織田はいいたかったのであろう。

同じ二日の女子八百メートルで銀メダルに輝いた人見絹枝選手のことにもふれておきたい。この決勝レースは大激戦であったらしい。それを観戦していた新聞記者がかいている。

「ほんとうの力走というのはあれであろう。一歩、一歩、骨を削り、命を縮めて〔先頭に〕近づいていく」

一位のラトケ選手を追い、一五メートルあった差を二メートルにまで縮め、ゴールイン。彼女のタイムは二分十七秒六の世界タイ記録であった。しかも、彼女は百メートル準決勝での敗北を無念に思い、負けず嫌いゆえに周囲がとめるのもきかずに、生まれてはじめて八百メートルのレースを走ったという。

そして三年後の昭和六年の八月二日、奇しくも日の丸の旗を揚げたと同じ日に、乾酪性肺炎でこの世を去っている。享年二十四。まさしく、新聞記者のかくとおり「骨を削り、命を縮めて」走りに走りぬいた生涯であった。

オリンピックのメダルの数は、そのときのその国の国力を示す、という言葉がある。昭和初期の日本の国力はざっとそんな程度であったのか。

スポーツに関連してもう一話、他愛もないことながら——。わたくしは小学校一年生のはじめての運動会で、「いいですか、徒競走の号令は、〝位置について、用意ッ……ドーン〟と正式に決まっています。このドーンはピストルの音です。わかりましたね」と、先生にこんこんと教えられた記憶がある。いらい、何の不思議もなく「ヨーイ、ドン」でやってきたが、あのとき、先生がこと改めて「正式に決まっています」といった理由が急に気になったことがあった。それで十五年ほど前に調べてみた。

結果は、「ヨーイ、ドン」がスタートの合図として正式に採用されたのが三年五月二十六日。この日、明治神宮競技場で第一回全日本学生陸上競技大会がひらかれ、そのときに決められたとわかる。わたくしが小学生になる十年ほど前で、そんなに昔ではなかったのである。

ついでに調べてみた。明治十六年(一八八三)の東大の陸上運動会では「いいか、ひ、ふ、み」。大正二年(一九一三)の第一回全国陸上競技会では「支度して、用意」であった。なかには「よろしゅうごわすか、用意」なんて時代もあったらしい。知っていても何の役にもたたないことながら、昭和改元とともにはじまったことが多いのにびっくりさせられる。

昭和四年(一九二九)

年が明けるとともに、議会では野党の民政党が内閣打倒をめざし、本会議や委員会で中野正剛、永井柳太郎といった雄弁家の面々がつぎつぎに立って、満洲某重大事件の真相究明の勢いをましていく。いや、それ以上に、天皇とその側近たちが田中首相不信の念を強めた。あらゆる方面から責任を追及され田中は進退谷《きわ》まったものの、陸軍中央部の中堅クラスはこの問題を軍法会議などにかけることに強硬に反対し、陸軍出身の長老でもある田中をはげしく揺さぶった。「関係者を断乎処罰」と明言していた田中は、ついに前言訂正せざるをえなくなり、天皇にまでぬけぬけと「事件はないものにしたい」といいだすこととなる。

若き天皇は怒った。

「田中は再び私の処にやって来て、この問題はうやむやの中に葬りたいと云う事であった。それでは前言と甚だ相違した事になるから、私は田中に対し、それでは前と話が違うではないか、辞表を出してはどうかと強い語気で云った」（『昭和天皇独白録』）

これがこんどの『昭和天皇実録』にはこう記載されている。

「天皇は強き語気にてその齟齬《そご》を詰問され、さらに辞表提出の意を以て明らかにすることを求められる」（六月二十七日）

天皇は本気で首相を叱りつけたのである。

こうして田中内閣は総辞職し、浜口雄幸《おさち》内閣が成立したが、この内閣に課せられたのは緊縮財政と対中国外交の転換という、さらに重く厳しくなったものであった。金融恐慌はどうやら収束したものの、経済全体の景気はいぜんとして悪く、安定していなかった。そこにもう一つ、十月二十四日の米国ウォール街の株式取引所の大暴落にともなう世界的恐慌という容易ならざる大事が襲いかかってきた。

この世界的恐慌のあおりをうけて、ロンドン海軍軍縮条約の開催という大問題が生起してくる。浜口内閣はいまや、対中国平和交渉の推進と、軍縮条約の締結という二つの大問題に、その政策重心のすべてを傾けねばならない。そのどちらも軍部の喜ばない方針である。陸軍中堅が苛立てば、海軍中堅もまた政府の方針に白い眼を向けるという状況下の内閣の船出であったのである。

小田急と銀座の柳

さて、前項〔昭和三年〕をひきついで一世を風靡した「東京行進曲」の裏ばなしからはじめると、さすがに西条八十は詩人であるばかりではなく、天才的ともいっていい流行歌作詞者であるなと思わせられる。このごろの流行歌のように常套的な言葉で涙腺だけを刺激するような作詞はしていない。時代の尖端すなわち昭和の初めのモダンな時代相を鋭敏な感受性でキャッチしている。

一番は「銀座の柳」と「ジャズ」と「リキュール」、そして「ダンサー」がでてくる。二番は「丸ビル」と「ラッシュアワー」、三番が「浅草」に舞台を移して「地下鉄」に「バス」、四番が「新宿」で、すでにふれたように「シネマ」と「お茶」（喫茶店）、そして「小田急」。いずれも昭和になって人気をよんでいたモダニズムを代表するものばかり。たとえば映画館の数でいえば大正十五年に五四八であったものが、この年には一二三二と倍以上にふえている。もちろん、このころは映画にあらず活動写真館といっていたが。

そして作曲が、西条とのちのちまでいいコンビとなった中山晋平、歌ったのがソプラノ歌手佐藤千夜子、これまたぴったりの甘い声で、四年五月にレコードが売りだされると、飛ぶように売れる。

すると、思いもかけず小田原急行鉄道から文句がきた。社名を勝手にちぢめて呼ぶのはけしからん、それにこれではわが鉄道がまるで恋の逃避電車のようにみられるではないか、許しがたい。ビクターがムニャムニャと返事をごまかしているうちに、「東京行進曲」が全国的な大流行となり、略した社名のほうがむしろ全国的となっていく。鉄道会社は渋い顔をしながら内心ニヤリとしたにちがいない。それが証拠に、しばらくたって正式社名を小田急と変えた、という風にかいている本がいまも多いが、これはウソ。何となれば、社名変更は昭和二十三年であるから。でも、ニヤリとしたのは事実であろう。

それと「昔恋しい銀座の柳」である。別に余計なケチをつけるわけではないが、たしかに銀座通りには明治十七年（一八八四）にはじめて柳が植えられた。しかし大正十年（一九二一）に大拡張のとき引っこぬかれて、そのあとに植えかえられたのはプラタナスの並木であったはずである。それを復活させようとの意図があったかどうかわからないが、西条八十（佐藤千夜子?)が「昔恋しい」と叙情的に歌いあげた。そして大流行、となっては銀座の京新連合会(のち銀座通連合会)としても無視できなくなる。「銀座の柳」が復活したのは昭和七年のことなのである。

日本は言霊《ことだま》の国、といわれるが、げに歌謡の言葉の恐るべき威力のあることよ。

✹モガとモボとステッキガール

ここで不思議と思えるのは、「東京行進曲」の浅草に、カジノ・フォーリーが登場しないことである。本場パリのカジノ・ド・パリとフォリー・ベルジュールをあわせてもじった斬新なネーミング。軽演劇に歌と踊りを加えて要するにいまのテレビのバラエティみたいな、いや、もっときちんと構成されたレビューとボードビルの楽しい舞台。これを日本でもみせようというねらいで、喜劇人が集って浅草公園水族館の二階演芸場で華々しく旗揚げした。当然歌の文句にでてこないのがおかしいと思っていたら、残念、開場は七月十日、レコード発売のかなりあとである。これでは西条八十の目にとまるべくもなかった。

もっとも、まだ新人であったエノケンこと榎本健一がこのとき頭角をあらわしたことにはふれておかなければならない。コック姿で魚を捕えようとする水泳踊りが珍無類で大評判。不世出の喜劇王のデビューである。ただし興行的には失敗で二カ月でダメになる。つづくエノケン中心の第二次カジノ・フォーリーも最初は不入り。頭を悩ましていたら、ある日、突如としてお客が入りだした。「金曜日に踊り子がズロースを落とす」という噂がまことしやかに流れだしたために。

びっくりした警察は「マタ下三寸未満、あるいは肉色のズロースは使用すべからず」と禁令をだす。これがエロチックに思われて客足をよび、エノケンは一躍スターダムにのし上がったのである。それに川端康成が東京朝日新聞の夕刊に十二月から連載をはじめた小説『浅草紅団』もカジノの人気沸騰に大いに貢献したといわれている。知識人や学生の間に「カジノを見る会」が結成され、金曜日には大挙して押し寄せたとか。

わたくしもずいぶん後年になって、浅草でエノケンの舞台を観たことがあり、有名になった「洒落男《しゃれ》」の歌を聴いた覚えがある。独特のダミ声に、身ぶりもおかしいアクションをつけて、楽しく愉快そうにエノケンが歌うのだが、田舎からでてきた洒落男が銀座の酒場の女にだまされて身ぐるみはがれて終る十番までを聴き終ったとき、なぜか悲しくなったものであった。

〽俺は村中で一番
　モボだと云われた男
　己惚《うぬぼ》れのぼせて得意顔
　東京は銀座へと来た

これが一番の歌詞、わたくしもたしかにいまでもこの一番だけは歌えるのである。

さて、ここにでてくる〝モボ〟なる言葉、ご存知の方も多かろうが、和製英語モダンボーイの略語である。たいしてモダンガールは〝モガ〟。昭和改元のすぐあとからいわれだしたらしい。昭和三年一月に修教社書院から刊行された『近代新用語辞典』にはこうある。

「**モダーン・ガール**　近代式の女と云う意味であるが、普通には断髪、洋装の女を多少軽侮して云う。単に『モガ』とも云う。

モダーン・ボーイ　普通には西洋かぶれのハイカラ男を云う」

ついでに、このモガとモボが肩で風を切って闊歩していた赤煉瓦の銀座通りには、この年にはステッキガールなるものもいたらしい。正体は新造語の名人の大宅壮一が空想してつくったものという。大宅によれば、

「後に、一定料金をとって客と一緒に銀座を散歩したり、映画に行ったりする女のことで、（中略）初めは軽い意味の女友達、主として中年男性のガールフレンドを意味したのである」（『放浪交友記』）

ということであるが、円本でふところの暖かくなった文士たちが、愛人とも秘書ともつかぬモガをともなって、銀座のレストランやらカフェーで景気よく遊んでいた。若き日の大宅がやっかみ半分に、そのモガたちを散歩愛用のステッキに見立てたものであろう。

しかし、考えてみると、銀座や浅草や新宿の盛り場をモダーンな女性と肩をならべて歩いても、まだ官憲に何も咎められなかったのであるな。大宅も「これで十分意味の通じるだけの

〝現象〟があった」とたしかにかいている。それがこのあともう七、八年もたつと「非常時にイチャイチャしとるとは何事だッ」と許されなくなるのである。そんなおっかない時代と違って、モガ・モボ時代はまだまだ日本はやさしいときであったとわかる。

「大学は出たけれど」

流行語といえば、いま世にでている昭和の流行語辞典だの死語辞典の類をひらくと、かならずといっていいほど昭和初期の不景気時代を象徴する言葉として「大学は出たけれど」にぶつかる。たしかに、この年の春の東大卒の就職率は三〇パーセントちょっと、と記録にある。然り、大学を出て学士様になったけれどの世であったのである。それにしても、この言葉はだれがいちばんはじめにいいだしたものか気になった。どうやらこの年の九月に封切られた松竹映画『大学は出たけれど』に発するようである。正確には、このころのショボくれたサラリーマン生活の哀歓を描いたもので、小津安二郎監督が「小市民映画の新境地をひらいた」作品であって、高田稔、田中絹代が名演のなかなかの秀作というが、わたくしは残念ながら今日まで観たことがない。

でも、だれに教えられたのか忘れたが、そのあらすじは知っている。それを長々とかくと――、主人公の青年が大学を卒業したのに就職先がなくて焦《あせ》っていた。ようやく何とか探しだして試験にも合格したので喜んで、郷里の母親に電報を打つ。ところが勇んで出社してみると職場は受付係。カッとなって辞表を叩きつけて下宿に帰ってみると、そこには上京してきた母と許嫁《いいなずけ》の娘が待っていた。大喜びする母に、まさかほんとうのことはいえない。翌朝、出勤するふりをして家をでた。すっかり安心した母は郷里に帰っていったが、許嫁はそのまま下宿に残った。青年はやむなく彼女に事実を告白した。すると彼女は健気《けなげ》にも「私が働く」という。その後しばらく青年はぶらぶらしているが、許嫁はせっせと働きにでる。ある日、悪友に美人のいるカフェーを見つけたからと誘われていってみる。と、その美人とは、なんと許嫁ではないか。その夜、難詰する彼に許嫁が泣きながら訴えた。

「ほかにどうしたら私たちは生活していけるの?」

青年は愕然となる。世の中ばかり恨んでいた自分が悪かった、こうしてはいられないと、翌日から新しい就職先探しにとりかかる……。かくて全巻の終り。

いまからみれば何とも他愛のないストーリーで、とても名画になるとは思えないが、当時の若者たちの共感をよぶところすこぶる大であったのである。内務省が発表した九月一日現在の失業者は二十六万八千六百人という数字をみれば、そのことは十分に察せられる。

それでまたまた〝恐慌日本〟についてくり返すことになる。とにかく大正いらいの不景気は慢性的に助長され、進行をつづけてとめるべくもなかったのである。対外的にも輸出不振、輸入増で国際収支は悪化するいっぽう。当時の読売新聞に載った川柳がよく的を射ている。

春暖の候不景気へ卒業し　　　　井窓
恩給と失業と来て鮎を釣り　　　一城

まさに学士様にはなったものの、あっちもこっちも失業者ばかり、魚釣りでもしているほかはない世の中である。ラジオは八月二十七日夜から、毎週火木の二日間に五分間だけだが、求人・求職放送を流すようになる。

「ＪＯＡＫ、ただいまから職業ニュースに移ります。求人、千葉県××学校で馬丁二十名、年齢十七歳から二十歳。住み込み食事つき給料十九円五十銭。……」

とにかくものすごい就職難で、八月四日の中外商業新聞（現日本経済新聞）は、「資本金一千万円以上の大会社・銀行二百二十五社のうち大学卒を採用する社行は五割余の百三十一で、その採用者は七百四十五名。然るに希望者は六千三十九名である」と報じている。ただただ、すさまじいばかり、というほかはない。

ところでこの年は、この「大学は云々」という流行語とならんで、「緊縮」という経済用語が珍しく流行語になっている。なじみのないお堅い言葉が流行した最初のものであろう。いいだしたのはときの首相浜口雄幸その人。そもそもが浜口内閣がかかげたスローガンであったのであるが、組閣一カ月半たった八月二十七日夜、ラジオで首相が「全国民に訴う」と題して演説した。そのとき、国民の胸にドーンと響いてきて〝緊縮〟の二文字がくっきりと刻まれたといえるようである。

「今日のままの不景気は底の知れない不景気であります。これに反して緊縮、節約、金解禁によるところの不景気は底を衝《つ》いたる不景気であります。前途に皓々《こうこう》たる光明を望んでの一時的の不景気であります」

そうであるゆえに、政府も国民も台所を切りつめて緊縮生活をしましょう、と首相は精一杯に声を張りあげて訴える。さらに九月一日、ラジオは夜のゴールデンアワーに二時間余の「緊縮」特集番組を組んで流した。そのなかで歌われたのが、作詞西条八十、作曲中山晋平の黄金コンビの「緊縮小唄」ときたもんである。

〽咲いた花でもしぼまにゃならぬ
　ここが財布の　あけた財布の締めどころ
　時世時節じゃ手をとって
　緊縮しょや　緊縮しょ

いやいや、西条・中山コンビの小唄だけではなく、作詞堀内敬三、作曲山田耕筰の別の黄金コンビの「緊縮の歌」も同じ番組のなかで歌われたというが、歌詞は不明である。いずれにしても政府御用達の歌であるから、緊縮の二文字がなんどかくり返されていたにちがいない。

こうして政府は首相を先頭に〝緊縮ブシ〟を高唱しつつ、率先遂行の範を示して、その年の予算を当初より九千百万円減らしてみせる。さらに勢いにのって十月初めごろ、官吏の一割減俸を閣議で決定する。とたんに大騒動となった。まず判事、検事たちが猛反対。それにつづけと各省の官僚諸氏が立ち上がって突きあげる。「前途に皓々たる光明」どころの話ではなく、せっかくの閣議決定も撤回せざるをえなくなった。しかもその直後の十月二十四日にニューヨークで株式の大暴落が起きる。いわゆる「暗黒の木曜日」である。

日本の新聞はこれを重大事と思わなかったのか、期待可能性を夢みてかなり楽観的に報じた。たとえば十月二十六日付の朝日新聞夕刊（二十五日夕刻配達）。

「久しく世界の金融界を悩ましていたニューヨークの高金利もいよいよ平常に復帰するであろうから、我が国も金の解禁を実行する上において非常な便宜を得た訳である」

たしかに浜口内閣は井上準之助蔵相の指揮のもと、十一月二十一日、不景気の打開策として金解禁の大蔵省令を公布、翌年の五年一月十一日から実施、欧米の列強なみにするということになっていたのである。そのために内閣は準備をととのえ、満々の自信をもって着々と歩を進めつつあった。ところがそこに世界大不況の幕開けともいえるアメリカでの株式の大暴落。字義どおり「嵐の前に窓を開く」ことになったのである。

ただしこれはA面の、しかも翌五年の話であって、これ以上には立ち入らないことにする。

✺説教強盗とツェッペリン

この年のB面を飾る話題としては、やっぱり説教強盗は欠かせない。なんでまた有名な物騒な話をわざわざ、という疑問の声もあがろうが、貧富の差のでる不景気の世を象徴するような感がないでもないからである。犯人妻木松吉（二十九歳）が狙ったのはもっぱら富豪や名士の邸宅。それと景気のいい小金持ち。猫なで声で縛った家人に長々と説教する。

「あなたの家は戸締りが悪すぎる。ガラス戸だけでは不用心です。お金がいっぱいあるんだろうから、外灯もしっかり点《つ》けて、犬も飼ったほうがいいと思うな」

「履物が乱雑に脱いであるねェ。だらしがなさすぎるよ。お金持ちにはこんな家が多いが、きまって戸締りが悪い、入りやすいとピンとくるんだね」

そして長々と居坐って冷蔵庫からいろいろとりだして食事をすませ、一番電車が走るころ、悠々と引きあげていく。そこからこの強盗に〝説教強盗〟と名がつけられた。「悪事は悠然と働いてこそ光る」、これが彼の座右銘であったという。

活躍することすでに三年余、百余件の盗みをやらかしている。出版社の平凡社がこの年の一月十八日、たまりかねて「自首せよ」との勧告文を新聞に発表する。

「説教強盗に告ぐ！　君の出没によって東京市民は一種の恐怖病に襲われている。君もまた現在の悪業が長くつづくものではあるまい。即時自首して出よ。この広告発表後一週間以内に自首すれば、実際君の言う如く家族が困窮しておれば、実情調査の上、家族に一千円を進呈しよう。この企《くわだ》ての成行《なりゆき》は『平凡』誌上にて発表す」

翌十九日は朝日新聞が二月十五日までに捕えた人に懸賞金一千円の社告をだす。

「金五百円也――直接捕縛に当りし諸氏。

金五百円也――右直接功労者以外のもので同じく功労ありしもの。配分の方法は警視総監に一任」

こんな広告やら社告の霊験《れいげん》があったゆえとは思えないが、二月二十三日夕刻、たった二つの指紋を頼りに警視庁あげての必死の捜査によって、妻木松吉は西巣鴨にあった自宅であっさり捕まった。捕えられた六畳間には、彼自身のかいたという軸がかけられていた。

今日もまた鬼と仏の二人づれ
山梨県生まれの左官職で、家の表札は近藤松吉となっていた。逮捕に当たった警官は警部一人と刑事八人、朝日新聞は、期間を過ぎていたがこの九人に五百円の懸賞金を贈呈することにした。そして巷では川柳が一句詠まれている。

五百円警官たちが分けて飲み
なお二年ほどで刑期を終え、妻木はその後とくに警察の依頼で「防犯の心得」を講演したことが何度かあった。「捕えられない秘訣は、忍び入る時と、出る時の服装を変えることです。忍び入るのは夕刻で、犬が外でまだ遊んでいるときです。犬が帰る前に忍び入って隠れているのが大切です」とそんなことを喋ったらしいが、どことなく呑気《のんき》なところのある時代である。

もう一つ、五年生まれのわたくしはまったく記憶にないが、少しばかり年長の人に聞くと、子供のころに大興奮したのは「昭和四年の飛行船ツェッペリン伯号の飛来だったな。ツェッペリン焼きというお菓子もできたほどだったんだ」と自慢げにいう。要するに「タイ焼き」の形が一時ツェッペリン型になったというのである。

第一次世界大戦で、ドイツの飛行船がロンドンを空襲し、ロンドン子の心胆を大いに寒からしめたことは世界中に知れ渡っている。この事実一つでわかるように、二十世紀のはじめのころからドイツの飛行船は驚異の的であったのである。その上に改良されて最新型となったツェッペリン伯号が世界一周飛行の途中、親善訪問でくるというのであるから、これは日本中で大騒ぎとなったのは当然のこと。なにしろ未来の航空機は飛行機より飛行船と思われていたときである。

すなわち八月十五日午後にドイツを出発し、一万二千キロを九十九時間四十分という短時間で飛行して、日本上空に姿をみせたのが八月十九日である。まず東京上空を旋回し、それから南下して横浜の上空を旋回し、ふたたび東京上空に戻って旋回してから、茨城県の霞ヶ浦飛行場にゆったりと巨体を横たえる。

「千住大橋から上野へかけては、珍風景続出だ。煙突のせん端の避雷針にぶら下っている男、孫に手を引かれて望遠鏡を手にする老婆、西郷さんの銅像にかけ登ってお巡りさんに叱られる青年、山内《さん》の樹上に猿のように登っている子供の群など、興奮の渦巻は随所に見られる。日本橋から尾張町、丸の内一帯のビルディングの屋上という屋上に鈴なりの人の群だ」

と、八月二十日付の東京日日新聞が報ずれば、報知新聞も負けじと霞ヶ浦に着陸の様を伝える。

「船体は北東に向って霞ヶ浦にその影を悠々と映し、北の林を西にあかね色の雲のたなびく筑波山をバックに東にその船首を落下しはじめた。折しも夕陽一《ひと》きわ映え、ゴンドラから頭四つのぞいている。（中略）初秋の満月は雲を破って出た。時に六時五分、頭はおもむろに下った。薄暮迫った夕なぎに草も動かない。三十万の群集は熱狂して突進また突進、歓声また歓声、砂煙もうもうとわき立つ。……」

霞ヶ浦をゆうゆうと飛ぶツェッペリン号（昭和４年８月）

全長二三五・五メートル、最大直径三〇・五メートル、エンジンは五三〇馬力五基、時速一一〇キロ、重量五五トン、クルー定員四十名、乗客二十五人。その巨大さは日本人の目をむいた。

そこでこんな小話がはやった。「飛行船のガスの容量は？」「十万五千立方メートルという」「どのくらいの量か、見当がつかん」「人間五万人の放つガスと同じよ」「そいつぁ臭くてたまらんな」

まさに「興奮のるつぼ」が毎日つづいていたのである。

第二話

赤い夕陽の曠野・満洲

昭和五〜七年

昭和五年（一九三〇）

　前年の四年十月のアメリカ・ウォール街の株価暴落にはじまった世界大恐慌の嵐は、年が明けると予想をはるかに超えて荒々しく激しく、日本帝国を揺さぶった。生糸の最大輸出国であったアメリカの不況は、そのまま生糸の売れ行きに響いてくる。結果として生糸の価格の大暴落。つづいて米が暴落する。労働者の半数近くが、繊維産業を中心とした女子労働者、そして農村の二、三男坊、というそのころの国の経済基盤の根底がぐらつき、農産物全体の価格の下落は深刻の一途をたどっていく。

　いざとなれば農村にゆけば何とかなる、と高をくくっていた都会の失業者は、いっぺんにその行き場を失った。失業者すなわち「ルンペン」は都会にあふれかえる。全国の工業地帯ではストライキが続発、東北の農村では昭和二年いらいの娘の身売りという悲劇が当たり前となった。当然のことながら左翼運動はますます活潑化する。

　ところが、そのときの浜口雄幸内閣はそれらにたいしては手の打ちようもなく、まったくの無策といってよかった。いや、それどころではなく、一月からひらかれたロンドン海軍軍縮会議の調印をめぐって、政界には統帥権干犯問題が突如浮上し、倒閣をめざす野党の攻勢、政府も与党もその対応に悪戦苦闘するのみとなる。民草の生業《なりわい》の苦しさをよそに、政界というところはいつでも権力争いにうつつを抜かす、ということか。

　それに加えて、それまで一枚岩を誇っていた海軍部内が、対英米協調派（条約派）と強硬派（艦隊派）との真っ二つに割れて抗争した。つまり、もともと海軍部内には協調派対強硬派という対英米戦略上の考え方の相違があり、軍政対軍令との確執があったのであるが、この軍縮条約調印をめぐってそれがあからさまに露呈し、激しく衝突し、そして分裂という結果を招いたことになる。

それにもまして〝統帥権独立〟という、司馬遼太郎氏のいう「魔法の杖」がこれ以後は格段の威力を発揮する時代がやってきたのである。それは「危機の時代」の開幕といいかえていいかもしれない。そして、それはつぎの「破局の時代」を呼びよせることになる前夜であったとも……。

帝都復興祭のバカ騒ぎ

さて、当然のことながら第一話につづいて不景気の話となるのであるが、はじめに一発花火を揚げておくと、昭和五年の初頭を飾るのは、三月二十四日から二十六日にかけて東京で行われた帝都復興祭ということになる。関東大震災から七年、東京の復興はめざましいものがあった。過去の拙著で何度かふれたことなので詳説はやめるが、隅田川にかかる六大橋は、この帝都復興の大事業として新たに建造されたものなのである。

六大橋とは川上から言問《こととい》（昭和三）、駒形（昭和二）、蔵前（昭和二）、清洲《きよす》（昭和三）、永代（大正十五）、相生《あいおい》（大正十五）のそれぞれ。丸カッコのなかは竣工年である。じつは大正十一年（一九二二）のワシントン海軍軍縮条約の調印で激越をきわめた建艦競争が急停止、そのお蔭で鉄鋼や鉄材そして職工たちが多量に余ってしまった。そこへ大震災で東京壊滅、橋がないために逃げ道を奪われ、多数の死者をだしてしまう。ちょうどいい。橋を造れで、戦艦や空母のかわりに名もうるわしい橋がどんどん隅田川に架けられたのである。平和的利用とはまことに民衆のためになる。

六大橋ばかりではない。白鬚《しらひげ》橋も少し後の昭和六年に加わり、吾妻橋も言問橋や駒形橋の完工をまって改めて架け直された。完成はこれも昭和六年。そして厩《うまや》橋は昭和四年。いや、こうした大橋ばかりではなく、東京市内の震災復興橋はなんと百十五橋を数える。大変な平和事業である。ただし、隅田川の右岸すなわち浅草・日本橋・築地側、要するに皇居よりの地域に架けられた橋五十七の約八〇パーセント弱が、見た目も美しい曲線美のアーチ橋。左岸すなわち向島・両国・深川側の三十七橋のうち七割は道路の延長みたいなトラス橋なのである。これを幼き日に知ったとき、こん畜生め、お上はわれら下町ッ子を差別し馬鹿にしたんだと、大いに地団駄をふんだことであった。

それはともかく、二十六日の皇居前広場での復興祝典はものすごく盛大に催されたらしい。このときも昭和天皇が出席し、民草の目にしっかりその姿を焼き付ける。祝賀の体育大会が神宮外苑競技場で同じ日に開催される。昼はデコレーションで装われ、夜はイルミネーションで彩られた花電車の行列が市中をひっきりなしに走った。そして提灯行列。

翌二十七日付の朝日新聞は社会面のほとんどを埋めて、賑やかに祝賀の様を伝えている。

「歓喜の乱舞の中に湧き立つ全帝都。昨日の人出、実に二百万。素晴らしい復興の首途《かどで》よ」

「銀座街を中心に殺人的な大群衆。電車、自動車、バスも動かばこその人の波」

そして夜の景——。

「闇もこげよと打ちふる提灯の海。夜景を彩る花火に相和して、延々二万人の行列」

明日のことを憂えるよりも、まずは今日の歓楽、底のほうは不況で冷えきっているのに、いや、それゆえにかえって威勢をつけてニギニギしく、ということであったのであろう。そして祭りが終ると、B面の話題はまたまた意気のあがらぬ暗い話に落ち着いてしまうのである。

流行語ルンペンをめぐって

いまはまったく使われなくなったけれども、「ルンペン」という言葉をご存知であろうか。ドイツ語で〝ボロ布〟の意。破れた帽子に汚れて穴のあいた服、失業者の代名詞である。このルンペンの悲惨がしきりに新聞紙面に載っていた。そもそもは、朝日新聞に連載された小説「街の浮浪者」の〝浮浪者〟に、作家下村千秋がわざわざルンペンとルビを付したところに発して、それが流行語になった、とか。

歴史年表をみると、この年の〝ルンペン〟は三十二万人、年間労働争議九百一件、参加人員七万九千八百二十九人とある。そして農村学童の欠食児童がおよそ二十万人。ともかく、ウォール街の株価大暴落は一過性の現象とみていた楽観は吹っ飛んで、世界恐慌となって日本に襲ってきたのである。

ときの浜口雄幸内閣は予定どおり一月十一日に金解禁の政策を実施している。その準備のための緊縮財政、国民節約運動は物価を押し下げる役割をはたすと同時に、不況をもひき起こしかねない政策でもあったのである。そこに世界恐慌の嵐である。三月の商品・株式市場の暴落にはじまって、国内物価はあれよあれよという間に下落していった。政府はそれにたいしては手の打ちようもなく、まったくの無策といってよかった。

そのころのルンペンのおかれた状況がよくわかるので、かなりテンスが飛んでしまうが、九月三日付朝日新聞の社会面を引用する。見出しに「毎夜三十人ずつ、寺の境内に野宿／遊行寺（藤沢）の麦飯一杯の振舞も、悲鳴をあげる繁盛」とあって、

「職を失ってその日の糧にも窮し、都会の生活から完全に見放された哀れな失業者の群れが、郷里に帰るにも旅費がなく、とぼとぼと東海道を歩いて行く者が、今夏以来めっきりと殖えてきた。中には妻や子供を連れて乞食のごとく、道筋の人家で食を貰いながら、長い旅を続けている者もあり、沿道の保土ヶ谷、戸塚、藤沢等の警察署では、これらの保護に手を焼いている始末で、多い日には五十人を超える位であるが、鎌倉郡川上村在郷軍人分会では、震災記念日

の一日から一週間、同村旧東海道松並木付近に、お粥の接待所を設けて、温かい食事を与えている」

いやはや、長い引用になってしまったが、いわゆるルンペンの悲惨がよく理解される記事といえるのではあるまいか。

そういえば、「ルンペン節」（作詞柳水巴、作曲松平信博）という歌があった。わたくしは歌えないけれども。

金がないとてくよくよするな
金があっても白髪はふえる
お金持でもお墓はひとつ
泣くも笑うも　五十年
ワッハッハ　ワッハッハ
スッカラカンの　空財布
でもルンペン　のんきだね

話をもとに戻してこの年の四月、東京市民をびっくりさせる大ストライキがあった。東京市電・市バスの職員一万三千人が、首切り反対・給与停止および賞与減額反対で、二十二日からストに入った。当時市電やバスの運転手は割合に給料もよく安定した職場とみられていたので、「殿様スト」とみる向きも多かったが、交通が途絶して魚・肉や野菜の流通がとまり、一般家庭の台所を直撃したことはたしか。なにしろ電気冷蔵庫などなく、「今日はいいカツオがあるよ」などと魚屋さんが毎日毎日盤台をかついで来てくれる、そんな時代である。それで年表には、スト破りあり右翼の介入あり、何やかにやあったあと五日目にスト側は惨敗、とはっきり残されている。

そんな頼りないストではあったが、当時さかんに歌われた愉快な小唄がある。これを「草津よいとこ一度はお出で」の節でやってみるとスト気分がちょっと味わえる。

薫る新緑四月の二十日　ドッコイショ
市電争議だ　コーリャ　火蓋切るよ
チョイナ〳〵
賞与一割惜しくはないが　ドッコイショ
カタリ取られりゃ　コーリャ　腹が立つよ
チョイナ〳〵

ただし、当局はかかる不埒な歌の流行を大目にはみてくれなかった。五月三十一日に禁止処分が下る。遊び気分など許さないきびしい時代がすでに到来していたのである。

あまりにも余談となるが、この発禁命令のでる十日前の五月二十一日、わたくしがオギャーとこの世に生をうけた日である。この日はとくに記すようなこともなく、和気清麻呂《わけのきよまろ》のデザインを表とする新十円札が発行されたぐらいのことしかない。が、前日にはかなり由々しきことが続発している。東海道線急行寝台列車の車内で、軍令部参謀草刈英治少佐が割腹自殺している。強硬な艦隊派の一人で、ロンドン条約調印に反対し、責任者の財部彪《たからべたけし》海軍大臣（じつは十九日に辞任しているが）を殺害するつもりであったが、暗殺成らず、悲憤の自裁とみられている。艦隊派の頭領でもあった加藤寛治軍令部長は財部にいい放った。

「彼は実に純粋な立派な男だった。とうとう軍縮の犠牲者をだした」

もう一つ、法大教授三木清、東大教授山田盛太郎、同助教授平野義太郎が同日に検挙されている。共産党シンパ事件とよばれている弾圧事件のはしりといえるか。

ついでに二十日のルンペンに関係ある新聞記事の見出しを二つ。

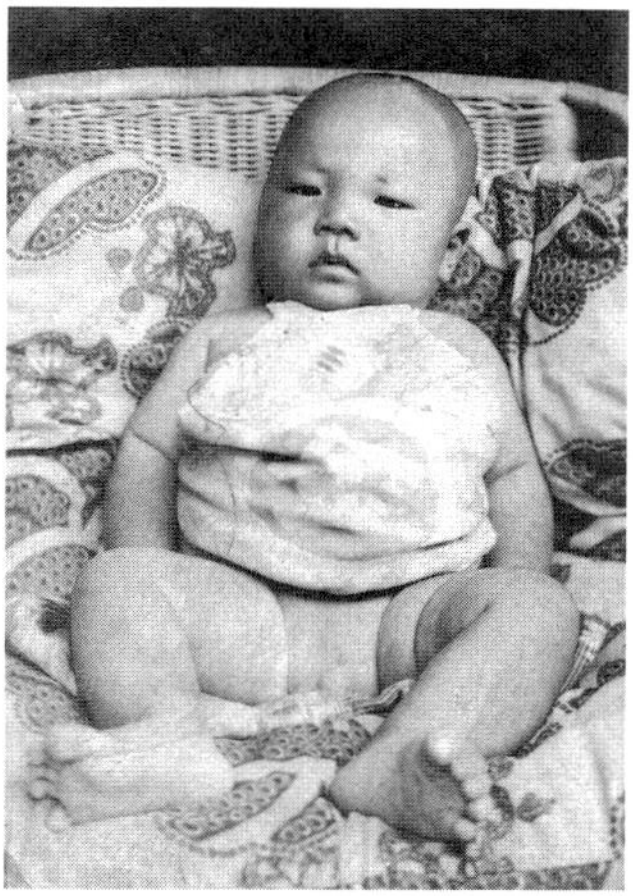
この年、著者オギャーと誕生

「妻は病床に泣き、愛児は養育院送り、もらひ米の生活に、元小学教師の自笑」

「老母を抱へて、死か犯罪か、百万長者の家に生れて、没落から失業苦に男泣き」

もちろん、わたくしは百万長者の生まれなんかではなく、生をうけたときの時代状況は、目出たいとはとてもいえない、いわば大嵐のさなかであったようである。

こうなるともう顰蹙《ひんしゅく》を買うのも承知で、この年の不況ばなしをつづけてしまう。都会もさることながら、じつは大恐慌の強烈な直撃はむしろ地方のほうに烈しく襲っていたのである。幸か不幸か、稲作は理想的な好天に恵まれて大豊作が予想されている。となると、米価の低落はもう目にみえている。〝あまるものに原価なし〟というが、まさに豊作飢饉でアップアップ、農村を不況のどん底へと叩きこんでしまった。

そうしたなかで、少々ユーモラスな事実をみつけた。笑っていられるときではないが、農村のおかれた実情をよく物語っている。

「（愛知県宝飯《ほい》郡）八幡村大字千両ではこのほど村民集会を開いて不況対策につき協議の結果、村民は今後タバコ、酒をいっさい廃止すること、ただし中毒的のものにはタバコは刻《きざ》みに限り酒はごく少量を認め、理髪、結髪について全部同業者の手にかからず、いずれも自宅において男は丸刈り、女は束髪にすることを申し合わせ実行している」（新愛知新聞　八月三十一日付）

酒やタバコをやめたぐらいでどのくらい不況に対処できるのかわからないが、そこまでしなければならないほど悲鳴をあげていた。

タバコにちょっとからんでもう一つ、七月八日付の埼玉新聞に載った記事を。

「今日、私ども農民の生活は生か死か、助けるか殺すかの岐路に立つ、実に涙が滲《にじ》む苦難時

✳農村の悲鳴をよそに

代です。汗水垂らして作ったキャベツは50個でやっとタバコ〝敷島〟1箱〈18銭〉にしか当らず、カブは百把なければ〝バット〟（ゴールデンバット）ひとつ〈7銭〉買えません。繭《まゆ》は3貫、大麦は3俵でたった10円です」

恐慌の直撃は地方に。三池炭坑で賃金の支払いを待つ労働者たち

埼玉県の農村代表百余名が農林省や各政党本部にその窮状を訴えた陳情書の一節である。これが東北地方になると、と一例にするのは相当に差別的であるがお許し願って、中心地の仙台での話である。前年の四年度でも学用品・被服などで市から補給をうけていた小学生は数千名に達していたが、さすがに昼食の補給をうけている学童はいなかった。ところが、この年になると、なんと、いっぺんに三百名余の小学生が昼食の補給をうけるようになってしまったというのである。それで河北新報は七月二十二日付の記事で大いに歎いている。

「大抵の家では、どんなに窮迫し、朝食や夕食は欠いても、いとしい自分の子供に学校で子供がみんな揃って一緒に食べる昼食だけは欠かせたくない、というのが普通の人情だ。それがその昼食すら拵《こしら》えてくることが出来ないとあっては、家庭での欠食節食は莫大の数に達するものと想像される」

下々《しもじも》がこのように生活苦で喘《あえ》いでいるときであるというのに、上つ方は海軍軍縮条約にからめて「統帥権干犯」問題で大騒ぎしていたのである。情けなくなるばかりと重ねていうほかはない。当事者の軍令部が、裏で倒閣をめざす野党の政友会と相当に深く結びついていたことは、いまは明らかになっている。当時の海軍次官山梨勝之進中将の回想がある。

「海軍省及び軍令部において……（憲法論など）興味もなければ研究したこともなかった」。ところが政党と結託したために「賢い手合いが、この（統帥権）問題を倒閣のための跳躍台とにらんだ。政友会にはこのようなことにかけては海千山千の名人がそろっていた」（『歴史と名将』）

こうして政界がやっさもっさしているとき、いわば時代の監視役であるメディアはどうしていたのか。これが気になってくる。そこで、と、朝日新聞ばかりを例とするのは恐縮ながら、「政治が軍事を統制せよ、軍事をして政治を統制せしむるな」（六月十九日付）とか、「空前の経済困難を打開する上に、軍費の節約が絶対必要なることは、今や国民の常識である」（八月一日付）と、軍縮調印に賛成し、軍部の政治介入をきびしく批判している。朝日新聞のみならず、ほかの各紙においても同じ主張である。

と、褒《ほ》めるそばから妙な事実に突き当たって戸惑ったりする。『西園寺公と政局』（原田熊雄）によると、かならずしもメディア全体がもうこのころから政府の軍縮方針を支持していたわけではなく、海軍省の記者クラブ「黒潮会《こくちょうかい》」の気鋭の記者たちは、「軍令部長に同情をもついっぽう」であった、というのである。つまり艦隊派や政友会が壮語する「統帥権干犯」の主張に肩をもちはじめていた。世論もそれにつられておもむろに変わりはじめていた。

そこで探偵してみれば、裏の事実を暗示するような文書が防衛研究所図書館にあるのを発見することができるのである。すなわち、政友会の犬養毅や鳩山一郎たちが議会で政府を攻撃した直後の四月三十日、艦隊派の主導者の軍令部次長末次信正少将が、黒潮会の記者全員を赤坂の料亭によんで（そして二次会でも）大接待をしたという事実。そのときの出費は軍事機密費から工面して計六百八十六円四十五銭であったという。総理大臣の月給八百円、小学校の教員の初任給四十五〜五十五円のころのことである。ウヘーと思わず溜息のでてしまうのを抑えられぬ話ではあるまいか。

✹ナンセンスな話たち

少しばかりB面の話から離れたのでもとへ戻すことにする。昭和五年の流行語番付の西の横綱がルンペンであるとすれば、東のそれはエログロ・ナンセンスということになろう。注をつけるまでもなく、エロはエロチックの略で好色な、グロはグロテスクの略で怪奇な、ということ。この二つはすでに昭和改元の直後ぐらいからいわれていたが、この年になってこれにナンセンスがくっついて風俗あるいは時代の性格を象徴する流行語となった。ルンペンとエログロ・ナンセンス、この東西を飾る二つの言葉は、どん底の不景気が生んだ双子といえる。

言語学者惣郷《そうごう》正明の説くところによると、この年の八月十五日の閣議で、非常識を意味するノンセンスがナンセンスと変わってモダン語化したことが、突然閣僚間で話題になったという笑わせる話がある。

江木翼鉄道大臣：—ナンセンス？　つまり、それは他愛のない話ということなんですかな。

幣原《しではら》喜重郎外務大臣：—いや、それよりは与太話としたほうがいいのでは……。

すると浜口首相が割って入った。

「ハハハハ、そのわけは簡単ですよ。いま話しているこんな場面が、すなわち、そのナンセンスということなんですな」

このナンセンスな時代をよくわからせてくれるようなことを、東京日日新聞がこの年の夏に大々的にやっている。ロバ、牛、豚それに山羊に富士登山をやらせた。そして「何時間何分で頂上につくだろうか」というクイズをだして読者から懸賞募集をしたところ、これが大当たり、新聞の部数がのびたという嘘のようなほんとうの話である。

おかしいのは選手の名も公募して、ロバは太郎、牛がお花、豚が東吉と日出雄、山羊は不二子と名づけられた。スタートは七月二十日の午前四時。各選手に記者やカメラマンがついて、ガンバレ、ガンバレとさかんにハッパをかける。どうもバカバカしくて、いくらB面でもと筆が渋るが、ともかく結果だけかいておくと、一着が牛で八時間十分、二着がロバで八時間四十五分、三着が山羊で十八時間、豚は残念ながらトントンといかず二日がかりの二十九時間五十五分。くわしくかけばそれぞれの登る距離が違っていて、結果的にはロバが一着になったようであるが、そんなことはどうでもよく、これぞまさしく、おお、ナンセンス！　というばかりである。

こうなると当然でてこなければならない人物がいる。前章でふれたかのエノケン、榎本健一である。これがいまや浅草で大の人気者。このエノケンに、のちに一世を風靡することになる異色の喜劇作家、若き日の菊田一夫がこの年の暮ごろからぴたりとより添った。二人して時代の空気に乗りに乗って、爆発的な大当たりをとったのが歌舞伎芝居「仮名手本忠臣蔵」のパロディ「阿呆疑士迷々伝」である。旗一兵『喜劇人回り舞台』がそのナンセンスに徹した舞台をこう紹介してくれている。

「内匠頭《たくみのかみ》が安全剃刀《かみそり》で切腹したり、山崎街道の定九郎がゴルフ・パンツで現われる。それを勘平が二つ玉ならぬ拳銃で射つ。と思うと、六段目の勘平はカルモチンで自殺し、赤穂の城明渡しではエノケンの内蔵助《くらのすけ》が城門にペタリと貸家札をぶらさげて、

『これでわれらは宿なしのルンペンになった。それもこれも主人が阿呆だったんだから仕方がねえや』

と愚痴をこぼすという奇想天外ぶりだった」

ところが、である。時代がいくら「馬鹿馬鹿しくてマジメにやってられない」ものであって

も、当局は許してはくれなかった。公演終了後、日本人のモラルの規範ともいうべき「忠臣蔵」を茶化すとは何事か、と警視庁は菊田一夫に出頭を命じる。散々に絞られた揚句に始末書をかかされ、このいわば出世作を「二度と上演しません」と約束させられて菊田は釈放された。

✳「カフェー文化は西より」

ナンセンスのあとになったが、エログロのほうも外してはならないであろう。いずれにしたって、エログロ・ナンセンスとは農村の疲弊の上に咲いた都市文化の〝アダ花〟にすぎず、いずれ萎《しぼ》むのはわかっている。が、先が見えず世が不安であればあるほど妖しく、艶やかにエロチシズムは花ひらく。東京や大阪にあっては、カフェーとかダンスホールという形で。そしてそのさきがけとなるのは女給たち。そしてエロ・サーヴィス。

昔からある芸者遊びにはいろいろな手つづきが必要で、そうは簡単に遊べない。地方から来た人なんかはまごまごするだけ。そこへいくと、レストランと喫茶店を兼ね、いまでいうバーやクラブの役割もはたすカフェーは、ごくごく安直に遊ぶことができる。民衆の不況感にたいする反動として、生まれるべくして生まれたものといえようか。まず大阪の新世界や戎《えびす》橋筋あたりが先陣を切り、大そう繁昌している「美人座」が東京銀座一丁目に「光は東方より、カフェー文化は西より」と進出してきたのが五月三十一日。そして一週間後には、

「復興銀座の裏通りに雨後の筍《たけのこ》よりも繁く町並に続出してきたカフェーは、われもわれもと上方《かみがた》風を無条件に取り入れて、妖しくも刺激的な青赤黄の店内装飾や、過剰な女給群の遊弋《ゆうよく》、百パーセントエロのサーヴィスぶり、狂躁的なジャズバンドやステージダンスの設備などで、銀座ボーイの魂を完全に把握してしまった」（大阪朝日新聞　六月七日付）

という有様で、銀座の横丁はたちまちライオン、タイガー、サロン春、ルパン、サイセリア、ゴンドラなど、妖気をふりまく赤い灯、青い灯の洪水と相なった。

そしてまさに〝カフェーと道づれに〟といっていい、いろいろなガールが盛り場に出没する。六月十五日付の読売新聞夕刊には「一九三〇年『エロ時代』、現れたり尖端女性の新職業」という見出しが躍っている。すなわち「その一、円タク・ガール」。当時のタクシーにはいつも客のためドアの開閉を担当する助手が乗っていた。その助手が女性で、客が乗ってくるとさっそく交渉をはじめ、まとまればそのままタクシーはよろしき宿へと客を運んでくれる。「その二、キッス・ガール」、読売には「一回五十銭、口には消毒ガーゼ。ハマ〔横浜〕の公園に店開き」と報じられているが、いくらか創作のようにも感じられるおかしさがある。

そのほかワンサ・ガール、ガソリン・ガール、ボート・ガール、エンゲルス・ガール、ショップ・ガールなどなど、数えきれないほどのガールが盛り場を闊歩していたらしい。「何でもいい、ガールとさえ言えば時代の尖端に立つものとして注目されるかの観があって、正にガール全盛時代ということが出来るであろう。もろもろのガール達が百花爛漫の春の趣を呈してい

当時のキャバレーの裏口。女性の化粧も濃くなった（昭和６年）

るのが、一九三〇年の情景である」（高田義一郎「ガール全盛時代」「婦人画報」二月号）

こうなると黙っていられないのが浅草を先頭とする興行界やキャバレーである。レビュー、ダンスをはじめ、単なるお酌なんかにも強烈にエロを前面にだして、サァー、イラハイと客を呼ぶようになる。警視庁保安部にとってはゆゆしきこと、厳重に取り締まらねばならんと、十一月二十四日に九項目の詳細な「エロ演芸取締規則」をあわててつくって、管内の各署に通達する。のちのちの参考のためにその一部を。

（イ）ズロースは股下二寸未満のもの、及び肉色のものはこれを禁ずる。

（ロ）背部は上体の二分の一より以下を露出せしめざること。

（ハ）胸腹部は乳房以下の部分を露出せしめざること。

（ホ）片方の脚のみ股まで肉体を露出するがごときものはこれを禁ずる。

（ト）ダンス（例えばインディアン・ダンス、ハワイアン・ダンス等）にして腰を部分的に前後左右に振る所作はこれを禁ずる。

（リ）日本服の踊りにおいて太ももを観客に現わすが如き所作はこれを禁ずる。

いまどきと違って、当時はこれで興行主は悲鳴をあげた。「これでは不景気を乗り切れません」と当局へなにとぞ緩和のほどをと陳情した。が、当局はガンとして聞き入れなかった。

産児制限とエントツ男

わたくしの生まれたのは、このように猥雑で、どことなくやけくそ半分のユーモラスな空気が巷にあった年であったようである。たしかに、不景気からは脱してはおらず、満蒙問題解決のために政治・軍事のほうではキナ臭さが感じられだしてはいるが、ともあれ人を殺したり人に殺されたりの戦争のない、昭和史の平和な時代の掉尾《ちょうび》を飾る大らかなときであったことに間違いはない。

高校生になってから知ったことではあるが、佐藤春夫の詩「さんま、さんま、さんま苦いか塩つぱいか」で知られる谷崎潤一郎「細君譲渡事件」のあったのも、この年の八月十八日のことであった。この日、谷崎は記者会見をひらき、妻の千代子と離婚し、千代子が佐藤のもとに再嫁することに合意したことを発表する。師と妻とその弟子三人の、錯綜した愛憎劇を経たのちのこれが結論で、新聞はこれを「譲渡事件」として派手に報じた。そんな小説家の私事が、天下の大事件のごとく大見出しとなるゆったりとした時代であったのである。

「あはれ、秋風よ、情《こころ》あらば伝へてよ。……男ありて、今日の夕餉《ゆうげ》に、ひとりさんまを食《くら》ひて……」

人妻への報われぬ愛がたしかに秘められている。しかし世にはこれを「不倫」とみる人が多く、誤解と中傷で佐藤と千代子は深く傷つく。佐藤にとっては、愛を貫いたことが、詩のとおりに苦く塩っぱいものとなった。エログロ・ナンセンス時代の純愛物語としてこれをかいたが、つまりそんな風情もいっぽうにある御代であったともいえようか。

国勢調査（十月一日）の発表によれば、この年は日本の総人口が初めて六千万人台に乗ったとき、ということである。正確には朝鮮・台湾・樺太をふくめて九千三十九万六千四十三人で、うち内地（日本国土）が六千四百四十五万人、世帯数は一千二百七十万五千世帯であるという。ところが、現実は、何度もかくようであるけれども、農村危機が深刻化し、不景気は加速して失業者は氾濫している。それなのに、赤ちゃんがぞくぞくとこの世に生まれでてきていた。それで、というわけであろう、日本で初めての産児制限のための相談所が東京でスタートしたのが、この年なのである。

脱線した話になるが、二十一世紀の日本を考えるとき、今日の少子化は深刻かつ早急の打開を要する大問題、と思うのである。そのまま国力の衰退を意味する。が、これはかりはわれら老齢者には、憂国の言を吐くのができることの精一杯で、率先躬行《きゆうこう》とはまいらない。若き男女諸君の奮闘努力をお願いするばかり。

そんな「赤ちゃんを産まない」時代からみると、産児制限とは夢みたいな話ということになる。しかし、昭和五年当時は、狭い国土に総人口六千万とはただごとならずと、これが喫緊《きっきん》の問題になっていたのである。ちなみに、とにかく「産めよふやせよ」が国策となったのはずっとあとのことである。

そしてこの産まないための、本邦初の相談所が芝公園五号地にひらいたのが二月一日、その規則にいわく。

「不純な動機の相談依頼者を絶対に相手にしないために、現に三人以上の子女のあるものに限って相談に応ずることとす」

このきびしさ！　いまどきこうした相談所をひらいても、閑古鳥が鳴くばかりならんか。

この年はこれで終る予定であったが、重要な（？）人物を忘れていることにいま気がついた。この年の労働争議の件数は前年の二倍近い二千二百八十件余、こんなに数多い争議のなかで世間を驚かせ長く記憶にとどめさせたのはこの人ひとり。田辺潔、二十七歳。

ときに十一月十六日。その二日前の十四日に浜口首相が東京駅で、右翼の佐郷屋留雄《さごやとめお》に撃たれて重傷（翌年八月死亡）を負うという事件が起こっている。こうした物情騒然たる世情がはじまりだしたなかで、賃金カット、首切り反対を訴えて長く争議がつづいていた川崎市の富士瓦斯《ガス》紡績川崎工場で、この日、突如として、赤旗をもって四十五メートルの大煙突のてっぺんによじ登り、争議貫徹を大声で叫ぶ男が現われた。

「エントツ男」は５日後、地上に帰還

新聞記者はこの突飛な新戦術に打ってでた男の登場に大喜び、さっそく「エントッ男」と名づける。外電までもが「ミスター・チムニイ」と本国に報じる。しかもこの男、だれが何といおうと下りてこようとはしなかった。「見物一万人雲集」と新聞が囃《はや》したてるから、連日見物人が押し寄せ、屋台のオデン屋や焼ソバ屋がきて、まるでお祭りのような大騒ぎとなった。結果的には、スルメ一束、酒一升、ゴールデンバット十箱、それに飲料水、これで百三十時間二十二分の滞空記録を残し、組合側の要求をほとんど会社側に認めさせて、「エントツ男」は悠々と下りてきた。

というのも、二十一日午後三時二十分過ぎに、昭和天皇の乗ったお召し列車が関西からの帰途に付近を通過する。「上からの不敬はまかりならぬ。なんとか下ろせ」という当局の強い要請で、会社側が折れざるをえなかったというのである。地上に下り立ったときの田辺の一言は、「いやあ、寒かった」であったとか。

その後、第二、第三のエントツ男が出現したが、ヒーローになれるのは第一号だけ。あとはだれも見向きもしないし新聞にも載らなかったが、子供たちの間ではしばらく「エントツ男ゴッコ」が行われていた。まだ赤ん坊のわたくしにはその記憶はまったくない。

なお、田辺の最期は悲劇的である。二年四カ月後に、横浜で死体として発見される。事故による溺死とされたが、その死は特高警察によるものと信じている人が、かなり長い間少なからず存在した。そして巷ではさかんにデカンショ節が大声で歌われた。

〽俺らが怠けりゃ　世界は闇よ　ヨイヨイ
　闇に葬れ資本主義　ヨーイ〱デッカンショ

昭和六年（一九三一）

前項（昭和五年）でちょっとふれておいたが、五年十一月に起きた浜口首相狙撃事件は、政治史的にみれば、日本の政党政治の否定、軍閥政治の台頭へとつながる深刻な里程標の一つであったのである。つまり、第一次大戦後の自由主義や社会主義の風潮の反動として、徐々に芽生えてきた国家主義・愛国主義運動が、軍部と連絡しはじめたということになる。大震災いらいの不況と軍縮によって、国力はますます衰退していく。国威は落日の如し。たいする政治の無能無策は眼にあまる。民間右翼にも、官僚にも、軍隊内部にも、日を追って国家を立て直さねばならないという「革新」熱が高まっていく。

さらにまた、中国大陸では——蔣介石の国民政府軍が圧倒的な武力を保持し、各地の軍閥勢力を倒し、国家統一に向けての民族意識は高まるいっぽうになっている。かの屈辱的な「三十一ヵ条要求」を廃棄せしめ、もともとの条約どおりに昭和九年までで関東州（大連・旅順）を取り戻すことを、国民政府は日本に要求してきた。中国民衆はそれを支持し、反日・排日の気運は昂揚し、日本人居留民との小衝突がいたるところでくり返されている。

このまま見過ごせば、満洲の権益確保も危殆に瀕せざるをえない。この「満蒙の危機」に直面して、一刻も早く国家改造をしなければ間に合わなくなる。こうして「革新」の意思と熱気が強まるとともに、いざとなれば〝武力〟や〝暴力〟によってそれを達成せねばならない、それが国防のための〝大義〟というものである、とそこまで革新軍人は思いつめ、焦燥にかられていった。

とくに満洲の曠野にあって、日本の政策を代行する形の関東軍司令部の参謀たちには、政府や軍中央部の無策が我慢ならなくなっていた。交渉相手の満洲軍閥の頭領の張学良が「外交上の大問題は中央でやる。地方的な問題は自分がやる」と、むつかしい問題はすべて南京の国民政府のほうへ回そうとし、その無責任さがいっそう関東軍参謀たちを激怒させた。そして、その憤慨のいきつくところ、張学良にかえてより親日的な政権をつくるか、さもなければ満洲全土を軍事占拠してしまうか、という二者いずれを択ぶかの結論にみちびかれていった。

そして昭和陸軍特有といっていい、動機を重んじ手段の正邪を問わない精神構造というものが、これに加勢する。動機さえ純粋であれば（それも往々にして主観的に）、手段と行動がかかりに統帥を乱し、武力をともなうものであったとしても正当化される、といった空気が中堅クラスの陸軍将校たちの間に瀰漫《びまん》していたのである。関東軍のみならず陸軍中央（陸軍省と参謀本部）においても。

こうして、大日本帝国を亡国へと転落させる長い戦争の端緒となる、六年九月の満洲事変は起こるべくして起こったのである。

日本国民はその日まで、いや戦争がはじまった報を耳にしても、まさかこの中国軍との小衝突が大戦争への導火線に火をつけることになろうとは露思わなかった。しかし帝国陸軍は確信していたのである。事件前に、

「日本人は戦争が好きだから、事前にゴタゴタ理屈をならべるが、火蓋を切ってしまえば、アトについてくる」

と予言した軍務局長小磯国昭少将の豪語は適中した。戦争がはじまると、国民はいっぺんに集団催眠にかかったように熱烈に軍部を支持するようになった。神社には必勝祈願の参拝者がきびすをつらねてつづき、血書や血判の手紙で南次郎陸軍大臣の机の上はいっぱいになったのである。

「のらくろ」の登場

昭和六年という年号を耳にすると、ただちにわが脳味噌を刺激してポッと浮かんでくるヤツがいる。『のらくろ二等卒』（のち『のらくろ二等兵』と改題）というあの目の大きな、真ッ黒い、ワン公の漫画である。

もちろん、この年の一月号から「少年倶楽部」に連載されることとなった田河水泡の漫画を、まだ赤ん坊であったわたくしが愛読できるわけがない。でも、物ごころついて楽しめるようになっていらい、昭和十六年十月号で軍の圧力もあって中絶となるまで、へまばかりしながら、ひたむきに生きた本名〝野良犬黒吉〟の「のらくろ」を欠かさず読みふけったのである。正確にいって十年九カ月（一回休み）の長い連載で、回数にして百三十四回という。

猛犬連隊の衛門をおとずれたのらくろは、衛兵に見とがめられ、「僕は、のら犬の黒つまり『のらくろ』というものであります」と答える。あとになって思えば、大不況という社会状況を背景に、ルンペンののら犬が軍隊に入る。タダ飯《めし》が食えるから、である。それと統帥権問題に端を発して「軍」というものの存在が社会的に注目されはじめたとき、ということもわかる。二等卒にはじまって、のらくろは大尉まで進級し守備隊長となる。しかし、「なあに、あいつはいくら出世したって、オレより一つ年下なんだ」と、わたくしは少々偉ぶってこの連載漫画に接しつづけた記憶がある。

ずいぶん後年になって、いっぺんメモをとりながら読み通したことがある。そこには約十一年間にわたる戦前昭和の食いものがでてくる、それはまた、当時のわれら悪ガキの食べものの歴史になるのではないか、と気づいたからである。そして、それはまさしく図星であった。のらくろが軍曹時代の昭和九年一月号に、なべ焼うどんと豚饅頭がはじめてでてくる。〝特別上等豚饅頭〟の看板のかかった店で、これは美味《うま》いやとやっているところを、ブル連隊長にみつかり、「こんなぜいたくなものを食べてはいかん」とのらくろはポカリとやられている。この九年の日本は、満洲帝国のラスト・エンペラー溥儀《ふぎ》の日本訪問、ということで、満洲ブームのただ中であったのである。

漫画に天ぷらとアイスクリームがでてくるのが昭和八年五月号。チョコレートとお汁粉が九年七月号。トンカツが十年十二月号。大福が十三年夏の増刊。十四年十月号に鶏の肉団子、十五年新年号でキャラメル。まさしく川向こうのワンパクたちの、とびきりの御馳走と歩《ほ》を一《いっ》にしている。

資料によれば、和洋を問わず、菓子の原料である砂糖とバターの需給が、ぐんと逼迫《ひっぱく》したのは十四年秋ごろより。東京市中で砂糖が品切れとなり、レストランではバターがないため、西洋料理の味はガタ落ちとなった。翌十五年六月からは大都市では砂糖が切符制、十月からは全国的に配給統制となる。この統制なくしては、われらが下町の路地裏の駄菓子屋文化は、大資本の近代化・量産化の力の前に、とっくに消し飛んでいたことであろう。戦時下という国家的危機が逆にわれらが駄菓子屋を救ったといえるのかもしれない。当時、「兵隊さんよありがとう」という軍歌を悪ガキは大声で歌っていたが、あるいは正しかったのか。

先走りに走りすぎた。のらくろの話であった。で、急いで戻ると、評論家の小林秀雄は、田河水泡の義兄にあたるが、その著書『考えるヒント』で、のらくろについてくわしくかいている。それを長すぎるほど引くことを許されたい。

「或る日、彼〔田河〕は私〔小林〕に、真面目な顔をして、こう述懐した。／『のらくろというのは、実は、兄貴、ありゃ、みんな俺の事を書いたものだ。』／私は、一種の感動を受けて、目の覚める想いがした。彼は、自分の生い立ちについて、私に、くわしくは語った事もなし、こちらから聞いた事もなかったが、家庭にめぐまれぬ、苦労の多い、孤独な少年期を過した事は、知っていた。言ってみれば、小犬のように捨てられて、拾われて育った男だ。／『のらくろ』というのん気な漫画に、一種の哀愁が流れている事は、私は前から感じていたが、彼の言葉を聞く前には、この感じは形をとる事が出来なかった。まさに、そういう事であったであろう。そして、又、恐らく『のらくろ』に動かされ、『のらくろ』に親愛の情を抱いた子供達は、みなその事を直覚していただろう」

「週刊文春」編集者時代に、わたくしは当の田河水泡から直接に〝裏ばなし〟を聞いたことがある。小林のかく話とはちょっと違うが、底のほうで微妙に相通じるものがあるようでもある。

「当時は雑誌を買える子供より、借りて読む子供のほうが圧倒的に多かった。その借りて読む子供たちに、劣等感をいだかせぬような内容の漫画をかこうと思った。物のない子、家のない子たちまでが、優越感にひたることのできる性格の主人公――野良犬の黒吉つまり〝のらくろ〟はこうして誕生したのですよ」

弱者への応援歌。しくじりや大へまを持ち前の頓智と勇気と努力で克服していく。毎日の苦しさを何とか愉快なものへと変えてくれる。それが味わいたくて、「少年倶楽部」の出るのを待ちわびて本屋さんへ走ったのであろう。そういえば、漫画家の加藤芳郎（大正十四年生まれ）がこんな想い出を語ってくれたのを思いだした。

「新しい本のにおいがプーンとしてね。夢中でのらくろを読んでいると、本屋のおやじがハタキを持って追い出しにくる。ぼくの少年時代の想い出は、本のにおいとハタキだね」

わたくしもそれに和していった。

「ぼくの場合は、ハタキに蠅叩きでしたね」

✳「明治は遠く……」

つづけて、昭和六年と聞けば、当然のことのように思い浮かんでくることとなる。だれもがいちどは口誦《くちず》さんだことがあるであろう名句の話である。

降る雪や明治は遠くなりにけり

中村草田男の作である。

はじめ「雪は降り」であったのを、後日「降る雪や」にあえて直した。「降る雪や」は切れ字というより、軽い詠嘆の感じ、つまり、いっさいの追憶も哀愁も蔽いつくしてシンシンと降る雪なのである。やに万感の思いがこめられている。名句にはすべてを包みこむような深さと大きさがある。

「一九三一（昭和6）年一月、三〇歳のときのものです。母校の青山南町の青南小学校を、ある日、散歩がてらに訪れました。実に二〇年ぶりの母校との再会です。寒い日でして、折から雪がふりだした。私が在学したのは明治の終わりごろで、紺がすりの着物に袴《はかま》の小学生でした。その姿を思い浮かべながら校庭を見つめていました。と、その夢が一瞬にして破れました。校舎から走りだしてきた小学生は金ぼたんに黒外套。口をついて〈明治は遠くなりにけり〉の句ができてきました」

草田男の述懐である。

そしてこの述懐はまことによくわかる。世の風俗の一変することのスピードの速さには、いや、時の経つことは、いまはもっと加速して唖然とするばかり。ネットだのスマホだの、片カナ三文字がやっと頭に入ったのはついこの間のこと、と思っていたのに、いまはもう電子とやらを駆使できざるものは人に非ずのすさまじさ。活字による戦前昭和史だけにうつつをぬかし、ケイタイすら持たぬ八十爺《じじ》いは「昭和も遠くなりにけり」どころの話ではなくなっている。草田男さんよ、お主はまだ幸せ者だったんだよ、とひそかに呟いている。

そんな歎きの阿呆陀羅経はともかくとして、昭和と年号が変わってまだ間もないというのに、老若男女の別なくその風俗はまるきり一変した。明治生まれにはついていけない速さであったことは確かである。その過渡期が五年と六年ではなかったか。そして、その変化の尖端に立ったのがモガ・モボにはじまるエログロ・ナンセンス。とくにいろいろなガールの出現。ガールのシンボルはそのヘアースタイル＝断髪である。そして洋装。引き眉毛、濃いルージュの化粧。

当時の川柳に曰く。

マネキンの爪まで女房見て帰り　茂丸

このマネキンは人形ではなく生きたガールである。念のため。となって、〝化粧近代化〟は家庭にこもる中年婦人にも及んでいく。やはり変化する美に勇敢なのは女性のほうである。前年夏から大阪で流行《はや》りだしたアッパッパが東京はもちろん全国的になっていく。風が吹けば裾がぱあっとひろがるその体裁から、だれいうとなく生まれた名称で、いま風にいえばムームーとマタニティドレスを混ぜたもの。安くて涼しいという簡便さから、「実用は芸術なり」とかでこの年の夏は長屋のおっかあにまで浸透した。とくに東京の下町では。男どもの「みっともない」なんて反対も何のそのである。

そこから飛びだしてきたのが「家庭争議」というこの年の流行語。いまは死語であまり耳にしないが、つい十年ほど前までは生きていた。もちろん「労働争議」から派生した言葉である。

とにかくこの年は各地で労働運動がやたら活潑で、三年には一〇二一件だった争議がこの年は二四五六件と二倍以上。不景気のどん底であったから当然で、ついでに食うや食わずで家庭内の雰囲気もギスギスし、やたらと揉めごとが起こった。それで「労働争議」を借用してつくられたのがこの言葉。造語の主はかの大宅壮一であるらしい。歌人の川田順との対談で大宅は語っている。

「その頃ぼくの家に『婦人公論』の記者が、毎日のように遊びに来てましてね。ぼくが〈近所の新居君の家でまた〝家庭争議〟がはじまった〉なんて言ったところから『婦人公論』の人が、その言葉はたいへん珍しい言葉だから、一つわが『婦人公論』でもって『家庭争議号』というのを出そうということから、あの言葉が天下に流布されるに至ったんです」

ついでに、この新居君とは文芸評論家で、戦後はたしか杉並区長をやった新居格《にいいたる》のこと、モガ・モボはこの人の造語ではなかったか。

ついでにもう一話。昭和になって、だんだんに女性が自信を得て強くなってきたことは、もう確かな事実として認めるほかはない。そして時代の変化にはいち早くついていく。そのことを物語っているかのようなアンケートが六月二十四日付の国民新聞にあった。麴町区元剛町にある麴町高等女学校のこの春の卒業生百五十人に、「理想の夫は?」という質問をだした。その答えである。

「▽丈の高い健康体のスポーツに趣味のある人。

▽酒や煙草は少しはよい。まじめすぎて融通のきかない人は嫌い。
▽おしゃれで着物など気にかける男は嫌い。
▽ブルジョアは嫌い。地位も名誉も好みません。
▽妻や子供のあらゆる質問に答えられる学問と教養のある人」
と、まあ、そこまではよろしい。さて、つぎの希望となると、当時の若い男性諸公は、とくに保守的な諸公は、草田男ではないが、「明治は遠くなりにけり」と詠じたくなったのではありませんか。

「▽結婚してから妻が異性と交際しても何もいわない程理解ある人」

そうなんだよなあ。まったくそのとおり。男ってやつは女よりも嫉妬深く頑迷だからね。

✺官僚の減俸の断行

ところで、実のところはこんな笑い話ですまされるような時代ではなかったのである。いまの価格に換算してもスゥーと頭に入ることではないので略するが、昭和六年はいまでいう実質国民総生産（GNP）は戦前昭和の最低であったのである。工業製品価格指数も最低、農産物価格指数もどん底、輸出額も最低、「農村の住民はほとんど糊口に苦しみ、米を食するを得ずして、アワ、ヒエ等を常食とするの状態なり。漁村の窮乏は山村に次ぎ甚だしく、漁獲物の価格低落、近年の天候不良による不漁等のため……（略）」（中村隆英『昭和史I』）、どっちを向いても真ッ暗闇の世の中である。東京の亀戸、玉の井などの私娼窟の女たちは、ほとんどこのころは東北弁であったという話を、わたくしは長じて聞いたことがあった。

昭和6年、山形で開設された娘身売りの相談所（右）。同じ年の東京の商店街の風景（左）からも恐慌のようすが見て取れる

もはやない袖は振れぬと、政府は昭和四年いらい問題となっていた官吏の減俸案を閣議で正式決定、天皇の裁可を仰いでついに断行することとした。鉄道、司法、商工などの各省職員がどんなに反対しようが万難を排して六月一日から実施すると発表。新聞もこれにエールを送った。大阪朝日新聞が社説で「鉄道官吏が減俸するなら覚悟があるなど宣伝し、ストライキをほのめかす如き言語道断である」（五月二十三日付）とやれば、東京朝日新聞も「減俸はいま始まったことではない」とわざわざ連載で「時代様々の減俸史」をはじめて応援する。これらに煽られて全国町村会が政府支持をきめ、断々乎として実施せよと決議文を突きつける。

かくて六月一日から予定どおり実施となる。月給百円のものは五分（五円）、二百円のものは一割以上、月給千円以上の親任官は二割という割合。ちなみにかいておく。内閣統計局の調査によると、六月現在の女子労働者の一日平均賃金〈諸手当、賞与も加え〉は八十二銭。三十日休みなしにはたらいたとしても二十五円にもならない。官僚ども〈軍人官僚も含めて〉がいかに高給をとっていたことか。それで減俸反対のストライキをぶとうなどとは、新聞ではないが言語道断、何をぬかすか、聞いて呆れるというものである。

ついに不況も官僚に及んだとなって、ただちに音《ね》をあげたのがもっぱら官僚ご愛用のタクシーである。もはや円タクの呼び名に値しないから、あの手この手の違反営業で息をつないできたがそれもいまや限界である。大阪毎日新聞が報じている。

「夜間にかぎり大阪では旧市内半円均一である。東京ときたら酔漢七人鈴生《すずな》りになって尾張町界隈〈銀座〉から裏道を日本橋まで、金二十銭でふっとばしたという最近の記録がある」〈七月二十日付〉

それで昭和六年版の『モダン語漫画辞典』〈中山由五郎著、田中比左良・河盛久夫画〉に、こんなことが載っている。

「〈**テクシー**〉タクシーに似せて作った語で、テクテク歩くことである。免許状無しで操縦ができ、おまけにパンクの憂いもないから便利なものだが、ただ草臥《くたび》れるのが玉に瑕《きず》だ」

じつは大正十一年刊『通人語辞典』にすでに生まれていた語であったという。それがまた不況のどん底にあってよみがえったということなのか。

昭和改元いらいの不況の困窮話がつづいて、いささか筆に飽きもきた。そこで話題をかえると、昭和六年にヒットした流行歌に古賀政男作曲の「酒は涙か溜息か」とともに、「侍ニッポン」があった。歌ったのが徳山璉《たまき》。ほんとうは新納鶴千代をニイノウとするところを誤ってシンノウと歌ったため、その後はシンノウとだれもが歌うようになったという。わたくしは珍しく「人を斬るのが侍ならば、恋の未練がなぜ斬れぬ」と一番だけはきちんと歌えるし、そのときは正しく「ニイノウ鶴千代にが笑い」とやることにしている。この徳山璉はのちにトントントンカラリの「隣組」を歌った人。やがて戦時下のこの歌についてもかくことになるであろうから、早手回しにいまのうちにふれておく。昭和十七年に早逝、享年三十八。

じつはかきたいのはニイノウの話ではなくて、いまカラオケなんかで歌われている「侍ニッポン」はだいたい四番までなんだそうで、それが怪しからぬという内輪話。ほんとうは五、六、七番がすこぶるよろしいのだそうである。事情通に懇々《こんこん》と説かれたことがある。

「こっちを歌っているのは徳山にあらず藤本二三吉姐《ふみきちねえ》さんで、〽恋と意気地の死骸《むくろ》の上に、降るは昔の江戸の雪……なんていってね。ホロッとするよないい声なんだ。ところが、なぜ徳山の歌った四番までが流行《はや》って、あとが消えちゃったのか。男女差別のためなんかじゃない。じつは四番までがSPレコードのA面で、あとのほうはB面だったんだ。当時のレコード会社はA面だけを大々的に宣伝して売ったんだ。裏側のB面を軽く見やがったんだな。二三吉姐さんはB面歌手なんかじゃなかったのにな。超不景気で就職もできぬ当時の若ものが、安酒でまぎらわす心の憂さを切々といい声で歌ってくれていたのにな」
といわれたってこっちは二番以下は珍紛漢紛。さりとてB面なるものの切なさだけはわかった気になる。本書がB面ゆえにさっぱりということがないように、いまのうちに祈っておく。

満蒙はわが国の生命線

と、ここで話を唐突ながらA面に転じてしまうことになる。昭和六年を象徴する流行語を主にかいてきたが、それらを圧して第一というべきこれをやっぱり外すわけにはいかない。しかも時計の針を一挙に戻してこの年の一月二十三日、第五十九衆議院本会議で山口県選出の代議士松岡洋右《ようすけ》が、野党政友会を代表する質問で初登壇する。その多岐にわたる外交質問のなかで、焦眉《しょうび》の急を告げる満蒙問題について滔々と説いたのである。

「満蒙問題は、私はこれはわが国の存亡にかかわる問題であり、わが国民の生命線であると考えている。この満蒙の地においても、また幣原外相の絶対無為傍観主義が遺憾なく徹底されているように見えるのである」

これが新聞紙上に「満蒙生命線論」として大きくかかれると、前の年から日中の小衝突がくり返され何となくモヤモヤとしていた民衆の気分を妙に刺激した。

昭和二年から五年までの排日侮日の不法行為の主なるものの当時の統計がある。権益侵害十件、不法抑留および没収三十三件、暴行傷害三十一件、営業妨害十五件、軍隊にたいする攻撃十八件、不当課税十六件、日本文化事業妨害十一件など。これが新聞で残らず報ぜられていた。

さらに強硬派の代議士森恪《つとむ》が、松岡演説をうけてぶちかました。

「二十億の国費、十万の同胞の血をあがなってロシアを駆逐した満洲は、日本の生命線以外のなにものでもない」

この数字は日露戦争で使った軍費、そして尊い犠牲者である。そうまでしてやっと手に入れた満洲の権益は、まさしく昭和日本が守りぬくべき生命線ではないのか。不景気だからといって、これを失ってなるものか。こうして「生命線」「二十億の国費」「十万の同胞の血」が国民感情を一致させるスローガンとなってしまった。

もともと生命線とは「当たるも八卦《はつけ》当たらぬも八卦」の手相見が使う言葉なのであるが、かくて国家存続のために絶対に守らねばならない一線と、あれよという間に昇格したのである。目ざとい広告会社がさっそく飛びついた。

「咽喉は身体の生命線／咳や痰に龍角散」

「お肌の生命線を守るレートクレーム」

いまになると、石川啄木ではないがじっと掌をみて、おのれの手相の生命線の長さをたしかめるときぐらいしかこの言葉は思いつかないが、ほんとうに当時の民草の情緒をはげしく揺すぶり、またたくまに流行語となっていったことには驚くほかはない。

『岩波国語辞典』第六版を引くと「生き抜くためには、そこを絶対に守らなければならない、大切な所」というのが第一の解釈としてでてくる。つまり流行語となった背景に、どうにもならぬ生活の窮乏、生きていくのがやっとの思いがあったから、といえようか。国防の生命線も日常生活の生命線も同じ思いであったのである。

その日本帝国が「生き抜くため」の、青森県の困窮ぶりの例がある。

「家庭貧窮のため子女の前借（身売り）をした者は、一九三二年において二四二〇名（中略）という数字があげられている。『これら子女の前借により目前の負債の重圧を逃れんとする農家の苦境は真に想像するに余りありというべし』。この種の事実は各県において共通である。（以下略）」（中村隆英『昭和史I』）

この世情がつづいていってはとうてい生きのびるのもむつかしい。生命線が流行語となっていった理由は、これで十分に察せられるのではないか。

こうした大震災いらい消耗しフニャフニャになった国力をどうにかしないことには、国防を完《まっと》うすることができない。焦慮し苛立つ軍人たちが起《た》ち上がることを決意したのは、あるいは歴史の必然ということになろうか。六年九月十八日午後十時半すぎ、南満洲鉄道の奉天（現瀋陽）郊外の柳条湖付近の線路が爆破された。関東軍司令部参謀たちの謀略によるものといまは明らかになっているが、これを張学良が指揮する中国軍が爆破したものとして、生命線を死守するために、すなわち自衛のために、ただちに日本軍は行動を開始し北大営の中国側本営に攻撃をしかけた。満洲事変の勃発である。戦火はまたたく間に満洲全土に拡大していった。

✳工業技術の飛躍的発展

これをB面昭和史でみるとどうなるか。

「三宅坂陸軍省の将校宿直室に深更二時五分——ヂーンとけたたましくうなった奉天特務機関からの飛電——『日支衝突』の第一電から久しく表面活動をみなかった陸軍省・参謀本部の動脈が激動しはじめた」

「午前三時、早くも杉山〔元〕陸軍次官、小磯〔国昭〕軍務局長、河村〔参郎〕高級副官等が登庁、同六時には南〔次郎〕陸軍大臣も登庁して、〔略〕参謀本部も金谷〔範三〕参謀総長以下総務部長、各部長等非常招集もあって、黎明頃から続々と駆けつける」

「参謀本部の玄関。日頃おっかない表玄関に今日は早朝から憲兵十数名を配して物々しい警戒ぶり。『おい何処へ行く』、外来者はいちいち誰何《すいか》する。参謀総長の参内〔天皇への報告〕——そこへきた『わが軍奉天城内に入る』の報が廊下を飛ぶ。巨星——自動車——三宅坂はごった返しだ」（報知新聞　九月二十日付）

この新聞報道がそのまま信じられるとすると、まるで予期していたような杉山次官や小磯局長の早い登庁ではないか。このとき杉山の私邸は井の頭線池ノ上駅の近く、いまわたくしの住んでいる家のすぐ裏手にあったはず。いくら何でも早すぎる。関東軍の計画を陸軍中央部はとうに承知していたと推理することもできる。

そしてこのとき天皇は？　である。『昭和天皇実録』によると、侍従武官長奈良武次より、午前九時三十分に知らされている。ところが、その肝腎の武官長たるや『実録』には、

「奈良はこの日の朝、自宅にて新聞号外によって事件の発生を知り、奏上の際には事件が余り拡張しないことを信じる旨を申し上げる」

という有様。天皇は完全に蚊帳《かや》の外。これほどの大事件を新聞の号外を通じて知ったとは、昭和天皇はまことにお気の毒であったというほかはない。

このA面的なB面ばなしをつづけると、このとき中国軍は何をしていたか。真珠湾で奇襲をくらったアメリカ太平洋艦隊の如くに、関東軍の戦力を見くびってのんびりとしていたのか。否、そんなことはなかった。総指揮官の張学良は主力を率いて、中国北部で反乱を起こした石友三軍の討伐に出かけ、張と連携を保つようになっていた中国本土の蔣介石の国民党三十万の大軍は、本拠地南京を離れて毛沢東の共産党軍と、ついで反蔣介石を明らかにした国民党広州派を相手として激戦中であったのである。また、欧米列強はといえば、大恐慌対策に追われ、アジアの紛争に介入する意思も準備もあろうはずはない、そう見越して、関東軍は、大きくいえば日本陸軍は、そのチャンスを巧みに活かしたのである。いくら中心人物石原莞爾の頭脳が冴えていても、奉天付近だけで二万、満洲全土では二十万余の張学良軍に勝てる道理がなかっ

たはずの一万余の関東軍の攻撃が成功したわけは、そこにあったとみることができる。

日本軍の攻撃を知らされた張学良は、時間的にも距離的にも反撃は無理と考え、戦いを放棄した。そして南京の国民党に知らせ、国際連盟に提訴して戦う方針をとる。国民党政府は連盟の非常任理事国であったが、日本軍の侵略行動の非を強く訴えることで国際輿論を味方につけて、逆転を策することとしたのである。

いくら不況対策で大童《おおわらわ》とはいえ、列強もこの中国から届いた悲鳴を無視できない。国際連盟の理事国も、法的に保障された権益の地をはるかに逸脱して進出していく日本軍の行動に、黙って眼をつむっているわけにはいかない。侵略を許さずと抗議の大合唱がはじまる。それに和したように、連盟外のアメリカのスチムソン国務長官がとくに大声でガンガン日本の非をいいだす。若槻内閣もさすがに馬耳東風をきめこんでもおられず、十月一日には緊急閣議。幣原外相が、「自衛のためのところまでにとどめ、吉林《きつりん》や敦化《とんか》にまで出した兵を撤兵させねば、世界輿論は完全に日本にソッポを向く」とねばり腰で説法すると、南陸相がうすら笑いを浮かべていい放つ。

「いま撤兵すれば軍事的に非常な困難なことになってしまう。奉天と吉林の抑えが利かなくなる。うるさくいうなら、国際連盟から日本が脱退すればいいじゃないか」(『西園寺公と政局』)

仰天した若槻首相が、そんなことをしたら日本が孤立して、国家の不幸を招くリスクを諄々《じゅんじゅん》そして懇々《こんこん》として述べたが、陸相はどこ吹く風と空っとぼけて鼻毛を引っこぬいてプウと飛ばしている。

どうもA面的叙述になりやすいので、ここでまたB面的推理に戻すと、陸軍の強気の裏側に、この年の九月一日の「世界最長の清水トンネル開通」のニュースがあった、とわたくしは自己流の読みをしている。

当時の新潟は、とくに長岡近辺は「米どころ」だけではなく、日本唯一の石油の産地。この米と石油を東京へ早く運ぶために、これまで険阻な三国山脈が大障害となって連なっていた。それがループ線とやらの技術を開発することによって列車を高いところまで運び、その山脈の上のほうにトンネルを造る。それでも世界最長の大工事、それに成功する。こうして障壁を見事に超えた。およそ世界一なるものがなかったこの国に、世界一の誇るべきものが誕生、米も石油も楽々とそれまでの倍近くも早く東京に運べるようになった。

つまり、それほど日本の科学技術の質が飛躍的に高くなっていた。そういえば、アメリカで発声映画＝トーキーが部分的に試作されたのは昭和二年（一九二七）。そのトーキー本格映画が日本ではじめてつくられ上映されたのもこの年の八月、松竹蒲田作品『マダムと女房』からではないか。映画が声や音をだすというので、これも天と地がひっくり返ったような大騒ぎとなった。これは工業化の部類には入らないかもしれないが、いまのように肉の厚いトンカツという名の食べものが登場したのが十月、東京上野の楽天という店であったそうな。いや、まだある。国産の第一号旅客機（乗客数六名）が完成したのもこの年である（十二月五日）。それに先だって羽田に飛行場なるものも完成している（八月三日）。ちなみに東京・大阪間の飛行機代は三十円、寝台特急上段が八十銭のころである。要は、農民および都市の零細労働者を犠牲にして、昭和の日本は工業化、技術化を急速に進めてきているのである。それは〝闇雲に〟と形容詞をつけたくらいの速さで進められていた、といっていいのかもしれない。西欧列強が何十年何百年もかかってつくりあげてきた「近代」を、日本は短時日で築こうとし、そしていまそれは成功しつつあるのである。

陸軍も海軍も、いや海軍はとくに、その事実を承知していた、と観じてもいい。なぜなら、いくらか先走りの感があるかもしれないが、ここでかいてしまうと、海軍が世界にもない巨大な不沈戦艦大和をすべて国産で造ろうとの夢想ともいうべきアイデアをもったのは、このわずか二年後の昭和八年十月のことであった。

「近年の日本の産業、文化の長足の進歩と、満蒙の経営によって、状況は大きく異なり心配はなくなっている。無条約時代に入ったならば、その後十年間に、パナマ運河を通れぬような超大戦艦五隻を建造、これを中心とする、日本の国情に合った効率のよい軍備を充実することによって、対米勝算は得られるのである」

海軍の首脳は、技術や産業や生活の発展を見越してそう信じこんだ。

いまに通じる科学技術信仰。関東軍の満洲攻略と、陸軍中央の揺るがざる自信の基底にはこの過信がたしかに流れていたものとわたくしはみている。

さらには忘れてはならないことがある。新聞各紙が雪崩《なだれ》をうつようにして陸軍の野望の応援団と化したことである。背後から鉄砲を撃つようなことは出来ぬと格好のいいことをいい、あれよという間にメディアは陸軍と同志的関係になっていく。

その理由の一つにラジオの普及があったことは、すでに拙著『昭和史』（平凡社）でかいている。九月十九日午前六時半、ラジオ体操が中断されて「臨時ニュースを申しあげます」と元気よく江木アナウンサーが事変の勃発を伝えた。これがラジオの臨時ニュースの第一号。新聞はこのラジオのスピードにかなわなかった。負けてなるかと号外につぐ号外で対抗しようとするが、号外の紙面を埋めるために情報をすべて陸軍の報道班に頼みこむほかはない。勢い陸軍の豪語のままに威勢のいい記事をかくことになる。軍縮大いに賛成、対中国強硬論反対、さらには満蒙放棄論までぶって陸軍批判をつづけてきたこれまでの新聞の権威も主張もどこへやら、陸軍のいうままに報じる存在となる。ああ、こぞの雪いまいずこ。どの新聞も軍部支持で社論を統一し、多様性を失い、一つの論にまとまり、「新聞の力」を自分から放棄した。

それに戦争は新聞経営には追い風となるのである。そのことは日露戦争での実体験で、新聞経営陣には骨身にしみてわかっている。事実、満洲事変が勃発してからの新聞購読者数の伸びはすさまじかった。別表（次頁）で、朝日新聞の例を示しておく。金融恐慌やら緊縮財政やら

頼もしい国民の意気

	昭和５年１月	昭和６年１月	昭和７年１月
東京朝日新聞	702,000	521,200	770,400
大阪朝日新聞	979,500	914,400	1,054,000

（単位は部）

の影響で激減していた部数が、事変のお蔭で旧に復するどころか驚異ともいえる部数増。もうこうなれば笛や太鼓で、行け行けドンドンとやるほかはない。「既得権擁護」「聖戦完遂」「新満蒙の建設」といった新スローガンがどんどん生まれていく。

この新聞とラジオの連続的な、勝利につぐ勝利の報道に煽られて、国民もその気になっていく。その熱狂は日ましに高まっていく。満蒙は日本の生命線、この生命線を自衛のための戦争でしっかり守りぬく。そしてその勝利を突破口に、昭和に入っていらいのもう行きづまりのような不況を打開することができる。国民の間にはつらい緊張ではなく、意気軒昂たる緊張がみなぎったのである。事変後、一週間もたたないうちに、日本全国の各神社には必勝祈願の参拝者がどんどん押し寄せ、憂国の志士や国士からの血書・血判の手紙が、陸軍大臣の机の上に山と積まれた。

街には日露戦争中にできた軍歌がしきりに流れる。〽敵は幾万ありとてもすべて烏合《うごう》の勢《せい》なるぞ……子供の遊びも戦争ごっこが主たるものとなり、戦地の将兵への慰問ブームが日本中をまきこんだ。十一月十日でいったん募集を締めきったにもかかわらず応募がその後もつづき、朝日新聞は連日慰問金応募者の氏名を、金額・住所ともども発表しつづける。十二月十日には、応募のあまりの白熱化に紙面が足らず氏名発表の遅れたことを陳謝する。それでもいっこうに鎮静せずに、十二月二十九日には三十五万円に達したのである。東京日日新聞もまた十二月二十四日に十七万円に達した旨を発表する。

戦後になって発表された小説などには、この時期の国民の生活は「発言を封じられて、ふるえる胸を押えたまま」とか、「つらい緊張は、日本国民全体の中にあった」とか、ひどく窮屈で、脅えきって、ただ黙って推移を見守るしかなかったようにかかれたりしているのがある。さて、どんなものか。むしろ、右翼の論客とされていた文芸評論家杉山平助がかいている報告のほうが正しいとしたい、との思いがある。

「本来賑かなもの好きな民衆はこれまでメーデーの行進にさえただ何となく喝采をおくっていたが、この時クルリと背中をめぐらして、満洲問題の成行《なりゆき》に熱狂した。驚破《すわ》こそ帝国主義的侵略戦争というような紋切型の批難や、インテリゲンチャの冷静傍観などは、その民衆の熱狂の声に消されてその圧力を失って行った」（『文芸五十年史』）

そしてたしかな事実として、事変後には一時面白いように売れたマルクス『資本論』はまったく売れなくなり、プロレタリア文学も本屋の棚からいっせいに姿を消した。かわりに「『戦いはこれからだ』類の軍事文学書がグッと頭を高めた」（大阪朝日新聞　七年一月十九日付）というのである。国民の気持ちはかなり戦闘的になっていた。

「文藝春秋」十一月号は「この事変をどう思うか」というアンケート特集を組み、名もなき人びとの投稿を載せている。その十一名のうちから三名の意見を。

原浦蔵（理髪業） 今度の日支衝突事件は、おだやかに済まさずにふたたびこのような問題を起こさないように、正義に強い日本人や日本魂の大なるを、卑怯なる支那人を、二度日本人に手向かい出来ぬようにひどくとっちめてやりたいと思って居ります。

沢柳猛雄（実業家） 「是」なりと信じます。その理由は、一、日本民族自治権のため。二、三千万の満蒙在住中華人民幸福のため。三、東洋、世界平和を脅かす禍根を絶つため。で、わが国はさらに進んでこの問題のためには国運を賭しても極力頑張るべきことを、強く中外に宣言すべきである。

松沢保（下宿業） 私の下宿には学生さんがたくさんおいでになりますが、みんな幣原外相を非難しておられます。私も外相の行動は悪いと思います。日本国民全体が幣原外相の無能のために、世界に誤解されつつあることを悲しく思っております。

こうした国民の圧倒的な支持をうけて、南陸相は新聞記者を集めて喜色満面に語った。「日本国民の意気はいまだ衰えぬ。まことに頼もしいものがある。この全国民の応援があればこそ、満洲の曠野で戦う軍人がよくその本分を果たし得るのである」

エログロ・ナンセンスの昭和史はここから様相を一変しはじめる。軍事国家へとはっきりと舵を切り、世は一気に戦時下日本となっていく。貧困が戦争を呼びこんだ。平常時が非常時になるのはほんとうに一瞬の間といっていいのかもしれない。詩人の宮沢賢治がその代表作といってもいい「雨ニモマケズ」の詩を、自分用の小さな手帳に十ページにわたってかきつけたのは、この年の十一月三日。南陸相の新聞記者への豪語とほとんど時を同じくしている。賢治は九月に発熱し、肺炎でたくさんの血を吐いた。長く病床につくことになり、寝ながら、人に見せるためではなく、自分だけのためのの願いとしてこの詩をしるした。

雨ニモマケズ
風ニモマケズ
雪ニモ夏ノ暑サニモマケヌ
丈夫ナカラダヲモチ
…………

まわりには貧困にあえぎ苦しむ人ばかりなのに、なぜかこの国は戦争をはじめた。それを憂えた賢治は……と、そう勝手な解釈をすると、この詩はそれゆえにの賢治の願いなのだと読めなくもない。それはいくら何でも深読みにすぎると思う人でも、

サムサノナツハオロオロアルキ

のこの一行には、間違いなく賢治が直面したこの年の日本の現実があることを肯《うべな》わないわけにはいかないであろう。この年、東北は大凶作であった。農業技師としての彼は、風雨をついてあっちの田、こっちの田と奔走して身体を痛めてしまったのである。「丈夫ナカラダヲモチ」には、たしかに彼の祈りがある。

昭和七年（一九三二）

満洲事変は拡大するが、日本軍は連戦連勝。これに日本国内では勝利に沸いて連日のように提灯行列や旗行列がつづいた。しかし中国本土では反日・排日の動きがいちだんと火に油をそそがれたように燃え上がり、日本人と中国人の小競《ぜ》り合いがくり返され、国際輿論もまた日本の強引なやり方に厳しく当たるようになっていく。

そうしたなかで、抗日運動のもっとも熾烈であった国際都市上海で、日本人僧侶殺傷事件が起こった。じつはこれも勢いに乗じた日本軍人の仕組んだものであった。結果、一月二十八日夜、上海は一挙に戦火の街となった。第一次上海事変である。世界中の視線がそこにそそがれ、それを利用するかのように、関東軍は全満洲攻略のための作戦を開始する。

上海事変は天皇の強い指示もあり三月三日に停戦に漕ぎつけたが、満洲の曠野では日本陸軍は先手を打つように新国家建設を目指して活潑に動き、三月一日には「満洲国建国宣言」が世界に発表される。さらに九日には、宣統帝溥儀《ふぎ》を執政に推戴《すいたい》する就任式と、建国式とが挙行される。満洲国の誕生である。満洲の現状調査のため、東京に到着していた国際連盟からのリットン調査団は、この素早く進められた事態に驚愕した。「王道楽土」「五族協和」を唱《うた》っているが、この新しい国家は所詮は日本帝国の傀儡《かいらい》国家にすぎないのではないかと、列強はいっそう警戒の眼を光らせるだけとなった。

そして、日本国内に視線を移せば、好転の兆しはあったが、国民は不況に喘いでいた。

とくに農村の疲弊は極端にまで及んで、一朝一夕に立ち直るものでもなかった。そうしたなかで、満洲国建国宣言をはさんで、二月、三月と右翼「血盟団」による暗殺事件（前蔵相井上準之助、三井合名会社理事長団琢磨《だんたくま》射殺）が相つぎ、五月には首相犬養毅が陸海軍青年将校の手で白昼に暗殺された（五・一五事件）。これらは国家的貧窮にその因をもつといっていい事件である。史的には、これらの事件は政党政治の息の根を止めたばかりではなく、暴力が支配する恐怖時代の幕開けともなったといわれる。

　しかし、こうした暗い事件の続発に新聞は強く批判することもなく、輿論もまたせいぜい〝条件付き〟批判程度にとどまっていた。これに軍部および民間右翼らはさらに力づけられていく。重苦しい時代へと、日本はこのころから一歩一歩、恐る恐る足を踏み入れていった。けれども歴史のなかに生きていた当時の人びとは、こうした年表的解説どおりに明々白々として事態を認識していたわけではない。政治的・軍事的な進行だけが、生きている人びとの日々の「現実」ではなかったのである。

　たとえば、上海事変での爆弾三勇士の「作られた美談」が一種のブームとなって、国民の心を揺さぶっている。ジャーナリズムは争ってとりあげ、歌に映画に仕立てられ、そこから愛国心の讃美、軍礼讃、軍国主義肯定の輿論が沸き起こっていく。いまから思えば、エッ、まさかといった国民的熱狂が巷に渦巻いた。そして、それは平和を望む人たちの穏やかな声を潰して、字義どおり一世を風靡していったのである。

爆弾三勇士ブーム

で、その爆弾三勇士から話をはじめると——二月二十二日早朝、上海の廟行鎮《びょうこうちん》に張りめぐらされた中国軍の鉄条網を爆破するため、久留米工兵第十八大隊の江下武二《えしたたけじ》、北川丞《すすむ》、作江伊之助《さくえ》の一等兵三人が、あらかじめ点火した爆薬筒を抱いてそこに飛びこみ、壮烈な戦死をとげた——という「軍国美談」のこと。これを各新聞は大々的に報じた。

たとえば二十四日の朝日新聞の見出し。

「吾身は木葉微塵
三工兵点火せる爆弾を抱き
鉄条網へ躍り込む」

そしてその内容のごく一部。

「わが工兵隊の工兵三名は（略）爆死して皇軍のために報ずべく、自《みずか》ら死を志願し出たので、工兵隊長もその悲壮なる決心を涙ながらに『では国のため死んでくれ』と許したので、右三人は今生の別れを隊長始め戦友等に告げ身体一ぱいに爆弾を巻きつけ点火して『帝国万歳』を叫びつつ飛《とび》だして行き、深さ四メートルの鉄条網に向って飛込んで直《ただち》に壮烈無比なる戦死を遂げた」

そのほかの新聞は略すことにするが、いずれも似たりよったり、いや、それ以上のハッタリで、「壮烈言語に絶した行為」で「全軍の士気に影響するところ甚大」という荒木貞夫陸相の談話をそえた紙面もある。さらに「遺族を衣食で苦しめるな」と新聞社が競って義捐金《ぎえんきん》を呼びかける。これがまた「一日で二千五百円、陸軍始まっての新記録」となった。東京日日と大阪毎日新聞社が読者による「爆弾三勇士の歌」を募集したところ、集まるわ集まるわ、八万四千余編にのぼった。そして当選作は、なんと与謝野鉄幹の作るところの軍歌、ときて、読者を唖然とさせる。

廟行鎮の敵の陣
我の友隊すでに攻む
折から凍る二月《きさらぎ》の
二十二日の午前五時

これが一番で、延々と十番まである。もちろんわたくしは歌えないが、これが歌える人はすべて「お歳がわかりますなあ」と笑われるであろう。作曲は陸軍戸山学校軍楽隊。かくて三勇士ブームが巻き起こり、軍礼讃の空気はたしかに本物となっていった。軍もこれに乗っかり、戦意昂揚に大いに利用することとなる。

そして三月になると、七本もの三勇士の映画がつくられ、公開となる。芝居も気張ってあとにつづく。「目下慶応病院に入院中の六代目菊五郎が羽左衛門とともに、六日初日で『爆弾三勇士』劇を上演することになったほか、明治座の新派もこれを上演することに決定、花柳〔章太郎〕、梅島〔昇〕、藤村〔秀夫〕の三幹部が三勇士に扮し、井上正夫が植田○団長として働くという」（東京朝日新聞　三月三日付）

しかも、これらがすべて大入りというすさまじさ。何ぞ負けていられるものか、と浅草の興行街もハッスルする。曾我廼家五九郎《そがのやごくろう》一座から、カジノ・フォーリー、玉木座レビュー以下の小さな劇場でも、「廟行鎮の敵の陣」の音楽を響かせて客をよんだ。

いやいや、川端康成の短編小説『虹』のなかにも登場してくる。

「(浅草松屋の)七階、隅田公演の若い桜がほころびる頃、もう五月人形を陳列していて、今年の新しい武者人形は、爆弾三勇士」

こうなると不景気の鬱憤《うっぷん》ばらしとしか思えなくなってくるが、どんな深刻な衝撃も熱狂もたちまちに賑やかに風俗化してしまうのが、あるいは日本人のお家芸としか思えなくなってくるところもある。とすると、目くじら立ててミリタリズム礼讃の空気が奔流の如くになんてかくことは、チャンチャラおかしい世迷いごとであるのかもしれない。世の動きは礼讃どころかミリタリズムそのものとなっていった。

いまも当時の熱狂の名残りを見ることはできる。靖国神社の大灯籠の台座のレリーフの一枚に、たしかに爆弾三勇士が健在である。ほかに、港区愛宕二丁目の青松寺に、その昔には三勇士の銅像がたしかに存在したのである(子供のころ眺めにいった覚えがある)が、いまはなぜか一勇士だけになって、寂しそうに空《くう》をみつめている。と聞いたことがあるが、残念ながら確認をしていない。ついでにいえば、この青松寺には、拙著『日本のいちばん長い日』で最後まで終戦に反対、宮城占拠を企てたが失敗、自決した四人の陸軍将校を祀った「国体護持・孤忠留魂之碑」もあると教えられたが、右の次第でこれも確かめてはいない。

お歯黒どぶバラバラ事件

ここで突然、いかにもB面という名の自由奔放さを利し、途中の時間をけし飛ばして、十月一日の話題となる。この日、東京市は隣接五郡八十二町村を合併し二十区を新設した。すでにあった十五区（麴町、神田、日本橋、京橋、芝、麻布、赤坂、四谷、牛込、小石川、本郷、下谷、浅草、本所、深川）と合わせていまや東京市は三十五区の大都市となる。人口五百五十一万三千四百八十二人、世界第二位。日比谷公会堂で大東京市実現祝賀会が開催され、祝賀の花電車がまた市中を隈なく走った。

うるさくなろうが、新たに加わった各区をかくと、品川、目黒、荏原、大森、蒲田、世田谷、渋谷、淀橋、中野、杉並、豊島、荒川、滝野川、王子、板橋、足立、城東、葛飾、江戸川、そしてわたくしが生まれ育っているところの向島。昭和二年の章ですでにふれたように、昭和五年に生まれたとき、残念ながら、わたくしは東京府南葛飾郡大畑村字吾嬬《あづま》、東京府下生まれの田舎者であった。それが数え年三つで東京市民になれたわけで、それでお生まれは？　と問われれば、向島と答える。それが嬉しいので新設の区名をすべて記してみたが、読者のなかには同じようにそっと欣喜した方もおられることであろう。が、ちかごろは向島区といってもわか

らない若ものがいる。隅田川の向こう側、と説明すると、

「何だ、墨田区じゃないですか」

と、アッケラカンといわれて鼻白むことが多い。残念なことである。そもそも向島という地名は、浅草側からみて隅田川の向こうという意味で、江戸時代からの由緒ある呼び名なんである。夢香洲とか向洲とか美しくかかれた「山媚水明」の地でもあった。

そして、もちろん自分では歌えないが、おぼろげに覚えている「大東京の歌」がある。東京市民になれた喜びから、少し長じてから教えられたが歌うことはできない。でも歌詞の最初のところは何となく思いだせる。

紫匂いし武蔵野の野辺に
日本の文化の華咲き乱れ

……………

歌うことはまったくダメながら、いい歌ではなかったか、と辛うじて思いだせる。小学校唱歌にあったのではなかったかな。

さて、その南葛飾郡が東京市に編入される直前の三月七日、同郡寺島村でバラバラ事件が起こった。と正しくやると何の興趣もないが、被害者の発見されたところが、当時二千人の売春婦がいて「ちょいと、そこへいくお兄さん」と甘ったるい声のかかる私娼窟玉の井、その入口の通称お歯黒どぶ。どす黒く濁った水面にメタンガスの泡とともにポッカリ浮かんだのが首、

手足のない胴体の上部と下部のバラバラの死体。いまの殺伐とした時代は、子供までが同級生を殺してバラバラに刻むおどろおどろしさで、バラバラ事件といっても仰天することもないが、当時の日本人はまだ優しくて残忍なことをする者は少なかった。そしてまた場所が場所だけに気味悪くも猟奇的、ということで、この玉の井お歯黒どぶの事件は、昭和一ケタ史のなかで特筆される大事件となった。おそらく明治以後、はじめてのバラバラ事件ではなかったか。

被害者は三十がらみの男とわかるだけで、どこのだれとも判明しない。被害者の身元不明では捜査は難航、迷宮入りかとも思われた。そこで新聞・雑誌が競って探偵小説（いまの推理小説）作家を総動員して、いろいろ探偵、いや、推理させた。検事出身の浜尾四郎、本職が医学博士の正木不如丘《ふじよきゆう》、森下雨村、牧逸馬《いつま》（林不忘《ふぼう》の別名）、そして大御所の江戸川乱歩。これがまた話題となって事件の噂は東京府下から市中へと広まっていく。

ずいぶんのちに、読売新聞記者であった戸川猪佐武《いさむ》に乱歩大先生はこうこぼしたそうである。

「浜尾君などは、バラバラ事件の現場にも行ったようだが、ぼくは人嫌いで、推理をことわったんだ。それに身体の休養、エネルギーの蓄積を考えて、三月十六日に一年間休筆宣言の挨拶状さえ出したくらいだった。それを毎日の記者が『乱歩はバラバラ事件に直面して、自分の猟奇的作品に嫌気《いやけ》づいて、ペンを折った』と勝手に書きおった。読売新聞には、ひどい投書がきたね。『バラバラ事件の犯人は江戸川乱歩である。小説を書かなくなったのがその証拠』と言うのだ。ありゃ笑い話だったね」

犯人は、警察の苦心してつくったモンタージュ写真が役立って、十月十九日になって逮捕されるが、その自白で腕や足は本郷の東京大学工学部の空家同然の旧土木教室から発見された。結局は不況のどん底にもがいている貧しい人びとがつくりだした悲劇であった。朝日新聞が犯人逮捕をすっぱ抜いて、だした号外がまた大人気をよんだ。朝日の記者が警察署のトイレの大きいほうに入っていると、二人の巡査がきて記者がいるとは知らず並んでやりながら喋り合ったのを聞きこんだ、まったくウンがついていたスクープであった。

ところで、なぜこんな巷の事件を力をこめてかいたのか。つまりわたくしの生まれたところのごく近くの怪事件であったせいか、おやじどのが幼いころのわたくしにしばしば、ほんとうに力をこめて一部始終を語るのを常としたからである。バラバラ事件という見出しをつけたのは朝日新聞で、日日新聞は八ツ切り事件、たしか国民新聞はコマ切れ殺人だったと思うな、そんなことも語った。そしてお終《しま》いにいうことはきまっていた。

「坊も、大きくなったら現場を見せに連れていってやるからな」

しかし、わたくしがその怪しげな脂粉の巷に見学に行ける年齢に達したころは、もう戦時下日本になっていてかなわぬ親子の夢となっていた。

✵「天国に結ぶ恋」

このバラバラ事件の捜査進まずで、銭湯や床屋での噂ばなしも下火になりはじめていた五月に、昭和史の事件でいまも語り継がれている「坂田山心中」が起こり、世間の耳目《じもく》を聳動《しょうどう》した。と独りよがりで「語り継がれている」とかいても、さっぱり何のことかわからない読者もいまの時代にはおられるであろう。しかし、流行歌「天国に結ぶ恋」の事件、とすれば、ああ聞いたことがあると納得される方がふえるのではないか。それも「今宵名残りの　三日月も　消えて淋しき　相模灘」という歌いだしの文句より、もっとも歌われた三番の歌詞。

ふたりの恋は　清かった
神様だけが　御存知よ
死んで楽しい　天国で
あなたの妻に　なりますわ

この純情可憐そのものの歌詞なら、歌えないまでも一度や二度は耳にし、あるいは眼にした方があるのではないかと思われる。

当時は柳水巴の作詞となっていた。いまはこれが西条八十の変名であったと明らかにされている。早大教授の肩書をもつ本名では、さすがに「ふたりの恋は清かった」と甘ったるい文句はかけなかったのか。それとも、満洲国建設をめぐって国連からの調査団来日という厳しい時局に国家が直面しているとき、死ぬほど愛し合いながら純情な若い男女が清浄のままで世を去った、などというロマンスを謳歌できる気持ちに教授としてはなれなかったのか。

と説明してもまだ珍紛漢紛という読者のために、毎日新聞社編『最新昭和史事典』を引くこととする。

「五月十日朝、神奈川県大磯町の共同墓地から前夜仮埋葬された心中死体のうち若い女性の遺体が盗まれたが、翌朝近くの船小屋で発見された。慶大生調所五郎(24)と静岡県の資産家の娘湯山八重子(22)が結婚に反対され、坂田山の松林で心中したもので、女性は清純な身体のままだった。犯人は火葬人夫で埋葬作業をした仲間から『美女だった』と聞き、興味をそそられ発掘したという。『東京日日新聞』は『天国に結ぶ恋』との見出しで報道、松竹蒲田が映画化、『二人の恋は清かった……』という主題歌が大流行した」

事件の全容は右で十分であろう。が、ミソは戦前の慣例で心中者を検屍した警察が、女は「処女だった」と発表したこと、しかも墓があばかれてその美しい女性の遺体が消えてしまった。さらには、再発見されたとき彼女は〝全裸〟で船小屋の砂の中に埋められてあったというのである。新聞はいまのエロ週刊誌も顔負けする見出しで報じた。「おぼろ月夜に物凄い死体愛撫/砂上に匍《は》う女の黒髪」ときては、映画も指をくわえてはいられない。五所平之助監督、竹内良一・川崎弘子主演でただちに撮影開始で、製作日数十二日、事件の一カ月後には封切りでこれが大ヒット、主題歌「天国に結ぶ恋」は当時の日本人で歌わぬものなし。川崎弘子の回想がある。

「映画のラストシーンは、二人が手をつないで坂田山の山道を登ってゆく姿でした。今ならもっと濃厚に撮ったのでしょうが、検閲がきびしい時代でしたからね。でも、清純さは出ました」

ところが映画はしばらくして上映禁止となってしまう。「天国に結ぶ恋」を歌いながら坂田山で心中したり自殺するものがふえたからである。この年だけで二十組の心中があったという。ただならぬ時局なのに、心中沙汰とは何事か、というわけである。

流行というもの、人びとの熱狂というものの不可解さはいつの時代でも変わらない。数年つづきの不景気で先行き不安の上に、満洲事変にはじまる軍靴の音の高まり、国際社会からの孤立化の恐れ、血盟団によるテロ事件、そしてときの首相が軍人によって暗殺されるという五・一五事件もあって、世はギスギスするいっぽうである。そうしたときに人はややもすると感傷過敏になるのであろうか。清く美しくはかないものに憧れ、すがりたいと思うのであろうか。

ところで、ここで一つ、坂田山心中の裏話を明かしておきたい。わたくしがまだ編集者であったころ、この事件のヒロイン湯山八重子の実の姉さん（井手ちゑさんといった）を尋ねあて、無理に原稿をお願いしたことがある。わたくしが編集した古い雑誌にそれは残っている。そこからいくつか知られざる秘話を。

「警察では、心中事件の恥をかくすために湯山家が、八重子の遺体を隠したのではないかと疑っていました。無遠慮な新聞記者は私の家へ押しかけてきて、奥の部屋や押入れを見せろというのですよ。まるで犯人あつかいでした」

心中の顚末が世間を騒然とさせた八重子さんの遺影

「この事件では、湯山家と私が純情な二人に無理解で、結婚許さずと頑固だったため起こったのだと報道され、世間の非難を浴びることとなったわけです。でも、ほんとうは八重子は身体が弱くて結婚に自信がなく心から悩んでいたのです。世の中はそうとは知りません。それで映画がつくられ、気になった私たちは試写会へでかけてみました。思ったとおり、八重子は悲恋のヒロインで家族にいじめられている。私は本名で登場し、邪険な姉の役が演じられていましたね。街をあるけば人にうしろ指をさされ、脅迫や中傷の手紙がつぎつぎに舞いこむ。宗教の勧誘までありましたよ」

「八重子は葬儀のあと、遺骨の花嫁となって調所家へ嫁しました。多磨墓地の墓石には『調所五郎　妻八重子之墓』とあります。お葬式が八重子の結婚式になったのです」

暗い経済状態、日々の貧しさ、聞こえるのは軍靴やサーベルの音、荒々しい吐息、不安や閉塞感が強まると、人は何かに煽動され、事実を確認することもなく、攻撃的になるものか。しかも匿名で。それは時代状況がどう変わっていようと同じらしい。しかも往々にして攻撃的な人びとというのはなぜか過剰な自己愛をもち、自分が正しいと信じきり、幸福そうな人が我慢のならぬ羨望型の人が多いように思えてならない。

井手さんの回想のお終いはこうである。

「先年、私は子供や孫たちとバスを借り切って静岡へ旅行したことがあるんです。バスが大磯にさしかかると、なにも知らない女の車掌さんが坂田山を指さしながら、例の唄をうたい、八重子と五郎さんの悲恋物語を説明してくれました。そのなかでも、やはり私たちは悪役としてあつかわれていました。汚名はいつまでも消えませんねえ」

✷昭和維新の志士たちか

同じ五月、ということでA面の大事件というべき五・一五事件に特別にふれるわけではない。いわゆる〝空気〟で動く世情ないし国民感情という観点からみると、坂田山心中事件以上にこの大事件後の輿論というものの動きが、その後の国家の歩みに大影響を与えている。そのことをB面的にとりあげてみたい。

五・一五事件とは、陸海軍革新将校のひき起こしたテロリズムである。海軍側が中尉古賀清志、同三上卓ら六人、陸軍側が士官候補生後藤映範ら十二人、民間から愛郷塾塾生を中心とする農民別働隊十人。その背後には愛郷塾塾長橘孝三郎、神武会会頭大川周明らの右翼指導者がいた。彼らは首相官邸、内大臣官邸、政友会本部、警視庁などを襲撃し、別働隊が変電所を襲って東京を暗黒にし、戒厳令を施行させて軍部政府をつくり、国家改造の端緒をひらこうとした。つまりテロリズムによって破壊的な衝撃をひき起こし、維新政府をつくる、自分たちは昭和維新の捨て石となる、そこに目的をおいた。

それゆえに、とするのは弁護的ないい方になるが、青年将校たちの純粋さ、純潔的・志士的気概が世の多くの同情をよぶという奇妙なことになった。忠義と憂国の名においてなされる世直しに、人びとは大いに共感したのである。三上卓が作成した「日本国民に檄す」と題する檄文が、当時の一般民衆の世情認識であったといえようか。

「日本国民よ！　刻下の祖国日本を直視せよ。何処に皇国日本の姿ありや。政権、党利に盲《めし》いたる政党と、之《これ》に結託し民衆の膏血《こうけつ》を搾《しぼ》る財閥と、更に之を擁護して圧制日に長ずる官憲と、軟弱外交と、堕落せる教育、腐敗せる軍部と、悪化せる思想と、塗炭に苦しむ農民、労働者階級と、而して群拠する口舌《しこう》の徒と！　日本は今や斯《か》くの如き錯綜せる堕落の淵に既に死なんとしている。／革新の時機！　今にして立たずんば日本は亡滅せんのみ。(以下略)」

そうした日本のやりきれなく、どうにもならぬ現状が、暗殺者たちを、〝純情〟〝純真〟な昭和維新の志士としてまつりあげた。それがいまになると不思議としかいいようがないが、当時の日本人の多くの心のうちには、重臣や政治家や財閥にたいして漠然とした不信と疑惑があって、この連中にある種の〝天誅〟が下るのを期待する思いがあったのであろう。それもつまりは新聞や雑誌の否定的な論調に誘導されたものであったといえようが。

さらには陸海軍のトップにあるものたちの〝犯人〟擁護の弁が、それを煽る結果となった。ときの海軍大臣大角岑生《おおすみみねお》大将はいう。

「何が彼ら純情の青年をしてこの誤りをなすに至らしめたかを考えるとき、粛然として三思すべきである」

また「軍神東郷」といわれる海軍の至宝にして長老の東郷平八郎元帥は、

「この士官たちの志は十分にわかっているから、彼らの志を国民に知らせると同時に、足りないところはお前たちが援助してやってくれ」

と海軍軍人たちにいった。

さらには陸軍大臣荒木貞夫大将は談話の形式で新聞発表された声明で、遵法の精神で彼らを罰すべしといいながら、その動機の純粋さを強調してこういった。

「これら純真なる青年がかくの如き挙措に出でたその心情について考えてみれば涙なきを得ない。名誉のためとか利欲のためとか、または売国的行為ではない。真にこれが皇国のためになると信じてやったのである。故に本件を処理する上に単に小乗的な観念をもって事務的に片づけるようなことをしてはならないのである」

こうして国民的同情心は不可思議なくらい盛り上がった。軍法会議の判決の近づいたころ、陸相のもとに小指九本をそえた減刑嘆願書が小包郵便で送られてきた。日本全国からは三十五万七千人を超える減刑嘆願の名簿が、法廷につみあげられた。なかには裁判長あてに「どうぞこの判決によって真の大和魂のあるところを国民に知らせてやって下さい」という中年婦人の手紙もあった。

とにかく異常な同情の高まりである。「動機が純粋なら白昼、一国の首相を問答無用で殺してもいいのか」というごく人道的な素朴な質問など押しつぶされる。くり返しになるかもしれないが、満洲事変、上海事変と新聞に煽られた勇壮なる軍事行動がつづき、何となく貧しく鬱陶しい現状を打破してくれる存在として、一般国民の軍部に寄せる信頼と期待が背後にあったからといえるであろう。被告の軍人たちは時流に抗したテロリストなんかではなくなっていたのである。

そう思うと満洲事変いらい、日本は戦時下となったといえるのかもしれない。召集令状の赤紙がしきりに舞いこんでくる。戦死者の無言の遺骨が帰国してくる。そのなかで思いもかけぬ事件が起こった。大阪の井上清一中尉に赤紙が届けられたとき、夫に心残りをさせないためにと、彼の妻がみずから命を絶った。この行為が軍国主婦の鑑《かがみ》ともてはやされたのである。井上中尉と親類筋にあった大阪港区の安田せい（金属部品工場主の妻）が、この事実に感激し、友人や近所の婦人たちに呼びかけ、お国の役に立つための女だけの会の結成をよびかけた。これが国防婦人会の発足なのである。それがこの年の三月十八日のこと。

着物で白いかっぽう着にたすきがけの女性四十名近くが、新聞記者を前にさかんに気勢をあげる。

「銃後の守りは私たちの手で」

それが会の目的である。そのために出征兵士の見送りや慰問をすすんでやることになる。喜んだのは軍部である。女性のほうから積極的に戦争協力に挺身し、さらに五・一五事件の減刑運動をするというのであるから。

会はどんどん大きくなる。関西ばかりでなく東京にも進出、十月二十七日に関東本部発会式。十二月十三日には大日本国防婦人会へと発展する。やがて会員も七百万人を超えるようになる。恐るべし、女性の力。

ところでこのときの昭和天皇である。『昭和天皇実録』には、暗殺された犬養首相のことを悼む言葉もなく淡々と何事もなかったように記されている。四年後に起こる二・二六事件のときにみせる熱の入った天皇の姿とは対照的である。ただ面白いと思われるのは、二・二六事件後の昭和十一年七月に、こんなことを侍従武官長にもらしている。

「五・一五事件の処理不徹底がさらに二・二六事件を引き起こした」

六日の菖蒲《あやめ》、十日の菊とはまさにこのことをいうのであろう。

開拓移民の第一弾

なんどもいうが、時流は大きく変わりつつあった。ただしそれは決して急湍《きゅうたん》奔流となって人びとを押し流すようなものではない。いまからすれば、雪だるま式に危機をふくらませ破綻したプロセスは急激に、かともみえるが、はじめは決して単線的ではなく、静かにひたひたと、いつの間にか、といった眼にみえない形で変わっていった。政治・外交・経済のみならず、われわれの日常の生活様式のこまごまにはじまって価値観といった精神の部分に至るまで、それはわからぬままに変わっていた。その時代を生きるとはそういうものではないかと思う。決して流されているつもりはなくて、いつか流されていた。

それを危ぶむ声がまったくなかったわけではない。たとえば、当時小学生であった作家庄野潤三の作文がある。これがすばらしい。

「号外には大きな字で『犬養首相遂に死去す。怪漢に狙撃され』。『またか』と僕は思った。浜口首相、井上蔵相が殺されて間もないのに、世の中は実に危なくなったな——と思う。一人の者が大それた考えを起こすために国の重要人物がドンドン倒れて行く。（中略）こんなに人殺しをしたり、けんかをしたりする世の中となったことを僕は大へん残念に思う」（大阪毎日新聞　五月十八日付）

子供の、それこそ純真な眼には人殺しをしたり、他国と喧嘩したりの世情の危険な動きがみえていたのであろう。しかしその素直な芽を残らずつみとってしまう動きがもうすぐそこにきていたのである。

とにかく当時の日本人は長年つづく不景気と先行きの不安に飽き飽きしていた。どういう形であれ現状打破を待望しつづけているのである。「政党政治は腐敗しきっている」「官僚は無為無策である」「財閥は暴利をただむさぼるだけ」という巷に瀰漫している理屈が、それ自体はあまりに短絡的で、不正確な認識であったであろう、にもかかわらず、感情的・情緒的に民衆にはすんなりそれらがうけいれられていた。そしてそうした〝改革〟待望の眼からみると、軍部は頼もしく、そしてその強い力で連戦連勝して建設した新国家・満洲国こそが、現状打破の突破口になるかもしれないと人びとの眼には映ったのである。赤い夕陽の曠野にこそ国家発展の夢がある。五族協和・王道楽土のスローガンがまた力強くこよなく美しい理想と思われる。

八月二十五日、外相内田康哉《こうさい》が議会で、欧米列強すべてが満洲国を国家として承認しなかろうが、日本は断々乎として承認すると堂々といいきった。

「いわゆる挙国一致、国を焦土にしてもこの主張を徹することにおいては、一歩も譲らないという決心をもっているといわねばならぬ」

この「焦土外交」の決意に国民はエールを送った。それに応えて、日本政府が満洲国を承認したのが九月十五日である。それと一緒に、日本の既得権益の尊重と日本軍の満洲駐屯の条約を満洲国政府と締結した。日本人の熱い視線が自然に満洲へと注がれる。

その理想の大地・満洲への武装開拓移民の第一陣が日本を出発するのが十月三日。「移民後に後ろ髪を引かれるような者は、思うように活躍ができぬゆえ、当初は係累のない者を送る」ということで選ばれた四百二十三名である。

「一行は各県別で十一小隊四個中隊で、カーキ色の制服に巻ゲートル、リュックサックを背負い軍人同様の凛々《りり》しい姿、市川中佐は腰に関の孫六の業物《わざもの》を仕込んだ軍刀を帯びてこの大任に勇躍している。小隊長以下はほとんど独身者ばかりだと口には言うが、若い婦人に『そのうち呼び寄せるよ』と朗らかな情景をみせる」（東京朝日新聞　十月四日付）

十月十四日、満洲北部のチャムス着。その夜、彼らを迎えたのは反日ゲリラの襲撃であった。そして彼らは、先住の中国人四百人を一人五円で立ち退かせたあとの土地に、強引に住みついた。のちの「弥栄《いやさかえ》村開拓団」である。

この満洲国をめぐって、承認をするどころか国際輿論はさらにきびしくなった。新国家は要するに日本の傀儡国家にすぎず、日本は全面的に手を引くべきであるとする声が高まっている。十月一日、リットン調査団の報告がでる。このときの日本の新聞の反応はすさまじかった。「錯覚、曲弁、認識不足」（朝日）、「夢を説く報告書――誇大妄想も甚し」（毎日）、「よし〔葦〕のずい〔髄〕から天覗《のぞ》き」（読売）、「非礼誣《ぶ》匿《とく》なる調査報告」（報知）。これでは国民がわが国が国際社会に寄ってたかってぶっ叩かれて、生命線を扼殺《やくさつ》されると思いこんでも仕方がなかったであろう。

さらに新聞は十二月十九日付で共同宣言（全国百三十二社連盟）を発表し、何とか国際社会の理解を得ようと四苦八苦しているときの斎藤実《まこと》内閣の尻を叩く。

「国際連盟の諸国中には、今尚《なお》満洲の現実に関する研究を欠き、従って東洋平和の随一の方途を認識しないものがある。（略）苟《いやし》くも満洲国の厳然たる存在を危うくするが如き解決案は、たとい如何なる事情、如何なる背景に於て提起さるるを問わず、断じて受諾すべきものに非ざることを、日本言論機関の名に於て茲《ここ》に明確に声明するものである」

探偵としてはこれをかき写しているだけでもガックリしてしまう。これでは、妥協を断乎拒否せよ、国連なんかクソくらえと思え、脱退あるのみ、と新聞が政府に要求しているにひとしいではないか。そして新聞によって導かれる当時の日本の輿論が、ほとんど国際連盟脱退への強硬論で固まってしまうことになるのは、これもまた眼に見えている。

✵非常時ならざる非常事

昭和五年生まれのわたくしなんか、物ごころついたときから、すでに「非常時」のなかにいたような気がしている。いまは非常時なんだからといい聞かされて、ずっと我慢を強いられていた。

非常時とはそも何なるか。国家の危機、重大な時機にちがいないが、いまから観ずれば因果はめぐっていわば自業自得にひとし。いや、自己責任というべきか。六年の満洲事変にはじまって、七年の上海事変、血盟団事件、満洲国の強引な建設、五・一五事件、国連脱退で孤立化へと、日本帝国は軍事大国化への坂道をひたすら走りぬけた。民草はそれについていった。

そしてまた、この七年の国家予算は、過去の最高であった三年の十八億一千四百万円を上回った十九億四千三百万円（うち満洲事変関係は二億七千八百二十一万円）。そしてこの年十一月に編成された八年度予算はさらにはね上がって二十二億三千八百万円という巨額になる。新聞は「日本はじまって以来の非常時大予算」と報じた。とにかくものすごい額である。

これが「非常時」という言葉が流行する端緒であったらしい。目ざとい陸軍報道班や官僚どもはさっそく「非常時」とさかんに吼《ほ》えだした。そして小学校教育にも徹底した軍事教育を導入していこうとする動きに連結していく。文部省が「青年学校」の設立を計画しはじめるより先に、広島市観音町第二高等小学校では、この年の終りにはすでに全国小学校初の非常時軍事教練が行われていたという。

まだ小学校入学によほど遠いわたくしは教練にはとりあえずはセーフであったし、まわりには非常時の声ばかりとかいたのは、少々お先走りの気味があったようである。中央や山の手あたりと違って、そこは隅田川の向こう側、下町気風がまだのんびり横溢《おういつ》していた。そこでさっぱり非常時らしくない話となるのであるが、わたくしの母は売れッ子の産婆さんで、「先生、もう生まれちまいまさ」と真夜中に叩き起こされて眠い眼をこすりこすり飛び出していくことが多かった。発展途上の向島は産めよ増やせよであったのかもしれない。「どうして赤ん坊って夜中に生まれるのかなあ」と悪ガキになりかかりのわたくしの質問に、母はうるさそうに「潮の満干によるんだよ。いま満潮なんだろうよ」と答えていた。

そんな母あてによくあやしげな裸女の絵つきの薬だかの広告が郵送されてきた。それにこんなことがかかれていた。

「形小さく中味たっぷり／お外出にお旅行にピクニックにお芝居に／忘れることのできない○○綿です」

いったい、これ何なのかな、と女体をためつすがめつ眺めているのをひったくって、母は男みたいな底ごもった声で叱った。

「お前なんかには関係ないもんだよ」

いま考えれば女性の生理用の綿の広告であったのである。と、思えば、「堕胎の公認は女子の幸福か？　処女・非処女の鑑別法」という雑誌の広告が載っていたのを先ごろ見つけた。これが雑誌論文（？）の見出しであったのである。誌名をみて思わずニヤリとした。昭和七年六月号の「婦人公論」。ハハーン、こんなことが主要テーマになっていたんであるな。

もう一つ、およそ国家非常時と縁もゆかりもない非常時の話。「和服の際も、女性はズロース着用のこと」という町内の盆踊り大会などの当時のチラシを古本なんかで見つけたりする。年表（平凡社版）をみると、この年の十二月十六日、歳末大売り出し中の日本橋白木屋《しろきや》（のち東急百貨店、現在はコレド日本橋）に大火事があり、そのあとにこの種の注意書きが出回ったというのである。消防車三十三台、梯子車三台、消防士三百人余がかけつけ、近衛三連隊の一個中隊と軍用機七機が出動、結果として女店員十四名が死亡、重軽傷者百数十人を出す、というから、ある意味では、これこそがまさに非常事。

さて、これら気の毒にも亡くなった女店員たちは、だれもが和服でつとめていた。火事となって救命ロープにつかまって脱出しようとしたとき、煙火の勢いで着物の裾が煽られまくれるのを押さえようとしてつい片手を離した、そのために墜落――ということで気の毒な事故となったというのである。彼女たちはズロースをはいていれば死ななくてもすんだのに……。

これで以後、「ズロースをはけ」が自然に流行語になり、白木屋では女店員はズロースをはくことが義務となったとか。ズロースをめぐってこんな駄ジャレ話が語りつがれた。

「『天国に結ぶ恋』の彼女はズロースをはいていたのだろうか」

「はいていなかったに決まっているよ」

「へェー、なぜわかる?」

「美人はくめい（薄命）」

念のためにかくが、八重子さんはちゃんと和服の下にズロースをつけていたという。彼女がミッションスクールに通い、寄宿舎生活もしたという経歴があったためなのである。

非常時にふさわしからざるムダ話ともみえるであろうが、軍国化への道を急ぐ日本にもまだそれくらいのんびりしたムードが民衆生活の間には漂っていた、そのことがいいたかったのである。

第三話

束の間の穏やかな日々

昭和八〜十年

昭和八年（一九三三）

この年の元旦、満洲と中国の国境線にある山海関付近（熱河省）で日中両軍が武力衝突した。これを日本軍は熱河作戦と称した。それでなくとも前年十月のリットン調査団の正式報告が発表されていらい、混迷をつづけている日本外交をあざ笑うかのような軍事的一大事である。

日本国内には、いかなる外交的困難があろうとも直進するのみ、という関東軍をバックアップするように、うるさく掣肘《せいちゅう》してくる国際連盟よりもはや脱退せよの輿論が日を追って高まっていった。新聞論説も声を揃えて「断乎連盟脱退」「脱退せば軍縮全権も引揚よ」と矢つぎ早に明快にして強硬な発言をつづける。

こうなっては穏健な斎藤実内閣もあえて危険な道と承知していても踏み切らざるを得ない。三月二十七日、日本政府は国際連盟にたいして正式に脱退を通告し、脱退に関する天皇の詔勅《しょうちょく》が発布された。日本は「栄光ある孤立」の道を選択したのである。

しかし、国民心理の底部においてはどうであったであろうか。この国際的孤立が先行きに何をもたらすかという不安は、どうしても消せずに沈澱していくのである。まだつづいている経済不況と、ぐんぐんと濃厚化してきた軍国主義的風潮と、社会的沈鬱は互いに作用しあってかもしだされていったといえる。

軍国主義化はあに軍部だけの意思によるものではなかった。一月の大塚金之助、河上肇《はじめ》といった経済学者の検挙、二月の赤化《せっか》小学校教員事件、さらにはプロレタリア作家小林多喜二の拷問による死、それらは政府の社会主義弾圧の政策に深くかかわっている。これらはかならずしも大きく報道されず、国民はある意味ではわれ関せずとし対岸の火事視していられた。が、七月にかけての京都大学の滝川幸辰《ゆきとき》教授の辞職騒動に発するいわゆる「滝川事件」は、全国の大学の学生たちも支援に立ち上がる大騒動となり、新聞もこれを大きく報じることになる。

まさしく平時ではなく、それはいまや「非常時」という時代の変化の急奔《きゅうほん》を感じさせる事件となった。学問や思想の自由、大学の自治は、そうした国家非常時にあっては二の次のものであり、すべては国家の要請に従わねばならないのである。つぎには〝自由主義〟そのものが標的になるのは眼に見えていた。国民が意識せぬうちに「破局の時代」の幕があけはじめていたのである。

それを象徴するかのように、日本ジャーナリズム史を飾る八月の桐生悠々《きりゅうゆうゆう》の「関東防空大演習を嗤《わら》う」事件が起こる。この論評が物議をかもした話は、戦後になってから知れ渡ることになったが、当時にあっても軍部の怒りに同調して、在郷軍人同志会や右翼が信濃毎日新聞社に押しかけ、執拗な抗議をくり返す。ついには大々的な不買運動を起こし、結果は新聞社の敗北となり、桐生は三カ月後には三十年の記者生活に別れを告げねばならなくなる。

その一方で、防空演習は大いに非常時意識を国民に植えつけるのに役立ったと、軍部は自画自讃した。軍部のめざす軍事国家への道は、いわばお祭り騒ぎの景気づけのうちに着々と手を打たれていたのである。それに乗せられるようにして、国民感情はだんだんに苛立ち荒々しくなっていった。

三原山での自殺ブーム

と、A面的にはそのようにかいてもかならずしも誤りではないが、昭和八年となれば前年暮から全国に流行した小唄勝太郎の〽ハァー……の一声からB面ははじめなければならないであろう。長田幹彦作詞・佐々木俊一作曲「島の娘」である。このレコードは前年十二月二十日ビクターから発売、三カ月で三十五万枚が売れる。〽ハァー島で育てば娘十六恋ごころ……と音痴のわたくしもいい気持ちで歌える。勝太郎は別の歌でもハァと歌いだすことが多かったので、ハァ小唄といわれるほどポピュラーになる。とにかく透きとおるようにいい声であった。

「島の娘よりベートーヴェンの方が好きだと言う人がいたら、その人は日本人でなくドイツ人である」

と東京朝日新聞がもてはやしたのもムべなるかな、とかいたら笑われるであろうが。

ところが、まさかこの流行歌が伊豆大島へと誘ったわけでもあるまいが、前年の坂田山につづいて、この年は突然のように伊豆大島の三原山噴火口が投身自殺の名所となったのである。そのきっかけとなった奇妙な事件がまず人を驚かせる。

年が明けたばかりの一月九日、三原山の頂上に立つ二人の女学生がいた。実践女学校の真許三枝子と富田昌子である。病弱な三枝子は世をはかなんで火口に身を投じた。死を見送った昌子は沈黙を守った。一カ月ほどたって、同じ学校の松本貴代子がやはり三原山で自殺、またしても富田昌子が立ち会った。

これが公に知れ渡ったとき、新聞は「学友の噴火口投身を、奇怪！　二度も道案内、三原山に死を誘う女」などとかきたてた。新聞によって「死の案内人」「変質者」のレッテルをはられた昌子は、ノイローゼになり間もなく死んだ。病死とも自殺ともいわれた。

三原山の自殺は、前年には自殺九名、未遂三十名であったのに、これ以後、一月から三月までの間に自殺者三十二名、未遂六十七名にのぼる。この年一年間では男八百四名、女百四十名という恐ろしい数になった。大島警察署は妙なブームに直面して手が回らなくて、警視庁にSOSを発し、応援を求めねばならなかったという。

さっそくこのブームに目をつける新聞社もあった。時事新報社で、なんと企画したのが防毒マスクと防熱用被服で身をかためた記者二人による火口探険。負けてなるかと読売新聞がワイヤーロープを用いてゴンドラを降下させる、たっぷり金をかけた探険を実施する。五月二十九日、ゴンドラを約二百六十四メートルまで火口に降ろして、見事に成功と大きく報道する。こうした新聞のセンセーショナルな記事がよんだ、いわばつくられた自殺ブームであったのであろうか。

それとも、社会不安、沈鬱な社会状況、それらが多くの人びとを三原山火口へと招いたのか。たしかにこの年が明けたころの世情は、なんともやりきれないほど暗かったようである。満洲国建国は日本の植民地化にすぎぬと国際連盟で各国から非難され、「承認することはできない」と突っぱねられた。松岡洋右《ようすけ》全権がそれならばと大見得きって「連盟脱退」を宣言してジュネーブを去ることになったのは二月二十四日。その数日前、すなわち二月二十日には作家小林多喜二の逮捕、そして虐殺があった。多喜二は享年二十九。

作家佐多稲子は『私の東京地図』のなかでかいている。

「久しぶりに、しかし変った姿で自分の部屋に帰ってきた小林多喜二は、私たちのシャツを脱がす下から、胸も両股も全体紫色に血のにじんでしまった苦痛のあとを、私たちの目と電灯の下にさらした」

築地署の発表は、心臓マヒのため死亡、というものであったが、遺骸は三つの病院から解剖をこばまれた。

佐多稲子はさらにそのさきのことにもふれている。

「小林の家に集るものは、全く逆に警察に検束されてゆき、葬式にさえ私たちは加わることが出来なかった」

このため杉並署の留置場はいっぱいとなり、剣道場まで検挙者であふれた。大正末期から昭和へ、あれほど盛んであったプロレタリア文学運動は、小林を失って崩壊の一途をたどる。志賀直哉は二十四日、多喜二の母小林せき宛てに手紙を送った。

「御令息様死去の趣き新聞にて承知誠に悲しく感じました。前途ある作家としても実に惜《おし》く、又お会いした事は一度でありますが人間として親しい感じを持って居ります。不自然なる御死の様子を考えアンタンたる気持になりました。(後略)」

こうして心ある人びとには暗澹たる思いを抱くほかはない、ひどい時代が足音もなく到来していたのである。当局による左翼的な思想をもつものへの弾圧、拷問は、もう珍しいことではなかった。共産党中央委員岩田義通も、前年の十一月三日、苛酷な拷問によって三十五歳で殺されている。あに多喜二のみならんや、であった。

ちなみに国際連盟から脱退した国をあげておく。ドイツ、パラグアイ、エルサルバドル、チリ、ベネズエラ、イタリア、ニカラグア、グアテマラ、コスタリカ、ブラジル、ウルグアイ。どうでもいいことながら、昭和十五年(一九四〇)現在では連盟加盟国五十五であった。

✳満洲国の成立

B面の話をかいているつもりでも、いつの間にかA面の話題へと力が入ってしまう。われながら困惑するのであるが、世情そのものもじつはどう判断していいか戸惑ってしまうところがある。たとえば、三月二十七日の国際連盟脱退の日本政府通告後の国民感情についてである。新聞によって一方的かつ確信的に吹きこまれ、国際的被害者なのに〝加害者〟として非難されていると信じていた。さきにかいた脱退国の名も、トップにかいたドイツですら九年十月で一年先のこと。あとの国はずっとあとのことで、強烈な孤立感と強烈な危機感と、それにともなう排外的な感情は国民をひとしく不安がらせていった、とかきたいところなのであるが、正直な話、そう一概にはいえないところがある。歴史は一色描きではすまされないのである。

民衆はそんなせっぱつまった、崖っぷちに立つような思いなどしていなかった。そうかいたほうが正しいとも思える。それを証明するような四月十七日付読売新聞の記事を長々と引くことにする。

「サクラ開く今日こそ都人待望のお花見休日、花曇りの空も『曇り時々晴れ』の天気予報に力を得て市内外の桜名所に浮かれ出す花見客無慮二百万、潮干、摘草、ピクニックから一夜泊りの温泉客の新記録で、大東京の屋根の下空ッポの状態である。

飛鳥山。全山を埋める人正午四万、これ以上殖《ふ》えたら身動きも出来ないと悲鳴をあげながらのお花見だ。軍人の服装から張学良に扮したものまで飛び出してここに時代の反映がある。

上野公園。博覧会十万人。動物園二万人。さすがに家族連れが多く和やかな気が漲《みなぎ》っている。ネンネした動物が見たいという坊っちゃん嬢ちゃんのために動物園では夜間九時まで延長した。

向島。俗な花見じゃありません。瓢《ふくべ》をさげて観賞するのです。この風流花見客正午にて五千。（以下略）」

つまり時代の風とはそういうものかもしれない。平々凡々に生きる民草の春は、桜が咲けばおのずから浮かれでる。国家の歩みがどっちに向かって踏みだそうと、同時代に生きる国民の日々というものは、ほとんど関係なしに和やかに穏やかにつづいていく。じつはそこに歴史というものの恐ろしさがあるのであるが、いつの時代であっても気づいたときは遅すぎる。こんなはずではなかった、とほとんどの人びとは後悔するのであるが、それはいつであっても結果がでてしまってからである。

満洲国が成立して、国民はひとしく大いなる歴史的偉業と胸を張る。軍はたしかに五族協和の満洲という幻想を与えてくれた。満洲には無限の発展の機会がある。しかし、抗日ゲリラ勢力の関東軍にたいする休みなき攻撃には変わりがなかった。危機や困難が乗り越えられ、さあと解消されたわけではない。軍部はこのゲリラ的攻撃をしてくる中国軍を匪賊《ひぞく》とよんで討伐作戦をつづけていた。小さいとはいえ血を流す戦闘はつづけられている。その討伐戦をうたった八木沼丈夫作詞の「討匪行」がつくられる。当時は作曲は関東軍参謀となっていたが、なんとこれは藤原義江の作曲。この低音の魅力的な歌手は自分の作曲した歌を二月にレコードに吹き込んで出し、驚くほど大ヒットした。

どこまでつづくぬかるみぞ

三日二夜を食もなく
雨ふりしぶく鉄兜

どこか悲しみを秘めているこの歌が愛唱されたのは、国民感情のなかにふっきれない重たいものがあったからである。くり返すが、満洲国は「五族協和」「王道楽土」のすばらしいところと宣伝されていたが、実情はまさしく歌の文句そのまま。にもかかわらず、いっぽうでは民草は、その宣伝に煽られて、失業者や耕地をもたない農民、あるいは一旗あげようとするもの、それらがぞくぞくと海を渡って満洲へ移っていくのである。

それで池内了教授の説を借りながら、B面らしくない講釈をもう少しつづけると、人間には生まれながらにして楽観的な気分が備えられているのではないか、と思えてくる。何か前途に暗い不吉なものを感じ警告されていても、「当分は大丈夫」と思いこむ。楽しくていいニュースは積極的にとりこむが、悪いニュースにはあまり関心を払わない、注意を向けない、というよりも消極的にうけとめやがてこれを拒否する。どうやら人間の脳の働きは未来を明るく想像したときにもっとも活潑化するようなのである。

そして同じように考える仲間に出会うと、たがいに同調し合い、それが集団化する。するとその外側にいたものまでが、集団からの無言の圧力をうけ、反撥するよりそれに合わせようとする。そのほうが生きるために楽であるからである。揚句は、無意識のうちにそれまでの自分のもつ価値観を変化させ、集団の意見と同調し一体化していってしまう。

つまり、この楽観性と同調性とが危険なのである、と池内教授はいうのである。たしかに昭和八、九年ごろの偏狭な国粋主義、軍国主義への静かではあるが、急速な国民感情の変容を考えると、こんな風な同調性と楽観性とが結びつき、集団的に、かつ主観的に日本のあり方を正しいものと夢みてしまう、といっていいような気になってくる。それはいまの日本についても同じことがいえる。

池内教授はいう（東大出版会「UP」二〇〇四年十一月号）。

「こうなるともはや疑うという精神を失い、共倒れまで行き着いてしまう。これはバブルのみでなく、原発の安全神話に人々が同調していく思考回路にも共通している。確かに、楽観的になると人を信用しやすく、人を信用するとより楽観的になるという、いかにも健全で微笑ましい人間関係が築けるのだが、そこに危険性が潜んでいるのだ」

たしかに時代の流れには不安と緊張があった。それに相違ない。そしてその前の、まさしく「嵐」の前の、束の間の平穏が景気が少し上向きになりだした昭和八年ごろにあったのである。民草は国策がどんどんおかしくなっているのには気づこうとはしない、いや、気づきたくなかったのか。それがどうしてなのかを理解することはむつかしい。いや、表面的にはともかく、不気味に大きくなる暗雲に、人びとは恐れ戦《おのの》きつつも、「いや、まだ十分に時間がある」と思いたがっていたゆえの平穏であったのであろう。

✹サクラガサイタ

そしてこれも〝暗雲〟の一つに加えてしまうのは、いくら何でもどうかとの思いがあるが、この年の四月一日から国定教科書の全面的改訂が断行された。その「小学校国語読本」がいわゆる「サクラ読本」。第一頁が「サイタサイタ　サクラガサイタ」ではじまる昭和一ケタ世代の教科書である。

わたくしがこの教科書を手にとるのはこの四、五年先であるが、高学年になったときの教科は、通信簿によると「修身」「国語」「算術」「国史」「地理」「理科」「図画」「唱歌」「体操」「手工」「操行」で、女子にはこれに「裁縫」が加わっていたと思う。さらに国語は「読方」「綴方」「書方」にわかれ、算術は「筆算」「珠算」にわかれていたのではなかったか。そして成績は甲・乙・丙・丁で示され、「全甲」は優等生ということになる。

悪ガキどもは通信簿をもらうとコソコソと教室の隅でいい合った。「オイ、お前、シャミセンはいくつあった?」「三つ」「何だ、俺より一つ多いじゃないか」。シャミセンとは甲のこと。乙はオシドリといった。「俺、操行がへイタイだ」とはもちろん丙で、わたくしは残念ながら操行はへイタイにもならず、小学校五年生まで丁のオタマジャクシで通し、おやじはそれをみて「ウム、お主《ぬし》は豪の者だなア」とほめてくれた。

教育学者の唐沢富太郎の戦後の評によると、「この時代からははっきりと、教育目的は『臣民の道』の教化と、軍事における『忠君愛国』の精神の鼓吹にあることを示した。そしてこの教科書は、従来の国家主義的な教育にいっそう深い哲学的基礎を与えて（中略）『肇国《ちょうこく》』の精神が唱導され、神国観念が強調されているのである」ということになる。

つまり、教育における軍国主義化はここにはじまると。なるほど、サクラのあとに「コイコイ　シロ　コイ」と人間に従順な犬がでてきて、そのつぎが「ススメススメ　ヘイタイススメ」と一年坊主は教わる。「忠君愛国」の鼓吹は徹底しているといえばいえる。

それより問題とされるのは「修身」であったろうか。巻五つまり五年生のその教科書。

「我が国は、皇室を中心として、全国が一つの大きな家族のやうになって栄えて来ました。御代々の天皇は、臣民を子のやうにおいつくしみになり、臣民は、祖先以来、天皇に対し、忠君愛国の道をつくしました。世界に国はたくさんありますが、我が大日本帝国のやうに、万世一系の天皇をいただき、皇室と臣民とが一体となってゐる国は外にありません。

我等は、かやうにありがたい国に生まれ、かやうに尊い皇室をいただいてゐて、又かやうな美風をのこした臣民の子孫でありますから、あっぱれよい日本人となって、皇運を扶翼し奉り、我が国を益々盛にしなければなりません」（仮名遣い原文のまま）

これまでの教科書のように、国際社会人としての国民性の向上をはかろうとすることなく、外来思想を排撃し、皇国臣民として忠君愛国の精神の強調があるのみ、と、まあ戦後は悪評嘖々《さくさく》たる教科書なのであるが、われら昭和一ケタっ子には困ったことに、それだけにひどく懐かしくもある。それに何よりカラーがふんだんに使われ美しかった。作家菊池寛も朝日新聞に国語教科書論を寄せて、色刷りになったのは喜ばしい、これまでは一番高くて、一番汚くて、一番つまらないものが教科書であったのに、と褒めている。そうではあるけれど、挿絵に描かれた子供たちがきちんとした洋服を着ているのが、下町の悪ガキには少々気に食わなかったが。

この教科書は、昭和十五年まで使われた。寿命は短かったが、影響力は目茶苦茶に大きかった。五、六年後には、まさに権力者の目論見どおりの日本臣民がぞくぞく生まれだしていた。それにつけても、日本の明日のためにも教科書は大事なものと思う。

「桃色スト」と防空演習

くり返しになるが、ともかくも昭和八年は「非常時日本」という流行語がしきりにいわれた年なのである。日本帝国は国際連盟を脱退し、日比谷公会堂で帰朝報告をする松岡洋右全権の甲高い声が、「日本はこれから名誉ある孤立を守っていくのだ」とラジオから流れでた年。あるいは左翼主義者への逮捕が国民の眼の前でつぎつぎに行われた年なのである。国民の多くはそうした世情の急変に一抹の不安感を隠しきれなかったのではないか。ある意味では庶民の鋭い生活感覚が、そこに危険な何かを感じとっていたのではないか。

と思うのであるが、どうもB面的にはそうとばかりはいえないようなのである。なにしろ妙なストライキ騒ぎで東京中が沸きに沸いていたからである。六月十五日、世界広しといえども〝少女歌劇〟は日本にしかない、その東京松竹歌劇団のうら若き踊り子百数十人が「首切り減給反対」「衛生設備の完備」など二十八項目の待遇改善要求をかかげ、ストライキに突入した。新聞は連日その闘争を報道、しかもこれを「桃色スト」と銘打って華々しく報じたから、いやでも民衆はこの成り行き如何に注目せざるを得なくなる。

そしてその輝ける闘争委員長が水の江瀧子（ターキー）、ときに十九歳。この踊り子は、それまで男役はカツラをかぶっていたのに、髪をショート・カットにし、シルクハットにタキシードで登場、世間をアッといわせ、〝男装の麗人〟と騒がれたこともある。いわば時代の尖端をゆく女性、ときたから「非常時日本」どこ吹く風とスト人気はうなぎ登り。

翌十六日、浅草公園六区で働く全従業員が闘争支持を声明。二十五日、大阪松竹座のレビューガールもこれに呼応してストに入る。彼女らは会社側の圧力をうけ、二十七日に高野山に籠城。東京では松竹側の城戸四郎専務がもう一人のスターー津坂オリエら数人の切りくずしに成功するが、ターキー以下の争議団の結束はいっそう強まり、百二十九人が東京脱出に成功、湯河原温泉にたて籠った。このかんにターキーら四十六人が検挙されるが、こうなってはファンも「彼女たちを助けろ」と立ち上がって、抗議団がいくつも松竹に殺到する。会社側はもう譲歩するほかはなくなった。

かいていて楽しくもあり、ちょっぴり阿呆らしくもあるが、結末だけを記しておくと、七月八日、高野山の老師の斡旋もあって大阪のストは手打ち式、さながらこれに呼応したように、東京は十五日に会社側が白旗をあげ全面解決となる。東でも西でも女たちの堂々のねばり勝ちである。そして十九日に浅草の並木クラブで盛大に「松竹レビューガール争議団解団式」がひらかれ、新聞はまたこれを大きく報じた。

ところで、いくらかは珍しいこととはいえ、なんで少女歌劇のストを熱をこめてかいているのか、と疑う向きもあるいはあるかもしれない。そこには若干の秘めたる魂胆がないわけではない。じつは、非常時という流行語に乗じて、口をひらけば「皇道」「皇道実践」を連呼する荒木貞夫陸相を先頭に立て、国民に非常時意識を徹底させ昂揚をはからんと、軍部が大計画を実現した。すなわちソ連を仮想敵国にした防空大演習で、それを少し長々とかかねばならない。しかも演習はこの「桃色スト」騒動の直後に実施されたのである。そこには軍部の若干の魂胆があったと思わないわけにはいかないではないか。つまりムザムザと「桃色スト」の勝利をそのまま見過ごしているわけにはいかぬ。いまはそんな時代ではない、ピリッと引き締めねばならないと、上に立つものたちは思ったに違いないのである。

作家永井荷風の日記『断腸亭日乗』を引くのがきわめてわかりやすい。

「此夜九時より十一時迄銀座通京橋区一帯防空演習のため灯火を消す。カッフェーは灯火消滅のころいずこも大いに繁昌したりと云」（七月二十五日）

にはじまって、二十七日深川地区、二十八日赤坂氷川町辺、八月二十日荷風の住居のある市兵衛町飯倉と防空小演習の記載があって、いよいよ八月九日の本格的な関東地方防空大演習となる。

「大東京を中心に半径一五〇キロの想定区域内には、高射砲隊、聴音機の堅固な陣地が構築されたほか、丸の内防空の大任を命じられた高射砲第〇連隊は、宮城、坂下門前広場を占領、カムフラージュものものしく七サンチ野戦高射砲を中空に開いた」(東京日日新聞)

そのほか防護団や救護班や配給班など、軍部が指導する民間の組織が東京市内のいたるところに陣立てを完了する。桃色ストの余韻など吹き飛ばさんばかりに。

また、永井荷風の日記にもどる。

「八月九日。晴。始めてつくつく法師の啼くを聞く。この夜東京全市防空演習のため灯火を消す」

この日の演習を天皇も市ヶ谷の陸軍士官学校でご覧になっていることも、同日の東京日日新聞がいささか大仰に伝えている。

さらに永井荷風の日記。「八月十日。晴。終日飛行機砲声殷々《いんいん》たり。此夜も灯火を点ずる事能《あた》わざれば薄暮家を出で銀座風月堂にて晩餐を食し金春《こんぱる》新道のキュペル喫茶店に憩う。防空演習を見むとて銀座通の表裏いずこも人出おびただしく、在郷軍人青年団その他野次馬いずれもお祭騒ぎの景気なり。此夜初更の頃より空晴れ二十日頃の片割月静に暗黒の街を照したり」。

最後の一行の、片割月はじつによく効いている。なんて感想はともかく、軍事国家への布石は、荷風が嗤う「お祭騒ぎの景気」のうちに着々と打たれていたのである。これを信濃毎日新聞の主筆桐生悠々が真っ向から批判して物議をかもした話は、すでにかいておいたとおりである。

ソレ、ヨイヨイヨイ

そしてその夏――。もとを正せば「丸の内音頭」というのがあったそうである。日比谷公園内のレストラン松本楼の主人が朝風呂のなかで、田舎で盛んの盆踊りが東京でもできないものか、とふと思いついた。それでさっそく西条八十に相談をもちかけた。で、でき上がったのが、〽ハァ、踊りおどるなら、丸うなって踊れ、ヨイヨイ……、の「丸の内音頭」。

ところが、これに目をつけたのがぬけ目のないレコード会社ビクターで、もっと大々的な、東京中をまきこむ音頭へと発展的に改作はできないものか、となって、ここにでき上がったのが有名な「東京音頭」なのである。

「ハァ、踊りおどるなら……」ではじまって、「ヤーットナー、ソレ、ヨイヨイヨイ」の一大狂騒曲。この年の夏に、それは突如として、大爆発的に流行していく。防空大演習の終った東京はもちろん、全国津々浦々の盆踊りの櫓《やぐら》の上から、「チョイと東京音頭ヨイヨイ」の甘ったるい小唄勝太郎の美声が聞こえてきたのである。

東京では日比谷公園で一週間ぶっ通しで、ヤーットナーとなった。皇居近くでドンドコ、ドンドコとやられては天皇陛下が睡眠不足になると、警察当局はなかなか許可しなかったが、「不況で沈滞気味の市民の士気昂揚のために、ナニトゾ」という大義名分のほうが勝ちをしめた。それでソレ、ヨイヨイヨイとなった。満三歳のわたくしも踊った覚えがある。

とにかく日本中の神社や寺の境内、公園、空地という空地で、陽の傾くころから深夜にいたるまで、ドドンガドンと大太鼓が響き、人波が大きな輪をいくつもつくって狂ったように手足を動かしていたのであるから、いま思えばびっくりするばかり。ピッピピッピッと笛を吹いて交通整理に当たったお巡《まわ》りさんの手が、いつの間にか踊りの振りになっていたほどなのである。

作家安岡章太郎は『僕の昭和史』で往時を回想している。

「住宅街のあっちこっちで太鼓の音とともに、スリ切れかかったレコードが『ヤーットナー、ソレ、ヨイヨイヨイ』と、黄色い声をうるさくガナリ立てるのがきこえてくると、私はいいようのないイラ立たしさに捉われた。――この非常時に、何がヤーットナーソレなんだ」

また、当時の新聞にこんな批評をかく人もいた。長いけれど貴重な意見と思うので。

「ある人はこの流行の事をいって、徳川の末期には『ええぢゃないかええぢゃないか云々』の卑俗歌が流行した事を引合に出した。現在が末期であることは動かせないという。そういう時に一時民衆はナンセンスと卑俗に趨《はし》るという。大なる変動を漠然と予想しつつも民衆の大部分はそうしたものから凡《およ》そ遠い処に心を置こうとする。大部分の民衆にとってはこの住み難い不合理な社会がどうする事もできないからだという。だから……東京音頭はほんとうは恐るべきであるかも知れない。東京音頭で踊っているうちはまだ安心だろうけれども」（村瀬透「世相風景」、中外商業新聞　十一月二十二日付）

まったく、そのとおり。社会的不安やら緊張をほぐすためには、お祭りがいちばん。それはいつの世でも変わらない。例によって「歴史」は民衆の理解を超えて動いている。ヤーットナー、ソレと踊って唄って、ゆえ知らぬ不安を忘れるしか、術《すべ》がなかった。国家は、またそれを利用することで人心を一つにまとめ、上手に挙国一致体制をつくっていく。

というのも、この年の夏はいっぽうで、ある種異様ともいえる熱気に包まれていたからである。前年に起きた「一人一殺」の血盟団事件と五・一五事件の公判が相ついではじまっていたのである。とくに五・一五事件は、報道規制が解けていたから、新聞には連日のようにその裁判記事が載るようになった。それも被告たちの行動に至った胸のうちを代弁し、その主張や行動を支持するかのような報道ぶり。お蔭というか、被告への同情は高まり、減刑嘆願運動はあれよあれよというまに一種の大衆運動となっていた。それこそヤーットナー、ソレ、ヨイヨイヨイであった。

さっそく「東京音頭」の替え歌の「五・一五音頭」が街の無名詩人によってつくられる。これがまた、ひそかに流行していた。

〽踊りおどるなら五・一五おどり　ヨイヨイ

踊りゃ日本《やまと》の　踊りゃ大和《やまと》の夜が明ける
　ヨイトナー、ソレ、ヨイヨイヨイ
〽花は桜木　男は三上　ヨイヨイ
　男惚れする山岸　問答無用の心意気
　　ヨイトナー、ソレ、ヨイヨイヨイ

犯人の三上卓と山岸宏を讃美するなんてとんでもないと、当局も、さすがに放っておくわけにもいかず、十月二十日に禁止命令を出した。が、さて、どこまで効力があったことか。煽りを食って殺された犬養毅首相の孫の道子は、学校で「正義の軍人にやられたんだから、お前は非国民の孫だ」といわれ、ほんとうに嫌な思いをしつづけたという。わたくしが道子さんから直接に聞いた述懐である。

それと、これはどちらかといえばA面の話となるが、皇道右翼の慶応大学予科教授の蓑田胸喜《みのだむねき》を中心とする原理日本社が、自由主義的な学者に「反国体＝アカ＝非国民」のレッテルを貼って、言論による誹謗攻撃を強めていくのが、この年の夏から秋にかけてである。「司法赤化事件と帝大赤化教授」というパンフレットをほうぼうに配り、東大の美濃部達吉、牧野英一、末弘厳太郎《いずたろう》らがその槍玉にあがった。軍部と結びついたこの右翼思想が、非常時日本の名のもとに、おもむろに猛威をふるいだしはじめたのであるが、国民はそんなことに気づくことなく、ヤーットナー、ソレとやっていた。

✳鳴った鳴った、サイレン

この年はわたくしはまだ満で三歳、盆踊りのほかの記憶に残っていることがあるはずはない。のであるが、妙に忘れられない話も二つ三つはある。そのなかで、のちになって調べて詳細が判明したことに、映画『キング・コング』が第一にある。この年の九月九日、東京で封切られた（大阪は九月一日）。たしかにこのとき観たのか、ずっとあとで観たものなのかはっきりしないが、とにかく初めて観たときには仰天した覚えだけはある。天地にとどろくものすごい咆哮とともに、巨大なゴリラが密林の奥深くから現れる。しかも怪物の最期は美女を抱いて、眼も眩むほど高いエンパイア・ステート・ビルのてっぺんに登り、複葉《ふくよう》の飛行機に撃ち落とされるのである。下町生まれの悪ガキも肝を潰しつつも、哀れなるかなとキング・コングにえらく同情を寄せた。しかもそれからしばらくは、両手で胸をぽかぽかと叩いて、「ウォー」と叫び、キング・コングの真似ばかりして、大人たちに呆れられたものであった。

もう一つ、これはあまりにも下らない余談中の余談ということになるが、馬の大群が逃走し深夜の東京が大騒ぎになった話が脳味噌にこびりついて離れないでいる。これも調べてみたら、妄想ではなかったことがわかった。この年の十月三十一日午前二時、城東区（現江東区）小名《おな》木川《ぎがわ》貨物駅から千葉県下の演習場に運ばれる近衛騎兵連隊の軍馬五十頭のうち十九頭が、積みこみの作業中に汽笛の音に驚いて逃走するという大騒動が起こったのである。下町から銀座方面まで四散した馬は猛然と暴走、各警察が総出の大捕物劇が展開された。

まだ幼児であったわたくしまでが起こされて、寝ぼけ眼《まなこ》でいざというときに備えたように覚えている。とにかく本所向島方面に三頭が狂ったように向かったというのである。ずいぶんのちにおやじが一杯機嫌で耳にタコができるほど一席ぶつのを常としたものであった。

「こっちへ来た、いやあっちへ行ったと、夜中だっていうのに大騒ぎじゃった。たかが馬三頭というなかれ、あっちは何しろ戦場へ行く馬だから殺気立っている。蹴殺されでもしたら丸損だからな。それでこっちも殺気立ったものよ」

結局は向島のほうへはやってくることなく、三頭は隅田川ぞいに疾走してきて吾妻橋を渡って浅草方面へ。一頭は橋を渡ったところで捕まり、一頭は雷門の交番前で、最後の一頭は三間町交番前でとり押さえられたという。そして午前六時ごろまでに全部が小名木川駅に連れ戻され、午前十一時の列車でおとなしく運ばれていった。

ただそれだけの話であるが、少年になったころのわたくしは、軍馬、軍犬、軍鳩と、ものもいえぬ動物たちもまた戦争に動員されて〝戦死〟する運命にあることを知り、ひどくこれら日本の動物たちに同情を寄せたものであった。ただし、「お前たち、日本の青少年も一旦緩急あらば義勇公に奉じて……」などという軍国大人の説教をまともに聞く耳はもたなかったが。

そしてこれは昭和史を勉強するようになってから知ったことであるが、この年の十一月二十二日、古典『源氏物語』の上演が新宿の新歌舞伎座初日を目前に、警視庁が「待った」をかけたというではないか。巷でヤーットナー、ヨイヨイヨイと浮かれている裏では、ほとんどの民草には縁なきことながら、そんな当局の厳重取締りがはじまっていたのである。

坪内逍遥、藤村作《つくる》の両博士が顧問で、光源氏に坂東蓑助（のち三津五郎）、ほか演技陣も豪華キャスト、紫式部学会後援の六幕十七場の大舞台も、当局からみれば「光源氏を中心にした人たちの姦通など、徹頭徹尾、非常時日本にふさわしからぬ恋愛物語に終始し、風紀上大いに害がある」ということになる。藤村博士が抗議して、

「どこがいけないか指摘してほしい。直すなり削るなりするゆえに」

といえどもダメの一点張り。さらに新居格《にいいたる》、小松清、藤森成吉らが抗議したが、てんで受けつけてもらえない。また観客も抗議の形として、払い戻しとなった前売りの入場料の寄付を申し出たりしたが、そんなことは知ったことではないとはねつける。要は、非常時には古典文化などどうでもいい、というお話であったのである。

およそ昭和八年はそんな年であったのであるが、その掉尾《ちょうび》を飾るのが十二月二十三日の国民こぞってのお祝い。かくまでもない皇太子殿下（現明仁天皇）のご誕生。拙著『聖断』でわたくしはこうかいた。

「ご産殿の見届け役は鈴木（貫太郎）侍従長である。

待つ間もなく、『皇太子さま誕生』との第一報が入り、天皇は、喜びにわく侍従たちの詰めている常侍官候所まで、その姿をみせた。そこへ喜色満面の鈴木侍従長が飛ぶように駈けてき

ていた。

『ただいま親王さま誕生あそばされましたぞ』

『そうか、たしかに男の子か』

天皇は、めったにないことだが、念を押した。謹厳そのものの侍従長は、大声で答えた。

『ハッ、たしかに男子のおしるしを拝しました』

どっと侍従たちが笑い、天皇もにっこり笑った」

そして東京市民はこの知らせをうけると大喜びとなり、宮城前広場は旗行列の人波で埋めつくされた。三つ年長のわたくしは物ごころついてから、このときにつくられた皇太子誕生の歌をあらためて教えられ、後れ馳せながら現天皇のご誕生を祝った。ところが、不忠の臣（？）であるわたくしは、どうもその歌をうろ覚えで頭に入れてしまったようで、いまも唱《うた》いだしを「夜明けだ、夜明けに」とやり、物知りから「違うぞ、日の出だ、日の出に、が正しい歌詞だぞ」とやられた。さらにそのあとを、

〽鳴った　鳴った　サイレン
サイレン　サイレン

とつづけたら、またどやされた。サイレンが一声なら皇女、二声なら皇太子と、あらかじめ発表されていたので、「サイレン　サイレン」ではなく、「ポー、ポーと唱うのが正しいんだ」と訂《ただ》された。こうなると頭が混乱して、どっちが正しいのかわからない。作詞の北原白秋先生

をあの世からよびだして教えていただきたいと思うばかりである。といっても、じつはいま唱えるのはその唱いだしの二行だけなのであるから、わざわざ白秋先生にご迷惑をかけるほどのことでもない。申しわけないと、むしろお詫びすべきなのかもしれない。

昭和九年（一九三四）

世の注目をあつめていた満洲国は、この年の三月一日、執政溥儀《ふぎ》が皇帝に即位し、元号を康徳と改めて満洲帝国としてあらためて世界に名乗り出た。しかし、新国家として認めたものはわずかな国だけである。国際連盟の主要列強はすべてソッポを向いた。日本帝国はいっそう孤立化を深めたが、とにもかくにもこの新国家を育成していかねばならない。

結果として、これを作りあげた陸軍省、国家対国家の仕事をになう外務省、さらに開拓民などの責任を負わなければならない拓務省とが、その主導権をめぐっての暗闘をくりひろげることとなる。だが、つまりは陸軍が強引な政治力を発揮して勝ちを制した。押しつまった十二月二十六日に対満機構改革のための事務局が新たに設置され、林銑《せん》十郎《じゅうろう》陸軍大臣が総裁を兼任することとなる。つまりは陸軍の満洲独占の支配体制がここに確立した。こうして自信をえた陸軍の政治への進出は、これを典型的な一例として顕著になり、この年から「そこ退《の》け、そこ退け」の軍国への堂々たる闊歩がはじまったといってもよかろうか。

とはいえ、外からは強固な一枚岩としかみえなかった陸軍であるが、じつはこの年の夏ごろからいわゆる統制派と皇道派とに二分され、熾烈な内部抗争が展開されていたのである。勝敗は不明であったものの、何となく統制派時代がくるのではないかと予想されはじめたとき、海軍内部でも軍縮条約をめぐって条約締結派（条約派）と条約反対派（艦隊派）が隠微な抗争をつづけ、どうやらこっちはその決着がついたのである。すなわち、条約派の主だった提督たちが、強硬派のかついだ長老の伏見宮《ふしみのみや》と東郷平八郎の両元帥の威名のもとに、つぎつぎに首を切られ、海軍を去っていった。そしてこの年の十二月、日本海軍はワシントン条約の廃棄を米英仏に通告する。開明的であるはずの海軍もまた孤立化の道を選択したといえる。

満洲事変、上海事変、さらに熱河作戦とつづいた戦火もおさまって、この昭和九年という年は、国民にとってはまことに穏やかともみえるときであった。駐日アメリカ大使ジョセフ・C・グルーがその日記『滞日十年』にかくように、「嵐の前の平穏」そのものといえた。日本の支配層のなかにも「新しい軍事冒険に出る前に、すでに獲得した権益を確固たるものにするほうが大事」と考え「現状の継続」でいこうとする空気が主であった、とグルーは観測していたらしい。「情勢は穏健派の顕著な勝利であり、日本を正気の道に戻すことができるのではないか」ともかいている。
はたして現実はどうであったであろうか。

三大列強の一つ

元気のいい話からはじめる。小林一三《いちぞう》という卓抜した興行主と白井鉄造という天才的な演出家でつくりあげた世界でも稀なレビューが、東京に乗りこんできたのが、この年の元旦のことである。東京宝塚劇場の柿落《こけら》しが『花詩集』。のちの大スター葦原邦子が回想している。「華やかによそおった元日の招待日の客席は、関西の宝塚では考えられない豪華さ」で、「黒紋つきの着物に袴姿で、私は下手の花道に並んで」ただ眼を見張るばかりであった、と（『わが青春の宝塚』）。

この一劇場の華やかさが物語るように、昭和恐慌もおさまって、日本の景気は右肩上がりになりはじめていた。経済問題について語るのは得意ではないし、読者の信頼も薄いであろうから、中村隆英東大名誉教授の『昭和史』をちょっと長く引用すると、

「一九三一年から三六年までの五年あまりの間に、日本の産業はめざましい転換をなしとげた。まず低為替による輸出の増加が、ついで重化学工業を中心とする大規模な設備投資が、軍事費と農村救済事業費とともに需要を創出し、しかも高橋〔是清《これきよ》〕財政下の低金利政策が作用

して、諸産業は急激な成長のきっかけをつかんだからである。とくに、鉄鋼、機械、電気機械、化学工業は、一方では軍需、他方では設備投資と建設投資に支えられて急激な発展をとげた」ということなのである。

なるほど、A面つまり学問的には右のような説明になるのであろう。これをちょっと落としてB面の話でいくと、いちばん具体的にわかるのは、官営八幡製鉄所を中心にしてものすごくでっかい製鉄会社がこの国にはじめてできたのがこの年の一月二十九日。釜石、輪西《わにし》、三菱、九州、富士東洋の五製鉄会社を合併して、ここに日本製鉄株式会社が設立された。資本金三億四千六百万円。この製鉄大合併は国家の、とくに軍部の要請するところでもあったであろう。

そのほか化学工業を中心とする「新興財閥」もあとにつづく。日本産業（日産）、日本窯業（日窯）、昭和肥料（昭和電工）、日本曹達（日曹）エトセトラ。中島知久平《ちくへい》の中島飛行機が設立されたのもこのころ。

お蔭で、この年の後半には軍需インフレとなって、一般民衆もだんだんに潤《うるお》ってきた。個人工場は大増築をはじめ、いろいろな仕事の熟練工は引っぱりだこで、なかで景気のいいのは機械工業の職工たち。熟練工の最低日給が二円であったのが四円から五円とうなぎ登りで、残業手当てがたいていこの二倍から三倍というから、百円の給料の職工は百五十円の手当てを貰っていることになる。とにかく威勢がいい。「ソレ、ヨイヨイヨイ」と景気がまことによろしい。

いまは余りみなくなったが、昔は新規開店のお店の宣伝にチンドン屋が街をねり歩いていた。

鉦《かね》に太鼓に三味線、クラリネットにアコーディオンなど五人一組となって街から街へ。その稼ぎは?

「女ならたいてい二円五十銭くらい。顔がよければもっと取る。女でクラリネットができれば三円五十銭から四円。ところが男はよくて二円なんだからね。男は助かりませんや」(東京朝日新聞　九月十五日付)

あんみつ十三銭、コーヒー一杯十五銭、かけそば十銭のころの話である。

国民はひとしく胸を張りだした。いまや日本は五大強国の一つで、さらにそのなかの三大列強の一つである。そもそも五大強国とは英米仏伊そして日本、三大列強とは日英米なのであると。たしかに、この年ぐらいから急激に国力は上向きになっていた。昭和六年の項で、戦争で新聞は儲かるとかいたかと思うが、戦争で各種の産業もまた莫大な利益をうむことができる、いまでいう国民総生産(GNP)もそのパーセンテージをあげはじめた。世界各国のなかで、いちばん早くウォール街の大暴落の影響から脱することができたのが、わが国であったといってもいいかと思う。

その証《あか》しに、といってはいいすぎかもしれない、いや、そうではあるまい。明るくなった世相を、それは間違いなく反映していたように思う。またまた「音頭」なんである。前年の「東京音頭」につづいてこの年は「さくら音頭」の競作ときた。しかも、コロムビアは松竹とタイアップ、ビクターは日活とタイアップ、そこへまた、ポリドール、キング、テイチクといった各レコード会社も加わって、総力をあげてヤットサノサと音頭の大合戦が展開された。さあ、景気がよくなった、景気よく歌え歌え、である。ビクターは小唄勝太郎と徳山璉《たまき》、コロムビアは柳橋芸者の歌丸と富勇、ポリドールが東海林《しょうじ》太郎に喜代三、〆香、小花の四人、キングが美《み》ち奴《やっこ》と東海林太郎。いやはや、各社の血眼《ちまなこ》の競争ぶりにはあらためて仰天するばかり。

結果はビクターの圧勝！

〽ハァー　咲いた咲いたよ　弥生の空に　ヤットサノサ
さくらパッと咲いた　咲いた咲いた咲いたパッと咲いた

と、なんの奇もない呆れるばかりの歌詞。ただもう恐れ入りました、と頭を下げるほかはない。世はともかくも浮かれだした。当時の川柳もそれに合わせた。

太平の花の音頭に浮かれ出し

ただしわたくしは「さくら音頭」は歌えないから、浮かれて楽しくかいているわけではない。

✹活動写真館とハチ公

人の心というものは景気がよくなりだすと落ち着いてくる。それが原理原則であることはいつの時代であっても変わりない。落ち着くとより楽観的になるから、どうやら住みやすい世となって未来を楽観視するようになる。戦火もどうやらおさまったし、新国家満洲もつくったし、この国はもう大丈夫という気になって、こうして民衆は浮かれに浮かれだす。

まさか二年後に二・二六事件、さらにその翌年に日中戦争が起こるなどと予測しているものはいなかった。「そりゃ明日のことは明日のことよ」との思いはあったであろうが、とにかくいまは「世はなべて事もなし」と浮かれた。それであるから、この年は七月に斎藤実内閣が総辞職に追い込まれた帝人事件のほかには、A面的にはこれとすぐ思いだせる事件のなかった年、ということになる。念のためにかいておくが、この帝国人造絹糸株式会社（すなわち帝人）の株をめぐる贈収賄事件は、いまになると「空中楼閣」の倒閣のための陰謀事件と明らかになっている。ではあったが、当時は戦前最大の疑獄事件といわれ、新聞には「鳩山君葬《とむら》ひの辞」だの「三士・黒田君自決せよ」だのといった大見出しの刺戟的・罵倒的な字が躍っていた。

そんな世の浮かれに乗って、というのは少々おかしいかもしれないが、当時満四歳のわたくしはやたらと活動写真館に連れていってもらったような気がしている。いまでいう映画館。輸入されていた洋画はオール・トーキーであったが、日本映画のほうは記録によれば作られる映画本数の一七パーセント程度しかオール・トーキー化されていなかった。その弁士つきの活動写真を近所の活動写真館に観にいった記憶がたしかにある。東成館と南龍館と橘館であった。

ベルが鳴って、ジンタが弦の音合わせをする。館内が暗くなり、きまったように「天然の美」がスローテンポで奏でられる。いよいよ活動のはじまりである。演台にランプがついて、紋付袴姿の弁士が登場する。いっせいに拍手が……。

「東山三十六峰《ぼう》、草木も眠る京洛の巷《ちまた》、たちまち起こる剣戟のひびき」

ただし、この弁士の名調子は当時わたくしが耳にしたものにあらず。この年に封切られた代表作一覧を検してみれば、五所平之助『生きとし生けるもの』、小津安二郎『浮草物語』、木村荘十二《そとじ》『只野凡児人生勉強』、島津保次郎『隣の八重ちゃん』とほとんど満四歳とは縁なき作品ばかり。ただ一つ、伊丹万作『忠臣蔵』が大河内伝次郎、鈴木伝明、夏川静江、山田五十鈴らの出演であった。あるいは、と思うが、たしかに観た、という記憶なんかこれっぽっちもないが。

なんだ、夢物語かよ、と軽蔑されそうであるが、こうした活動写真を子供がじつによく観にいったのはたしかなのである。統計にもある。観客数のなかで子供は二五パーセントとあるし、浅草六区の日曜日の活動写真館では三人に一人が子供であったという。

余計な強調はともかくとして、夢物語でも想像でもなく、しっかりとした記憶に残っている事実が一つある。渋谷の忠犬ハチ公の銅像をわざわざ向島からわたくしは撫でにいったのである。このときのことをその昔に「昭和『こぼれ話』と日本人」と題して偉そうに語ったことがあった。それをそっくり引用することにする。

「私は四歳の腕白坊主でしたが、よく覚えているのが、『夏は涼しく冬は暖か』が売り物の地下鉄に乗って浅草から新橋まで行き、そこで国電に乗りかえて渋谷まで、忠犬ハチ公の銅像を見にいったこと。昭和九年四月に初代銅像が出来たということで、完成披露の除幕式の様子が

忠犬ハチ公の銅像が渋谷駅前に建てられた昭和９年、著者は見に出かけて足をなでた記憶がある

新聞に載りました。それで東京中の少年たちの話題になった。

だから私も大人にせがんで、わざわざいったんでしょうね。銅像のすぐ脇に本物のハチ公がチョコンと前足を揃えて座っていました。私がカステラをやったらパクンと食べて……やたら大きく感じられたなあ。彼の本名はハチ号だということや、翌十年の三月に十三歳で死んだということも記憶にあります」

ちなみに東京地下鉄が新橋までのびて、浅草―新橋間が開通したのはこの年の六月二十一日のことであった。

それと、ハチ公が死んだときの東京日日新聞の昭和十年三月十三日付の記事も引用しておくこととする。ハチ公人気がどれほどのものかがよくわかる。

「花環二五、生花二〇〇、手紙、電報一八〇通、短冊一五枚、色紙三枚、書六枚、学童の綴方二〇、清酒四斗樽一本、四日間のお賽銭二〇〇余円という豪勢さであった」

そのほか付近の商店ではハチ公せんべい、ハチ公そば、ハチ公焼鳥、ハチ公丼などを売りだして……草葉の陰でハチ公は眼をパチクリしたことであろう。

✸パパ・ママ論争

わたくしより年配の、山本七平、安岡章太郎といった作家やエッセイストの回想記などを読むと、ほぼ共通しているのは、人びとが最も明るい顔をしていたのは昭和九年から十年にかけてであった、ということになる。まだ幼すぎたわたくしの記憶はせいぜい忠犬ハチ公ぐらいであるが、すでに少年ないし青春前期を迎えている人たちにはしっかりと想いだされる楽しいことがいろいろとあったらしい。

まずはエロ。エロのカフェーがぐんと下火になり、かわりに喫茶店とかミルクホールとかが盛り場に登場し、あまり余裕のない学生たちを喜ばせるようになった。明治、森永などのチェーン店が結構オアシスの役をはたし、一杯のミルクコーヒーを飲みながらの閑談が、若ものはもちろんのこと、どんどん一般的になっていった。

四月二日付の都新聞（現東京新聞）がこう報じている。

「カフェーの穴倉然たるボックスより硝子張りの明朗な喫茶店を喜び、エロ万能主義より高尚なサービスに心を惹かれ、第一に会計の少ないこと、チップのかさばらないことがお客たちを何より安心させて、ミス喫茶の方へお客は傾いていくのである」

そこで働く〝ミス喫茶〟の女性たちも、みんなパーマネントをかけるようになっていたことも特筆しておいたほうがいいであろう。じつは国産パーマネントの機械が発明されたのはこの年なのである。それまではすべて輸入品で、非常に高価であった。それで備えつけている美容院は全国でも数えるほどしかない。そこに山野千枝子が中心となって国産機械の製作に苦心惨憺、ようやく第一号を生みだし、山野のジャストリー社につづいて、メーカーがぞくぞく出現したのがこの年という。

とにかく女性が美しくなるというのは、自然と世の中を明るくし、安らかにする。まことに天下泰平で結構な話であるが、いきおい有閑ガールなる新種族を生みだすことにもなった。フラッパー（おてんば）でもモガでもない、学校を出たが仕事につかない、インテリでスマートで、生活に汲々《きゆうきゆう》としていない若き女性たち。これがただ何となく銀座をブラつくだけ。

東京日日新聞がわざわざ彼女たちを紙面で紹介する労をとっている。

「A嬢―しづ子さん、女子学院出の廿二歳。入社試験で東宝専属女優になったが、三日でやめた早業《はやわざ》、ビクター文芸部に転身してレコード歌手志望、声楽とタップと日本舞踊を習っている。（中略）C嬢―廿四歳、山脇高女出。ソシアル・ダンスの教師をしていたという。他人に縛られない、何か自分で切り廻してやる仕事がしたいという」（四月十九日付）

そんな彼女たちの間だけでひそかに交わされている隠語もついでに紹介すると――、

・反抗できない＝やりきれぬ、あきれちゃった、敗けた。

・笑っちゃえ＝品物を失敬する、問題にしない、約束を無視する。

彼女たちの恋愛・結婚観は、といえば、「恋愛は恋愛、結婚は結婚、恋愛したからって結婚するのが幸福とは思わない」なのであるそうで、いまどきの女性たちと変わらないか。なるほど、そうなるといまどきの女性たちはみんな昭和九年ごろには有閑ガールとよばれていたことになる。

話題を変えて、もう一度、東京日日新聞を引く。見出しは「自動車洪水・全市の混乱」。

「……各方面から二重橋前広場の大道路を抜ける自動車は実に三万二五〇五台、二重橋前の丁字交叉点で二万七〇八〇台。現在警視庁管下の自動車総数約二万八〇〇〇台だから、市内、郡部の全自動車が一日一回通らねばならぬ勘定になる。（中略）トラックが通らないでもこれほどの交通量を占め、その激甚ぶりを如実に物語っている」

いまとくらべれば何のこともない数字ながら、日本がたしかに戦争景気で大そうな不況から脱しつつあったことがよくわかる。

四海波静かに、世は泰平の話題をもう一つ拾うと、ときの文部大臣松田源治のまことに突飛な発言がある。八月二十九日、いまや家庭でパパ・ママという言葉がはやっていることについて、新聞記者に語ったというのである。

「日本人はちゃんと日本語を使って、お父さん・お母さんといわねばいかん。またはお父さま・お母さまだ。舌足らずのパパ・ママを使うのは、そもそも日本古代よりの孝行の道の廃《すた》れるもととなる」

これが新聞にでて、近くパパ・ママ禁止令が発表されるという噂が広まった。がぜん論争が捲き起こった。家庭内の呼称まで文相の権限は及ばぬ。いや、文相には日本の孝道発展の責任がある、と喧々囂々《けんけんごうごう》。もっともわれら東京の下町の悪ガキどもはトオチャン・カアチャンであり、少し長じると、おやじとおふくろ。山の手のお坊っちゃま君たちがパパ・ママなんてほざくと、ヘドがでそうになったから、この論争には関係なかったが。

それにしても、なんとも平和にして程度があまり高くない時代の感がしきりなんであるが。などと毒づくのは下町育ちのひがみが入っているかもしれない。

明るい話題の背後で

ものをかくというのは妙なもので、いささかなりとも明るい話題をならべていると、筆もいつかのんびりとした調子になる。これまでのように国民的窮乏をつづけて説いていると悲壮味をましてくるが、この昭和九年の安穏無事の世の諸相を語っていると、とくに意識しないのについついい楽観的になって、暗い話を忘れそうになる。それで慌ててかくことになる。

じつは、この年は東北地方を中心に、悲劇的な凶作に見舞われた年であったのである。米の予想収穫高は凶作であった前年にくらべてもさらに一割六分の減収で、大正二年（一九一三）

につぐ大凶作と、十一月三日の東京朝日新聞が報じていた。「栄養価ゼロでも食べねばならぬ。草木に露をつなぐ　この世の地獄　冷寒地」と、同じ日の紙面は東北地方の現状を伝えている。

当然のことに、また昭和六年同様に娘の身売りがはじまっていた。出稼ぎは五万八千人、その多くは芸者や娼婦、女給になった。悪周旋屋にだまされ、女給は十五円、娼婦は五十円という金で売られたという。

凶作による飢餓で大根をかじる岩手の子供たち（昭和９年）

・木の実と草の根を食ひ飯食はぬ人らは黒き糞たれにけり

・貧しさはきはまりつひに歳ごろの娘ことごとく売られし村あり

山形出身の歌人結城《ゆうき》哀草果《あいそうか》の歌である。悲惨はまだつづいていた。

景気がよくなった、といっても、昭和史の原点の一つにしばしばの飢饉のあったことはやっぱり否定できない。この貧しい農村出身の兵に多く接することのあった陸軍の青年将校が、これを国家存亡にかかわる重大事と切々としてその身に感じていたのである。そしてそれが二・二六事件へ、いや、やがては国民総力をあげての大戦争へとつながる導火線になったこと、いささか早すぎるがやはり知っておく必要がある。ただし、それがすべてではないが。

ところが、都会のミルクホールや喫茶店で一休みし、少々生活的に余裕のでてきた人びとは、そんな身に迫るようなことを話題にはかならずしものせていなかったのである。当時の民衆は、いまよりも政治や経済や社会に関心がなかった。というより、ちょっと豊かになったとはいえ、明日の保証はまだ不確実、やっぱりあまり身近でない話題はすぐ消えていってしまう。

なぜなら、情報がそれほど早くかつ詳細にひろがることはなかったし、それに都市と地方との距離感はいまとまったく違う。なるほど、この年の十二月一日に殉職者六十九名もだした難工事の丹那トンネルが貫通し、東海道線が御殿場を回らずに熱海から沼津へ直通して走るようになった。それでも特急「つばめ」は東京―大阪間が八時間もかかったのである。ましてや東京から青森まで行こうとすれば、いまのニューヨーク直行便の飛行機より時間がかかった時代である。

それに電話。いまのように日本じゅうどこでも即時通話という時代と違って、このころは他府県にかける電話はそれぞれの電話局を通して、交換台経由でつないでもらうのに、早くて二、三時間、遅ければ半日近くかかった。情報の伝達のスピードがまったく違うのである。

ミルクホールの老若男女の客たちが、昭和史を彩るこの年のさまざまな事件、一月の共産党リンチ事件、三月の時事新報社長の武藤山治《さんじ》射殺事件、五月の〝海軍の神様〟東郷平八郎元帥の死去、九月の室戸台風、十一月の満鉄の特急「あじあ」号の運転開始などを新聞が報じても、ホー、そうかいと一時は話題にしても、すぐに忘れていってしまう。つまりは直接のいまの生活との距離があまりにも遠いゆえ、それも当然のことであったといえる。それに東北の飢饉はいわば毎年のこと、だからといって自然災害はどうにもならず、さして重大視するに及ばずといった空気が世を支配してもいた。

しかし、いまになると、ミルクホールの客たちが真剣に憂えなければならない重大事も、たしかに官報や新聞で報ぜられていたのである。くわしくかくのはB面から大きく逸脱することとなるし、A面的概観をこの章のはじめにかいている。でも、やっぱり外すべきではないと思うので、年表式にただ何事が起こったかだけをならべる。

「八月六日、陸軍省、在満機構改革原案を発表。二十日、拓務省の原案を発表。九月十二日、在満機構改革をめぐり陸軍省・拓務省の対立により、関東省全職員総辞職を決議。十四日、閣議、在満機構改革案を承認。十月七日、拓務省の全員、改革案反対の具申書を提出。十二月二十六日、対満事務局官制公布。陸相林銑十郎が総裁を兼任。これにより在満機構改革問題終結する」

要するに、陸軍が軍刀をガチャガチャと鳴らして、横車を押し通したという話なのである。新国家の満洲帝国とまともにつき合うのは外務省の仕事、関東州（大連・旅順）をあらためて満洲帝国から租借するのであるからそれは拓務省や大蔵省の仕事。それらをすべて実質的に陸軍が統括することとなると、満洲は「陸軍の領土」のようになってしまう。それで拓務・外務・大蔵三省の役人が「それはいかん、いままでどおりわれわれの仕事に」と反対したのである。しかし陸軍は一歩も譲る気はない。ついに「関東省全職員〔右の三省の役人〕総辞職」となる。およそ日本近代史はじまっていらいの奇想天外の大騒動。でも、陸軍は断乎として引かなかった。そして見事に勝利をおさめた。

いまになると「軍の横暴」とか「陸軍の横車」とかあっさりという。そのそもそもはこのときにはじまったのではなかったか。そう判断したくなってくる。その陸軍の陸軍省新聞班が軍事啓蒙のためにつくったパンフレット「国防の本義と其《その》強化の提唱」が一般に配布されたのが十月一日。このことについてもちょっとふれておく。要は、第一次世界大戦の教訓から、これからの国防を考えるとき、あらゆる物的資源、人的資源、その全総力をあげて戦争に奉仕させねばならぬ、と恐れげもなく宣言したのである。

「たたかいは創造の父、文化の母である」

という文句はいまでは有名であるが、当時はどうであったか。パンフレットのお終いに私製はがきがついていて、それに意見をかいて陸軍省に送付できるようになっていた。今日にいう「民意を問う」という当時にあっては異例の形をとっていたが、さて、意見をかいてだした人がいたかどうか。おそらくほとんどいなかったのが実情であろう。

景気がちょっと上向きになると、民草はまずは一安心と「日本の明日」に大いに期待をかける。そんなときミルクホールで天下国家を論ずるよりも、万事はお上《かみ》にお任せ、もっぱら自分たちの生活への関心で話は大いに盛り上がるものである。

昭和十年(一九三五)

この年は大いなる転換点となった年であったといえる。八年、九年とつづくやや陰にこもった軍部の政治台頭の動きが、いよいよ表面化し、意図的に思想つまり言論への圧迫という形で強化されていく。いいかえれば、天皇をして現人神《あらひとがみ》に祀《まつ》りあげる大いなる動きがはじまった年といったらいいか。

その踏みだされた第一歩が天皇機関説問題であった。三月十八日、貴族院議員の菊池武夫が本会議場で東大教授美濃部達吉の憲法学説を「これは国体を破壊する思想である」と攻撃したのがはじまりである。はたしてその裏にどんな策謀が練られていたものか、いまになればさまざまな資料でそれは明らかになっている。

そしてこの問題は思想・学問の問題であり、歴史観への問いかけであり、言論の自由の問題であった。しかし、何ということか、美濃部学説を公の場で弁護し、学問・思想の尊厳を守ろうとする動きは、学界はもちろん、新聞をはじめ雑誌などの言論界にはそれほど強くなく、いや、ほとんどみられなかった。強硬にして熱狂的な精神論の前には冷静な言論などは相手にされるべくもない。

まさしく容易ならざる時代が到来していたのである。思想的には、もはや宗教としかいいようのないような〝天皇神聖説〟が主流となり、現人神として天皇の神聖にあこがれることが日本の正義なのである。巷には政党政治の堕落がいわれ、国体明徴・挙国一致の神がかり旋風が吹きまくりはじめる。穏健自由主義はいまやガタガタとなり沈黙を守らざるをえなくなった。

こうして政財官界や言論界が、天皇機関説問題と国体明徴運動で大揺れに揺れているとき、陸軍部内で突然の流血事件が起き、さらに世を震撼した。八月十二日の白昼に、軍の中枢にあった軍務局長永田鉄山少将が刺殺されたのである。しかも犯人の相沢三郎中佐は憲兵に検束されたとき、何も悪びれることなくこういい放った。

「伊勢大神が相沢の身体を一時借りて天誅《てんちゅう》を下し給うたので、俺の責任ではない」

その報告をうけたとき元老西園寺公望は、眉をくもらせていった。

「日本だけはロシアやドイツがふんだ道を通らないで行けるかと思うとったが、こんなことがしばしば起こると、結局はやはり同じ道を通らなあきまへんかなあ」

その予感は当たった、いや、予感を消し飛ばす革命的大事件が、十一年が明けるとすぐに起こった。国のあり方を土台から揺さぶり動かすことになった二・二六事件がそれである。

天皇機関説における罵詈雑言《ばりぞうごん》といい、国体明徴運動の圧力といい、永田鉄山暗殺といい、たしかに昭和史は政治的そして軍事的に、それ以上に思想的に、急速に転換しつつあった。左翼勢力は相つぐ弾圧もあって潰滅寸前。日本共産党の非合法機関紙であった「赤旗」は十年一月二十日号をもって終刊となった。メーデーもこの年は右派と左派にわかれて二カ所でどうやら行われたが、動員された労働者はわずか六千人。そして、この年かぎりでメーデーは（戦後に復活するまで）行われなくなった。

であるからといって、われら一般民衆の生活がいっぺんに危機的に変容したといいたいわけではない。大正デモクラシー的な気分というか、昭和改元いらいの自由主義的な風潮というか、それはまだ残っており、昭和十年はむしろまだまだ平穏な年であったといったほうがいい。思いもかけないような好景気の到来で、生活は楽になった、それで大いに民草は享楽的になりはじめていた、とするのが正しい見方なのである。

やや苦手な経済の話となるが、資料でみればそれは一目瞭然となる。経済企画庁（現内閣府）編『日本の経済統計（上）』によって、昭和四～六年の平均と昭和十～十二年の平均との生産の発展ぶりをくらべてみれば、鋼材は二・四三倍、船舶は二・〇二倍、電力は一・七五倍とどれもほぼ二倍になり、工作機械の製造台数になると十倍を超えている。つまり鉄鋼、機械、化学工業などの諸産業は急激な成長ぶりを示しはじめていたのである。

これをB面的にわかりやすくすれば、われらの家庭にラジオや蓄音機がどんどん入ってきた、ということになる。たとえば年表でみても、流行歌の数が、この年からぐんぐんふえだしてくる。なんとなれば、レコード会社がこの年にはなんと呆れるほど設立されていたからである。すでにあったものも含めれば、ビクター、コロムビア、ポリドール、キング、ニットウ、パーロホン、テイチク、タイヘイ、オーゴン、ツル、アサヒ、コロナ、ミリオン、ショーチク、ゼーオー、テレビ、国鉄、エジソン、日本グラモフォン、フタミ。まあ、これも何かの参考になると思ってかいてみたが、とくに意味があるわけではない。

そしてそれに煽られたわけではないが、街にはしゃれた喫茶店が激増しはじめ、少々みみっちいミルクホールがあれよという間に姿を消していく。この年の東京の喫茶店は一万五千軒を超え、そのなかにはジャズ喫茶とかクラシック音楽喫茶なんかも登場したという。戦前、戦中の最盛期がこの年であったといわれている。

とにかく十銭とか十五銭のごく安い値段で、ちょっと高級な応接間ムードにひたれるところが、大受けに受けたのである。しかもやさしい女給さんが応対してくれる。彼女たちはすれっからしではなく、どことなくういういしくて良家の子女のような服装をしている。そしてコーヒーや紅茶はモダーンな飲みものと思われていた。

さらにいい雰囲気を盛りたてる電気蓄音機から流れる軽音楽や恋の流行歌。芸術的香気に酔ったような気分になれる。レコード会社はそれに乗った。持ちつ持たれつで、時代の風はふんわかとし陽気になっていった。

そしてそんな少しばかりの好景気で調子に乗った時代の空気のなかで、サトウハチロー作詞、古賀政男作曲の甘いメロディ「二人は若い」がウヘェーと溜息がつきたくなるほど大流行したのである。

〽あなたと呼べば　あなたと答える
　山のこだまの　うれしさよ
「あなた」「なんだい」
　空は青空　二人は若い

これはわたくしでも節回しもきちんと歌える。ある意味では当時の東京人の、赤ん坊をのぞく全老若男女が歌えるのではないか。「東京音頭」とならんで、どこを歩いていても耳に入るといった歌であったから。それくらいラジオが普及したということにもなる。

そしてさらに推理を深めれば、「あなたと呼べばあなたと答える」という最初の一行が、若い女性たちにアピールしたのではないか、と思われてならない。当時の日本にあっては、夫は妻を「お前」とよび、妻は夫を「あなた」という。あるいは下町では「あんた」。これが明治いらいの男尊女卑の家庭の伝統的な言葉遣いであった。この差別を許せないことと常々思っている女性たちが、サトウハチローの甘いムードの掛け合いに拍手を送ったとしても、決して不思議なことではないのではないか。

お産婆さん

そういえば、わが家でもおやじはおふくろを「お前」「貴様」「チヱ」としか呼んだことはなかった。前にもふれたと思うが、わが母は「産婆」という職業をもち、わが父母は当時では珍しい共稼ぎ夫婦であった。しかも、おふくろは腕がよかったらしく、近所では〝名〟のつく産婆さんとよばれ尊敬されてもいた。そうであっても、家では「お前」ときには「貴様」であって、「あなたと答える」なんて雰囲気はなく、せっせと二人とも忙しく働いていた。

ところで、その産婆という言葉はそもそもおかしいのではないか、という論議がこの年になってもち上がって、大そうな話題となったらしい。産婆さんには若い人もいるのであるから、呼び方を考え直すべきではないかと。

その声に押されて全国産婆協会が全国的にはかったら、西日本とくに関西では「助産婦」がいいという声が圧倒的であった。ところが関東派がこれに反対したというからおかしい。なぜなら関東では産婆の助手のことを助産婆とよんでいるから、産婆が助産婦となったら、助手は助助産婦とよぶことになる。紛らわしいしややこしいから、いっそ「産師」としたらよかろう。そんな関東派の提言に関西派が猛反対。産師は産死に通じて縁起が悪すぎるではないか。まことに新しい名を産むことはむつかしいことのようで、結局、助産婦も産師も流産となって、もとの産婆に落ち着いたという。

わがおふくろは「お産婆さん」とよばれることに何の違和感ももっていなかったようだし、二人いた若い見習いの女性も「助産婆さん」といわれると明るく「はーい」と答えていた。そして玄関脇には「半藤産院」という大き目の看板が立てられていた。

なんでかかる私事を麗々しくかいたのか、というと、そんな産婆改名の論争が新聞にも何回か載るようなやや呑気な世相であったことの証明ともなると思うし、それと昭和十年十月一日に国勢調査が行われ、朝鮮・台湾をのぞく日本人は七千万に達しようとしていたことにふれたかったからである。

昭和五年の話のところで産児制限の声のあがったことをかいたが、あれから五年にして一千万人も人口がふえたことになる。つまりは国力回復につれて、日本人の赤ちゃんは制限のかけ声をよそに衰えることなくふえつづけていたことになる。その勢いの趨《おもむ》くところ人口の流出先としての満洲の重要性がいっそう注目されていく。当時の歌の文句にいう「狭い日本にゃ住み飽きた」、いざ、新天地へ、である。それで陸軍は……。

と、またA面の話題へと脱線しようとするところを踏みとどまって、産婆の話へと戻すと、その七千万の日本人の当時の平均寿命は、男四十四・八歳、女四十六・五歳と発表された。いまと同じで女性のほうが高いのであるが、満洲事変から熱河作戦まで戦闘がつづいて、若もの

肺炎で亡くした弟たちと妹の分まで親孝行すべく（?）たくましく、わんぱくに育ちつつあった著者。5歳頃

たちの戦死者・戦病死者がでたので、もっと差がついてもおかしくない。なのに平均寿命はそれほどの差がない。じつは当時の女性には「産褥熱《さんじょくねつ》で死亡」という場合が多かったからなのである。産褥熱という言葉はいまは死語となっているが、当時は病院で出産のケースはほとんどなく、まず赤ちゃんはみな自宅出産。そこでお産は「女性の大役」といわれていた。そこに町内の産婆さんのこの上なく大切な出番があったのである。

わがおふくろが名産婆としてまことに多忙をきわめていたことがこれでわかってもらえようか。このために、二歳下の弟（俊郎）、四歳下の妹（亨子）、七歳下の弟（智三郎）と三人の弟妹が、二つか三つのころにつぎつぎに亡くなった。みんな肺炎による死であった。冬の真夜中におふくろは呼びだされて産婦のもとに駆けつけていく。大酒呑みのおやじはわが幼な子が蒲団からはみだして寝ていようが知ったことではなく、轟々《ごうごう》と鼾《いびき》をかいて眠っている。ペニシリンなどの特効薬のなかった時代、赤ん坊はいわばイチコロであったというほかはない。それであとはきまって大喧嘩。

「他人様《ひとさま》の子を助けるために、テメエの子を殺してお前は平気なのか。センセイ様が聞いて呆れらあ。クソッ、貴様、いい加減にしろい」

「何をいってるんだよ。テメエが大酒くらって前後不覚で寝てることを棚にあげて……。自分こそ少しは反省したらどうだろうね」

といった具合で、わが家ではたしかに「お前」「貴様」という言葉がやたらに飛びかっていた。こうして、まったくの余談で終始した話になるが、出だしの文章と照合したところでこの項を終えることができてホッとしている。なお、おふくろが産院の看板をおろしたのは昭和十三年、智三郎の亡くなったあとであった。しぶとくひとり生きのびてきたわたくしは小学校二年生になっていた。

✹ネオン禁止令

いまさら産婆の名称論争でもあるまいに、と思われるほどギスギスしたものではなかった世相話をつづけると、この年の六月、東京にネオンサインがふえすぎて、いくら何でも栄耀栄華にすぎるのではないかと、当局が取締りにのりだしたというちょっと贅沢な話がある。国民新聞が報じている。

「強烈な刺激を追う都会人、これに迎合する光の近代感覚ネオンサインは最近ヂャンヂャンふえて、カフェーのデコレーション、売薬、飲料水の広告などなど――ここ数年後には大東京は『ネオンの海』と化そうとしている。警視庁保安部ではこの傾向に非常に悩まされているが、こんどいよいよ新たな取締規制を設けることになり、目下内務省とも折衝中で、種々調査研究を進めている……（略）」（六月二十八日付）

これにいちばん敏感に反応したのが銀座であったらしい。大正時代からはじまり近来ますます繁昌ぶりを示している夜店が、こんなことで客足が鈍ったら一大事。夜店を冷やかしながらの銀ブラが活気をとり戻してきているのに当局は何を考えておるか。夜店だけではない、ライオン、タイガー、クロネコ、サロン春、アカダマなどのカフェーが〝ネオン追放許さじ〟と総蹶起《けっき》。とんだチャンチャンバラバラがはじまった。

結果は、当然のことながら当局側が一歩も二歩も譲ることとなる。「帝都唯一の美観地区である丸ノ内一帯」は「ネオンのない都市美、元通りのスマートな丸ノ内に還元すべし」、そしてまた「省線有楽町ガードから駅付近一帯」は、銀座浅草などにも負けないほど「装飾用、広告用のネオンがヂャンヂャン燃えている」ゆえに自粛するようにということで決着する。

その有楽町駅のすぐそばにあった日劇を、小林一三を総帥とあおぐ東宝が吸収合併したのが、この年の十二月一日。いまはなつかしい日劇ダンシングチームが第一回公演「ジャズとダンス」で、ダンサーが舞台いっぱいにならんで形がよくて綺麗で長い脚を高々とあげたのは翌十一年一月であるが、これが豊かになりはじめた民衆に大歓迎された。初代支配人秦豊吉の陣頭指揮で「一人のスターでなく、チームそのものがスター」という精神が、ニューヨーク・ブロードウェイの群舞のロケットガールの引きうつしとか何とか批評されたが、そんなことと関係なく綺麗な女の長い脚が人びとのハートをコチンと打って揺さぶったのである。

豊かになりはじめた、といまかいたが、たしかな証しとして東京に人びとがどんどん地方から集まりだしていた。東京にアパートが急造されたのもこの年からである。資料では、この年には約二千棟のアパートを数え、集まってきた独身サラリーマン、職業婦人、学生など約五万人が住んでいたという。そして一世帯あたりの平均月収は、サラリーマンで百二円六十九銭、労働者で九十三円四十五銭であった。公務員の初任給が七十五円、大工の手間賃が一日二円のときである。

となると、自然と月賦販売という新商法がいよいよ盛んとなる。はじまりは昭和五年であったというが、これが生活の潤いのために欠かせないとなったのは九年から十年にかけて、景気がたしかに上向きになったころからである。東京朝日新聞が報じている。

「月賦販売は年々増加し、中流以下の人でこれを利用していないものは極めて少なかろうと思われる。実際、頭から足のさきまで月賦でかためているというのが、いまの中流階級以下の生活ではないか」(十一月八日付)

かくまでもないが、契約者のほとんど全部がサラリーマン。わが家ではまったく耳にしたこともない言葉であった。要は、昭和日本の都市のほとんどが質量ともにサラリーマン社会になりつつあったからにほかならない。

もう一つ、当時の川柳にある。

繁昌をエレベーターでたてにみせ

意味するところは、ビルが高層化しはじめたということで、たとえば、大阪・御堂筋《みどうすじ》にそごう百貨店が竣工したのが九月二十八日。地上八階、地下三階の百貨店が十月一日に華々しくオープンする。そして、この年になって自動扉式エレベーターが普及して、デパートはすべてこれになった。そごうはもちろん最新式で、下から順に、各階ごとに華やかな商品の陳列が見えるようになった。人びとは大喜びして昇ったり降りたりしていたのである。

「革新」という名の政治勢力

民衆の明るくなった様子を追っていくと、それにつられて、筆の流れもついつい楽天的になったが、やっぱり「軍縮」で小さくなっていた軍部、それに通じる官僚や右翼が、いつしか「革新」を提唱する強力な政治勢力になっていたことにもふれておかなければならない。くり返して念のためにかいておくが、「革新」を唱えるのは軍部だけでなく、官僚や経済界などの主流となっていたのである。そして彼等はひとしく対外的には強硬派であった。そして国粋主義的であった。しかもその変化の勢いたるや急で、歴史とはつくづくと知らぬ間にある部分が極大化するものと思わせられる。しかもそうした水面下で起こっているおっかない変化に、民草の多くは気づかない。急激な国粋化が表面化するのは、すでに積もり積もって飽和しきったあとになる。そのときには止めることはとてもむつかしくなっている。

一つは天皇機関説問題をめぐって、とくに注目したいことについて。おのれの憲法学説をめぐって美濃部達吉は、議会で糾弾され、それに反論すると同時に、検察庁に出頭し取調べにも応じなければならなかった。四月七日、深夜に検察庁から出てきた美濃部は記者団に語った。

「私が学説を変えるなどということは絶対にあり得ない」

結果として、政府は二日後の九日に閣議で『逐条憲法精義』など美濃部の三つの著作を出版法違反で発売禁止とすることを決定する。これに関連して東京朝日新聞は十日付夕刊で「不敬罪の告発は不起訴に決定す」と報じた。著作は発禁とされたが、皇室にたいする不敬罪は適用されなかったので、このこと自体はいくらか早手回しかもしれないが誤報とはならない。しかし、そのことが機関説排撃論者をカンカンに怒らせてしまった。

十六日、機関説に反対する「国体擁護連合会」の約七十名が抗議のため東京朝日の本社を訪れた。その怒声もすさまじく主張するところは三カ条である。①八日付紙面で明治天皇の御製を誤って引用している。②十四日付紙面で「大元帥陛下」とすべきところ「陛下」が脱落していた。③同日付の「満洲国皇帝」の記事で「陛下」とすべきところを「殿下」と誤っていた。

これ以上の不敬はないではないか、貴様たちはこれをどう陳謝するつもりか〟、という〝江戸の仇は長崎で〟的な抗議であった。この三項目は内務省警保局保安課の資料「特高月報　昭和十年四月分」にそっくり記されていることでもある。

そしてその日、銀座の三越、美松の両デパートの屋上から、ビラが大量にまかれた。

「機関説ヲ曲庇《きょくひ》スル不逞東京朝日新聞ヲ撲滅セヨ　東京朝日新聞撲滅同盟」

曲庇とは事実を曲げて解釈し擁護することである。

ついでにかいておくと、天皇・皇后のお写真「御真影」を飾っている家がどんどんふえたのもこのころからであった。また、家庭内で「天皇」とか「今上陛下」といった言葉がかわされることがなくなったのも、やはりこのころ。まさかわが家だけではなかったと思う。民草にとってはいつか「雲の上のお方」となりつつあったのではないか。

八月の相沢事件についても、少しふれておくと、当時の新聞を注意して検してみると、永田鉄山少将は午前九時四十分ごろ「重傷を負わしめ」られて、「午後四時卒去せり」ということになっている。この間、じつに六時間余。一緒にいて重傷を負った東京憲兵隊長の新見英夫大佐は病院に運ばれたと新聞に記されているが、永田少将は入院したとも、またどこで死んだかもかかれていない。とすると、六時間余も瀕死の傷を負ったまま軍務局長室に横たわっていたことになる。

そして犯人は「某中佐」とのみ。何者なるかさっぱりわからない。これまた奇妙といえば奇妙。もちろん、犯行理由などが明らかにされるべくもない。

いまになれば、永田少将は即死であり、六時間余は叙位叙勲と進級のご沙汰のための手続きにかかった時間、そして犯人は相沢三郎中佐と判明している。また、作家中山義秀《ぎしゅう》の随想に、いとも面白いことが記されているのに、開いた口がふさがらなくなる。

永田は逃げようとして隣に通じるドアを一所懸命押したら、相沢に追いつかれて刺し殺されてしまった。ちなみにこのドアは引っぱればよかったらしい……。永田を殺したのち相沢が外へ出てきて「部屋に帽子を忘れてきた」といったら、参謀本部の部員がわざわざ取りにいって恭《うやうや》しく渡したのであるという。

これを見ていたのが篠田という憲兵伍長で、この人が中山義秀が成田中学校教師をしていたときの教え子。それで、ある日、そのかつての教え子が義秀さんを訪ねてきてしみじみと語ったという。

「上官を殺した犯人をただちに取り押さえることもせず、まるでよくやったといわんばかりに丁寧に扱い、その上帽子をわざわざ取りに行ってやるなんて、陸軍はまったくおかしい。やってられないと思いました」（『二つの生涯』）

義秀はこれには唖然としたという。

事実はこれだけではない。憲兵隊の取調べで「賞罰」を聞かれたとき、相沢は胸を張って答えたという。

「今回の〈賞〉は、まだであります」

永田少将を斬殺することによって「勲章」か何かもらえるとでも思っていたのであろうか。どう考えても正気の人間の言葉にあらず。もう陸軍内部は相当変なものになっていたということなのであろう。

余談ながら、相沢事件から十日ほどたった八月二十三日から、吉川英治の『宮本武蔵』の連載が朝日新聞紙上にはじまった。民衆の関心はたちまち『宮本武蔵』のほうへ向いてしまった。自己を鍛えつつ高みに昇っていく武蔵に、読者は自然と寄りそっていった。いまになると、国民がおのれを鍛え、強国たらんとする時代の空気に合っていた小説という気がしないでもない。これはまた、柄にもない文学論ということになるか。

ともあれ、危機を予知することもなく、多くの民草は時代の急激な変化に無関心のまま、ただ時の勢いに押し流されはじめた。

第四話

大いなる転回のとき

昭和十一年

昭和十一年（一九三六）

前夜からの大雪で、東京は一面の銀世界となった。その雪を踏んで完全武装の陸軍部隊約千四百人が、都心占拠、重臣暗殺による反乱《クーデタ》を起こした。この年の二月二十六日午前五時、いわゆる二・二六事件である。

兵を率いるのは陸軍大尉野中四郎、安藤輝三以下の青年将校二十二名。内大臣斎藤実、教育総監渡辺錠太郎は即死、蔵相高橋是清は重傷のち死亡。侍従長鈴木貫太郎は重傷。首相岡田啓介は義弟松尾伝蔵大佐の身代りの死で奇蹟的に命びろいをした。

この大事件にさいして内閣は無力、陸軍首脳はなす所を知らず右往左往した。彼らを決起部隊として、ひたすらなだめようとした。ひとり毅然として「反乱軍」とよび、討伐を命じたのは昭和天皇である。『昭和天皇実録』が記載している天皇の言葉と態度はこのようなものであった。

「自らが最も信頼する老臣を殺傷することは真綿にて我が首を絞めるに等しい行為である」

「〔反乱軍将校の〕自決に際して勅使を賜わりたい旨の申し出があったことにつき、言上を受けられる。これに対し、非常な御不満を示され御叱責になる」

この天皇の怒りとゆるがぬ意志のもとに事件は四日間で終った。いや、ほんとうは終ってはいなかったのである。事件が巻き起こした〝テロ〟という恐怖をテコにして、このあと政・財・官・言論の各界を陰に陽に脅迫しつつ、軍事国家への道を軍部は強引に押しひらいていった。二・二六は死せず長く生き残ったといえる。

では、その後の一年間は？　についてであるが、端的に記せば事件後に成立した広田弘毅内閣がとった政策がまことにまずかったと結論づけるほかはない。五月十八日、軍部大臣現役武官制を復活させた。これは陸軍の思う壺にはまったことに気づかぬ愚かな決定であった。これが第一で、つぎに八月七日、陸海軍部と協議してこれからの日本のあり方を決定づける「国策ノ基準」を策定した。「外交国防相俟《あいま》って東亜大陸における帝国の地歩を確保するとともに、南方海洋に進出発展する」。すなわち「南北併進」である。何と無謀か、とこれも評するほかはない。そして最後に、その年の冬に入ろうとする十一月二十五日、陸軍の革新派と、外務省の親ナチス・反英米的な革新グループの主導のままに日独防共協定を締結する。このことを聞いたとき元老西園寺公望は「結局、ヒトラーに利用されるばかりで、何にも得るところはない」と嘆いたという。

その上に、この年が終ろうとするとき、蔣介石が部下の張学良によって軟禁されるという歴史を転換させるような事件が中国で起きた。十二月十二日のことで、西安事件とよばれる。共産党の周恩来が登場し仲介に入り、日本の中国侵略にたいし抗日の共同戦線樹立を呼びかけ、蔣介石がこれを受諾、無事解放となって事件は幕を下ろした。これによって「国共合作」していざとなれば日本と戦う、日本にとっては由々しいこととなったのである。

しかし、当時の日本はこの事件をあまり重大視しなかった。蔣介石と毛沢東が手を結び合うなどということのあろうはずはない、そう信じきって対中国強硬政策をとりつづけたのである。

プロ野球初の公式戦

そもそも歴史という非情にして皮肉な時の流れというものは、決してその時代に生きる民草によくわかるように素顔をそのままに見せてくれるようなことはしない。いつの世でもそうである。何か起きそうな気配すらも感ぜぬまま民草は、悠々閑々と時代の風にふかれてのんびりと、あるいはときに大きく揺れ動くだけ、そういうものなのである。

この年が明けた一月五日、例年のごとく読売新聞社主催の箱根駅伝（第十七回）が行われ、日本大学が二年連続の、二回目の優勝を飾っている。十日からは両国国技館で大相撲初場所の初日が幕をあけ、連日「満員御礼」で二十日千秋楽、横綱玉錦が全勝優勝。

そしてその二十日、東京の治安を守る大元締めの警視庁は、牛車・荷車・リヤカーの時代からすでに「自動車の時代」へと東京も移っていることに気づき、緊急の場合の「一一九番」を設定することを決定している。それまで交通事故による死とか重傷などは、まず考えられないことであったのであるが、この前年ごろから東京府の年間事故は約二万件、うち死者は約四千人に達していた。その多くは自動車事故によるものである。これにいかに対処すべきかが、警視庁にとっては喫緊の治安の課題であったのである。

そこで消防部に救急車六台を用意し、救急病院百七十三を指定、そして救急呼び出し電話を一一九番、とすることとした。

念のためにかいておくが、だんだんに力を増強してくる右翼団体や、いまのところ鳴りをひそめているが、何を策しているかわからぬ左翼団体などに備えて、いついかなる場合でも即時出動できる屈強の警官隊の用意と訓練を、警視庁はおろそかにしているわけではなかった。今日にいう機動隊で、これに「新選組」という名をつけていた。事実、二・二六で、反乱部隊千四百名のうち四百名の兵を、作戦計画者たちは警視庁にさし向けている。新選組を一気に無力化すべく、それだけの兵力が必要と考えたと、のちの軍事裁判で首謀者の何人かが証言している。かくのごとく警視庁に新選組ありはよく知られていたのである。ただし、その新選組にしてからが当日は無抵抗で武装解除されている。それくらい情報にうとかった。警視庁も民草と同レベルにあったということになる。

まったく世はなべてコトもなしであったなと、ちょっとくわしい歴史年表やら新聞の縮刷版をひろげてみると、ただただ感服させられる。反乱事件直前のいくらでも気楽な出来事を抽出できるが、ここではプロ野球史上、とくに記念すべき二月九日の公式戦の記録をあげておこう。

0	0	0	3	0	0	0	0	0	3
2	3	0	0	0	0	2	3	0	10

右が東京巨人軍、つまり負けた方、左が名古屋金鯱《きんこ》軍。場所は名古屋市郊外の鳴海球場。予定では二月一日から三日間三連戦するはずであったが、雪のためこの日に延期することになったのである。

記録を調べてみると、金鯱軍の、軟式野球出身の左腕投手内藤幸三の剛速球とするどいドロップが、冴えに冴えて、巨人軍は八安打したものの散発。いっぽう金鯱軍は青柴憲一、沢村栄治、畑福俊英の三投手に集中打を浴びせ、ヒット七本なれどすべてが有効打であったらしい。それはとにかく、これが本邦初のプロ野球公式戦第一戦のスコアである。

わたくしは巨人嫌いなれど、公平を期しておくと、翌日の第二戦は8対3、十一日の決勝戦は4対2といずれもジャイアンツの勝ち。決勝戦では沢村の快投に「金鯱軍もきりきり舞い」をしたという。

当時の川柳に「ラジオ今日3対3に腕を組み　周魚」という作があるから、プロ野球の実況放送もやがてはじまったのであろう。

そして二月二十日に第十九回衆議院議員総選挙。権力層の予想を裏切って、社会大衆党から立候補した合法左翼の加藤勘十《かんじゅう》が全国最高点で当選している。のみならず、吹けば飛ぶような存在であったこの党から十八名もの当選者がでた。しかも保守の大物で〝腕の喜三郎〟といわれた鈴木喜三郎が落選という大番狂わせ。世の中の空気が何となく「革新」に大きな期待をかけている。それが歴然としてきたことがわかる。

なお余談になるが、この「革新」という言葉に一言加えておくと、昭和九年の軍事啓蒙のためのいわゆる〝陸軍パンフレット〟が国民に示されていらい、革新将校の存在なるものがつとに知れるようになってきた。そして、そのひとり池田純久少佐が「われわれは優秀な官僚と手を結ぶ必要に迫られた。ここにいわゆる革新官僚が生まれてきたわけである。内務省をはじめ各省にわたって、革新に熱意ある官僚の協力をわれわれは求めることにしたのである。岸信介、和田博雄……」とわたくしの取材にはっきりと答えてくれたことが想いだされる。ここに軍官一致の現状打破への強力なグループが形成され、新国防国家建設の構想が広く国民に訴えられるようになっていく。国民のなかにも共鳴するものが、がぜん強大になっていった。

ただし、かりにそうだとしても、明日に何が起こるか、まさか、その革新を口にする若い陸軍将校たちが大動乱を起こすなんて、同時代の人たちは予知することができないもの、ということははじめにかいたとおり。

そういえば、いまになるとこんな〝妙な〟と思える話もある。

作家堀田善衛の小説『若き日の詩人たちの肖像』は、慶応大学受験のために生まれて初めて金沢から上京した主人公が、九段の軍人会館（現九段会館）で、ラヴェルの「ボレロ」のオーケストラを聴くところからはじまっている。それがなんと二・二六事件の前夜で、全身が震えるほどの感動を覚えた、と堀田はかいている。それとベートーヴェンの「第五交響曲」。その翌日に事件が起き、九段のそこは戒厳司令部になり、有名な「兵に告ぐ」の放送が流されるという、まさに劇的な場所になるのであるが、もちろん、それらしい気配はこれっぽっちもなかったのであろう。

では、まったく事前にクーデタ情報をつかんでいたものが、民草のなかになかったのか。となると、あながちそうとばかりいえないようである。麻布の歩兵第三連隊が二月十日ごろに首相官邸や警視庁付近で夜間訓練をした。二十日すぎに一部の青年将校が東京朝日新聞社に見学と称して訪れ、屋上であたりの写真撮影をした。そうしたいくつかの怪しげな情報、それに加えての外部の忠告やらから、朝日新聞の編集局長美土路昌一《みどろますいち》はある種の予感を抱いたようなのである。戦後の回想になるが、美土路が語っている。

「二・二六事件の一カ月前ころ、右翼で一匹狼の津田という男がある日やってきて『何か軍の方で大きな計画をしているようだ。西田税《みつぎ》や北一輝《いつき》が軍の提供したキャデラックに乗って飛び回っている。計画の中には朝日の襲撃も入っているようだから気をつけなさい』という。一応、緒方〔竹虎《たけとら》・主筆〕にも話したが、緒方は笑って取り合わなかった。二月二十四、五日頃、津田がまた来て『大分、切迫してきたようです。お知らせしておきます』という。早速、野村秀雄政治部長に『ひとつ調べて欲しい』と頼んだが、『警保局長が大本《おおもと》教の調査で京都に行っていて明日戻るので、それから調べます』と言ってきた。その直後に事件が起こった」（『朝日

新聞社史　大正・昭和戦前編』）

折悪しく、といったほうがいいのであろう。前年十二月に大本教の教主出口王仁三郎が不敬罪・治安維持法違反で検挙され、いわゆる大本教事件のあった真ッ最中。警察も新聞社も、あっちもこっちもそのことに忙殺されざるを得なかったのである。大事件とは、皮肉にも、そんなときに勃発するものなのである。

事件の四日間・その1

この年の二月は、それにしても雪が東京によく降った。二月四日に東京は「四十九年ぶりの大吹雪」に襲われたと、各新聞が報じている。省線電車（現JR）は二、三時間おきに徐行していたが午後十時には完全運休、市内電車もバスもタクシーも夕方ごろには雪の中に釘づけとなる。こうなるともう動きがとれない。

「ネオンの街銀座も暗黒化し、劇場・映画館は閉場となっても観客は去らず、結局、歌舞伎座へ三百人、日比谷映画劇場に東宝、日劇、有楽座などの従業員七十名とお客さん千二百人が収容され、たきだしの握り飯に腹を満たした」（東京朝日新聞　二月五日付）

東京は雪の下に沈みこんでしまった。そのなかで反乱の計画は着々と練られていたのである。そしてこの四日の豪雪につづいて、七日にも、八日にも雪が舞った。中旬にも雪もやいの日

青年将校たちの未曾有のクーデタ、二・二六事件は雪に覆われた都心で起こった

がつづき、二十三日から二十四日、ふたたび豪雪。二十五日にも降った。この日、銀世界の吹上御苑で、天皇は久しぶりにスキーにうち興じた。

事件はその翌日の黎明に起こったのである。

しかし、A面としての二・二六事件については、字義どおり汗牛充棟、読むに難儀をきわめるほど史料がある。さりとてA面をすべて省略して、B面にかぎってこの四日間をかくことはきわめてむつかしい。それに、じつは、わたくしは拙著『荷風さんの昭和』(ちくま文庫)ですでにB面的な話題について調べられるだけ調べてかいてしまっている。あらためてかいても二番煎じになるのが落ちである。しかし空っぽですますというわけにもいかない。どうせ二番煎じになるならば、前にかいたことの一部をそのまま引いたほうがいいかと思い、お許しいただいて引用することとしたい。もちろん、それで万事すませるわけではなく、新情報も追加することとして――。さて、事件が起こった。

「(事件が起きても国民のほとんどは知るべくもなかった) ただ、なかには敏感なものもいて、午前九時五分、第一回の経済市況の放送で、『今日は株式市場は臨時休止しましたから、放送はございません』とアナウンスが流れたとき、何か起きたのではないかと悟った、という。もっとも、それはごく一部。ほとんどの人はその朝、いつものように勤めに出た。街にはタクシーも走っていた。

そして、人びとは、駅々でものものしい服装の警官が立つのに驚かされ、都心では、血相を変えた銃剣の兵が各所にたむろしているのにぶつかったり、鉄条網の張られつつあるのを目撃したりした。

ふたたび降りはじめた雪のなかで、やがて巷にはさまざまな噂が静かに流れはじめる。噂の一つに、秩父宮殿下が軍隊を率いて応援にくるというのがあった。こうなると内乱である。あわてて東京から脱出していった人びとがいた。

哲学者三木清がそのひとり、危難の身に及ぶのを恐れて、新橋駅から倉皇として三重県へ旅立っていった。随筆家高田保も夫人に『あなたは厄年だし、弥次馬で危険だから』とせきたてられるようにして、熱海に避難させられている。また東京を離れないまでも、王子製紙の藤原銀次郎のように市内のあそこ、ここと自動車で乗りまわし、本社にときどき電話をいれては情報を確認していたひともいた。三井総本家の池田成彬も一日中雲がくれして、連絡杜絶。ほかにも本宅に気兼ねも遠慮もなく、妾宅にしけこむ政財界人も多かった」

ここにかかれていない要人たちの避難騒ぎで一つあげれば、元老西園寺公望の逃避行がいちばん大仰なことになるかもしれない。静岡県興津の坐漁荘《ざぎょそう》に隠棲していた元老自身が、事件を知ったのはその朝午前六時半ごろ、木戸幸一からの急報電話によった。しかも木戸は緊急避難を強く要望したらしい。さっそく側近のものがどこか辺鄙な地へ移る準備をはじめたが、西園寺はその案をはねつけていった。

「通信や交通不便な所へいって、もし畏《かしこ》き辺《あた》りより御用のあったときはどうするのだ」

そこで……あとは『西園寺公爵警備沿革史』より引用するのがいい。

「時間の推移許さずとて午前七時十五分頃、公〔西園寺〕は折柄雪模様の寒さの中を、いつものハンチングに二重廻し、ラクダの襟巻を巻いて竹杖をもち、中川秘書、女中頭お綾さん、吉村警備主任に援けられて、静第一〇一号自家用自動車に乗車、警備自動車三台に守られフルスピードで東海道を驀進《ばくしん》、新聞社の監視を避けつつ静岡城内、警察部長官舎に一先《ひとま》ず入られた」

こうして避難も警察の総力をあげての大名行列となるところは、さすが元老、と感嘆するほかはない。このあと夜になって静岡県知事公舎に移って一夜を明かし、ご本人の「どうせ死ぬなら居間で死ぬほうがよいから帰邸したい」という希《のぞ》みもあって、二十七日午後四時ごろ坐漁荘に帰っている。当局としては、万一のことがあってはならじと、いざというときのため海上脱出計画案を練り、清水水上署の警備船美保丸を邸の裏海岸二百メートルのところに待機させた。東京では状況は一気に好転しつつあるとき、通信機関は途絶しているので流言蜚語《ひご》が飛び交ってなお物情騒然、とにかく興津では大変な騒ぎがつづいていた。

流言蜚語といえば、地方ばかりではなく、東京のほうがより盛んにここかしこで紊《みだ》れ飛んでいた。わたくしはまだ数えて六つ、それにいるところが場末の向島、ほとんど記憶がないのであるが、おやじに「今日は一日外に出るな」ときつく足止めを食ったことだけは覚えている。そして折から降りだした雪と一緒に、大人たちが顔を寄せ合ってひそひそやっているのを何事かいなと眺めていた。長じておやじに当時囁《ささや》かれていた噂話を訊きただしたとき、おやじはあっさりといった。

「秩父宮さまが天皇陛下と代わる、というのがいちばんの重大な話であったな。つまり反乱事件の黒幕は秩父宮さまだ、っていうことさ。完全なデマだったらしいけどな」

さらには昭和史に首を突っこんでからすぐに、二・二六事件のちょっと前のころの秩父宮の人気が無闇に高かったことを知って大そう驚かされた。北原白秋の「秩父の宮さま」という童謡のあることも知った。

強い兵隊　三聯隊　三聯隊
赤い軍帽で　軍帽で　軍帽で

ターラララッタ　タッタッタッ
お進みなるよ
指揮刀ふって　真っ先きかけて
士官の宮さま　秩父の宮さま
みんなの宮さま　タラララララッタッタッタ
この「強い兵隊」の歩兵第三連隊が反乱軍の主力であったことはかくまでもない。ただし、この何年か前につくられた童謡が事件の真ッ只中にも歌われていたかどうか、まったくわからない。ただ、おやじの言を俟《ま》つまでもなく、秩父宮待望論が人びとの噂の中心にあった、あえていえば事件そのものにひそかなる民草の大いなる期待があったと、そういってもいいような気がしないでもない。ただし事件後は、秩父宮の童謡がもはや陽気なリズムで歌われるものでなくなっていったのである。

事件の四日間・その2

もういっぺん拙著の文章を長々と引く。

「とにかく正確な情報がないのである。ラジオは一言も喋らない。新聞社は一様に頭をかかえているだけ。内務省から〝新聞記事差しとめ〟の通達がきている以上、事件のことは一行も活字にすることはできない。やむなくこの日の夕刊はなんの変哲もない紙面をつくらざるをえない。『憎くやまた雪、お台所に響く、青物も生魚もピンと二、三割値上げ』が社会面のトップを飾った。

こうしてデマはいろいろとかけめぐったものの、それをまともに聞くものもなく、夕方近くなっても、なんとなく東京市内は落ち着いていた。夕刻六時、内幸町大阪商船ビル地下のレインボー・グリルで、新進作家寺崎浩と、徳田秋聲の長女清子との結婚披露宴がひらかれた。雪と非常事態で懸念されたが、案に相違して友人多数が出席した。河上徹太郎、丹羽文雄、阿部知二、吉屋信子、田辺茂一、永井龍男、宮田重雄、中島健蔵エトセトラ。みんな一様にモーニングを着こんでいた。

かれらは時間待ちをしながら、事件について、それぞれが知りえた情報を、ひそひそと互いに交換した。現在、着剣して警備についている兵は、蹶起部隊かただの兵か、いっさい不明であるのが、だれにも不気味に思えた。

定刻が来たのになかなか宴ははじまらない。すっかり待ちくたびれてしまった舟橋聖一に、友人の一人が突然声を大にして『お前たち行動主義者は殺されるぞ！』とおどかした。当時ファシズム反対の人民戦線運動を提唱していた舟橋は苦笑しながらも、その顔は真ッ赤になり、たちまちに青ざめて真ッ白になった。

式が遅れているのは媒酌人の菊池寛がいまだ到着しないためである。時が時だけにと、だれもが辛抱して待ちつづけていたが、ついに現われなかった。急拠《きゅうきょ》、月下氷人の代役は佐佐木茂索がつとめて、間もなく式典も宴もとどこおりなく終り、新夫婦は予定通り熱海へ新婚旅行に旅立った。列車は平常どおり動いていたのである」

二十六日のその日、このように省線〈現JR〉は時刻表どおりに動いていたが、帝劇も日比谷劇場も、新宿や浅草六区の映画館も、午後六時には閉館となって正面の重い鎧戸《よろいど》を下ろしてしまった。銀座大通りの百貨店もこれにならって店を閉じる。カフェーもバーも喫茶店も森閑としてしまい、銀ブラ人士もなく雪にぬれた舗道がやたらに広く眺められたという。

そしていつもなら欠かすことなく銀座にいくわれらが永井荷風も、この日ばかりは麻布の家から一歩も動こうとはしなかった。『断腸亭日乗』を引く。

「ラジオの放送も中止せらるべしと報ず。余が家のほとりは唯降りしきる雪に埋れ、平日よりも物音なく、豆腐屋のラッパの声のみ物哀れに聞るのみ。市中騒擾の光景を見に行きたくは思えど、降雪と寒気とをおそれ門を出でず。風呂焚きて浴す」

最後の一行などのんびりしていておかしいが、どうせならひと奮発して出かけてほしかったと、いらざる注文もだしたくなる。

こうして二十六日の大東京の夜が寂然として闇の底に沈んでいったとき、皇居のお濠端だけがやたらと賑わっていたらしい。奇っ怪とも思われることを東京日日新聞の記者がかいている。

「いつもこの〈銀座の〉プロムナードを闊歩した人波がこの夜だけは日比谷のお濠端を埋めて

いるのだ。丸の内のビジネス・センターは巨大なビルディングの谷底に眠っているが、二、三町も離れぬお濠端を行く人、人、人、足、足、足は静と動と、死と生との最も鮮明なコントラストだ。この尋常ならぬ散歩者の姿も更けるに従って消えて行き、警備令下の帝都は深沈として静かに更けて行った」（二月二十七日付）

この情景はのちの代の想像では描けない。現場をみた記者だけがかけるものと思われる。それにしても荷風ではないが「降雪と寒気」のひどい夜、ほかより風も強いであろうに何を好んでお濠端を散歩するのか。多くの人びとが、時代がガラガラと転換していく予感というか不安というか、落ち着いてはいられない何かを感じていたのであろうか。もちろん、コトを起こした軍部が情報をすべて封じたゆえに何事が起こっているのかわからないのであるが、それならばなぜお濠端なのか。右するも左するも事件の中心に天皇がいる……後世のわれわれの知り得たことをその時点で察知できたとは⁉　まさか、と思うほかはないのであるが。

✹事件の四日間・その3

そして翌二十七日が明けると、戒厳令が夜のうちに布告されたにもかかわらず、市民生活はもう平常の活気をとり戻している。このアッケラカンさがあるいは日本人なのかもしれないが、劇場が開き、映画館がまた客の呼びこみをはじめた。有楽座は水谷八重子の『母なればこそ』、

反乱軍が本拠としていた赤坂の料亭「幸楽」の前に集まった行動部隊

新橋演舞場は松竹少女歌劇の『東京踊り』、宝塚劇場では星組の『バービィ』などなど。帝劇はこの日が封切りでジュリアン・デュヴィヴィエ監督の『白き処女地』が公開される。フランス映画がどんどん輸入されてくるのはこのころからであった。『地の果てを行く』『ミモザ館』『幽霊西へ行く』など、あるいはしっかり記憶にとどめている人も多いかもしれない。

こうして解決の道を模索中の、建設中の新議事堂をかこむ赤坂、麴町の中心部では、なお危機的状況がつづいているのに、もう二十七日以降の三日間、銀座、新宿、浅草など盛り場はもちろん周辺部での東京の表情は奇妙なくらい平常に戻っていた。何事か一大事が起こっているが、結局は何事も起こってはいない、という楽観にほとんどの人はとらわれていた。

反乱軍が本拠にしていた赤坂の料亭「幸楽」の女将《おかみ》福田らくの、吹き出さずにはいられない回想が、そうした庶民感情を代表しているようである。政治評論家の戸川猪佐武が彼女から聞きとった話である。

「あの朝、中橋中尉にいわれ、お酒を四樽、ニギリ飯をたくさん首相官邸に届けました。なにかめでたいことでもあるのか……としか思いませんでした。七時ごろ軍曹がきて、百畳広間と食事の用意を言いました。間もなく景気のいい進軍ラッパが聞こえ兵隊がきて、うちの前で坂井直中尉が演説しました。

二十七日の朝、北一輝が支那服を着たさっそうたるスタイルで現われ、激励の演説をしましたっけ。

二十八日、サラシ木綿の白鉢巻、白ダスキが全員に配られ、冷や酒の乾杯、首相官邸や陸相官邸からニギリ飯の催促がどんどんありました。

二十九日、まだ夜の明けない三時ごろ、ウチの不寝番が『たいへんです。人ッ子一人いませんよ』と、駆け込んできました。お隣りの山王ホテルに集結したのです。庭のお地蔵さんの前に、遺書がありました」

とくに、おかしいのはつぎのくだりである。

「あとの話になりますが、困ったのはお勘定です。五千円弱なんですが、麻布の歩兵三連隊に行くと、頭ごなしに怒鳴られました。近衛三連隊でも相手にしてくれません。二た月ほどたって、赤坂の憲兵隊から呼び出しがあったので、喜び勇んで出かけたところ、『なんと思ってあちこち請求書を持ち歩くのか。逆賊に味方したのだから、本来なら手がうしろに回るところだぞ!』と叱られました」(『素顔の昭和　戦前』)

福田女将にはおよそ当事者の意識はなく、いわば大スペクタクルの見物人ぐらいの気持ちでこの事件に対していたようである。もっとも商売根性は忘れてはいないが。いや、女将ばかりを責めてはいられまい。二十七日以後は東京市民の大方《おおかた》もまた見物人に徹した。そしていわゆる知識層となれば、口当たりのいい批評家、さもなければ政治的音痴たらんとしていた、そう断じてもいいかと思う。我不関焉《われかんせず》がいちばんなのである。荷風『断腸亭日乗』の二十七日の項にある。

「虎の門あたりの商店平日は夜十時前に戸を閉すに今宵は人出賑《にぎやか》なるため皆灯火を点じたれば金毘羅《こんぴら》の縁日の如し」

さもありなんと肯《うべな》うばかりなのである。

二十九日、皇軍相撃の危機をふくみつつ、天皇の強い意思のもとに、事件は決起部隊の帰隊をもってあっという間に終熄した。この日の朝、戒厳司令部は香椎《かしい》浩平司令官の名において「市民心得」なるものを新聞号外で急いで民草に発表する。これがすこぶる間が抜けていておかしいので全文を引いておく。

「本二十九日麴町区南部附近において多少の危険が起るかも知れぬが、その他の地域内は危険のおそれなしと判断される。市民は戒厳令下の軍隊に信頼し、沈着冷静よく司令部の指導に服し、特にその注意を厳守せよ。

一、別に示す時機まで外出を見合せ自宅に在って特に火災予防に注意せよ。

二、特別に命令のあった地域の外、避難してはならぬ。

三、適時正確な情況や指示をラジオその他により伝達するを以て、流言蜚語に迷はず常にこれらに注意せよ」

しかし、現実には午後二時には反乱部隊はすべて原隊に帰っている。階級章をもぎとられ武装解除された青年将校をのせ、代々木宇田川町の陸軍衛戍《えいじゅ》刑務所に向かう護送車が、青山付近を通るころ、陽は落ちてあたりはすっかり暗くなっていた。民草が心得の条を守ろうにもその必要はすでになくなっていた。荷風の日記にも「四時過より市中一帯通行自由となる」と明確に記されている。

ところで、東京の状況を中心に四日間をかいてきたが、このときそのほかの地方都市はどうであったのか。これはいままであまりふれられていない。A面ではそれはいわば当然のことであったが、B面となると丸っきり目をつぶったままというわけにもいくまい。それでその代表として二月二十八日付の京都日出新聞（現京都新聞）の記事の一部を引いておきたい。

「(事件のことは)二十七日早暁までに京都府民に知らされたが、懸念するがごときことは全然なく、いたって平穏で、街を走る新聞号外の鈴の音もなく、各官庁、銀行、会社はもちろん、市内の各学校も規定の授業を開始す。市電、市バス、円タクその他の交通機関も正常。新京極から四条、河原町通りの繁華街から京都駅前その他の中心地帯などは前日にもました活気を見せている」

多分そうであったであろうと思うとおりで、写しているのも愚かという気がしてくる。また、商業の都大阪では、レコード屋四百五十名が集まって、侃侃諤諤《かんかんがくがく》の議論をしてこれからは「正価厳守」でいこうと妙な決議をしたのが二十七日。そしてデパート結婚式の先鞭をつけた大阪高島屋が「ソロバンにあわないから」と式場閉鎖を公表したのが二十九日。そんな記録が残されている。モウカリマッカの大阪らしい、「君側《くんそく》の奸《かん》」だの「昭和維新」だのという言葉とはまったく縁もゆかりもない話題ばかりがならんでいる。

事件後の陸海軍部

事件は終って暦は三月になった。疾風怒濤の世であっても、うるわしい春はおもむろに訪れる。東大法学部教授の南原繁《なんばら》が春を迎える歌をいくつも詠じている。

・朝の光さし来て庭の椎の木の雪すべり落つ木の葉さやげり

・音立ててストーブの湯はたぎちをり三月の陽は斜に射せり

寒気はややゆるんだが、東京市民の日常を厳しく監視し制約する戒厳令はまだ解かれていない。三月九日、広田弘毅を首相とする新内閣が成立、首相が声明を発した。「庶政一新」でいくと。何か事件が起こったあとはきまって「人心一新」がいわれ、「みそぎ」がとなえられる。政治の世界は昔もいまもあまり変わってはいない。

ところが――、四月十二日の歌人斎藤茂吉の日記。

「今朝六時半突如トシテ赤坂憲兵分隊カラ三名来リテ、茂太ノ部屋ト僕ノ部屋ノ家サガシヲシタ。引出マデアケテ私信マデ細々ト読ミ、茂太ノ部屋ノモ何デモアザイテ、写真機二《ふた》ツト種板トカ帳面等イロイロ持ツテ行キ、茂太ガ明日入学試験デ大切ナ日ダカラト云フニモ係ラズ連レテ行ツテシマツタ。コレガ陛下ノ忠良ナル臣民ニ対スル仕打デアルカ」

茂吉の長男、のちの精神科医の斎藤茂太が中学生ごろ、憲兵隊に連行された事実を語る一節である。茂太は飛行機好きで、そのため軍の機密にふれる新鋭機の写真などをもっているとの疑いがかけられたのである。戒厳令下ゆえかもしれないが、のちにいう〝憲兵政治〟のはしりが、もうこのときからはじまっている。

つまりは鬱陶しい時代の訪れなのである。もう一例をあげれば四月十九日、新聞を読んだ人はちょっと妙な感じを抱いた。外務省が思いもかけないことをおごそかに発表したのである。詔書、公文書などのなかでこれまで日本国、大日本国、日本帝国、大日本帝国などまちまちに呼称されてきたが、本日〔十八日〕より「外交文書には大日本帝国で統一し、実施する」。また、皇帝と天皇とが混用されてきたが、「大日本帝国天皇」に統一する、と国民に突如として知らしめたのである。

国際連盟を脱退していらい世界の孤児となったが、今後は威厳と権威にみちた重々しい国名で、列強との交渉にあたる、という決意を内外に示したのであろう。単なる言葉の問題にとどまらず、ウラに国民意識の転換への要請が意図されていた。いつまでも屈従的国民であるなかれ、胸を大きく張れ、と。そしてそれは図に当たった。そのあとの暦日を丁寧にたどってみれば、日本人はたしかに、その渦中にいるものはわからないままに、夜郎自大《やろうじだい》へとなっていったようなのである。もちろん、朝昼晩の表面的な個人の営みではどうという変化はなかったかもしれない。が、時代の空気という大きなワクでとらえてみると、この年を境として、それ以前とそれ以後とでは、同じ昭和とは思えないほどの変質と変貌をとげていったとみることができそうなのである。

たとえば海軍は、ワシントン軍縮条約をすでに脱退し(九年)、さらにこの年の一月にロンドン軍縮条約からも脱退を関係国に声明している。世界列強を相手どっての、苛烈な建艦競争に身を投じる決意を固めた。大正十一年(一九二二)いらいつづけてきた「建艦すれど戦わず」の、海軍が育んできた思想はかなぐり捨てられ、「仮想敵国」でしかなかったアメリカが、いまや真性敵国として、太平洋の向こうから巨大な姿を現わしはじめたのである。そのためにもパナマ運河が通れなくてもかまわぬ巨大戦艦を数隻建造しなければならない。前年の十年からはじめられた「大和」型戦艦の設計は着々と完成に向けてその歩を強めている。

その煽りをうけて広田内閣は、巨額の軍事・国防予算を捻出する要に迫られ、「増税と低金利政策の断行」を声明する。さらに、いざとなったときに大艦隊を動かすための大きなエネルギーは？　それへの目配りに十全なものでなければならない。政府が審議会による重なる討議をへて「燃料政策実施要綱」を決めたのがこの年の七月。自給自足の促進、商工省の外局として燃料局の新設など、いくつかの重要なエネルギー需給のための政策を決めたが、なんといっても目玉となったのが人造石油七カ年計画。

これがうまくいけば七年後には需給の約五〇パーセントが自給でまかなえる。そうなれば唯一といってもいい石油の輸入先であるアメリカの支配下から脱することができるではないか、と対米英強硬派で固めつつある海軍指導層はひそかに胸を張った。しかし、歴史的事実としては、四年後の十六年（一九四一）八月、アメリカの全面的石油禁輸で、この人造石油七カ年計画は画餅に帰した。それが南方へ石油を求めて軍事行動を起こし、戦端の引き金を引く直接の要因となったことはかくまでもない。

それよりも陸軍である。よくいわれているように、二・二六事件後の陸軍はくり返し〝粛軍〟の実行を約束した。手はじめに、三月四日の新聞が「陸軍の七大将引責現役引退を申し出て、粛軍の達成を期す」と報じたように、過去において統制派・皇道派の首脳として印象を強めていた十人いたなかの七人の大将を、つぎつぎに退陣させた。そのいっぽうで、陸軍中央部は事件の有力な原因は政治の腐敗にある、という主張を強力に押したて、広田弘毅を首相とする後継内閣にきびしい注文をつけ、国防費予算の大幅増額を強請するなど、傲岸不遜さを発揮しはじめるのである。クーデタの恐怖をテコにして。

ともかく皇道派という邪魔ものを排除した陸軍は、粛軍人事を免れた三人のうちの一人である凡庸な寺内寿一大将を陸軍大臣としてかつぎ、彼を補佐する統制派の幕僚グループが思うがままに動ける組織をつくる。そして自分たちの主張を強引に国策として成立させていく団結の集団となっていった。

それというのも、陸軍大学校優等卒業生を中心とする幕僚グループは口では粛軍をとなえつつも、本心のところでは事件後のいまが国家革新の実をあげる好機とみたからである。皇道派青年将校の決起を否としたのは、彼らが兵力を僭用し統帥権を踏みにじったゆえにすぎず、行動の真意まで否としたものでは決してない。青年将校らの国家改革の熱情はこれを是とし、粛清を単なる粛清で終らせることなく、この機をとらえこの国を軍事大国への道に踏み切らせることこそが粛軍の実をあげることになると、幕僚グループは考える。

この陸軍の主張ならびに行動にたいして、広田首相はもちろんのこと、元老西園寺や牧野伸顕らの重臣が有効な反撃をくわだてた証拠は、いくら探してもみつからない。テロの恐怖が彼らの心を凍らせ、足をすくませていたというほかはない。軍中央部は文字どおり二・二六事件の恐怖をテコに、たくみに政治の表面へと躍りでることに成功しつつあるのである。五月の軍部大臣現役武官制、八月の「国策ノ基準」の決定、そして十一月の日独防共協定の締結……かりに、それが「軍部の無謀な行動を批判し、あるいは善導していく」広田の信念によるためのものであったにせよ、陸軍に押し切られた決定であったことは否定できないのではないか。

✺阿部定事件

中学生斎藤茂太クンの憲兵隊拘引の話からはじめて、鬱陶しい時代の到来をかくつもりが、なぜかA面的なほうへ話題がそれてしまった。またまた急ぎB面に戻らなければならない。さて、その鬱陶しい世であるが、その年のメーデーは禁止、渡辺はま子の歌った流行歌「忘れちゃいやヨ」も、歌い方が「娼婦の嬌態を眼前に見るごとき官能的歌唱である」と発売禁止。戒厳令下の第六十九議会が五月一日から開かれたが、議事堂をとりまく四方の角かどには警官が立ち、通行人を厳重にとり調べ、かたわらに着剣した銃をもつ兵隊がいかめしく目を光らせていた。銃剣に囲まれて日本の政治が議せられねばならなかったのである。そのせいで、とはいえないが、このときさまざまな論議があったのち、成立した目玉の法案が「不穏文書臨時取締法」ときた。

もともと不穏文書とか怪文書が巷《ちまた》に氾濫するのは、言論の取締りが苛酷にすぎるところから出発したものなのではないか。とくに軍部を批判するようなその種の文書の多いのは、軍部に対する言論が強圧をもって封殺されていることを、もっともよく証明する。なのに違反者には重刑をもってさらに弾圧しようという。しかし、悪法なりとみる正気にして冷静な声は、このころから極端に低く小さく少なくなっていたのが、悲しむべき現実であった。

鬱陶しい世を詠《うた》った歌人近藤芳美の若き日の歌がある。

・連行されし友の一人は郷里にて西鶴の伏字おこし居るとぞ

・酒に酔へば新しき世を言ひ合へど白じらしさははや意識せり

飲めど酔わぬ白々しき時代を物語っている。

この間にも、反乱を起こした第一連隊、第三連隊の兵たちはつぎつぎに、満洲に送られていった。そうしたある日、新宿のムーラン・ルージュで踊り子が舞台狭しと踊っている真ッ最中、突然立ち上がって「明日待子《あしたまつこ》バンザイ」を三唱した兵士数人がいた。彼らは今生の名残りにと、かねて憧れていた明日待子への自分たちの気持ちを万歳に託して叫んだのである。一瞬、客席も、楽士席もシーンとなり、踊り子は踊りをやめた。それから万雷の拍手。明日待子はムーランのスターであった。

そんな暗いムードを打ち破るかのように、思いもかけぬ事件が起こった。五月十八日、荒川区尾久《おぐ》町の三業地内の待合「まさき」で、四十歳ぐらいの男が蒲団のなかで惨殺されているのが発見される。死体は細ヒモで首をしめられ、左太モモには血文字で定吉二人（男の名が石田吉蔵）とかかれ、急所が切りとられていた。これぞ有名な阿部定《あべさだ》事件、といったって知らない人がいまはふえている。あれからなんと八十年……。

そもそもこの事件が社会的になったのは、殺人行為そのものではなく、その直後からのマスコミの鉦《かね》や太鼓を叩いての狂奔ぶりにあった。戦後すぐに阿部定と「オール読物」誌上で対談した坂口安吾さんがその点をするどく衝《つ》いている。

「まったくあれぐらい大紙面をつかってデカデカと煽情的に書きたてられた事件は、私の知る限りなかった。（略）当時は、お定さんの事件でもなければやりきれないような、圧しつぶされたファッショ入門時代であった。お定さんも亦《また》、ファッショ時代のおかげで、反動的に煽情的に騒ぎたてられすぎたギセイ者であったかも知れない」

まったく安吾さんのいうとおりで、当時の報道のすさまじさ。たとえば東京朝日新聞。十九日朝刊――社会面トップ五段抜きの大見出し。「尾久紅燈街に怪奇殺人、旧主人の惨死体に血字を切刻んで、美人女中姿を消す。待合に流連《いつづけ》の果て」。二十日朝刊――社会面トップ四段抜き。足どりの地図入り。「いづこに彷徨《さまよ》ふ？　妖婦〝血文字の定〟、情報刻々到り検察陣緊張、紅燈街の猟奇殺人、巧に捜査網を潜る」。という調子。これは他紙もおんなじ。戒厳令下の報道制限の鬱憤をいまぞ晴らさんとするかのように、新聞はセンセーショナルにこの事件を報じた。この日、チャップリンとフランスの詩人ジャン・コクトーが来日したが、二人の芸術家がタバになってかかっても、お定人気にはかなわなかった。

当時朝日の政治部長であった細川隆元氏からその当時の話をくわしく聞いたことがある。

「あんなけばけばしい編集をしたのは、朝日新聞はじまって以来のことかな。いちばん問題となったのは、切り取られた例のものさ、男のあれよ。これをどう表現するか。局部とか急所とかすべきという論と、直接表現を避けたほうがよいという論とがあって、大論戦となったが、こっちは慎重論が勝って、〝下腹部〟という新語がうまれたんだよな。ハハハハハ……」

なるほど、朝日新聞には、下腹部とある。ちなみに東京日日はいかならん、と検したら、こっちは〝局所〟とあった。こちらでも頭をかかえたらしく、編集局内に懸賞募集が貼りだされ、局部と急所の間をゆくような局所が採用されたものであるという。

事件は、二十日午後五時半にお定が高輪《たかなわ》の旅館で逮捕され、あっさり解決した。高輪署の捜査課長が一物をどうしたかと聞くと、お定は帯の間からハトロン紙包をとり出し、それもチラッと見せただけですぐ大事そうにしまい込んでしまった。当時なじみの薄かったハトロン紙がこれで一躍有名になった。

立ち小便裁判と銃殺

そして暑い夏が訪れる。「六月二十五日」と題のある東大南原教授の歌。

・戒厳令いまだも解けず夏となりぬ何がなされてゐるにやあらむ

たしかに何かが歴史の裏側で徐々に進行していたのである。明らかなのは自由主義の排撃がいまや軍の総意となったこと。さらに民草にもその影響が及んでいく。自由主義の何たるかを知らぬままに、「利己主義と同じ」ぐらいに勘違えて、声高に撃滅を叫ぶその声は、天皇陛下万歳の斉唱と同じ力を示しはじめていった。

そんな動きとは別にいっぽうで民草は、しばらくは時代の暗さを忘れたいかのように、阿部定事件を話題にのせていた。川柳や小ばなしもつぎつぎに作られ、日本全国をまたたく間に苦笑と哄笑とがつつみこんだ。

・現代のサロメ小さな首を切り
・それとばかり刑事せがれに鉄兜
・お定は逃げるとき何をもっていたか？
　胸に一物、手に荷物
・お定はどこへ逃げたのだろう？
　それは地上の涯《は》てさ（痴情の果て）
・出所したら、どうするだろう？
　そりゃ電車の車掌よ、チンチン、切ります。

そして他愛のない小ばなしは二・二六事件にまで及んだ。

・事件を聞いて天皇陛下がよろめき給い、侍従色を失ってこれを支う。陛下のたまわく、「朕《ちん》は重心（重臣）を失えり」と。

・事件のとき高橋是清《これきよ》蔵相は風呂に入っていた。銃声を聞いて裸で飛びだした。護衛の警官が浴衣《ゆかた》をもって追いかけながら叫んだ、「コレ着ヨ、コレ着ヨ」。

まさに、当局の監視の眼がきびしくなり、一日一日と言論の自由が失われ暗澹としはじめた時代、であるから国民はこんな小ばなしをひそひそとやり合って笑って楽しんだのである。とにかく一時の明るい話題として。

そんなとき、また一時の笑いのタネとなるような事件が、いや事件ともいえない事件が起こった。七月四日の諸新聞の夕刊（日付は五日）に載った、東京帝大法学部の一学生が正式裁判に訴えて見事に勝訴した、という記事がそれである。これが何と本邦初の立ち小便裁判であったという。

ことの経緯はこうである。「間違いなくこやつは往来で立ち小便をしたのであります」という罪状で蔵前署の巡査に咎められ、金一円の科料に処せられたことを不服として、くだんの学生が「身に覚えのないこと」と裁判所に訴えでたのである。巡査が主張するところの、法的根拠はそもいずこにあるや。すなわち警察犯処罰令なるものが当時あって、その一項に「街路ニ於テ屎尿《しによう》ヲ為シ又ハ為サシメタル者」は処罰されるというのである。為サシメタル者というのに首を傾げる方もあろうが、幼児を抱きかかえてトートトトとやるあれである。

かくて俄然、この裁判は江湖の注目を浴びることとなる。被告が法学部というところが面白いじゃないか、と大いに盛り上がった。が、中身はお粗末。「した」「しない」の水掛け論で終始してしまい、残念ながら巡査側はそのように認定したという以外の物的証拠をあげえなかった。当然である。地中に吸い込まれてしまって痕跡の残るべくもない。やむなく東京区裁判所は学生に「無罪」の判決を下すこととなる。かくて新聞は「さすが帝大生なり」といっせいに絶讃の記事をかきまくって、報道制限の鬱屈をここでも晴らした。

こうして二・二六事件の恐怖の記憶を、民草は忘れよう忘れようとしていた。でも不断の歯痛のごとく忘れられるものではない。それで新聞記者が腹立ちまぎれにかきとばす立ち小便裁判記事を、面白がって読みふける。そうした逃げの姿勢に冷水を浴びせるかのように、七月七日、陸軍は突然の新聞発表で恐怖をふたたび蘇《よみがえ》らせた。この日、二・二六事件の判決「十七名、死の断罪」という記事に民草は驚かされ、さらにまた十一日には、「去る七月五日死刑の判決言渡しありたる、香田清貞、安藤輝三、栗原安秀、竹島継夫、対馬勝雄、中橋基明、丹生誠忠、坂井直、田中勝、中島莞爾、安田優、高橋太郎、林八郎、渋川善助、水上源一は本十二日、その刑を執行せられたり」という号外で、もう一度苛烈な陸軍の意思をみせつけられた。

詳細は知らされなかったが、青年将校たちの銃殺が代々木の刑場（いまのNHK放送センターのあるあたり）で三回にわけて行われていた。彼らはカーキ色の夏外被を着し、目隠しし、刑架のむしろの上に正座させられ、十字架に両腕、頭部、胴をさらし木綿でしばりつけられた。

そして一杯の水を与えられた。銃声をまぎらすため、煉瓦塀の向こうの練兵場では軽機関銃の空砲の音がひっきりなしに鳴っていた。この日は曇り空であったという。

このように、事件にかんする陸軍の処断はすばやく、かつ思いきったものであった。そこから、処刑は裁判前に確定していた、つまり「暗黒裁判」であるとひそかにささやかれた。それが「暗黒」であるかどうかより、統制派を中心とする陸軍中央部の、指導力をその手にするための政治裁判であったことは、たしかである。

・号外は「死刑」報ぜりしかれども行くもろつびとただにひそけし　斎藤茂吉

・銃殺の刑了《おわ》りたりほとほとに言絶えにつつ夕飯《ゆうめし》を我は　北原白秋

東大の南原教授も詠っている。

・十七名の死刑報ぜる今朝の記事は食堂にゐていふものもなし

・暴《あら》ぶるものはびこるいまの時代《よ》にあひて幼なき子らは何おもはざらむか

茂吉も白秋も、そして南原さんも、人びとの口数が少なくなったことを詠っている。民草はひとしく無口になった。「もの言えば唇寒し」が世の風潮となった。しかし、口にはださないものの、この国のあり方が変わってきたことを日本人のだれもがはたして感じとっていたのではないであろうか。

この沈黙のなかで、七月十八日、戒厳令がやっと解除された。ここかしこの要所に銃をもって立っていた兵士の姿がいっせいに消え、東京はふだんの顔をとり戻した。この夜、両国でさっそく川開き。花火見物に押しかけた群衆は「なんと、八十五万人」と時事新報が嬉しそうに報じている。「鍵屋ァ、待ってました」の威勢のいい掛け声も飛んだことであろう。

前畑がんばれ

歴史探偵の視線はここでグーンと遠くへと飛ぶ。八月一日、ベルリンへである。この日、全世界の眼が一人の小男に注がれていた。〝二十世紀のシーザー〟ヒトラー総統によって宣言された第十一回オリンピックの幕が華やかに開かれようとしているのである。

入場式がはじまり、各国選手団が整然たる隊列を組んで、彼の前を行進する。オーストリアはナチス・スタイルで開いた手を横にだして挨拶し、観客席のドイツ群衆の喝采を浴びた。フランスは、過去のオリンピックのしきたりによる挨拶の型を守ったが、これが〝ハイル・ヒトラー〟の敬礼によく似ているため、フランス記者団が地団駄を踏んで口惜しがる。イギリス選手団はただ単に「頭《かしら》、右!」の礼をしただけ。ドイツ群衆はブーブーいった。アメリカ選手団は挨拶をするどころか、また旗手は星条旗をちょっと下げるどころか、誇らしげに高々とかかげた。ドイツ群衆は口笛と足を踏み鳴らし、無礼なヤンキー魂に激しい抗議を送った。そしてわが日本選手団、これが戦闘帽姿でおとなしく手を横に出し、軍隊式に足を直角にあげてカッカッと、ヒトラーの前を過ぎていき、ドイツ観衆を大喜びさせた。

何をいいたいのか。左様、世界の各国の間にはナチス・ドイツをめぐって敵意と猜疑と追従《ついしょう》とさまざまな思惑を秘めて、冷たい戦争がもうはじまっていた、ということである。ベルリン五輪は選手自身の栄光より、国家の名誉が先に立って争われ、競技は国家の威信をかけての戦いとなっていた。メダルの数によって、ドイツのスポーツ記者はこうかいた。

① ナチス・ドイツはアメリカより活躍せり。
② イタリアはフランスより秀れていた。
③ 日本はイギリスを圧倒せり。

つまりドイツの新聞は、国家主義・全体主義こそが人間のエネルギーを最高に発揮させ、自由主義・民主主義を打ち破るのであることを証明したと強調したのである。極東の一小島国、二・二六事件という内乱をやっと終熄させたばかりの日本にあって、はたしてそんな風にはじまりだしている世界動乱に気づいた人がどのくらいいたであろうか。

昭和八年（一九三三）の国連脱退いらい〝栄光ある孤立〟を誇っている日本人が、鋭敏な国際感覚と国際情勢への認識をもち得ていたとはとうてい思えない。ただしこのオリンピックをとおして国民的熱狂が燃え上がったことだけはたしかである。全国民が日の丸が揚がるかどうかで一喜一憂、それはラジオの実況放送を通して煽られ、国家ナショナリズムの高揚となっていった。あるいは暗鬱な空気を吹き飛ばすため、という裏の意味もあったかもしれないが。日本放送出版協会編『昭和放送史』は誇らしげにかいている。

「八月一日の早朝から、八月一五日深夜に至るまで、史上最大と云われる華やかなベルリン・オリンピックの模様が刻々と送られて来た。（中略）前半陸上競技でアメリカ黒人オーエンスの超人ぶり、五千米、一万米の村社《むらこそ》選手の活躍、棒高跳西田、大江がアメリカ選手を相手に大熱戦をくりひろげ、日の丸二本を揚げた感激の模様、三段跳で田島直人《なおと》が一六米の世界記録で優勝、一〇万観衆の中に高らかになり響く君が代などが伝えられ、後半は水上日本の威力を発揮して、次々に上る日の丸、……」

このあとは、わたくしが興奮を再現する——女子二百メートル平泳ぎ決勝。日本の前畑秀子選手の白い帽子と、ドイツのゲネンゲル選手の赤い帽子が先頭を競った。白がややリード、しかし赤が猛然とスパート。「前畑危ない！　がんばれ前畑！　がんばれ、がんばれ」。河西アナが絶叫する。「あと五メートル、あと四メートル、あと三メートル、二メートル、あっ前畑リード、勝った、前畑勝った、勝った、勝った」……。

思えば〝おやじ〟（末松氏）の数々の言動は半藤少年に少なからぬ影響を与えた

このスポーツ放送史にかがやく実況があったのが八月十一日。わたくしにはかすかな記憶があるような、ないような、であるが、それから二、三日、毎晩おやじが上半身真ッ裸で、「前畑がんばれ、がんばれ」と大酒のんででかい声でいつまでもお祝いをしていたことは覚えている。おやじばかりではない。国歌と高々と揚がる日の丸に酔い痴れたのが当時のほとんどの日本人であった。

「だれだれがんばれ」と何かにつけて叫ぶ声がその後いつまでもつづいた。そして入場式での日本選手の歩き方が教育の場にとり入れられたのがこの年でなかったか。もともとは陸軍部隊の速足行進に発するが、わたくしが中学生になったころには、もう教練の時間にはこれ一本槍で徹底的に仕込まれた。いまだって『日本国語大辞典』にきちんと載せられている。

「旧軍隊では、時速五キロメートル強程度の正規の歩法をいう。踵《かかと》から踵までの一歩の長さを七五センチメートルとすることを基準とし、一分間に一一四歩の速度で規定の姿勢で歩くこと」

辞典にはこうあるが、中学生のころは速度よりも姿勢が重要視されていたように思う。脚の膝を高く、身体にたいして直角になるまで上げ、それを垂直に前のほうに下ろす。背筋をピンとのばし、手を大きくふる。いまも甲子園の全国高校野球大会の入場行進でみることのできる、あれである。日本陸軍の精神主義的歩行が、ベルリン五輪をへて教育の場にとり入れられ、いまにつながっているのかいな、と思うと、この国の民の精神構造は……と妙な気持ちになってくる。つまり、いつだって容易にひっくり返ることができる、ということか。

✺「あゝそれなのに」

祭りのあとに戦いがくる。六月ごろからくすぶりつづけていたスペインの内乱が火を噴き、みるみる拡大していった。フランコ将軍の率いる国家主義者側（右翼）と人民戦線側（左翼）の抗争が銃砲火を交え、八月には本格的な戦争へと発展する。各国がスペイン人だけに戦闘をゆだねておくはずはなかった。ヒトラーのドイツと独裁者ムッソリーニのイタリアがフランコ側につき、空軍や戦車を送りとどけ、ソビエトとフランスが人民戦線側に回り、武器や物資・食糧を支援する。アメリカとイギリスは不介入・中立の立場をとったが、明らかに人民戦線側に多大の同情を示した。内戦はいまや国際的な対決の場となり、武器の性能など、やがてきたるべき第二次世界大戦の実戦訓練をスペインの国土で行い、結果的にスペイン人の血によって得がたい戦訓を身につけることになった。

A面で語るとすると、このスペイン戦争をもっとくわしく、ということになるが、スペインの戦場は日本からはあまりに遠いところにあり、それに陸海軍部はもとよりほとんどの日本人とは関係がない。ごくごく少数の日本人が義勇軍として人民戦線側に参加したという事実はあるが、B面的にはかくべきことはまったくないといっていい。

わずかに東大の南原教授の歌が目につく。

・ひとつ国の民らたがひに敵となり戦はねばならぬものありといはむか

・ファシズムとコンミュニズムにふた分れ世界戦《たたか》はむ日なしと誰《た》がいふ

ドイツ軍機の爆撃によりゲルニカ市の全壊の報があり、飛行機による空からの攻撃が、このころから重大な作戦となりつつあった。歌人木俣修《きまたおさむ》のこのころの歌がある。
・二方《ふたかた》より照らす照空燈の光芒はいま交錯《こうさく》す無線塔のうへ
日本でも防空演習が盛んに行われだしたことが知れる。

そんなことより、スペイン戦争という激震の時代を背景に、八月七日に軍部の主導で広田内閣がその後の日本の進路「南北併進」を定めた運命的な「国策ノ基準」を決定したことのほうが重要である。列強の視線がスペインに向いている間隙をぬって、といったらはたしていい過ぎとなるであろうか。

この政策の示すところは、米英に対しては親善関係を保つが、アジア侵略の企図を挫折させるため対ソを仮想敵国の第一とし、さらに対中国については「速やかに北シナをして防共・親日満の特殊地帯たらしめ、かつ国防資源を獲得し、交通施設を拡充する」と、はなはだ高圧的な態度で中国北部への進出を企図することにあった。そしてそこに軍の機械化のための軍需産業ブロックを建設しようというのである。翌十二年の盧溝橋の一発によって誘発される日中戦争の萌芽がここにあるといえる。

新聞はこれを軍の「推進力」と評したが、陸軍におべっかを使ったのである。要は、広田内閣の国策決定と装いながら、陸軍中央部は二・二六事件のテロの恐怖をテコに、この国の政治を動かそうとあからさまに力を示しだしたのである。広田内閣は朝に一城を抜かれ、夕に一城を占拠されるといった非力で、根本からぐらぐらしはじめていた。民草には、もちろんそんなこととはわからない。わからないから黙ってついていく。

もういっぺん、南原教授の歌。
・汗垂りつつ書き起したる論文の半ばならぬに冬となりたり
その冬に入ろうとする十一月、広田内閣はまたしても軍の主導によって重大な国策を決定した。日独防共協定の締結である。同じように国連から脱退し（ドイツ脱退は昭和九年十月）、国際的孤立にあった日本とドイツ。陸軍は、そのドイツと接近することを強く望んだ。これにまた外務省の親独・反英米的な革新グループが結びついて、この政策を推進した。

……とやっていると、ますますA面的になって始末がつかなくなる。そこで前後の脈絡を無視してB面に筆を戻してしまうと、日本国民は二・二六事件以後に国家がつぎつぎと運命的な国策決定をしているなどとは、くり返すが思ってもいなかった。「粛軍」の名のもとに陸軍は〝謹慎〟していると思いこんでいた。戒厳令も解かれ静けさが戻ったような東京の盛り場に、ホット・ドッグという当時とすれば妙な食べものが出現し若いものや子供たちを喜ばせ、ビヤホールで黒ビールが売りだされ、大人たちはすすんで真ッ黒い液体をジョッキでぐいぐいとやった。

昭和十一年十一月十一日、いやに十一という字の並ぶ日である。この日、タバコの「ゴールデンバット」が七銭から八銭に値上げとなった。それで新聞の号外がでたというんであるからオドロキである。いっぽうで円タクの値下げが話題となっていた。東京駅から新宿あるいは渋

政府や軍部の不穏な動きをよそに、浅草六区などの盛り場は賑わいを呈していた

谷まで七十銭となって、運転手は大ボヤキである。浅草雷門まで五十銭、銀座数寄屋橋まで三十銭。統計によればこの年の東京のタクシーの総台数はおよそ四千六百台、なのであるが、それでも競争がはげしく、市内一円均一の看板はいまや夢の夢、距離に応じて値下げせざるを得

なかった。

そんなタクシーの嘆きをよそに、この年から街にほんとに稀ではあるが、国産の黒ぬりのダットサン自家乗用車の走る姿が認められたという。「国防ノ整備及《および》産業ノ発達」のため「自動車製造事業法」が制定され、自動車産業界でいうところの「車社会への第一歩」はこの年に踏みだされた、というのである。が、いまに至るまで自動車など所有したことのないわたくしには、まったく関係のないことではある。

それと都市を中心に結婚ブームが起こったという。八年ごろからの軍需景気がつづいて失業者は減り、蒼白きインテリなどといわれた大学卒業者はみな大手をふっていい職業につくようになる。それと軍人たちが救世主のように思われ、娘たちの憧れの的となっている。加えて、新婚生活のすばらしさを歌った歌謡曲がやたらに売りだされ、それがまた大いに売れた。

〽空にゃ今日もアドバルーン／さぞかし会社で今頃は……の「あゝそれなのに」。〽何か言おうと思っても／女房にゃ何だか言えませぬ……の「うちの女房にゃ髭がある」。〽髪は文金高島田／（中略）みなさんのぞいちゃいやだわよ……の「花嫁行進曲」。それに〽可愛い蕾よきれいな夢よ／乙女ごころによく似た花よ……の「花言葉の唄」などなど。

こんな風に、時代が大きく転回しようとしているとき、民草はそんなこととは露思わずに前途隆々たる国運のつづくように思い、生活にかなりの余裕を感じはじめていたのである。東北地方の貧農の娘の身売り話などまったくといっていいほどなくなっていた。

「美しく哀れに怨みを含んだ眼差しでじっと見据えられて、信也はみっともないほど、ガタ〳〵と総身がふるえおののいた。

『加、加代さん、貴女は今専務夫人になれるのです、そ、それを……』

『譬《たと》え、どんな玉の輿《こし》でも、私はいや！ 貴方がこの世にいらっしゃる限り、私何処へもお嫁にゆきません』

加代の声は細く冴え渡って——」

いきなり何か、と思われる人も多いであろうが、吉屋信子の代表作『良人《おっと》の貞操』の一節である。十一年十月から十二年四月にかけて、東京と大阪の日日新聞両紙の朝刊に連載された小説で、これが爆発的に大好評を博した。未亡人と妻ある男との道ならぬ恋の物語。

✺「神風号」と『良人の貞操』

ちょうど同じとき、朝日新聞が国産飛行機「神風号」による初の渡欧飛行計画を発表し、連日それがいかに壮挙たるかを記事にし紙面でさかんに煽っていた。これが人気を呼んで朝日新聞のひとり勝ちかと思われたときに、日日新聞はこの小説のもの凄い人気で、二紙はまさに天下を二分してよく売れていたのである。しかも連載中から映画化、劇化の話がもち上がり、浅草の喜劇・大衆演劇まで即席の「良人の貞操」一色となる。こうなるとまだ飛んではいない「神風号」より話題はにぎにぎしく引っぱられ、翌年まで貞操ブームはつづく。

かくまでもないが、この恋愛小説には、時局的な話題はひとかけらもない。軍の反乱も「南北併進」の国策もまったく無縁である。いわんや戦争の匂いにおいてをや。あるいは、二・二六事件以後の、時代の重苦しさ息苦しさを忘れるために大ヒット、という見方もできるかもしれない。それよりも、当時の日本人は戦争などという物騒なものが間近に迫ってきているなんて考えてもいなかったゆえ、ひたすら今日でいう不倫小説に惑溺した、とするほうが正しいのではあるまいか。

しかし、表面上あらわではなかったが、時代の空気は相当に悪くなっていたのである。社会全体はどんどん右傾化し、国賊・非国民などという言葉がハバをきかせはじめ、民草は自然と口を閉じるようになっていた。七月の左派文化団体関係者の一斉検挙、九月の宗教団体ひとのみち弾圧事件、さらに十二月には人民戦線運動弾圧、千余人検挙。そして一方では陸軍戦車学校がこれからの戦争にそなえて開校される。かなり不気味な動きがやたらにあったのである。

が、そうであっても民草は国家指導者を信じていたのであろう。それに生活に余裕がでてきたゆえでもあろうか、この年のクリスマスを盛大に祝おうという気運が、東京や大阪をはじめ、地方都市にも高まっていた。これを素早くみてとったホテルやダンスホールは、年に一度のかき入れ時と大宣伝をはじめる。当局は時局をわきまえぬことだと目を光らせはじめる。とくに大阪の警察がやたらに神経を尖らしたらしい。大阪朝日新聞が半ば冷やかし気味に愉快な記事を載せている。

「『ダンス』と『フグ』の嫌いな大阪府当局でも、二つのホテルのみつつましやかにやらせることになった。ただし、条件があって『芸妓女給、ダンサーは一歩も入れるべからず』というきついお達し。ホテル側では『失礼ですが入口で服装その他によって判断させていただく積りです』といっている。そんなことできるものかどうか？　女給さんとお嬢さんの区別のつかない世の中、風紀問題を恐れるなら有閑不良マダムを真っ先にしめだすべしなど議論さまざま」

（十二月十七日付）

　師走も下旬となって、南原教授はひそかな憂いを歌に託した。

・言《こと》にいでて民らいはずなりぬるとき一国の政治のいかにあると思ふや

・次年度の予算三十億を突破すといふ我等いよいよ貧しく生きむ

・一年の講義はきのふ終へたりと思ふばかりに朝寐《い》すわれは

いやな感じの政治の流れのなかにあり、いぜんとしてつつましく生きねばならぬ民草にとっては、ぬくい朝寝の蒲団のなかが、この世のただ一つの極楽ということなのか。ほんとうは、蒲団をはねのけて寒風のなかで救国の叫びをあげねばならないときであったのだが……。

「風立ちぬ　いざ生きめやも」

　左様、堀辰雄の『風立ちぬ』の第一章が発表されたのはこの年であったのである。

第五話

軍歌と万歳と旗の波

昭和十二〜十三年

昭和十二年（一九三七）

広田弘毅内閣が、軍部の圧力に屈して復活させた「軍部大臣現役武官制」の煽りをくって、一月下旬に総辞職のやむなきに至り、陸軍が推した林銑十郎内閣に代わった。ところが、林新首相はスタートした途端、早くも「祭政一致」などと神がかりの施政方針をかかげるお粗末さ。心ある人びとの失笑をかい、前途はたちまちに危ぶまれる。まさに案の定で、三カ月にも満たない五月末には、もう民政党と政友会との合同による「林内閣打倒両党大懇親会」が開催されるという情けなさ。

という政界の事情とは別に、満洲事変から二・二六事件までの灰色に沈みこんでいた世情は、この年の初めごろから軍需景気がようやく軌道にのって、かなり明るさと華やかさとを加えるようになっていた。軍事予算をまかなうために発行した国債は、十一年度の段階で百億円を突破していた。ほとんどが日銀引きうけなので、通貨インフレーションが発生しはじめている有様。そして林内閣が短命で倒れたあと、六月四日、民草の期待を一身に集めた近衛文麿を首班とする新内閣が登場する。この青年宰相の唱える「革新」によって、陸軍のいよいよ強まりだしている政治介入は断乎排除され、暴力や流血によらない内政・外交や経済の建て直しをイメージすることができ、民草は前途への希望に胸をふくらませたのである。

しかし穏やかで平和な国への夢はあまりにもはかなかった。「挙国一致」をスローガンに組閣後わずか三十三日目の、七月七日夜、日中両軍が北京郊外の盧溝橋付近で衝突した。日中戦争のはじまりである。政府ははじめは不拡大の政策方針を堅持しようとしたが、陸軍の戦略にたちまちにひきずられていく。このとき、この戦闘がその後八年にわたる大戦争となり、亡国に導くと予想した日本人は、ほとんどいなかった。

まったくタイミングが悪すぎたというほかはない。陸軍中央部はいまや統制派の天下になっている。彼らは、弱い中国軍の頭をガンと叩きつけることで、中国北部ぐらいを占領し事変はすぐ片がつくと甘く観測していた。すなわち、この「中国一撃論」こそが統制派の信奉する戦略であった。しかし中国では、前年暮れの西安事件の結果として、蔣介石の国民政府軍と毛沢東の共産党軍との間のいわゆる「国共合作」が成り、日本帝国主義にたいする徹底抗戦の民族統一戦線が結成されていたのである。が、日本の指導層にはその基本に「中国蔑視」があり、例によって権力闘争をやるにちがいないから放っておけばまた中国は分裂すると、楽観しきっていた。

結果は、中国軍の執拗な抵抗があり、戦火は拡大の一途をたどり、互いに宣戦布告をしないままに、「事変」という名の本格的な戦争となっていった。八月には「国民精神総動員実施要綱」の決定、十一月には大本営令が公布され、日本の世情は一変、軍主導の戦時国家へと突入する。そして十二月には中国の首都であった南京を攻略する。戦後問題となった虐殺事件は、このときの戦闘の過程で起こったものであるが、そんなむごい事実のあったことなど、民草はだれ一人知ることもなく、昼は旗行列、夜は提灯行列でその大勝利を祝っていたのである。

名古屋城の大泥棒

拙著『昭和史』の戦前篇ですでに引いたことであるが、作家野上弥生子がこの年のはじめに新聞にかいた一文をもういっぺん引用することとする。

「……たったひとつお願いごとをしたい。今年は豊年でございましょうか、凶作でございましょうか。いいえ、どちらでもよろしゅうございます。洪水があっても、大地震があっても、暴風雨があっても、……コレラとペストがいっしょにはやっても、よろしゅうございます。どうか戦争だけはございませんように……」

まさか作家の直感力で、戦争が身近に迫っていることを予知したとは思えない。が、二・二六という考えてもみなかった大事件を体験したあとの年であっただけに、時代の空気に不気味な緊張感もあり、何かキナ臭い徴候がもうかなり感じられていたのであろうか。

と想像をたくましくするそばから、一つの事実がただちに思い浮かんでくる。はたして陸軍の猛威のほどがどのくらい強力なものと見るべきか、という疑問をともなった論戦なのである。それはこの年の一月二十一日、衆議院本会議場で起こった。壇上に立った政友会の浜田国松代議士が、何をも恐れぬかのようにいった。

「五・一五事件然り、二・二六事件然り、軍部の一角より時々放送せられる独裁政治思想然り、(中略) 要するに独裁強化の政治的イデオロギーは、常に滔々として陸軍の精神の底を流れている……この危険ある事は、国民のひとしく顰蹙《ひんしゅく》するところである」

これにたいして陸相寺内寿一大将が反発した。

「われわれ軍人に対していささか侮辱するがごとき言説があったことはまことに遺憾であります」

ふたたび浜田は登壇して蛮声をはりあげた。

「武士は古来、名誉を重んずる。どこが軍を侮辱したか、事実をあげよ。もしあったら割腹してキミに謝する。なかったら、キミ割腹せよ」

世にいう「ハラキリ問答」である。

後世の歴史を学ぶものからすると、これぞ政治介入をあらわにしてきた陸軍にたいする政治家の最後の抵抗であったと、ほぼ一致して考えられている。結果は、これによって広田弘毅内閣の総辞職があったから、さもありなんと合点してしまう。でも見方を変えれば、まだ陸軍大臣を相手どって堂々と啖呵をきることのできる余裕と力とが議会にあったとき、ということもできよう。

この問答は新聞に掲載されたが、もちろん民草も注目して成り行きを大いに憂慮した、などとかいたら大法螺《ぼら》吹きと笑われるのが落ちである。そんなことよりも、名古屋城の天守閣の上に輝く金の鯱《しやちほこ》の鱗《うろこ》五十八枚を、調査用に組んだ櫓《やぐら》を利用して盗んだ不敵なヤツがいる、というこっちの事件のほうに大多数の人びとの関心が集まっていた。時価四十万円（一説に八十万円）。慶長十四年（一六〇九）に慶長大判千九百四十枚を鋳つぶしてつくられたというから、いまの価格に直すのはむつかしいが、二、三億円ぐらいはするであろうか。

「どえらいことでなも」

と名古屋の人びとが仰天しただけではない。とにかく大事件で、新聞の号外がでる騒ぎ、日本中の話題は浜田国松よりもこっちのほうに集中する。一対の鯱のうち南側の雌は無事で、盗まれたのはつくりの大きい北側の雄の鯱で、泥棒は骨董に目があるヤツとさっそく狙いがつけられた。が、じつはそうではなかった。

事件が起きたのが一月四日で、犯人が逮捕されたのが二十七日。これが骨董の目利きどころか、なんと前科二犯、もっぱらコソ泥専門のミシン工で佐々木賢一という四十歳の男。十年前に名古屋刑務所を出所したとき、迎えに来てくれた母と一緒に名古屋城を見物し、本丸の庭から六階の天守閣まで登れる足場のあるのをみてとって、即座に、

「よし、つぎはあの鯱の鱗を盗んでやろう」

と決心したのであるという。そしてそれに見事に成功したのであるが、そのままではどうにもならない。大阪の自宅で手間をかけて熔解して、少しずつ市内のいくつもの時計屋などにも

ちこんで売っていたが、当然のこと「キンを売り歩く男がいる」と評判がたってしまう。かくてあっさり逮捕となったが、結局、稼いだ金は二千百三十円で、億にはとても手が届かなかった。さて、日本中の人がこの不敵なドロ的の稼ぎを知らされて「なあーんだ、それっぽっちか」とガッカリしたか、羨ましく思ったか、そのへんのところは定かではない。

と、まずは時局にそぐわない泰平楽な事件で年が明けたのであるから、野上弥生子が祈ったような「どうか戦争だけは……」といった緊張感がじつは世情にはなかった、とみるのが正しいかもしれない。

もう一つ、同じように時節柄いささか暢気ともいえる話を、十八日付の京都日出新聞から。当時、京都には千数百軒も喫茶店があったらしい。それらは料理飲食店としての細かくきびしい法規によって取締りをうけていた、それで何やかやと大迷惑を蒙っている。何とかゆるくしてやってくれと、新聞社が喫茶店に代わって当局に訴えているのである。

「喫茶店は洋風の設備を有しており、現在の、いわゆる〝サービス喫茶〟のようなものは女店員が客に接するので、カフェーの規定が準用される恐れがある。『街のオアシス、街の応接室』である喫茶店の発達の意味からは、独立の法規によって取締るのが望ましいと考えるのである」

喫茶店と女性がべったりはべる料理飲食店とカフェーの区別がどうやら京都でははっきりしていなかったようなのである。これにたいして京都警察がどう処置したか、残念ながら新聞は続報を載せていない。

かと思えば、東京では、日本国民禁酒同盟なる団体が、「女給どもの建国祭参加を許してはならぬ」と決議し、二十八日にこっちも当局に訴えでるという騒ぎを起こしている。建国祭は二月十一日、いわゆる紀元節である。その国家的祝日の式典に不浄の女どもの出席はまかりならぬ、というわけであるが、これにたいして当局である警視庁保安課長は毅然としていった。

「大切な国家のお祝いへの参加は、どんな職業のものであろうとも平等で自由であるべきである」

京都と違ってこっちの訴えはあっさり却下されてしまっている。

✸文学的な話題から

さすがにこの年は、B面で何か後世に残る話題をと探しても、面白い話がそれほど多くあるわけではない。やっぱり戦争勃発直前のときだけに、世情も緊張感をましていたのかなとまたしても余計な勘ぐりをしたくなる。

そのなかで一つ二つ、かき残しておくかと思わせられることに、二月十一日の紀元節の目出たい日に、日本初の、第一回文化勲章が制定されたという事実がある。授与式は四月であるが、その第一回の受章者名がこの日に発表されている。長岡半太郎、本多光太郎、木村栄、岡田三郎助、藤島武二、竹内栖鳳、横山大観、佐佐木信綱、それに幸田露伴。近ごろとは何層倍も人物と成しとげた仕事の大きさも重みも違う。

なかでも幸田露伴の受章の言葉が傑作で、わたくしは大いに気に入っている。

「文学者というものは時の政府を批判し、あらがうことを本来の使命とする。しかるに、その政府から、私は勲章をいただくことになった。私もモーロクした」

そんな露伴のことであるから、祝賀会をひらいても出席してくれないのではないか、と友人たちは心配した。しかし、ニコニコして出て来て露伴は挨拶した。これがまたすこぶるいい。

「芸術は、世間から優遇されて向上するものではない。冷遇されてしなびるものでもない。屈原の詩はどんなところから生まれたか。逆境のなかからこそ、杜甫や李白の詩、司馬遷の文は生まれたのである」

露伴ときに七十一歳。

同じように推賞するものとして勅令によって、帝国芸術院が誕生したのもこの年の六月二十三日。最初にえらばれた文芸部門の芸術院会員はつぎのごとし。幸田露伴、徳田秋聲、岡本綺堂、菊池寛、武者小路実篤、谷崎潤一郎、千葉胤明、井上通泰、佐佐木信綱、斎藤茂吉、高濱虚子、河井酔茗《すいめい》、国分青崖《こくぶせいがい》、三宅雪嶺、徳富蘇峰。

なるほど、と思わせられる芸術家が名をつらねている。若干の疑義がうかぶのは正宗白鳥と島崎藤村がいないことならん。調べてみたらこのご両人はえらばれたのに固く辞退しとおしたゆえという。

もう一人、志賀直哉の名がない。武者小路の名があって志賀の名がないのは妙ちくりんな話。志賀自身も声のかからなかったのはなぜかと思ったらしい。

「私のところにも言ってくると思っていたのに……。私は不愉快になった。これはいけないと思い、無心になろうとしたが、なかなか、無心になれず……二重に不愉快になった」

と、「文学の神様」が人間性をあけすけにさらけだしてかいている。

ついでに、では申しわけないが、志賀の代表作『暗夜行路』が完結したのはこの年。「改造」四月号に最終回が発表された。大正十年（発表は翌年一月号）このかた十六年間、精魂こめての大作を仕上げた直後の芸術院会員の話であった。なのに、まったく声もかからなかったとは。容易には無心になれなかったのも当然のことであろうか。

文学の話題をつづけると、プロレタリア文学衰退のあと、文芸復興という観点からみると、昭和十一年からこの年の初夏までのころに昭和の文学は絶頂期を迎えていたといえるかもしれない。堀辰雄『風立ちぬ』、北条民雄『いのちの初夜』、岡本かの子『鶴は病みき』、太宰治『晩年』と文芸雑誌に話題作がならび、川端康成の『雪国』も六月に刊行された。そして新聞小説の吉川英治『宮本武蔵』と吉屋信子『良人の貞操』が圧倒的な人気で読者を集めていた。そこへ、ヨーロッパから遊学をすませて帰国した横光利一が、久しい沈黙を破って『旅愁』の新聞連載をはじめる。さらに、『旅愁』とほとんど時を同じくして永井荷風の『濹東綺譚』が別の新聞夕刊に連載されだしたのである。

この二つの小説連載は、新聞社が競ったこともあって、話題をよんだ。すでにつづいていた男性と女性の両大衆作家のエースの対決、ばかりではなく、それに純文学のほうでも帰朝ほやほやの超花形作家と、すでに鬱然たる老大家が、たまたま鎬《しのぎ》をけずる競演が加わった。挿絵も、藤田嗣治の清新さに木村荘八のいぶし銀、といった好対照である。

こうやってみてみると、昭和文学の代表作が顔をそろえているゆえに〝奇蹟の年〟といいたくなってくる。しかし、皮肉な見方をすれば、明治いらいの日本文学の発展はじつはここまで、と皮肉にいいたくもある。荷風の『濹東綺譚』の連載開始が四月十五日で、終ったのが六月十五日、その直後に盧溝橋の運命の一発があったのである。歴史にイフはないが、あと二、三カ月遅れていたら、玉の井の娼婦との何とも色っぽい交情を描いたこの小説の新聞掲載はとうてい無理なことであったろう。「非国民め、時局を何と心得ておるのか」と警察に呼びつけられて、新聞社はもとより、荷風もこっぴどく叱りつけられたにちがいないのである。

✺行けよ「神風」空遠く

その昔、〝神風〟という四股名《しこな》の名力士がいたことを覚えておられるであろうか。戦前はその気ッ風《きっぷ》のいい取り口で、戦後は玉の海とならんで歯切れのいい解説、それにすっきりした男前で人気のあったお相撲さんである。本名赤沢正一、昭和八年度の朝日新聞「健康優良児」の準日本一。昭和三十年代にこの人にインタビューしたときに、神風という名はいまになると特攻隊のことを思わせて重荷ではないか、と尋ねたことがある。彼は苦笑しながら答えた。

「じつは、中学三年を修了するとすぐに香川県から単身上京して、私は二所ノ関部屋に入門したんですよ。昭和十二年の春のことでした。ホレ、ご存知でしょうがこの年の四月、日本中が『神風号』の世界記録で沸きに沸いていたじゃありませんか。なもんでそれにあやかっての四股名なんであって、神風特別攻撃隊とはまったく関係がないことなのですよ」

それで合点がいったし、考えてみれば彼が土俵で活躍していたのは、太平洋戦争のはじまる前のことであった。余計な質問をしたものだと恥じ入った。

そういえば、六十九連勝の金字塔的記録をもつ双葉山が、三場所つづけて全勝優勝し、横綱を免許されたのが五月。連勝がなおつづいており、相撲人気はこの前年ぐらいから盛り上がるいっぽうとなっている。数え年七つの、いまや悪ガキの第一歩を踏みだしていたころのわたくしが、のちに相撲狂となるのもごく自然なことだなと、いまこれをかきながら思う。

それはともかく、相撲ではなく「神風」号の話である。前年の秋の暮からそれとなく宣伝していた朝日新聞が、正式に社告で「国産機による亜欧連絡飛行計画」を明らかにしたのはまさにこの年の元旦。東京―ロンドン間の一万五千三百五十七キロを国産機で飛びぬけようという壮大な計画である。そして新聞社は使用する飛行機の名を民草から募集することとした。国産機ということで一飜《イーハン》ついているのに一般募集でもう一飜、これでますます大人気となった。

飛行機は三菱重工業が試作したもので、低翼単葉単発、機の長さ八メートル、最高速度が時速五百キロ、航続距離二万五千キロという世界最高水準の、ほんとうの純国産機。かくて募集に応じる民草（それもかなり多くは子供であったというが）の数が五十三万六千通を超えた。これほどの数のなかから東久邇宮稔彦王《ひがしくにのみやなるひこ》によって選ばれたのが「神風」、そして「実にいい名である」ということで命名された。飛行士は朝日新聞航空部員の飯沼正明、機関士も同塚越賢爾《けんじ》ときまる。二人ともイケメンで、これでまた人気が煽られる。

東京―ロンドン間を飛行してブームを起こした神風号。機体はのちに陸軍九七式司令部偵察機となった（昭和12年）

さらに朝日新聞はロンドンまでの所要時間を、もう一飜つけようと懸賞募集する。こうなれば徹底的に、骨までしゃぶる勢いである。民草もこれに乗った。大阪朝日に三百一万七千三百通、東京朝日に百七十二万五千八百通、計四百七十四万三千百通という驚くほかはない応募があったという。まさしく鳴りもの入りのお祭り騒ぎ、と形容しても、それほど誤ってはいないと思う。
あとは結果だけをかく。東京・立川陸軍飛行場を離陸したのが四月六日早朝、台北、ビェンチャン、カラチ、バグダッド、アテネ、ローマ、パリを経て、九日午後三時半にロンドンのクロイドン飛行場に着陸する。所要時間が九十四時間十七分五十六秒。これを秒までピタリと当てた人が、なんと、五人もいたというではないか。
イギリスの航空雑誌「フライト」もこの快挙をたたえる。
「機体とエンジンは、一般の予想に反して、外国会社の特許権を買って製造されたものではなく、日本独自のものなのである」
世界も渺《びょう》たる島国日本の技術力・工業力に余程びっくりしたのであろう。外電も絶讃ばかり。世界が驚いた以上に日本国民のほうが驚嘆した。とくにわれら少国民は踊り上がって喜んで、声援歌「鵬程《ほうてい》一万五千キロ」を毎日のように歌った。唱歌丙《へい》のわたくしも必死になって当時は覚えたのであるが、情けなや、いまはまったく歌えない。
〽桜は匂う日東の
　富士の高嶺をいざ越えて
　希望摶《はばた》く朝ぼらけ
　行けよ「神風」空遠く
河西新太郎作詞、田村虎蔵作曲。というのであるが、これも朝日新聞の、またまた一般募集で当選したものというから、この年の春は花見に浮かれながら「神風」号に日本中がチャンチキチャンチキやっていたのである。

いや、冗談ではなくて、異例ともいえる好景気にこの年の春は、日本中が華やいだ明るさのなかにあったのである。それは二月二十二日の、東京株式市場の取引高がこれまでにない最高の百四十二万株を記録した、という事実でもう十分に示されているかもしれない。左様、航空機、軍艦、戦車など兵備改善費も十一年度には九億三千八百万円という大増加を示していたし、ちょっと先のことになるが、呉《くれ》の海軍工廠で戦艦大和の建造がはじまったのがこの年の十一月四日のことであった。

とにかくわが日本国の産業の発展は、ほんとうに目覚ましかったのである。昭和七年からこの年までの工場の数の増加の統計がある。機械工業では五千五百四十二工場から一万二百五十工場に、金属工業は四千二十三工場から七千二百五十一工場へとふえている。これにともなって数にも入らない町の下請け工場だって、さながら雨後の筍のように、といってよろしいほどに簇出《そうしゅつ》したのである。軍部がいい気になってしまうのもムベなるかな、といいたくなる。そしてこの「神風」号ものちに陸軍の九七式司令部偵察機になっている。このときの初の世界記録の大飛行は、軍用機としての実地試験をかねたものであった。当時は民草のほとんどの知らないことであったが。

✻穏やかな日々の裏で

どうも明るい話題だけを拾ってかいているかと疑われそうな、ちょっとわざとらしい感があるが、決してそんなつもりはない。事実、この年の夏までの空気はどことなく陽気でのんびりとしたものであったのである。日本人という民族はちょっとふところ具合がよくなると胸を張りだす、わが国こそはといい気持ちになるようなのである。満洲事変のあった昭和六年からの軍需景気もあって、重ねてかくと、十二年までの経済成長率は平均七パーセント、これは当時の世界最高で、〝躍進日本〟といわれていた。ウォール街の暴落による世界的不況からいち早く脱《ぬ》けだしていた。成長は設備投資を誘発し、設備投資はまた景気を過熱させる。それでこの年の成長率は、なんと、二三・七パーセントというではないか。戦後のバブル最盛期でさえ一四パーセントであったことを思うと、ウヒャーと驚声をあげたくなってくる。

川端康成『雪国』の真ん中のあたりで、温泉芸者の駒子のこんな述懐がかかれている。

「月に百円稼げばいいのだと言った。先月一番少い人で三百本の六十円だと言った。駒子は座敷数が九十幾つで一番多く、一座敷で一本が自分の貰《もら》いになるので、主人には損だが、どんどん廻るのだと言った」

ちょっと説明を加えると、「一本」とは線香代のことで、酒宴に侍《はべ》る時間を時計がわりに線香一本の燃える間を単位に計算する。つまり芸者の稼ぎ高の基本ということになる。それにし

〈昭和元〜60年の経済成長率（実質）〉

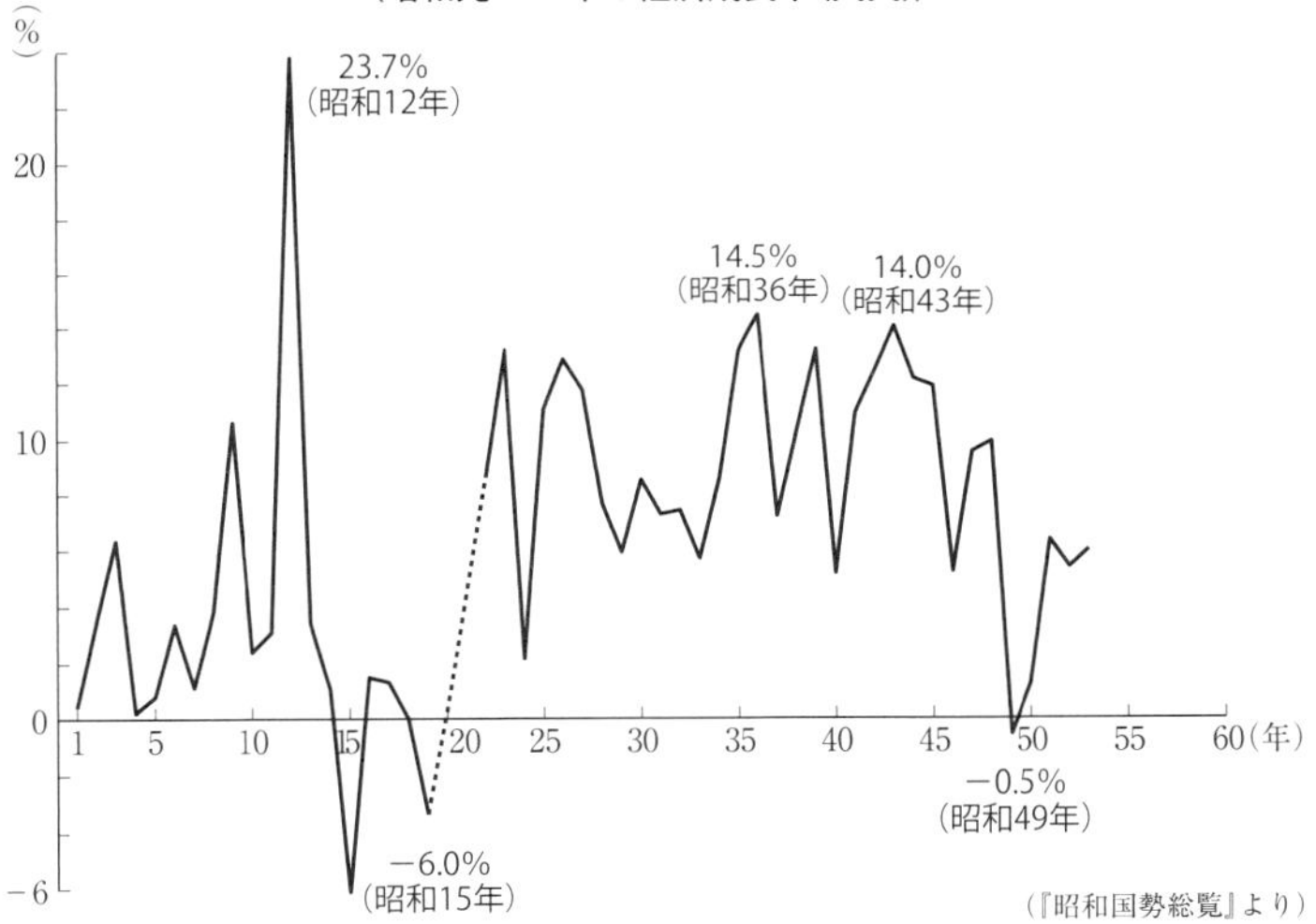

（『昭和国勢総覧』より）

ても駒子の稼ぎが百円とは豪気なものである。

昭和十二年ごろ、初任給でいうと、小学校教員五十円、銀行員七十円、公務員七十五円であったから、雪国の芸者が百円も稼ぐとはアッパレなもの。このころの景気のよさがよくでている。温泉客が多かったのであろう。わたくしの父なんかも、湯沢温泉によく行っていた。もっぱら夏休みにであったが、わたくしも連れていってもらった。ただし、川端が常連であった宿とは違うところであったが。そして『雪国』にはあまり出てこないが、湯沢がピカピカゴロゴロと雷さまの多いところの実感がいまも残っている。

いや、そんなことはどうでもよく、『雪国』に話を戻すと、駒子の稼ぎであるが、主人に払わねばならない借金やら利子やら食いぶちやらを引かれるから、彼女の手もとにはいく

著者７歳、小学校入学の記念に自宅の前で（昭和12年）

らも残らなかったであろう。そして化粧品代、小間物などの雑費もかかる、なんて計算するのはこれまた余計なことか。

　つまりそんな景気のよさを民草は満喫して、いわば天下泰平の日々を送っていたのである。それはまた悪ガキ時代のわが実感でもある。たしかに、東京下町のこのころは、毎日毎日が変わりもせず平凡で、静かでのんびりと落ち着いたものであった。この年の四月、小学校一年生となったわたくしと同クラスの連中の親の職業を付記してみると、そのまま川向こうの土地柄や家並み、そう、身じろぎもせずにくっつき合って、家の屋根と屋根が重なって、幸せの到来を待っているような、そんな貧しい庶民の典型があるようで、口もとがゆるんでしまう。豆腐屋、イカケ屋、下駄屋、自転車屋、大工、酒屋、ミルクホール、左官屋、米屋、魚屋……。

　これらの小さな商店が軒をならべている町なかに、朝、いちばん早く聞こえてくるのは、四季を通して、納豆売りの声ではなかったか。

「なッとなッとうゥ、なッとうに味噌豆ェ」

　それもいつだってわたくしより少し年長の少年の声であった。それにつづいて、「あさりィ

生家の向かいにあった「こんにゃく稲荷」に集合したわんぱく仲間。著者は前列右から３人目。股引をはいている

ー、しじみィー」という浅蜊《あさり》と蜆《しじみ》売りの声ではなかったか。とにかくそのころのいろいろな売り声だの、「豆腐屋サーン、ちょっと」とそれを呼びこむ声だのが、喜びも悲しみも幾歳月をへたいまも、耳の底にはっきり残っている。

「はさみ庖丁《ほうちょう》ッ、かみそり磨《と》ぎィーッ」

「さお竹やー、さお竹ッ」

「朝顔の苗《なえ》ェ、夕顔の苗ェーィ」

「玄米パーンの、ホヤホヤーァ」

虫売り、風鈴売り、下駄の歯入れ屋、金魚屋、物干竿売り、カチャカチャと独特の箪笥《たんす》の環を鳴らしてくる定斎屋《じょうさい》、千金丹売り……燕は去りぬ雁は来るで、季節の変わりにともなって去来するいろいろな物売り、この年の夏になるまではいつもと同じであった。何の変わりもなく穏やかで平和な日々であった。

しかし、民草は意識しなかったであろうが、きびしい何かがすでに世情の裏側で進行していたのである。たとえば四月五日に防空法が制定されている。これによって東京などの大都市で防空演習が定期的に行われることになる。「空襲だ！　水だマスクだ　スイッチだ」の標語が広まり、それにともなって、女性の和服は活動に不便であるからと、モンペという江戸時代からある作業用の〝袴《はかま》〟の着用が叫ばれるようになった。

五月末には『国体の本義』がひろく世に売りだされた。このパンフレットには著作者の名はなく、ただ文部省発行とある。じつはそれ以前の三月末には全国の中学校や女学校に配布され、修身の教科書として使用するように指示されていたという。

「天皇は、外国の所謂《いわゆる》元首、君主、主権者、統治権者たるに止まらせられる御方ではなく、現御神《あきつみかみ》として肇国《ちょうこく》以来の大義に髄《したが》って、この国をしろしめし給うのであって……」

「忠は、天皇を中心とし奉り、天皇に絶対随順する道である。絶対随順は、我を捨て私を去り、ひたすら天皇に奉仕することである。（中略）されば、天皇の御ために身命を捧げることは、所謂自己犠牲ではなくして、小我を捨てて大いなる御稜威《みいつ》に生き、国民としての真生命を発揚する所以《ゆえん》である」

あに中学生のみならんや。一般国民にも読ませるべきと、このとき文部省は考えたのであろう。こうして、大日本帝国は神国となり、天皇は現御神となり、これを疑うことは許されなくなり、一旦緩急あらば生命を捧げることが日本人として真に生きることである、といういまにして考えれば壮大なフィクションの時代が着々としてはじまっていたのである。ただし、民草はまだ胸にこたえてそれを感じてはいなかった。

さらに六月九日に「卑俗な歌のレコードを発禁」という厳命が当局からでている。何が卑俗なのか、セーフなのか、レコード会社は頭をかかえたに違いないが、当局のほうもいろいろと智恵をしぼったのであろう。流行してしまったものを抑えることはできないが、例の「あたかも娼婦の嬌態を眼前にみる」ような「忘れちゃいやよ」のごとき怪しからぬ、かかる時局にふさわしくない歌のレコードなら発禁できる。そうすることで作詞家も会社も少しは緊張感をもつであろうと、取り締まるほうはまことに恣意的に考えればいいのである。

その五日前の六月四日に近衛文麿内閣が成立した。なぜかわからぬままに民草に大そう歓迎された新首相の青年公爵近衛文麿が、就任演説でいった「持てる国と持たざる国」という言葉が、流行語としてさかんに語られるようになった。持てる国とは英米仏など資源を持つ国、日独伊などは持たざる国で、この持たざる国が生きぬくためには、いまの資源配分の不公平な現状を何とか打破しなければならない、と近衛はいった。人びとは歓呼してこれに拍手を送った。

近衛の登場には、たしかに颯爽たるものがあった。なにしろ四十五歳の若さである。彼は揮毫を頼まれると喜んでかいた。「日のもとのわれはをの子ぞ　日のもとのをのこのつとめ　今はたさなむ」と。民草はこぞって、この「をの子」(男子)についていけば将来は明るく、生活はますます楽になり、国運はいっそうの飛躍を期待できるものと信じた。しかし、歴史の動きというものは……。

スローガン「暴支膺懲」

ことさらに強調してかくまでもない。近衛内閣が発足して一カ月ちょっとの七月七日、日中戦争がはじまったのである。いったん停戦協定が結ばれたが、十日にはふたたび戦火が燃え上がってしまう。とだけかいて終りとしないとまたA面の話を延々とやらなければならなくなる。といって、すべてをカットするというわけにもいかない気がするので、少しA面的な事実をかいておく。

さて、ガンと大打撃を与えればたちまち降伏するであろうと、壮大な作文で空中楼閣を描いた陸軍中央部の目論見が、完全に齟齬をきたしたのは、ご存知のとおりである。そのわけは、満洲事変当時とは雲泥の差というほどに、中国側の意識も戦備も、そして心の準備つまり民族一体のナショナリズムも変わっていたからである。七月十一日に共産党代表の周恩来が出席し、蔣介石の国民政府はあらためて第二次国共合作の協定を結んだ。十七日に、いわゆる廬山《ろざん》声明を発表する。「弱小国家とはいえ、不幸にもその犠牲の関頭に至った場合、われらに残された道はただただ抗戦の一路あるのみである」。日本の新聞もこれを報じたが、政府も軍部もほとんど歯牙にもかけなかった。

これで自信を深めた蒋介石は八月十二日に「全将兵に告ぐ」という大演説をさらにぶち、全面的な抗戦を宣言する。五千年の歴史をもつわが国が、まともな歴史もない日本に滅ぼされるわけがない、一致団結して戦わん、と蒋介石は国民を大いに鼓舞したのである。今日風にいえば、日本陸軍にとっては国民政府軍の強い抵抗はまさしく〝想定外〟というほかはない。

これを現地新聞からの訳文として雑誌「改造」が九月号に載せた。題して「日支事変に対する宣言」。ただし本屋の店頭にならんだとたんに雑誌は発売禁止となる。理由は、大森義太郎論文ならびに「北支事変の感想」中の鈴木茂三郎、水野広徳、鈴木安蔵、杉森孝次郎四名の論文が怪しからぬ、というもので、蒋介石の堂々たる宣言が対象ではなかったが、じつはこの徹底抗戦鼓舞が何よりも目ざわりであったことに間違いはない。

ここで注意すべきことは、まだ蒋介石の翻訳論文を月刊誌の編集者が〝平気で〟載せることができたという事実。戦火が中国大陸でたしかに発してはいるが、世の中の空気は、つまり民草の意識はそんなには切っぱつまってはいなかったのである。これがのちに亡国につながるような大戦争になるなどとは、寝耳に水で戦争を知らされた民草のだれもが思ってもいなかった。近衛内閣は不拡大、現地解決の方針を打ちあげているし、宣戦布告もせず、事変とよんでいるではないか。武力で中国政府を威嚇《いかく》して間もなく有利に和平を結ぶにちがいない、そしてまた大儲けができるのであろうと、ほとんどの日本人はそう思いこんでいた。

ここでちょっと嫌なことをかくが、戦前の日本人はたしかに戦争とは利得をもたらすものと考えていた、そういっていいと思う。日清戦争では賠償金二億両《テール》（いまに直せば約四億円？）を得た。日露戦争は賠償金ゼロであったが、満洲にたいする厖大な権益を獲得した。第一次世界大戦では南方の島々を委任統治地にして、南方進出の拠点を得たし、戦争需要に乗じて製造業と海運業は莫大な利益を得た。と、そうした歴史的事実を追ってみると、よくいわれるような、娘を身売りさせなければならなかった、そうした貧困と窮乏とが戦争へと突き進んだ原因だ、という説に首を傾げたくなってくるのではないか。

というようなわけもあって、すぐに和平とはならなかった。八月十三日、上海で日中両軍が全面衝突した。もはや事変の域を超える戦闘が展開される。国家意識や民族感情は、つまり国粋的ナショナリズムは、もともと非合理で、攻撃的で、どろどろした可燃性のものである。これに火がつくと外交的解決は困難となり、政治の延長である戦争という手段が、大手をふってまかり通るばかりとなる。

八月十五日、近衛は「支那軍の暴戻《ぼうれい》を膺懲《ようちょう》し、もって南京政府の反省を促す」と声明を発する。同時に、海軍航空隊は首都南京への渡洋爆撃を開始、戦線は拡大し、本格的な戦争へと突入していった。そして九月二日、政府は「今回の北支事変の名称を今後『支那事変』とする」という閣議決定を発表する。

わたくしはいまでも少なからず疑問に思っている。当時の日本の大人たちは流行語ともなった「暴支膺懲」という標語みたいなものを、ほんとうに、このどんどん拡大していく中国との戦争の〝戦争目的〟なんだと理解し、信じていたのであろうかと。暴戻とは乱暴で道理に外れること。膺懲とはこらしめること。かりにそのころの中国人がそんな民族であったとしても、その中国人を「膺懲」して「反省」させるために、常時百万人近くの大兵力を中国大陸に送り、あたら若い人の血を流させる。そのことが悪いこと、間違っていることではないのか、と思うことがまったくなかったのかと。いや、いまになれば、そのために蒙った中国人の被害者のことにも思いを致さなければならないが。

いや、そんな理屈をこねるよりもB面に話を戻すと、ともかく「暴支」を「膺懲」するための聖戦となって、民草が、いやここからは「挙国一致」した国民としたほうが正しい呼称となろう。その国民が熱狂したことは確かである。戦いには勝つか負けるかしかない。戦況はラジオで刻々と報じられ、新聞は号外につぐ号外で速報する。各新聞社は献金を紙面で呼びかける。たとえば朝日新聞は七月二十日から「軍用機献納運動」をはじめ、「挙国赤誠・無敵の空軍」「千機、二千機! われらの手で」をスローガンにして、一カ月間に約四百六十二万円近くの献金を集めたと報じている。

そして新聞は政府や軍の意向を汲んで、いっそう寄りそって〝行け行けどんどん〟で国民指導的になっていく。七月二十七日の新聞各紙は、陸軍省の要望に乗っかって、戦地への慰問袋を送ることを奨励し、なかに入れて「喜ばれるもの」の品目まで指示するのである。

「一、慰問文、慰問画、手芸品、名刺、

一、絵葉書、優美な写真、
一、講談、娯楽雑誌、最近の写真等、
一、缶詰類、菓子類（氷砂糖、角砂糖、キャラメル、ドロップス類で何れも缶入がよろしい）、
一、味付海苔、塩豆類（同じく丈夫な缶入）、
一、ハンカチ、タオル、褌《ふんどし》類、奉公袋のようなもの、
一、便箋、封筒、塵紙、鉛筆（ゴム付黒）、色鉛筆（赤、青）、手帳、懐中ナイフ（小）、
一、清涼口中薬で缶入のもの」

これは東京朝日新聞に載ったもので、まさに赤ん坊に噛んで含めてやるような、優しい指導ぶりというほかはない。

また、その朝日新聞の十月十日「朝日社報」にこんな記載があるという。

「〔大阪朝日〕本社玄関横には、方八尺の北支事変要図と事変ニュース速報板が作られて道行く人は吸いこまれる如くにたちまち黒山となる。（中略）市内五大百貨店のウィンドも朝日の社旗に装飾された本社ニュース写真展で戦時色がかもされる。全国各地には巡回展覧用の事変ニュース写真展八班を編成し、あるいはトーキー・ニュースの巡回映写……など矢つぎ早に先手、先手と押しきってゆく神速果敢な水際立ったわが販売部の出陣振りに、世人はひとしく驚嘆の眼を瞠《みは》った」

あに朝日のみならんや、新聞社がこぞって先頭に立って、「膺懲」の快感を煽りに煽り立て

指導してくれたのである。国民は万歳万歳、ワッショイワッショイとそれについていった。

✸大和赤飯と敷島煮

戦争となって世の中の空気はほんとうにガラリと変わった。知人や隣近所の若ものたちに赤紙つまり召集令状がきて、つぎつぎに戦場へ出征していく〝戦時下〟になっていった。もう昭和十年ごろまでの平和な穏やかな国家ではなくなっている。いわば疾風怒濤の時代が予告もなしにやってきていたのである。作家永井荷風の日記『断腸亭日乗』を二つほど引く。

「八月十六日。……夜向嶋散歩。市中 到処《いたるところ》出征の兵卒を送る行列、提灯また楽隊のはやしなどにて祭礼同様の賑かさなり」

あるいはこの提灯行列の行進のなかに、少年半藤がいたのかもしれない。嬉々として提灯をぶらさげ「今日も学校へ行けるのは／兵隊さんのおかげです」と歌いながら、出征兵士を神社まで送った記憶がある。出征兵士見送りがあると、たしか学校の授業は休みになったのではなかったか。

さらに八月二十四日。

「余この頃東京住民の生活を見るに、彼等は其《その》生活について相応に満足と喜悦とを覚ゆるものの如く、軍国政治に対しても更に不安を抱かず、戦争についても更に恐怖せず、寧《むしろ》これを喜べるが如き状況なり」

荷風がいうように国民が喜んでいたかどうかはともかく、軍歌と万歳と旗の波と提灯行列のうちに日中戦争が進展していったことは、わたくしの記憶のなかにもしっかりとある。それはもうそれ以前からの軍部や政府の情報操作による巧みな宣伝があり煽動があったのであるが、それにうまうまと乗せられたというよりも、むしろ国民のなかに年月をかけてそれをやすやすと受けいれる素地がありすぎるほど養成されていた、といったほうがいいか。

東京の住民は戦争をむしろ「喜べるが如き」と荷風がかいた八月二十四日、近衛内閣は国民のそんな気持ちにさらにハッパをかけんとするかのように「国民精神総動員実施要綱」を決定した。いらい一九四五年の敗戦まで、日本人は「国民精神総動員」の名のもとにあらゆる辛苦に耐えねばならなくなっていく。とするのは、いまの歴史認識で、当時にあっては決してそんなものではない、と叱られるかもしれない。

あえていえば当時の国民のなかに、世に満ち満ちた断乎膺懲の声のままになる気分があり、空気があって、戦闘は拡大していった。そういったほうがいい。決して一部の軍人や、官僚や、資本家や、右翼たちによって無理やり引っぱられていった、という受け身のものではなかった。そういいきっても、そんなに間違ってはいないと思う。

そしてそんな空気に乗って朝鮮総督府も、十月一日、「皇国臣民の誓詞」を定めて日本本土に居住するものはもとより、朝鮮半島の日本人にさせられた朝鮮の民草残らずに配布する。ここでは、年少者用のものだけを引いてみる。

「一、私共は大日本帝国の臣民であります。
二、私共は心を合せて天皇陛下に忠義を尽します。
三、私共は忍苦鍛練して立派な強い国民となります」
これもつまりは挙国一致、国民精神総動員のあらわれということなのであろう。

こうして日本国民が知らないうちに、まわりの風景が、見るもの聞くものいろいろなことが変わっていた。たとえばラジオの料理の番組がある。大正十五年（一九二六）七月からはじまってずっとつづいている人気の放送であるが、ここにまで戦時色が加わってくるのである。

「雄々しくも国の為にと万事を投げ打って家を出られる出動兵士がたのために、家族の者が心をこめて祝う御食卓に、こんなお献立は如何でしょうか。昔から、もののふを讃えて、〝敷島の大和心《やまと》を人問はば朝日に匂ふ山桜花〟の歌をひきますが、このお献立も、その心になぞらえた純日本料理でございます。
一、大和赤飯（餅米、白米、大豆、胡麻塩）
二、錦桜椀（錦玉子、桜麩《ふ》、椎茸、青菜、柚子）
三、敷島煮（勝栗、鶏肉、お多福豆、軍扇人参、色紙昆布）
四、元気酢の物（若鯛、若布、豆もやし、仙台味噌、山吹酢）
…………」

こんなところにまで本居宣長の歌がでてくるのにはびっくりさせられる。この歌がのちに敷島隊、大和隊、朝日隊、山桜隊と命名され、神風特別攻撃隊の初陣《ういじん》を飾ったことはご存知のとおりである。

そして出征兵士を送るための日の丸の小旗と陸海軍旗がそれこそ飛ぶように売れた。お蔭でホクホクとなった玩具会社は、つぎつぎに軍事玩具を新考案しては売りだした。九月一日付の大阪朝日新聞が報じている。

「……軍事玩具が飛ぶように売れている。なかでも陸軍旗と日の丸の小旗は、子供ばかりか大人までが買うので、今ではどの店でも『旗キキン』の奇現象を呈している。値段は布製が十銭、寒冷紗《しゃ》製が五銭と八銭。続いて兵器類が歓迎されている。タンクでは迷彩をほどこして走りながら発火するのが新しく、地上滑走しながら機関銃から発火する飛行機、砲弾が四、五間も飛ぶ迫撃砲、鉄兜《かぶと》、防毒マスクなどが人気の焦点。(中略)進物用玩具には軍艦模型が人気。値段は五十銭から三十円までだが、五円どころが中心である」

いまになると見当もつかないが、三十円もする軍艦模型とはいったいどんなものであったのであろうか。よほど精巧かつ大型なものであったにちがいない。大砲もさぞでっかかったのであろう。われら下町の悪ガキにはとうてい手も届かぬ豪華さ。こっちはせいぜい一円どまりの安もので大喜びしていたにきまっている。

値段の話のでたついでにかくと、戦時下となってまさか便乗ではあるまいが、諸事物価が値上がりしたのは事実である。新聞が七月からいっせいに月極め一円が一円二十銭に。銭湯も八月から大人五銭が六銭に。ただし子供二銭はすえおき。うどん、そばのもり・かけが八銭から十銭へ。民草の生活は、とすぐ飛躍したくなるが、そうした細かいところより恐らく大きな影響をともなって直撃したのは、政府が九月十日に臨時議会で成立させた三つの法律のほうであったであろう。

曰く「臨時資金調整法」、曰く「輸出入品等臨時措置法」、曰く「軍需工業動員法の適用に関する法律」である。

さりげなく二つの法には「臨時」の文字がある。ここが〝曲者《くせもの》〟で、政府ははたして七月に勃発した事変は短期間で終ると確信していたのであろうか。一時の、応急的な処置としてなのだと、国民に思わせたいばかりにわざとつけた文字で、さまざまな経済活動を全面的に統制してしまいたいという魂胆が丸見えとも思える。そういえば、「輸出入品等」の「等」の一字も気になってくる。

永井荷風はさっそく悲鳴をあげたようである。『断腸亭日乗』十月六日にある。

「この日郵便箱に入れありし税金通知書を見るに左の如し。

一金八拾円拾七銭也　所得税第二期分

一金弐拾六円七拾壱銭也　府市税

一金八円参銭也　特別税即戦争税なるべし」

このあと荷風は二行弱の文章をわざわざ抹消している。どんな呪詛の文字がかかれていたものか、知りたいものである。

✺「愛国行進曲」と「海行かば」

なんどもくり返すようであるが、わたくしは幼少のころよりすこぶる音感に鈍く、小学校一年生のときから唱歌の成績は「丙」であった。そんな風に自慢でなく歌が不得意なくせに、藪内喜一郎作詞、古関裕而作曲の「露営の歌」はいまでも一番だけなら正しく（多分）歌える。

勝ってくるぞと勇ましく
誓って国を出たからは
手柄立てずに死なれよか
進軍ラッパきくたびに
瞼《まぶた》にうかぶ旗の波

いまになって調べてみると、この歌は事変がはじまるとすぐに大阪毎日・東京日日の両新聞社が戦意昂揚のために懸賞募集した軍国歌謡の第二位の当選作と知れる。第一位が「進軍の歌」（本多信寿作詞、陸軍戸山学校軍楽隊作曲）で、九月にテイチクがレコードにして売りだした。当然、「露営の歌」がB面であった。が、「雲湧《わ》き上がるこの朝《あした》　旭日のもと敢然と　正義に立

てり大日本　執《と》れ膺懲の銃と剣」というA面第一位のいかつさにたいし、B面「露営の歌」のほうが比較にならないほど空前のヒット曲となった。こっちのほうは少しも勇ましくはなく、「馬のたてがみ撫でながら、明日の命を誰が知る」と悲しみをそれとなくだしている。この哀調が受けたのか。

いまではひっくるめて〝軍歌〟といういい方になっているが、このころはいわゆる陸海の軍隊部内でもっぱら歌われるもの〔「歩兵の本領」とか「艦隊勤務」とか〕と、国民すべてが愛唱できる軍国歌謡とはわけられていた。つまり、八月には文部省・内務省によってレコードの統制がはじまり、九月には内閣情報部ができ、秋のはじめごろから国民精神総動員の運動がどんどん強まってくる。これにいち早く応じたのがレコード会社で、競っていわゆる軍国歌謡を大々的に売りだしたのである。

テイチクは「軍国の母」と「動員令」を、キングは「ああわが戦友」を。と、偉そうにかくものの、わたくしはどれも記憶のはしっこにもないから歌えない。ではあるけれども、とにかく、そうした流行歌総動員のトップに立ったのが「露営の歌」ということになる。

さらに、それに蔽いかぶせるように、内閣情報部が公募して選定した国民歌謡「愛国行進曲」がレコード会社に押しつけられてくる。馬場鍈一内務大臣があらかじめ各レコード会社幹部を呼びつけ、「愛国的見地から」レコードをつくるように強く要請してあった。歌詞公募の締切りは十月末であると説明する。

こうして大々的に募集が行われ、じつに五万七千五百七十八通のおびただしい応募があって、当選発表は十一月三日、鳥取県の森川幸雄という二十三歳の青年詩人の作。これに選者でもあった北原白秋と佐佐木信綱が手を入れた。さらに作曲が公募されて十一月末に締切りで九千五百五十五曲が応募。当選したのは退役海軍軍楽長瀬戸口藤吉。例の「守るも攻めるもくろがねの」のマーチの作曲者である。と万事がお上のほうでお膳立てができていては、レコード会社が否の応のという余裕などなかった。お墨付で六社から同時発売という華々しい演出も効果をあげた。こうして国家公認の愛国歌がラジオとレコードでいっせいに日本中の町々に流れでた。売れることじつに百万枚という。

これはさすがのわたくしもとぼけるわけにもいかず、いまでも歌えます、と申しあげるほかはない。

見よ東海の空明けて　旭日高く輝けば
天地の正気溌剌と　希望は躍る大八洲
おお晴朗の朝雲に　聳ゆる富士の姿こそ
金甌無欠揺ぎなき　我が日本の誇りなれ

わざと振りガナをつけないでかくが、すらすら読める、または歌える方は、恐らく七十歳以上に限られるであろう。同時に、その方々は対米英戦争がはじまってからのちに、つぎのような替え歌をおっかない軍国大人たちに聞かれないところでひそかに、そして大いに歌ったのではあるまいか。

「みよ　東条のはげ頭　旭日高く輝けば／天地にぴかりと反射する　蝿がとまればつるとすべる／おお清潔にあきらかに　そびゆる禿の光こそ……」

どうも歌の話がつづくのはいくらか難儀で、筆がなめらかにいかないのであるが、この「愛国行進曲」の大々的な発表の陰にあって、いくらかひっそりと十月十三日に日本放送協会の大阪中央放送局が流した美しい歌があった。それとなく〝流行した〟のは翌十三年であるが……。「海行《ゆ》かば」である。

海行かば水漬《みづ》く屍《かばね》
山行かば草むす屍
大君の辺《へ》にこそ死なめ
かへりみはせじ

『万葉集』にある大伴家持の長歌の一節。もともとは聖武天皇の「宣命第一三詔」にあり、最終句は「のどには死なじ」であるが、家持がこれを長歌に引くとき「かへりみはせじ」としたという。日本武人の死生観を率直に表現したのである。

しかし、信時潔《のぶときさよし》が作曲したこの歌は、対米英戦争中にしきりに歌われ、玉砕という悲惨の報とともに流されたために、悲しい思い出と結びつき、いつか〝戦犯の歌〟となったのか。わたくしには美しい名曲ではないかと思われる。これをかきつつハミングしていると、少し眼裏《まなうら》が熱くなる。過去の歌として葬ってしまうには惜しいように思う。

いや、これ以上はもうやめるが、こうして流行歌の面からだけみても、日中戦争がはじまってからのち「持たざる国」のこの国が、まさしく近衛首相のいう「挙国一致」で、軍事一色に染めあげられていくさまがよく察せられるであろう。歌は世につれ、そしてまさに世は歌につれ、であったのである。

✸南京陥落ヨヤサノサ

十一月二十日、宮中に大本営が設置される。昭和史の年表をみると、かならずこのことはかかれている。

大本営とは何ぞや。要は、戦時下の陸海軍の統一した統帥（軍隊指揮）補佐機関、というわけで、「天皇ノ大纛《たいとう》下ニ最高ノ統帥部ヲ置キ之ヲ大本営ト称ス」と軍令第一号にある。大纛とは天皇旗のことである。

じつの話、近衛首相の要望によって大本営が成立したというのであるから驚きである。事変勃発いらい政戦略の指導権が自分の手にないことで不満たらたらであった近衛は、何とか軍をコントロールしたいと考えた。いわゆる文民統制《シビリアン・コントロール》ということ。しかし、敵はさる者の軍は首相の希望に応じる格好をして、もともとの大本営条例を戦時大本営令として天皇の裁可を得てしまう。まさに得たりや応、渡りに舟とはこのことをいう。出来上がってみれば、大本営は武官のみで構成され、文官は除外されていた。またしてもA面的な話となったが、「軍」というものの本質を知らぬものが、いたずらに「わが軍は」などと胸を張っていうことなかれ、という教訓にはなる。

戦争を体験した世代には、大本営と聞くと太平洋戦争中に全部で八百四十六回あった「大本営発表」が思いだされてくるであろう。初期のころは、「軍艦マーチ」と一緒にラジオから流れてきた。〝勝った、勝った〟の「大本営発表」とともに国民は熱狂した。おしまいのころには「海行かば」の曲と一緒であった。撃滅したはずの敵が本土空襲をはじめるのであるから、国民は「大本営発表」を信じなくなった。つまり「大本営発表」はウソの代名詞となる。余計な話であったかな。

ともあれ、ちょっと大袈裟にいえば、これ以後の大日本帝国の戦略はもちろん、政略の総本山は大本営となったのである。政府はカヤの外と、完全に戦時国家となったのである。

その徴候がさっそくにでてきたのが、十五年に東京で行われることになっていた第十二回オリンピックの返上の声の湧出である。この東京招致は、前年の十一年七月にベルリンのアドロン・ホテルでひらかれた国際オリンピック委員会（IOC）総会できめられていた。六年の東京市議会の招致決定いらいの営々たる努力、そしてやっと達せられた宿願は、あっさり捨てさられる運命におかれたのである。

不幸の原因の一つに「世界を結ぶ平和運動」として五輪を推進してきた近代五輪の創設者クーベルタンの死去（九月二日）があった。が、それよりも何よりも、日本陸軍の一部から五輪大会のような平和運動に反対する声が澎湃《ほうはい》と起こり、現役将校を馬術競技に出場させないと陸軍中央部がいいだしたことにある。これにただちに同調する政治家もつぎつぎに現われる。右翼も右に倣え、となって、いっぽうで東京大会の全競技日程が決定されているというのに、「この非常時に何が平和のためのスポーツ大会だ」の声がいつか世論となっていった。

実際には、閣議が正式に大会中止を決定したのは翌十三年七月であるが、とにかく「平和」の名のつくものが少しずつ毛嫌いされ、武張《ぶば》ったものが好まれる世といつの間にかなっていた。それで思いだされてくるのが「百人斬り」という言葉である。悪ガキ時代にチャンバラゴッコで、粋がって格好をつけて、

「寄らば斬るど、百人斬りだァ」

などとやっていた記憶がたしかにある。

いまでは有名になっている二人の陸軍将校が、中国人の「百人斬り競争」をやったという記事は、十一月三十日の東京日日新聞に載った。

「百人斬り〝超記録〟／向井、百六――野田、百五／両少尉さらに延長戦」

もちろん新聞記者の作り話もいいところなのであるが、われら悪ガキすらとてもほんとうとは思えないこんな与太記事を、当時の大人たちがはたして信じたのであろうか。わが父なんか

「近ごろのような即製の日本刀でそんなに人が斬れるはずはない。何本あったら百人も斬れるというのかよ」と鼻で笑っていた。

それよりも国民を字義どおり熱狂させたといっていいのは、十二月十四日の各新聞朝刊である。

「上海特電（十三日発）＝（上海軍午後十時発表）我が南京城攻撃軍は本十三日夕刻南京城を完全に占領せり。江南の空澄み日章旗城頭高く夕陽に映え皇軍の威容紫金山を圧せり」（報知新聞）

戦後に問題となった虐殺事件は、攻略作戦が開始された上海から南京へ攻めのぼる過程ではじめられ、占領直後までつづいたといわれる。中支方面軍司令官松井石根《いわね》大将はその責任を問われて東京裁判で絞首刑に処せられたが、自身が虐殺事件のあったことを知ったのは、戦後になってからであるといわれている。

総指揮官ですら知らなかったことを、国民が知るべくもない。ましてや小学校一年生のわたくしにおいてをや。そして思いだせるのは、この南京陥落のお祝いほど盛大なときはなかったということ。翌十四日、昼は旗行列、夜は提灯行列。一日じゅうお祝いをやっていた。形容すればその夜、東京は火の海と化した。万歳、万歳の叫び声で埋まった。東京ばかりではなく、大阪でも七千人以上の大提灯行列が行われ、「中之島公園の如きは壮観を極めた」と大阪毎日新聞は報じている。

大阪といえば、大祭礼の終ったあとの十二月十七日に大阪府ではこんな通達を府市民に発し

南京陥落を祝うお祭り騒ぎが首都をおおい尽くした（昭和12年）

ている。政府の示《じ》達《たつ》にもとづくらしいが、東京ではこんなことは行われなかったような気がしている。それはともかく、やっぱり何となくおかしい。

「一般家庭では十二月三十一日を『生活反省の日』とし、家長を中心に家庭会を開き、本年中の生活を反省しあい、銃後国民として、皇軍の慰問と遺家族の後援などを強化すること。

一月一日の『新年奉祝の時間』には府市民とも、もれなく宮城遥拝することはもちろん、つとめて神社に参拝し、国威の宣揚と皇軍の武運長久を祈願すること」

こうやって南京陥落ヨヤサノサの祭りと、そのあとの世の動きを追っていると、広沢虎造の浪花節「森の石松」にあった名文句が、否応なしに思いだされてきてしまう。

わたくしなんか自慢ではないが、いまも一席うなれるのである。

清水次郎長の乾分《こぶん》の名がずらずらとならべられてきて、森の石松の名が最後にでてくる。小さな娘が子守唄に歌っている、とやってから虎造の名調子がつづく。

〽遠州森の石松は／しらふのときはよいけれど／お酒飲んだら乱暴者で／喧嘩早いが玉にきず／馬鹿は死ななきゃぁ、なおらねぇ。

その、最後の名文句である。

「馬鹿は死ななきゃぁ、なおらねぇ」

これがもうそれ以後ずっと一世を風靡したのである。あまりにも当たり前すぎて余計な解説なんか要るまい。それだけに、かえって「昨日も勝った、今日も勝った」と浮かれていたこの時代の世情はそのように治癒不可能、行きつくところに行きつくほかはなくなっていた、それを見事に反映する流行語であったといいたくなってくる。決して自虐でいうのではない。

と、ちょっと偉そうにかいてきたが、どうも胸の閊《つか》えがおさまらない。日本国民がひとしく「暴支膺懲」となったのには、やはりそれなりの理由があったからである。反日排日の中国人のさまざまな暴行や殺人が、日本の新聞にやたらと報じられていたことについて、やっぱりかき落としてはならないのではあるまいか。たとえば昭和十一年だけに限ってみると――、
一月五日、朝陽門事件―北京朝陽門内で鈴木大尉以下七名にたいして不法射撃。

五月二十九日、輸送列車爆破事件―天津《てんしん》東駅にて貨車爆破、軍馬三頭負傷。

八月二十四日、成都事件―日本の新聞記者四名が大川飯店で虐殺される。二名が重傷。

九月三日、北海事件―薬種商中野順三、理由もなく虐殺される。

九月十八日、漢口事件―吉田巡査が暴徒に射殺される。

これらはほんの一部である。新聞は筆をおさえることなく、これらを大仰に報じた。陸軍報道部は「断じて許すことはできぬ」とそのたびに怒り、「国民よ、これぞ帝国の危機であるぞ」と吼えた。新聞とラジオしかない時代の国民が、心の底からほんとうに〝国家的危機〟と感じたとしても、これを責めることはできないのではないか。いまの日本であっても同じように危機意識が何をうむか、わかったものではない。

昭和十三年(一九三八)

首都であった南京を攻略しても戦争は終らない。しかしわが陸軍はまさに無敵の皇軍とすべての日本人は胸をそらした。より正しくいえば、陸軍以上に政府、とくに近衛首相が連戦連勝に有頂天になっていた。中国駐在のドイツ大使の和平斡旋案もしりぞけ、一月十六日、「国民政府を対手《あいて》とせず」との声明を内外に発表するほどのぼせ上がった。

この声明は、いま考えれば公式の日中間の国交断絶の宣言であり、「事変」は「戦争」になったことを意味する。蔣介石はここに及んでより米英に身をすり寄せ、その関係をいっそう密接にしていく。ここから日本はますます国際的に孤立化し、先行きに明確な展望のないままに、中国との果てしない戦いにのめりこんでいくことになる。

一月二十二日、施政方針演説で近衛ははっきりといった。

「事変も新段階をむかえ、その目的を達成するためには物心両面にわたり国家総動員体制の完成が必要であり、予算案も事変の長期化に備えて軍需の充足に力をそそぐものとせねばならない」

そして無制限にひとしい「白紙委任」的な権限を、政府や軍部に与える国家総動員法（全文五十条）が四月一日に成立、五月五日から施行となる。これは悪法としかいいようがないが、その第四条だけでもしっかりと記しておく。

「政府ハ戦時ニ際シ国家総動員上必要アルトキハ勅令ノ定ムル所ニ依リ帝国臣民ヲ徴用シテ総動員業務ニ従事セシムルコトヲ得　但シ兵役法ノ適用ヲ妨ゲズ」

国家の総力をあげての戦争遂行のための国家体制は、陸軍の期待どおりに着々と、戦争ムードとともに整えられた。法的にいざとなれば人的・物的に何でも思うままに動員できるのである。こうなれば後顧の憂いなく陸軍は中国大陸における大々的な進撃がはじめられる。攻略目標は徐州へ、広東へ、そして最終点を蔣介石の臨時首都となった漢口へ向ける。はじめの作戦計画になかった戦線の拡大である。

この日本軍の独歩独往ともいえる進攻に、それまでモンロー主義を守る上からも抗議や非難をさしひかえていたアメリカが、この年の秋口になってこのような無法な作戦行動の即座中止を強く要求してきた。これにたいして外相有田八郎は、戦闘をつづけねばならない日本の立場を説明し、あえてアメリカの批判に反論する。それが十一月三日に近衛が声明した「東亜新秩序の建設」という大理想であったのである。

アメリカだけではなかった。英仏蘭などの列強も、これで完全に硬化した。この声明の裏に、ヒトラーの「ヨーロッパ新秩序をつくる」という絶叫と同質の不気味なものを、各国が感じとったからである。近衛はめげず十二月二十三日、さらに日本が盟主となってすべてをリードする東亜新秩序を建設すると謳いあげた。アジアはわが大日本帝国が統括するという宣言、極論すれば、このとき、太平洋戦争への導火線に火がつけられた、といってもいいかもしれない。

サラバ「言論の自由」

明らかにA面とわかっているが、これを欠かすわけにはいかない。国家総動員法のことである。それまで一種の精神的な運動であったのを法制化しようと、年が明けると要綱が議会に提出され通常国会での審議がはじまった。この法案は数年前から陸軍を主体とする急進派によって推進されてきたもので、早い話が政府に（ということは軍部に）白紙委任状を渡すといったものであったから、政友会も民政党も反対し議場は大揉めに揉めた。

そして三月三日、衆議院国家総動員法案委員会でのこと。陸軍省軍務課員の佐藤賢了《けんりよう》中佐が滔々と演説をぶったのである。

「全国民の精神力、物理力これを一途に目標に向かって邁進せしめるという所の組織が必要なんではないか。それがこの国家総動員法でありまして……」

佐藤は陸相補佐の説明員でしかない。議会で許されているのは質問に答えるだけ、意見を述べる資格がない。が、佐藤は委細かまわずに信念を説いてやまなかった。

議員からは「やめさせろ」とヤジが飛んだ。なかでも宮脇長吉議員は大声で何度も「やめろ」とやった。佐藤はキッとなり「黙れ！」と怒鳴ってしまう。佐藤の『大東亜戦争回顧録』によると「黙れ！　長吉」といおうとしたが、さすがに「長吉」はのみこんだとかいてある。単なる説明員が議員にたいして「黙れ」と怒鳴りつけるとは国会を冒瀆《ぼうとく》したことになって大騒ぎ。翌日、杉山元陸相が陳謝し、なんとか騒動は収まった。「長吉とは私の父の名前なんです。父は声が大きく気が短く、軍部の政治介入に批判的でした」とは、亡き作家宮脇俊三の回想である。これが「黙れ」事件といい歴史年表なんかに載っている。

その日から四半世紀たった昭和三十八年春、佐藤賢了にこのことについて取材したときのことをいまも鮮明に覚えている。この国内経済を戦時統制経済に切り替え、国民のもっている諸権利をいざとなったら政府に譲り渡すという法案が通ったあと、軍人の発言力が強まり、国全体がすっかり軍国主義に塗りつぶされた。それが日中戦争をいっそうドロ沼化させ、対米英戦争への道をぬきさしならぬものにしたのではないか、というのが質問の骨子であった。

佐藤は当時六十七歳。なお意気軒昂として「小僧っ子、黙れ！」といわんばかりに睨みつけつつまくしたてた。

「いいか、国防に任ずる者はたえず強靭《きょうじん》な備えのない平和というものはない、と考えておるんだ。そんな備えのない平和なんてもんは幻想にすぎん。あるはずがない。いいか、その備えを固めるためにはあの総動員法はゼッタイに必要であったのだ」

この元軍人には反省という言葉はないと、そのとき思った。そして勝海舟の言葉「忠義の士というものがあって、国をつぶすのだ」とそっとつぶやいたことであった。そんなことも思いだされてくる。

ともあれ、そんな「黙れ」事件をさしはさんで、三月十六日に衆議院、同二十四日に貴族院を通過してこの法律は成立した（五月五日に施行）。ほぼ一緒に電力国家管理法、農地調整法も成立する。「持たざる国」日本が戦争遂行上、軍需物資確保のために必要欠くべからざる、いわゆる軍事三法が、軍部の熱望どおりに成立したのである。これからあと、経済も社会もこれらにひき回されることになる。

いや、ひき回されたのは言論もである。と、いまごろになってかくのは遅すぎの気味があるが、じつはもうすでに前年の十二年の間に統制機関が整備されて言論の自由は風前の灯になっていた。情報委員会が改編拡充されて、言論統制の一元化を目的に内閣情報部が設置されたのが九月、大本営内に陸海軍それぞれの報道部が新たにおかれたのが十二月。そして言論取締りは言論指導へと方針をすでに変えていたのである。

そこに国家総動員法の成立である。この法案が提出されたとき、このなかに「政府は国家総動員の必要あるときは、新聞記事の制限または禁止をすることができる」とあった。しかも、これに違反すると発売禁止、原版差し押さえ、これらは当然として、さらに発行禁止処分の条項が加えられている。何を意味しているか、といえば、新聞廃刊の処罰ということ。このとき、さすがに新聞各社は猛反対した、とかきたいが、それがそうではなかったのであるから、何をかいわんや、もはや言論の自由は完全に落日を迎えていた、ということになる。そのことについてかいておきたい。

たしかに新聞各社の代表が集まって反対決議をすることはしているが、当局から、何をいまさらくだくだといっておるのか、諸君たち各社は一致して、声を大にして「言論報国」の方針堅持をすでに宣明しておるではないか、と突っこまれてギャフンとなった。それに内閣情報部参与に、朝日新聞主筆の緒方竹虎、読売新聞社主の正力松太郎、同盟通信主幹の古野伊之助、ジャパン・タイムズ社長芦田均、大阪毎日新聞主筆の高石真五郎らが麗々しく名を連ねている。参与は天皇が任命する「勅任官」であり、内閣の一員としてこの法案の成立に力を尽くすべきにあらずや、とやられてあくまで頑強な反対もならず、という状況にあったという。

それでも見逃すことのできぬ由々しき大事と反対するジャーナリストも数多くあり、やっとのことで発行禁止条項の削除だけは何とかかちとった。どうやらそれができることの精一杯のところであったらしい。

『新聞と「昭和」』(朝日新聞「検証・昭和報道」取材班)によると、反対運動の先頭に立っていた当時の朝日の編集局次長野村秀雄の戦後の回想がある。「発行停止の削除……に気をよくしたのか、新聞の自由を擁護する熱意が冷めたのか……最初の勢いはどこに行ったのか、吹き飛んでしまった」というではないか。評すべき言葉もない。

いや、あえて勘ぐれば、新聞の沈黙の裏にはじつは新聞社そのものに危機感が欠如していたからではないか、と思われてならない。国家の言論統制が完成に近づいていたのはたしかであるが、それよりも、「本紙は昭和九年九月十一日から、従来の朝刊十ページを十二ページに増し、朝夕刊十六ページ建てを断行」「財界の好転により広告の掲載量が増加」(『日本経済新聞八十年史』)とあるように、戦争景気で新聞はどこも有卦《うけ》に入っていた。新聞各紙は弾圧でシュリンクしていたわけではなく、部数拡大へ向けて大いなる競争的前進を開始していた。〝新聞は戦争とともに繁栄する〟のは日露戦争いらいの真理(?)なのである。

発禁そしてまた発禁

どうもA面的なことをかいていると筆が偉そうになってきていけない。教訓は好かないから急いでB面に戻る。さりとて戦時下となっているのであるから、八っつぁん熊さん流の馬鹿話を、てなわけにはいかない。同じようにいささか憂鬱な話である。

日中戦争がはじまってすぐにかかれた石川淳『マルスの歌』は、すばらしい反戦文学である。〝マルスの歌〟とは、ギリシャ神話の軍神《マルス》の歌、つまり軍歌のこと。石川淳はかいている。

「この国はいまだれも彼もがマルスの歌の合唱のうちに、若ものを戦場へ送りだしている。が、『わたし』はそんな歌声には耳もかさず、江戸時代の寝惚《ねぼけ》先生（大田南畝）の狂詩にうつつをぬかしている。同じ車中で、いっぽうはマルスの歌、そしてこっちは狂詩。多分、この時代にあってはマルスの歌に声を合わせるのが正気で、『わたし』の正気とは狂気のことになるのか」

戦争中の正気とは狂気でしかあり得ないと、創作に托して説いたこの『マルスの歌』を載せた「文學界」十三年一月号は、ただちに発禁となる。三月号の編集後記で編集長河上徹太郎が真剣にだれに訴えるともなく訴えた。

「思想の統制に対し、或は言論の地位を心配する向《むき》もあろう。然し我々は日本を信じる。又、我々の大部分が忠良なる国民であることを信じる。だから統制も此の『大部分』の善き国民としての創造意思を制限しないだろうと信じ、望んでいる」

しかし、この精一杯の訴えも当局の胸にはとどかなかった。

「中央公論」三月号は二月十七日に配本された。翌日の午後六時、「聖戦にしたがう軍を故意に誹謗《ひぼう》したもの」「反軍的内容をもった時局柄不穏当な作品」を載せている、として内務省は即時の発売禁止を通告してきた。石川達三『生きている兵隊』が槍玉にあがったのである。

この作品は、特派されて中国戦線に従軍した石川が、一月五日に南京に着き、そこで日本軍の実態に接してふかい衝撃をうけかいたルポルタージュ文学である。念のためにかくが、南京攻略は前年十二月十三日、石川はずっと遅れてその地を踏んでいるのである。石川の回想が残されている。

「小便くさい貨車に便乗して上海から南京へゴトゴトゆられて行きました。南京市民は難民区に隔離され、町のなかにゴロゴロと死体がころがっていて、死の町という言葉がピッタリでした。はじめて目撃した戦場は、ショックでした」

そして帰国した石川は、十日間で「文字通り夜の目も寝ずに、眼のさめている間は机に座りつづけて三百三十枚を」かきあげた。「私としては、あるがままの戦争の姿を知らせることによって、勝利に傲《おご》った銃後の人々に大きな反省を求めようとするつもり」であったのである（『生きている兵隊』初版自序より）。

しかし、日本陸軍の報道部にはとうてい看過できない内容としか見られなかった。

石川は二月下旬に警視庁に連行され、きびしい取調べをうける。八月には、編集・発行・印刷人ともども、「虚構の事実をあたかも事実の如くに空想して執筆したのは安寧秩序を紊《みだ》すもの」との理由で起訴される。裁判の判決は九月の第二回公判で早くも下され、石川は禁固四カ月、執行猶予三年という予想を超えた厳罰に処せられる。判決理由は「皇軍兵士の非戦闘員殺《さつ》戮《りく》、掠奪、軍規弛緩の状況を記述したる安寧秩序を紊乱《びんらん》する事項」を執筆したゆえ、というのである。石川の憂国の至情や、戦争にたいするリアリスティックな認識など、裁判ではてんから認められることはなかった。

こうした軍・官・警が一つになっての言論統制と強圧の高まるなかで起こったのが、人民戦線事件である。このことについてもふれておかなければならない。第一次が十二年十二月、山川均、大森義太郎、向坂逸郎《さきさかいつろう》、荒畑寒村たち四百名余が検挙される。さらに第二次が十三年の二月に起こり、大内兵衛《ひょうえ》、有沢広巳、美濃部亮吉たち「労農派教授グループ」がつぎつぎに逮捕された。そして三月、宮本百合子、中野重治たち左翼作家に執筆禁止が通達される。民主主義や自由主義さえも、社会主義や共産主義の温床となる危険きわまりない思想と当局にみなされたのである。

そしてすでにふれたように、この間に、国家総動員法が成立し、すぐに施行されたのである。世は一気にすさまじい時代へと変貌した。『マルスの歌』『生きている兵隊』の発禁どころの話ではなくなっていた。〝批判精神〟の無力であること、いわんや抵抗などできないことを、だれもが痛感させられる時代となり、思想・言論の統制は「善き国民としての創造意思を制限しないだろう」とさきにかいた河上徹太郎の訴えの声なんか、まさしく空に飛び散る時代へと変わってしまった。時勢とはそのように一気呵成に急変するのである。

ところが、ああ、それなのに、と思わず天を仰ぎたくなる文章が見つかるのである。「文學界」六月号、かいたのはかの河上徹太郎編集長で、「ジャーナリズムが最もショックを受けたのは、人民戦線派の検挙の後であった」と記した上で、こんなことをのべている。

「先日私は内務省の人達から懇談的に招待されて色々話したのだが、正直な所先方の考え方がここ一年許《ばか》りの間の私のいっていることと余り同じなのに驚かされた。（中略）結局共鳴し、気焔を挙げて帰って来たような結果になった」

何をおっしゃる徹太郎センセイ、能天気にすぎるのじゃありませんか、といいたくなるのであるが、あに河上のみならんや。同じ号で島木健作までが、河上、林房雄とともにこの懇談に同席したときに感じたびっくりするような感想をかいている。まったく、官僚の深謀遠慮の恐ろしさ酷薄さもわからず、文人とは人の好いものと見つけたり、である。

「色々懇談して、私は矢張非常にいいことをしたと思った。（中略）作家達は一時確かに萎縮した。萎縮したのにはそれ相応の理由があった。しかしそこには無用な疑心暗鬼に類するものもなくはなかった。我々はもはやのびのびとした闊達な精神を取り戻して、仕事を始めるべき時であると思う」

エリート官僚どもの手練手管の懐柔《かいじゅう》に文人たちはうまうまと乗せられたの図、とわたくしがくさしてもそれほど誤ってはいないであろう。

乗せられたといえば、「ペン部隊」の出陣もそうであったかもしれない。八月の内閣情報部との懇談会で、陸軍側からもちだされた提案があった。陸軍省新聞班の松村秀逸中佐が文学者の従軍を要請してこういった。

いち早く日中戦争に従軍した林芙美子（昭和13年、長江に臨む）

「従軍したからとて、決して物を書けの、かくせよという注文は一切考えていない。まったく無条件だ。国としてはかかる重大時局に際し、正しい認識を文筆家一般に浸透することは望むところであり、またそれが急務だと思う」
こうして菊池寛が音頭とりとなって、文学者だけのペン部隊が編制され、陸海協同の漢口攻略戦に従軍する。陸軍班は久米正雄、川口松太郎、尾崎士郎、瀧井孝作、丹羽文雄など十三名、九月十一日に出発。海軍班は菊池寛、佐藤春夫、吉川英治、吉屋信子、小島政二郎など七名で、十四日に出発する。
が、文学史的には面白いことが起こった。このペン部隊とは別行動で、中央公論特派記者となった林芙美子の、十月二十七日の漢口攻略戦一番乗りが大きな話題となったのである。

陣中で芥川賞を受けた火野葦平（右から２人め）。その隣は賞を届けた小林秀雄（昭和13年４月、中国杭州）

つまりは文藝春秋主体のペン部隊の連中の鼻をあかしてやろうという『放浪記』の作者の、根性、生活力の強さ、そして健康がものをいった。彼女のルポルタージュ作品『北岸部隊』は翌十四年年初のいちばんの呼びものとなってよく売れた。

新聞が戦争と肩を並べて前進をはじめたように、文学よ、お前もか、ということなのか。文学や思想を産みだす力というものは、正直な話、論理的な真《まこと》や事実というものではなく、現実のなかにひそむある微妙な人間的な力関係による、といいたくなってくる。

そんな理屈はともかく、ペンと戦場ということでいえば、芥川賞の授賞式がこの年の四月に中国で行われたことも話のタネになる。十二年下半期の芥川賞は火野葦平の「糞尿譚」ときまったが（発表は「文藝春秋」十三年三月号）、当人は応召されて出征中。そこでちょうど上海へ渡ることになっていた小林秀雄が、菊池に頼まれて同賞を伝達することとなった。幸い火野の所属する部隊は杭州にいた。小林秀雄の従軍記「杭州」にその伝達式のことがくわしくかかれている。

「早い方がいいと言うので、直ぐ芥川賞授与式をやって貰う。S部隊長を初め、M部隊長、報道部からはS少尉などがわざわざ列席され、部隊全部が、本部の中庭に整列した。『気を附け、注目』と号令をかけられた時にはドキンとしたが、思い切って号令を掛ける様な挨拶をする。続いて火野伍長、S部隊長の挨拶があり式を終った。いかにも陣中らしい真面目な素朴な式であった。僕は恐縮したが嬉しかった」

このとき小林がした「号令を掛ける様な挨拶」とは、「これからも、日本文学のために、大いに身体を気をつけて、すぐれた作品を書いていただきたい」というものであった。ところが、その授賞式のあとの祝賀宴になったとき、酔った下士官が、刀を抜いて小林に息まく小事件が起こった。

「兵隊の身体は陛下と祖国にささげたものだ。陛下と祖国のために武運長久を祈るならわかるが、文学のために身体を気をつけろとは何ということだ。非国民め」

このからみに、からみの名人といわれる小林が何と答えたか、残念ながら伝えられていない……。

さらにこの芥川賞受賞につづけてしまうと、火野葦平コト玉井勝則伍長の任務は、これ以後は単なる一下士官を離れて、五月に敢行された大戦闘である徐州攻略作戦の、従軍ルポルタージュをかく作家へと替えられた。そして生まれたのが、日中戦争を描いた作品中でもっともよく知られた『麦と兵隊』である。当局の指示もあって「改造」八月号に掲載されたのち、九月に単行本になり、わたくしは火野さんから「百二十万部は出たのではなかったかな」と戦後に聞かされた。何となくトンビに油揚をさらわれた観のある文藝春秋社長菊池寛は、この作品を何としても認めようとしなかったというが、ごもっともというほかはない。

❋〝やくざ唄〟について

文学的な話題を長く引っぱりすぎなので、これでやめにしたいが、『麦と兵隊』がでたところで、この年の十二月にポリドール・レコードから発売された流行歌「麦と兵隊」について、やっぱり素通りするわけにはいかない。藤田まさと作詞、大村能章作曲の空前の大ヒットのいわゆる軍歌。これならわたくしもなぜか二番までいまも覚えていて歌える。ゆえに、引用しておきたい。

一、徐州徐州と人馬は進む
　徐州居よいか住みよいか
　洒落《しやれ》た文句に振り返りゃ
　お国なまりのおけさ節
　髭《ひげ》が微笑《ほほえ》む麦畠

二、友を背にして道なき道を

行けば戦野は夜の雨
「済《す》まぬ済《す》まぬ」を背中に聞けば
「馬鹿を言うな」とまた進む
兵の歩みの頼《た》のもしさ

これを「いわゆる軍歌」とかいたが、厳密な意味での軍隊部内で歌う隊歌とは違うからである。さきの「露営の歌」といい「麦と兵隊」といい、さらに十五年に大流行した「ああ、あの顔で、あの声で、手柄たのむと妻や子が……」の「暁に祈る」といい、兵隊よりもむしろ国民に向かって訴えかけている歌。戦地の将兵の労苦を思って何事も我慢せよ、士気を挫けさすなかれと励ましている国民歌謡といったほうがいい。そして国民もまたそれに応じて、軟弱な流行歌なんて口の端にものぼらせず、といいたいが、じつはあながちそうでもない。〝挙国一致〟の国民となってはいるが、人の情というものは決して一面的なものではない。淡谷のり子の「別れのブルース」とか「雨のブルース」とか、ブルースものがいっぽうで大当たりしていたのである。

さらには川口松太郎の小説『愛染かつら』の映画とその主題歌の大ヒットがあった。子持ちの看護婦高石かつ枝が独身が条件の病院に勤務し、院長の息子津村浩三と恋仲になってしまう。かつ枝は子持ちがバレて病院を追われ、身分違いの恋のそのあとはお定まりのすれ違いの連続。かつ枝は苦難の末にやっと歌手として成功した。そして戦地の慰問先で軍医として出征していた浩三と再会し、結局は二人は結ばれてメデタシ。映画は九月十五日に封切られ、上原謙と田中絹代の名演もあって、それまでの映画史上にない大入り満員。

そして「花も嵐も踏み越えて　行くが男の生きる道……」の主題歌「旅の夜風」（西条八十作詞、万城目正作曲）がこれまた大当たり。

歴史学者色川大吉が『ある昭和史――自分史の試み』に妙な告白をしている。この映画を観て「好演したスターたちに圧倒され」、軍人になろうという夢を捨てた、というのである。「愛する事と愛される事とが人生最大の幸福である、という意味が明瞭にわかった。そして僕はとつぜん軍人なんか止めてしまえ、高等学校に進んで恋愛しよう、と思うにいたった」

おそらく色川は映画館をでたとき、〽花も嵐も踏み越えて……とハミングしていたにちがいない。

流行歌の話題ついでに勝手な熱を吹かさせてもらえば、「麦と兵隊」の作詞者藤田まさとの名から思いだすことを一席やりたいのである。それもわが仮説なんであるが。

わたくしがいまでもときに風呂で調子外れにやる鼻歌に「妻恋道中」がある。藤田まさと作詞で、このほかにも「鴛鴦《おしどり》道中」とか「追分道中」とか、道中ものを彼はつくっている。「好いた女房に三下り半を／投げて長脇差《ながどす》永《なが》の旅……」と〝な〟の字づくしのあざやかさ、歌わなくちゃ悪いような気持ちになってくる。

いや、そんなことをいいたいのではない。じつは十二年から十三年、十四年と、いくつもの

〝やくざ調〟の歌がつくられている。「棄てて別れた故郷の月に」の「勘太郎月夜唄」とか、「どうせ一度はあの世とやらへ」の「流転」とか、あれもこれもすべて歌えるわけではない。が、その歌詞だけを眺めていると、恋人や妻や故里《ふるさと》にほんとうは別れたくはないのであるが、これも「国のため」「天皇陛下のため」に赤紙一枚で出征していかねばならない、当時の若ものたちの苦悩を歌ったものとみえてくるのである。民草の、口にはだせない切々たる愛恋の心を歌いあげている。股旅暮らしの、いや、兵隊に行かねばならない男のあきらめといさぎよさを歌っている。そして、それを押し殺さねばならない悲しみも。戦後の甘っちょろい〝やくざ唄〟とは違って、この当時のものは、つまり身をやくざにやつした兵士たちの反戦の歌であったのだ、その思いで歌っていたのだ、とそんな風に思えてくるのである。

そんな思いで歌ってみると、

〽花も嵐も踏み越えて　行くが男の生きる道……

だって、これが大流行したのはことによったら、と考えられなくもない。そしてまた、尾崎士郎の代表作を日活が映画化し、その主題歌として四月に売りだされた「人生劇場」（佐藤惣之助作詞、古賀政男作曲）もまた、かりに出征兵士の気持ちになって歌ってみるとジーンと迫ってくるものがあるのではあるまいか。

〽やると思えば　どこまでやるさ
それが男の　魂《たましい》じゃないか

……………

下駄ばきと木炭車

〝盧溝橋の一発〟から〝玉音放送〟までの戦時下の日本本土を「銃後」といった。その銃後意識と戦時体制はこの年の後半ごろから完璧に向かって固められつつあった。五月には「交隣相助、共同防衛」を目的とする「隣組」の制度が制定された。そして、その銃後の国民の三大行事といえば、献金、武運長久祈願の町民大会、それに千人針であった。いまに直せば、カンパ、集会、署名運動ということ。民衆運動とは昔もいまも同じような形態をとるとみえる。

とにかく、こうして銃後にも戦争気分がどんどん助成され、それにそっぽを少しでも向くヤツは「非国民」のレッテルをはられ、たちまち村八分になる。この三文字はもの凄い力をもった。街角には割烹着にタスキがけのおばさんが立ち、通りゆく女性に千人針を要請する。これにもサトウハチロー作詞の歌がついていた。

橋のたもとに街角に（中略）／千人針の人の数（中略）

私も一針縫いたいと／じっと見ている昼の月

虎は千里を征《い》って戻ってくるといういい伝えで、虎の絵を描いた布切れに、あらかじめ一千個の印が豆しぼり風に赤くつけられていて、そこに千人の人が針と糸で真心をこめて結び目をつくっていく。この千人針を腹に巻いて戦場に出ると、敵弾に当たらずかならず生還すると信じられた。ふつうは一針《ひと》、ただし寅歳の女性は自分の歳の数だけ縫うことができた。死線（四銭）や苦戦（九銭）を超えるということで、五銭玉や十銭玉を縫いつけるひともいた。

当時のさまざまなおまじないは、いまとなってみれば、愚かしい限りなのであろうが、千人針もそのひとつ。それが戦地と銃後とを結びつける精神的な絆《きずな》と、国民のほとんどが思いこむことにした。これぞまさしく国民精神総動員の証しなんである。

「あたくしは五黄の寅なんだから、誰よりも一番強い星で、一人で千人針縫ってもいいとされてる位なんだよ、さあお出し、おまえさんの御亭主かい？　それともまだ御祝言前なのかい？　だったら早く白木の三宝に土器《かわらけ》を乗っけてさ、門出の祝に三々九度とやった方がいいね、太閤記十段目さ、おやおや、お前さんは初菊を知らないのかい？　情けないねえ。でも千人針のありがたさは知ってるんだから頼母《たのも》しいよ、でもこれだって何年か経つと千人ミシンなんていうことになっちまうんだろうね」

とコラムニストの高田保が東京の一風景を楽しそうに書いている（「中央公論」十月号）。

そして十月十八日、日比谷公園に四個の防空壕が造られて一般に公開された。東京都防衛課が「空襲に襲われても絶対的な威力を発揮する」というふれこみで、都民に非常時を教えこんだデモンストレーションであった。

こうした状況下、物価は日に日にあがりつづけた。日本の国力の限界がいたるところで露呈しはじめる。七月三日付の大阪朝日新聞が報じている。「皮革非常時管理が強行されて、靴の製造がピタリと止まり、国民の『足異変』がもたらされたが、この舞台裏に『下駄』が時代の寵児《ちょうじ》よろしく、さっそうと登場。銃後国民の体位向上線に調子をあわせて下駄屋街繁盛譜をかなでている。もっとも下駄材料も台湾桐《きり》の移入制限、米松の輸入制限などで高騰。事変前に比べて約三割強の高値。桐下駄の原材料は一足二十九銭が四十五銭から五十銭になった。また、腕のきく職人は一日三円以上も儲《もう》けている」

当局もこれに対応して知恵をしぼる。六月に大蔵省が「皮革節約に協力するため、下駄ばき登庁を認める」と許可の通達をだす。さっそく洋服に下駄というお役人が登場した。東京市も負けてはならじと、大正七年（一九一八）より禁止していた下駄ばき自転車運転を、七月に解禁とすることを通告した。

皮革よりも深刻化したのが石油である。五月一日にはガソリンの配給切符制がはじまり、政府は「赤心燃やして燃料節約」「ガソリンの一滴は血の一滴」の標語で、その節約を懸命によびかける。五月一日付の大阪朝日新聞はこれを速報する。

「若葉をわたる薫風の訪れとともに、『銃後の春』は『統制の初夏』へ衣がえする。まず、ガソリン統制。『殺生《せっしょう》やが、これもお国のためじゃもの』とタクシー運転手の声。五月一日からガソリン、重油の切符制度が実施され、バス、タクシーは約三割、自家用車は約四割、トラックは約二割方の制限を受ける」

東京市内を走る青バス（東京乗合自動車会社のバスは車体が青く塗ってあった）が、ヨシキタとばかり、木炭車にどんどん変えられていった。木炭を釜に入れて蒸し焼きにしてガスを発生させ、これをエンジンに導入して爆発させる。それでバスの後部にでっかい木炭ガス発生装置がとりつけられた。当時の記録によると、木炭十五貫（五十六キログラム）で、七、八十キロメートルは走れたという。

わたくしの記憶でも、当時のバスはこのでっかい釜が暖房の役割をはたし、ホカホカとして、うしろの席を争ってとりっこしたものであった。それともうひとつ、急な坂道にさしかかると、降りてバスの後押しさせられたもの、という覚えもある。ただし、これはその木炭も不足をきたし、薪《まき》を使った「薪自動車」になってからの話であったか、この辺はおぼろげなのであるが。

旗行列何処へ行くか

こんな風に日々の生活のこまごまは次第に窮屈になりつつはあったが、戦争遂行にとってかんじんの軍需工業は好況であったようなのである。経済に弱いので、専門書の引き写しみたいないい方になるが、景気はその余波もあってよく、失業者はぐんと少なくなり、極端な貧困者もたしかにへっていた。それは下町のわが小学校の同級生の両親の日常からみてもわかる。九尺二間の長屋住まいの人夫稼業のおやじさんが、酒をひっかけて真ッ赤な顔で機嫌よく「うちのバカ息子をよろしくな」などと声をかけてくることも珍しくはなくなっていた。

銃後の景気のよさに乗っかって、八月二十二日、漢口攻略の大本営命令が下される。さらに九月七日、御前会議で広東攻略作戦実施が決定される。十二日、中支派遣軍三十万の将兵が漢口へ向けて進撃を開始した。さきほどのペン部隊の従軍はこれに従ったものである。この大兵力は日露戦争の奉天大会戦いらいの最大規模の攻撃軍である。そしてそれは「露営の歌」の「土も草木も火と燃える／果てなき曠野踏み分けて」の歌詞そのままの、中国大陸の奥へ奥への進撃となった。

広東占領は十月十二日、漢口および武昌、漢陽の武漢三鎮占領は十月二十五日。蔣介石はそれ以前に首都を遠く重慶に移していた。日本軍はたしかにいくつもの主要都市を攻略したが、戦争解決の方途はどこにもなかった。武力だけで中国を屈服させることができないことを、軍部は骨身にしみて知らされた。そして兵站《へいたん》はのびるだけのびていった。いうならば攻勢の限界点に達していたのである。やむなく漢口攻略のあとは積極的な攻勢作戦を放棄して、大本営は長期持久態勢に転移せざるを得なくなる。戦争は政略あるいは謀略で局面を何とか転換させねばならなくなったのである。

しかし、銃後はまたも「勝った、勝ったの下駄の音」と喜んだ。万歳、万歳の歓声と、旗と提灯行列の波また波が、日本全土を蔽った。新聞には連日のように連戦連勝の報告が載り、わが陸海軍はまさしく「無敵」である。浮かれに浮かれた日本国民はもう恐いものなしと鼻息を荒くするいっぽうとなる。

「武漢三鎮、広東が陥落して、いよいよ大陸には『興亜新秩序』の黎明が訪れた。（中略）新東亜の建設となってから、大陸進軍の人びとの増加はめざましく、ことに商工の都として新東亜建設と切っても切れぬ関係にある大阪からの渡航者は最近グングンふえてきた。大阪府外事課に集まった十一月の（大陸への）渡航者数は一、七九二名。事変始まっていらいの記録をつくった」（大阪朝日新聞　十二月十六日付）

「兵隊さんは生命がけ、私たちはタスキがけ」と、銃後はもうすっかり戦場と結びついている。「この国のかたち」が戦うことを肯定し、それに全面協力を惜しまない構造へと変わっていた。まさしく聖なる戦い〝聖戦〟となった。もちろん、この戦争の前途を心配するものもないではなかった。しかし、そういう人たちは少数であり、発言を封じられたり、重要な地位から遠ざけられたり、ほとんど影響力を失っていた。なかには死に追いやられた人もいた。

川柳作家鶴彬《つるあきら》が特高警察に逮捕され、拷問を受け身体をこわし、収監されたまま病院で死んだのは九月十四日である。彼は王道楽土の満洲国の実相をこう詠んだ。

・銃剣で奪った美田の移民村

・土工一人一人枕木となってのびるレール

また、戦時下の日本内地の貧困を直視した。

・首をつるさえ地主の持山である

・ざん壕で読む妹売る手紙
そして提灯行列や旗行列で祝われる大勝利の裏面を。
・手と足をもいだ丸太にしてかへし
・屍《しかばね》のいないニュース映画で勇ましい
死にさいしての最後の作は、
・主人なき誉《ほまれ》の家にくもの巣が
享年二十九。彼はこの国の前途に悲観しきって死んでいった。

いや、悲観している人は軍の内部にもいた。参謀本部戦争指導課の高級課員堀場一雄少佐がその手記に残している。

「漢口陥落して国民狂喜し、祝賀行列は宮城前より三宅坂に亘《わた》り昼夜に充満す。歓呼万歳の声も、戦争指導当局の耳にはいたずらに哀調を留め、旗行列何処へ行くかを危ぶましむ」

少佐は戦争拡大に涙を流して猛反対し、のちに前線へ飛ばされる。このとき、三宅坂上の参謀本部の窓より御濠端をゆく旗行列を俯瞰しながら、国家の前途に暗澹たる想いを抱き、悲しみにうち沈んでいたのであろう。

しかし、いまはそのような「非国民」的人間は要らない国家へとすっかり変貌してしまっていた。事の善し悪しよりも決断力や実行力、強いこと、すなわち勝つことを喜ぶ時代がやってきていたのである。

第六話

「対米英蘭戦争を決意」したとき

昭和十四〜十六年

昭和十四年（一九三九）

前年の十一月、漢口を攻略したものの、兵站《へいたん》はのびきって戦勢は停滞し、ドロ沼の様相を呈しはじめる。日本軍が占領しているのは「点と線」。いまや戦争を戦いつづける目的に窮しはじめた首相近衛文麿は「日本の戦争目的は東亜永遠の安全を獲得しうる新秩序の建設にある」と第三次声明を発表、大いに謳いあげたものの、対米英交渉といい、中国問題といい、新たに外交懸案となろうとする日独軍事同盟といい、さまざまな難問解決の困難さに首相自身がすっかり嫌気がさしている。それよりも近衛は知らなかったが、その声明以前に、支那事変の年内解決の見通しを失っている陸軍は、十二月八日にこれ以上の進攻作戦を打ち切り、持久戦へと戦略方針を変えていたのである。

やることなすこといすかの嘴と食い違い、傷口を広げて近衛は内閣を放りだした。そして十四年一月に平沼騏一郎内閣が成立する。しかし、この内閣は一言で評すれば、近衛内閣以上に無策無能であったということになろう。というよりも、大日本帝国そのものが国内状況よりも、激しく変転する世界情勢に振り回されてしまっていた、といったほうが正確である。

平沼内閣がまず取り組んだのは、広田弘毅内閣のときに結んだ日独防共協定を、さらに拡大してソ連を対象とする軍事同盟にしようという大問題であった。大賛成する陸軍にたいして、米内《よない》光政海相、山本五十六次官、井上成美《しげよし》軍務局長を支柱とする海軍は真ッ向から反対。春から夏にかけて、首相・外相・蔵相・陸相・海相の五相が集まり、会議につぐ会議で連日揉み合った。そうしたときに、予想もしなかった大事が連続して起こったのである。

五月十一日、満蒙国境ノモンハン付近で日ソ両軍の戦闘がはじまる。

六月十四日、天津で事件が起き、日本軍が英租界を封鎖、日英関係が極度に悪化してしまう。

七月二十六日、米国が日米通商航海条約（明治四十四年改正調印）の廃棄をいきなり通告してくる。

こうした難題の対応にあたふたしているときに、さらに八月二十八日、踏んぎりのつかない日本に愛想をつかして、ドイツがソ連との間に不可侵条約を締結する大事が起こったのである。何のための五相会議での議論であったのか。この背信的ともいえるナチス・ドイツ外交の正体に、平沼内閣はただ驚愕するばかり。「複雑怪奇」という名文句を残して総辞職。陸軍大将阿部信行を首相にいそぎ新内閣が発足する。その二日後の九月一日、ドイツがポーランドに電撃作戦を開始。英仏両国がただちにドイツに宣戦布告する。日本があたふたしているうちに、第二次世界大戦がはじまったのである。

この世界大戦の勃発は、日本が抱えていたあらゆる問題をいっぺんに吹き飛ばした。では、日本はどうすればいいのか。

✺双葉山と無敵皇軍

私事になるかもしれないが、当時のわたくしは熱烈な相撲ファン、それも二所ヶ関部屋の玉ノ海ファンであった。それで昭和十四年となればここはやっぱり、B面としては、双葉山七十連勝成らずの話からはじめねばならないことになる。ときに一月十五日の春場所四日目、〝ヤブ入り〟といってお店勤めの人びとは一斉休日、それに日曜日であり大安の佳日が重なって両国国技館は満員御礼。といって、わたくしがその満員のマス席にいたわけではない。

一月十六日の東京朝日新聞の記事。

「行司式守《しきもり》伊之助の軍扇サッと安芸ノ海に揚がった瞬間、鉄傘下《てつさんか》の埋めつくした二万余の大観衆は一時アッと息をのんだ。やがて〝アキノウミー、アキノウミー〟の声一杯の怒号、その声は合して〝ゴーッ〟という嵐となって、あとは何が何やら——蒲団が飛ぶ、アナウンサーは〝安芸ノ海、安芸ノ海嬉し涙で泣いて居ります。泣いて居ります。蒲団が飛んでいます〟とすっかり興奮して声をしぼる」

そして新聞の大見出しがすさまじい。

「〝不抜《ふばつ》の双葉城〟陥落す」

この「陥落」という言葉が当時の世の中の空気をすべて物語っている。戦前は一月場所が春場所で、五月の夏場所と一年二《ふた》場所であった。しかも一《ひと》場所は十一日間（昭和十二年夏場所から十三日間)。すなわち双葉山の六十九連勝は昭和十一年の春場所からはじまり、まる三年半かかっている。連続五場所全勝優勝、そしてその間に日中戦争がはじまり、南京陥落、広東陥落、徐州陥落、漢口陥落と、わが皇軍は連戦連勝。「無敵双葉」もまた連戦連勝、まさしくこの横綱は「無敵皇軍」を象徴するかのような存在であったのである。

その旭日昇天《きよくじつ》の勢いを示してきた双葉山が〝陥落〟した。新聞記者は日頃かき馴れた軍事用語をつい使ったのかもしれないが、まさしく時局の推移を見事にいい当てていた。無敵皇軍もいまや無敵ではなくなっている。中国大陸の奥へ奥へと引きこまれ、武器や食糧の補給輸送ままならず、やむなく攻勢作戦は打ち切り、点と線を守っての持久作戦に入らざるを得なくなった。かなり牽強付会の説やもしれないが、マルスは双葉山の敗北をしてのぼせている大日本帝国にそれとなく教訓を垂れ給うていたのでもあるまいか。

ところでその日のわたくしである。この四日目の大相撲は双葉山倒るですべて終ってしまったかのように思われてしまうが、じつはまだあとに結びの一番、横綱男女ノ川《みながわ》にたいするわが玉ノ海の対戦があったのである。もう日本中が興奮してわんさかわんさかとなって、だれもそのあとの実況放送なんか聞いていない。恐らく日本中でただひとり、ラジオの前で固唾《かたず》をのんで、ただ一途に玉ノ海の勝利を祈りつつ、心のうちでわたくしは精一杯の大声を張りあげていたのである。

「タマノウミィー、ガンバレェーッ」

そんなけなげな（？）少年には、双葉山の勝敗なんてどうでもよかったのである。

もう一つ、大きな歓声のあがった挿話もここでかいてしまうことにする。別にラジオ中継があったわけではないから日本中が、というわけではない。岐阜県各務原《かがみがはら》に集まったただ少数の関係者のみの歓声なのであるが、その感激の度合いとなると、両国国技館のそれに負けず劣らずといっても過言ではないであろう。

三月十七日、海軍の零式艦上戦闘機すなわちゼロ戦の試作第一号機が完成した日のことである。もう少しくわしくかけば、試作機の完成検査が行われた日で、第一回の社内試験飛行成功となればその日を試作機完成という区切りにするのが、習わしとなっていた（公式には四月一日が試験飛行実施成功の日とされる。さらに海軍当局による試験飛行成功は七月六日）。

「飛行機は、真一文字に、軽い砂煙の航跡を残しながら、次第にそのスピードを増した。やがて、軽く大地を蹴ったかと思うと、飛行機はふんわりと空中に浮かんだ。（中略）

飛行機は、初の飛行を楽しむように、約一〇メートルの高度を保ったまま、真一文字に五〇〇メートルほど飛んだ後、無事に着陸した。人々がほっとして、互いに顔を見合わせている間に飛行機は軽快な爆音を立てながら、元の位置に帰ってきた。

こうして、第一回の社内試験ジャンプ飛行はめでたく終了した。待望の赤ん坊は五体が完全であったのである。生みの母親も助産婦の操縦士も、これを取り巻く人々も、ともに歓声をあげたことはいうまでもない」（堀越二郎・奥宮正武『零戦』）

恐らく、ほんのつかの間の喜びを味わうために、堀越をはじめ多くの関係者は、寝食を忘れるほどに智恵をしぼり、ありったけの努力を傾注したのであろう。そのときの歓声は彼らにだけ許される、また彼らだけにわかりあえる喜びの証しであった。それは、鉄傘をゆるがすばかりの歓声とはまったく別の、声にもならぬ声であったかもしれないが……。

✴「青春武装の大絵巻」

以上の二話、こじつけ気味の理屈の展開となるが、双葉山も零戦も、その背景にはドロ沼と化しはじめている日中戦争というものがあった、とみてもそれほど見当違いではないと思っている。もちろんばらばらの話で連繋などはない。しかし、国家権力というものは、こうした国民的な一致した歓声というものをどんどんつづけていきたくなるものらしい。非常時、戦時下ともなると、個々のアイデンティティではなく、これらを一つに集めた集団としてのアイデンティティ、集団の結集力、民草の顔をみんな同じ方向に向けたいという欲求を強くする。そのほうが万事やりやすい。つまり国家ナショナリズム（民族主義・国粋主義）の強調ということである。中国との戦争がドロ沼化して、国民が厭戦的・嫌戦的になることを憂慮する。やはり挙国一致。そのためには、ということで、法制をそのほうに向けて、つぎつぎに変えていった。

国家総動員法は議会をすでに通っている。施行もされている。しかし、警防団をつくってみ

国民精神総動員の声が高まってゆく

たり（一月二十五日、警防団令公布）、国民精神発揚週間をはじめてみたり（二月五日〜）したが、実効はそれほどめざましいものではない。ならば中央本部だけでなく、実動部隊をつくって上からの指示でどんどん下々のほうに徹底させていくにしくはない、権力者はそう考える。

　三月二十八日、かくて国民精神総動員委員会が設置される。委員長に文部大臣にして元陸軍大将の荒木貞夫が着任。荒木大将は得意の八の字ヒゲをしごいて、「どしどし実効の成果をあげようぞ」と獅子吼《ししく》した。

　さっそくにも標語がつくられる。

「遂げよ聖戦　興《おこ》せよ東亜」
「建設へ　一人残らず　御奉公」
「聖戦へ　民一億の　体当り」

三月三十日、文部省は指令を発して、「大学各学部の軍事教練は、総長（又は学長）の指揮監督の下に学生全員これを受くるものとす」とがっちりと締めあげることとなる。

これは前年の一月の「大学学部教練の振興」と題する陸軍の文書「学校教練を将来必須課目たらしむる如く（中略）教授力の充実、配属将校の人選、教材の選択、職員の理解援助の向上、特に東京帝大の振作を図ること」にもとづくもので、いよいよ本格的に大学生（とくに東大生）の軍事教練の徹底が実行されるのである。

三月三十一日、賃銀統制令が公布された。物価抑制を主目的とし、軍需工場の初給日給（一日十時間）標準額をきめたものである。最高値で十二歳五十五銭、十九歳一円十五銭とする。

四月五日、映画法が施行される。その内容は、脚本の事前検閲、十四歳未満の児童の入場制限、製作・配給の全面的な許可制、文化映画とニュース映画の強制併映、俳優・監督の登録制など。もっとも大衆的な娯楽である映画に、当局が眼をつけるのは当然のことではあったろうが、これによって大きな影響力をもつ（内外問わず）映画というものの生殺与奪の権が、完全に官僚に握られたことになる。

四月二十七日、満蒙開拓青少年義勇軍の計画が発表される。満洲国総務長官の星野直樹が日本の農村青年に向けてハッパをかけた。

「血気にあふれた青年一万人は、フヌケの百万人に勝る」

計画は文部省と大日本青年団が中心となり、陸軍省と関東軍が側面から応援する、という国をあげてのものとなる。対象は十六～十九歳の青少年である。総勢十万人が予定されたが、軍部の意図は、農業移民だけではなく、満洲国防衛の兵力としての期待もあった。そして現実に

海を渡った満蒙開拓青少年義勇軍たち（チチハル付近の訓練所で）

は敗戦までに八万六千人の十分に訓練された青少年が満洲国に渡った。その人たちが敗戦時にどんな悲惨に遭ったかはかくまでもないであろう。

五月十五日、八の字ヒゲの荒木大将が、文部大臣として東京帝国大学を視察した。そしてその一週間後である。五月二十二日、軍事教育施行十五周年を記念して、大々的に「全国学生生徒代表御親閲式」が宮城前広場で挙行された。というのであるが、小学校三年生のわたくしに記憶があるはずもない。この日付で思いだすのは「青少年学徒ニ下シ賜ハリタル勅語」である。あの「ナンジラ学徒ノ双肩ニアリ」「文ヲ修メ武ヲ練リ、質実剛健ノ気風ヲ振励シ、負荷ノ大任ヲ全フセンコトヲ期セヨ」が、軍事教育十五周年を記念しているものであったとは、ほんとうに露《つゆ》知らないことであった。

昭和史にかんする本はずいぶんと読んできたが、このときの宮城前広場の御親閲についてはごく最近までほんとうの話存じなかった。当時の新聞などには「青春武装の大絵巻」などと飾りたてかかれていたというのに、である。

「晴れてこの日、朝鮮、台湾、満洲、樺太等を含む全日本からすぐった中等学校以上一千八百校代表三万二千五百余名の学生生徒は、大学学部の第一集団をはじめ、学校別、地区別によって九集団、三十個大隊、百十個中隊に編成され、執銃帯剣巻ゲートルの武装も凜々《りり》しく」「新緑滴《したた》る大内山を背景にくっきり浮かび上った白木作りの玉座」の前を、「歩武堂々」分列行進していったのである、そうな。

ただし、じつは表向きの話。ほんとうのところは、当事者であった教育学者原敬吾氏の回想によると、「当時の大学生は四列縦隊の行進ができないほどの状態」であったという。なかんずく、東京帝大の学生の行進はお粗末のかぎりであったとか。

それからわずか四年半後、昭和十八年十月、学徒動員で、冷雨にけぶる神宮外苑でのそれこそ〝歩武堂々〟の大行進があった。当時の写真やニュース映画でお眼にかかれるように、軍事教練の成果はわずかな年月の間にものの見事にあがったようである。このときは査閲したのが昭和天皇にあらず、東条英機首相兼陸相であったが、さぞや胸中大満足であったにちがいない。

さっきもかいたように御親閲のことはさっぱり覚えていないけれども、妙に記憶に残っていることがある。多分この前後のことであったと思う。文部省が日本全国の小中学校に指令した通牒がある。「小学校低学年児童その他病気などの特殊事情にある者を除き、原則的に二キロ以内の通学区域は乗物を使用せず徒歩通学とする」。この通牒はわたくしが中学生になったときにも活きていた。「オレの家は学校から二キロぎりぎり、もう十メートルあればよかったのによ」とボヤきにボヤいていた同級生がいた。

以上、何もかもが国民精神総動員委員会がやったことというわけではない。軍部と心を一つにして、政府がぐんぐん進めた政策であることに間違いはない。いつの時代であっても、国の外に敵を想定し、危機感を煽り、挙国一致、精神総動員で国民を愛国化すれば、内なる憂いはすべて解消すると、お偉い人たちは考えるものらしい。いまの日本の、できるかぎりアメリカの「世界戦略」に協力すべきだという「積極的平和主義」なんか、その最たるものといえる。排他主義を正面に押したて、味方は「ここからここまで」ときちんと区分けすることを愛国の本質とする、そんな排他的同調主義の時代の到来はほんとうに恐ろしいと思うが……。

昭和十四年ごろの日本はそうした国になっていたと、丁寧に調べれば調べるほどそう思えてくる。それだけではなく、わたくしにもそれらしい実体験がある。たしかに皇軍は無敵である、しかしいまや蔣介石には英米という強い味方がバックについたから、簡単に手をあげないのではないか、とそんなことを口にだそうものなら、弱虫め、腰抜け、非国民、バカモンなどなど、いろいろなありとあらゆる悪罵非難が浴びせかけられる。戦争遂行についてちょっとでも不利な条件をいったが最後、「貴様はわが祖国が敗けることを望んでいるのかッ」とどやしつけられた。いや、ゴッツンと殴られるかビンタを張られた。小学生のわたくしでさえ、じつはおやじの口真似をしたにすぎないのであるが、たっぷりとそんな痛い目に遭わされたことがしばしばであった。

そんな理屈はB面らしくないので休題として、この時代を知るためにもう少し年表風の時勢の動きを進めると、五月二十九日、文部省は小学校五・六年と高等科の男子に武道（柔道・剣道）を課することをきめた。

六月十六日、国民精神総動員委員会が生活刷新案を決定しひろく一般に通告する。毎月一日を興亜記念日とし、歓楽をつつしんで皇軍将兵に国民の感謝の意を表する日にせねばならぬというのである。いまやわが国は、日本を中心とするアジアの新秩序再編成のため、遠く中国大陸にまで押し出して皇軍は敵と戦っている。なのに銃後の国民が遊び呆けているのはよろしくない。この日は遊ぶことをいっさいやめて、全国民が戦場にいると同じ思いで、節約に励もうではないか、という趣旨の通告がおごそかに上から下りてきたのである。

昭和二十年八月の敗戦まで、国民の個人生活を干渉するこまごまとした法令や通告が、この辺からどんどんでてくることになるのであるが、いってみればこれがそのハシリということになろうか。

かくて毎月一日はカフェー、酒場、料理屋、ダンスホール、麻雀クラブ、ビリヤードそのほかの遊技場や、いわゆる風俗営業はすべてこの日は休みとなる。かりに開くことがあっても早仕舞いで、酒はいっさいだしてはならぬ。さらにネオン全廃、中元や歳暮の贈答廃止。家庭では一汁一菜とし、学校では弁当は梅ぼし一つの「日の丸弁当」が奨励される。このほかに神社参拝、勤労奉仕、とにかく国家のタメになることはすべて行い、遊びに類することは残らず禁止となっていく。

ついでに学生の長髪禁止。六月十一日の読売新聞にすでにこんな記事が載っている。

「精神総動員の本元たる文部省でも銃後の力の源泉である学生・生徒に対して一層の自奮をうながし、この国民的運動に参加させる。その具体策としては、左の諸点を中心として新たな通牒が発せられることになる模様である。

一、男子学生に対しては、戦時下の学生らしく緊褌《きんこん》一番、長髪・美髪を廃止してマル刈りとし、禁酒禁煙を断行させる。

一、女子学生の服装、服飾が華美に流れすぎている傾向があるので、これを戒めるとともに、女学生らしからざる口紅、白粉《おしろい》、頰紅《ほおべに》の使用を禁止し、退廃的なパーマネントを廃止させる。

一、制服、制帽、靴の新調禁止、学用品の節約の一層の徹底化」

この通牒の煽りをうけて、われら小学生はこのときいらいグリグリのイガ栗頭の丸坊主が奨励された。われら悪ガキはお金持のお坊っちゃん刈りが丸坊主になるのに快哉を叫び、「荒木さんは偉い人だなあ」などと絶讃を惜しまなかった。そのくせ、夏休みがはじまるとすぐにはじまった早朝ラジオ体操の会のため、早起きしなければならなくなってブウブウ。これも文部省の指令による「国民心身鍛錬運動」のためと教えられて、たちまちに豹変してヒゲの大将の悪口をさんざんにいっていたのであるから、世話がない。

悪ガキがイガ栗頭になるなんていう話は大したことではなかった。それよりも忘れずにかいておかねばならないのは、七月八日の国民徴用令の公布（二十日施行）のほうである。

じつはこの年の一月七日には国民職業能力申告令という剣呑《けんのん》な法令が公布されていたのである。これによって十六歳から四十九歳までの特殊技能をもっている男子は、みずから申告して、能力申告手帳の交付をうけることがきまっていた。今日的にいえばマイカードということになる。航空機技術者、造船技術者、化学技術者、冶金技術者、電気技術者、建築技術者、気象技術者、無線電信通信士、潜水夫などなど百三十四種類の技術者たちの手帳である。

では、なんら技能をもたぬ（たとえば文科系の大学卒）連中はどうなるのか。

「ロシア語、スペイン語、蒙古語等を修めたもので十六歳以上五十歳未満の男子も申告の必要があり、ロシア文学の米川正夫氏らも登録リストの中に収められている」（東京朝日新聞　一月二十一日付）

ということで、その他の文科系はどうも戦争のためには役に立たない連中に組み入れられたらしい。当局はこの能力申告にもとづいて職業カードを作成して一人ひとり区分しておく。そして七月の国民徴用令のさいに役に立たぬ連中を真っ先に大いに役立てたのである。とにかく、戦争のために不急不要と思われる職業にあるものを、必要に応じて徴用令書（白ガミといった）を発して、引っ張りだすことが可能になった。

なんの特殊技能ももたぬわがおやじ殿なんか、まさに徴用要員の一人であったことに間違いない。それで無理して区会議員選挙に打ってでて、悪戦奮闘、ビリから三番目で当選し、白ガミ要員をまぬがれたようなのである。それでも戦争が終ってからも長いこと、一杯きこしめすと大ボヤキにボヤいていたのを思いだすことができる。

「とにかくオレの大嫌えなのは一に憲兵、二に特高（特別高等警察）、三に国民勤労動員署であったなあ」

すべては国家総動員令に発することなのであるが、たしかに国民のだれにとってものんびり安穏には生きにくい時代がボヤボヤしている間に到来していたのである。

第二次世界大戦の勃発

国家総動員法にもとづく国内の戦時体制強化の流れをもっぱらかいてきたが、このかんにも世界情勢に翻弄される政治の激動は、いっそうはげしさをますいっぽうとなっていた。日独軍事同盟をめぐる陸海軍の大論戦、満蒙国境をめぐってのノモンハン事件、大陸での天津事件、それにともなう七月二十六日のアメリカからの六カ月の猶予期間をもって日米通商航海条約廃棄の通告と、息もつかせぬ大問題の続発である。

すべてA面の史実であり、あえて目をつむってきたが、国民がそうした事実の何もわからずにいたわけではない。少しでも政治に関心ある人びとは熱心に新聞を読む。五月三十一日、汪《おう》兆銘《ちょうめい》、上海より日本海軍機で空路来日、政府首脳と会談。六月七日、満蒙開拓青少年義勇軍二千五百人の壮行式、神宮競技場で挙行。八日、東京市内を行進。七月十五日、東京芝浦付近でダイナマイトを所持していた沖仲仕《おきなかし》が逮捕される。海軍次官山本五十六、内大臣湯浅倉平、宮内大臣松平恒雄らの暗殺計画が発覚。主謀者本間憲一郎らも逮捕される。七月十七日、天津事件に抗議して、東京・英大使館前で反英デモ一万五千人。八月十九日、「ソ満国境ハルハ河畔で、ソ蒙軍から攻撃」。その九日後には、ドイツ・ソ連不可侵条約が締結されたのである。

新聞報道からだけでも、そうした事実を知ることができた。その上に巷《ちまた》に飛ぶ噂からも、ノモンハンの戦場では、無敵のはずの日本軍が苦戦しているさまがそれとなく察せられた。さらには、何とかという皇族の将校が、上官の命令もきかず勝手に後方の陣地に下がったので、敵前逃亡にあらずやと問題になっている、ということまでひそひそと囁かれている。ほんとうは早くソ連と和睦を結んだほうがいいんだ、という声もかなり大きくなりつつあった。そうしたときに、独ソ不可侵条約を突如として全世界にドイツ政府が公表したのである。

平沼内閣はもとより、国民もこれにはア然となる。腹立たしい思いを味わう人も多かった。日独防共協定というのはソ連を共通の敵として結ばれたものではなかったのか。ノモンハンで無敵皇軍の将兵が血を流している当面の敵ソ連と、盟友のはずのドイツが不可侵条約を結ぶなんて大事を、日本政府はいまのいままで気がつかなかったのか。朝日新聞は、ベルリン特派員守山義雄記者との国際電話の応答を載せた。

「本社　わが大使館の反応はどうでしたか。

守山　平然としていますね。面目玉《めんぼくだま》は潰れたわけですが。

本社　ドイツの民衆はどんな風にしてこの対ソ協定を迎えていますか。

守山　それはもう大歓迎で非常な喜び方です。ベルリンの街は蘇《よみがえ》ったようで活気を帯びております。昨日までは非常に憂鬱だったのです。いよいよ今度は戦争は避けられないと信じているような状態で非常に心配していたのですが、そこへこのモスコーとの協定成立で戦争の危機が去ったという感じで、ドイツ人はもう大変な喜びようです」

いまから思えば、日本は政府も軍もいいようにソ連のスターリン首相の政略・戦略に翻弄されていた、と評するほかはない。いや、ドイツ総統ヒトラーもスターリンに手玉にとられていたといっていいか。独ソ両政府は、条約の裏側で、ポーランド分割の独ソの境界線をひそかにきめた。ソ連は座したまま、大きな獲物を掌中におさめることができたことになる。のちに明らかになった。このとき、スターリンは喜色満面でいったという。

「ついに全世界がおれのポケットに入った！」と。

このへんの事情は、わたくしは拙著『ノモンハンの夏』でかなり詳細にかいているから略すが、当時の新聞を眼を皿にして閲《けみ》しても、ドイツの背信を責めた記事はほとんどみつからない。「複雑怪奇」ぐらいですむ話ではない。なのに、国民もこれを流行語にして笑いとばした。「いやあ、昨夜は呑みすぎて頭が複雑怪奇だ」などと。いったいこの国の人の好《よ》さは〝底抜け〟と評されても文句がいえないのかもしれない。

九月一日、国民精神総動員委員会が六月にきめた「興亜記念日」がいよいよ実行に移された日である。わたくしの記憶にはまったくないが、当時の記録によれば、まず午前四時半にサイレンがいっせいに鳴り響いて、国民は叩き起こされる。一家そろって宮城遥拝、それから中国大陸やノモンハンの戦場で戦う前線将兵の武運を祈る。そしてこの日は一日じゅう、歌舞音曲の中止、酒類の販売中止、ネオンサインの消灯。家庭では一汁一菜そして禁煙。委員会の実行部員が警察官ともども市内の盛り場を巡回し、各店の自粛ぶりを視察してまわっていた。

が、この日未明、ヨーロッパではドイツ陸軍のルントシュテット、ボック両元帥指揮の百五十万の機甲部隊が、南北からポーランド国境を越えていた。二千機以上の戦爆連合の大編隊が、あわただしく集められたポーランド軍を攻撃し粉砕した。

午前十時少し前、ヒトラーの国会での演説がラジオから流れでた。この日までのドイツ国民の平和への熱情と限りない忍耐を強調したあと、

「爆弾にたいしては爆弾をもって断乎として報いるまでである。勝利か、しからずんば死」

ヒトラーは、いまよりドイツの一兵士として戦うであろう、と二度くり返した。

「私は勝利の日まで、神聖にして貴重な兵士の制服を脱がないであろう」

九月三日、ポーランドを救うため、英仏はドイツに宣戦を布告する。世界じゅうが憂慮して

いた戦争がはじまったのである。

四日付の大阪朝日新聞はこう報じた。

「号外が電柱に貼り出されるやマグネットに吸いつく鉄粉のごとく、たちまち黒山のひとだかりだ。『遂にやったぞ』『僕はイギリスは絶対に立つまいと思っていたが』と甲論乙駁《ばく》。しかしどこか明るさがある。『三年越しの支那事変がここでどんな新局面を展開するか。日本の対外地位はいよいよ重大だ。ぼやぼやせずにしっかりやろうぜ』と大いに自粛自戒する声もたのもしく聞こえる」

ほんとうに大阪市民がこんな会話をかわしたかどうか、それはわからない。が、ヨーロッパで大戦争が起こり、政府はこれに不介入を宣告したが、結果としてドロ沼の日中戦争そして日本の国情にも大きく影響してくるであろうことは、だれにでも予感されたことであった。そのあらわれとして、九月半ばにノモンハン停戦協定が成立した。国民はホッと一息つきながら、新聞紙上でドイツ軍の電撃作戦の行方を追い、そしてラジオで武蔵《たけぞう》の活躍に耳をすましていた。九月五日から徳川夢聲の『宮本武蔵』(吉川英治原作)の朗読がはじまっていた。これがすこぶるつきの名演で、だれもがその時間を心待ちにして聞きほれたのである。

✺何でもかんでも統制令

のちに第二次世界大戦となる戦争はヨーロッパでたしかにはじまっている。しかし、よく知られるように、独ソ両軍のポーランド侵略、そして分割のあと、十月下旬ごろから奇妙なことに戦火が大きく燃え広がることなくどことなく治まり、宣戦布告をしたままの睨み合いがつづくことになる。歴史家はこれを「まやかしの戦争 phony war」とよぶが、あるいは大戦争の前にやってくる「かりそめの平和」といったほうがいいかもしれない。そして日本国民もまた、中国戦線もすっかり膠着《こうちゃく》してしまい、新聞も記事に窮しはじめ、その後の数カ月間、いってみれば〝平和〟を愉しむような気分になっていったのである。

しかし、平沼内閣にかわった阿部信行内閣にとっては、そんな悠長なことをいっていられる情勢ではなかった。日独同盟問題も天津事件問題もふっ飛んだが、残ったのはアメリカからの通商航海条約廃棄の通告、つまりイギリスに加えてアメリカもまた敵性国家の相貌をあらわにしてきたことである。しかも条約を結び盟友となっているドイツは、英仏と完全に敵対関係にあり、いつ大々的に戦火を交えるかわからない状態にある。一言でいえば世界情勢は明日にでも激変しようとしている。

元陸軍大臣で陸軍大将、陸軍の大御所である宇垣一成の『日記』にある時局観を、ちょっと引いておくのも意味あることであろうか。

「何というても血は水よりも濃い、イザというときにはアングロサクソンは協同する、米としてはなに英などに追随するかとの触込《ふれこ》みでいるけれども、永い歴史を通じてみれば、多くの場合、英は米を引摺《ず》りておる、米は英に追随している。（中略）最近の日米通約廃棄の通告をうけては恐らく迷夢も一時に醒めたことと思惟する」

そんなときなのである、やることなすことうまくいかない政府がいくら挙国一致、国民精神総動員を叫び、興亜奉公・戦争協力を訴えても、盧溝橋事件いらい二年余もたって国民の間には厭戦あるいは嫌戦気分が流れはじめ、好戦的になろうとしない。〝かりそめの平和〟を満喫し、劇場や映画館は満員御礼、街中や盛り場は軍需景気で沸きたっている。いきおい物価が上がりはじめてとまらない。こういうとき、権力をもつもののやることはいつの時代であっても同じことなのかもしれない。すでにふれたように、危機意識を煽りたて、とにかく何でもかんでも法律をつくってきびしく統制し、制限し、国民の意識を戦争のほうへ向けさせようとするのである。内閣が変わろうと同じである。

すなわち阿部内閣は、十月十八日に、勅令をもって価格等統制令、地代家賃統制令、賃金臨時措置令、会社職員給与臨時措置令を公布し、二十日から実施とした。要はさかのぼって九月十八日現在の価格のままにクギづけにしようという政策である。ヨーロッパではいまや戦乱がはじまり、物価が上昇し、その影響をうけて、国内にも物価高、株価騰貴の傾向が現われ、また輸入品途絶も見込まれる。国はいま非常なる危機に直面しているのである。それなのに国民諸君はそのことの理解が足らず〝かりそめの平和〟で浮かれている。はなはだ遺憾である、というわけで〝九・一八ストップ〟の政策を実施する、と政府は説明した。

ところが、現実はどうであったであろうか。法と権力で抑えたものの、九・一八ストップ令どおりになったのは賃金だけで、物価上昇はストップしなかった。正確には表面上はストップしたが、その値段で物はほとんど買えなかった。どうなったのか。みんな法の裏側に回ったのである。法網をくぐって陰でこっそり売り買いする。これが「ヤミ」というまことにいい得て妙の流行語となった。やがてこの言葉は日常語となり、戦後の「ヤミ市」が俄然有名になり、昭和四十年代にまで使われる息の長い昭和語となったのはご存知のとおり。

いや、それよりもちょっと前の十月十日、じつは当時九歳であったわたくしが覚えている禁止令が閣議で決定され、十一月二十五日に公布、十二月一日から実施となっている。米穀搗精《とうせい》等制限令といい、つまり、白米を食することまかりならん、というむごい法律。銀シャリよ、さよなら、というわけであるが、このことが妙に忘れられない。一升瓶の中に玄米を入れて、細い丸い棒で上から突っついて、少しでも白米に近くして食べようと、毎日やらされるこの大労働(?)に、われら悪ガキはみんな悲鳴をひそかにあげていたのである。

江戸前の鮨《すし》屋のおやじ連がいっせいに猛反対した。白米を酢でしめるのが身上、七分搗《づ》き以上禁止の薄黒い米じゃ酢を吸いこまぬ、というのである。

「飯はバラバラ、酢はビチャビチャ、こんな鮨が握れるかってんだ」

という鮨屋のおやじの口真似をして、わがおやじが酔っぱらって毎晩のようにしきりと怒りをふりまいていた。

農林省の米穀局長の説明では「第一の理由は長期戦に備えるため。第二の理由は七分搗きにすることで精米時の目減りが少なくなり、一年に二百万石の節米になる。無駄の撲滅ということ。第三の理由は、国民の健康と体位の向上をめざすことにある」ともっともなことであったようである。が、ほんとうの政府の腹の底を割ってみれば、結局のところ、戦時下にあって、国家がすべてにおいて危機に直面しているのにかかわらず、国民が暢気に遊興ざんまい、うまいものをたらふく食っているのはけしからん、ということにつきる。

要はくり返しになるが、国家非常時の折柄、国民精神総動員で戦争に真剣になって向き合えという、そのための強制なのである。

この政府の国民統制は、物価と米だけにとどまらない。ジャーナリズムのほうにも向けられた。十一月にはすでに行われていた用紙統制がさらに強化される。結果として新聞・雑誌が整理統合（第一次）されなければならないこととなった。とにかく挙国一致、国民精神一致であり、言論もできるだけ小さくしぼって、監視の眼のとどくものにしておいたほうがいいのである。お蔭で廃刊させられた雑誌は全国で五百余誌に及んだ。政府批判をつづけている良心的小雑誌はほとんど息の根をとめられる。

紙の配給がなくなる、という足下に火のついているとき、雑誌ジャーナリズムからの将来を見通した卓見など望むべくもなくなった。ましてすでに多くの自由な思想家・言論人が引っこまされ、時局便乗家や国粋主義者が罷《まか》りとおりだしているとき。このあとの総合雑誌は、いまの観点で目次をみて、これぞ時代を代表すると推せる言説と思えるものはほとんどなくなっている。新聞ジャーナリズムはすでに死んでいるが、雑誌ジャーナリズムもこの年からもはや昔日の面影はなく、日本の「言論の自由」もまた、「さらば、さらば」であったといえる。

わが氏名は鉄甚平

どうもB面を中心にした話題を追っていても不景気な話ばかりとなる。そこで少しでも心やすらぐ話題、ということで東京朝日新聞十月四日付を。と、勇んでかくものの、あまり心が温まるわけでもない話かもしれぬ。題して「結婚十訓」。結局はナチス・ドイツの「配偶者選択十箇条」にならって、厚生省予防局民族衛生研究会が発表したものにすぎないとわかって、あとで心底からガッカリしたが。でも、いくらかはいまにあっても参考になる、いや、もしかしたらまったく……。

曰く「父兄長上の指導を受けよ」、曰く「自己一生の伴侶として信頼できる人を選べ」、曰く「悪い遺伝のない人を選べ」、曰く「晩婚を避けよ」、曰く「健康な人を選べ」、曰く「近親結婚を避けよ」、曰く「式の当日結婚届を」などなど。やっぱり参考にもならないか。写していてもバカバカしくなる。

そして最後の第十訓が、なんと「産めよ殖《ふ》やせよ国のため」ときた。

これは『旧約聖書』の「創世記」のなかの「産めよ、殖えよ、地に満ちよ」によるものという説もあるが、ナチスの「選択十箇条」にも「できるだけ多く子供を持つべし」という一文がある。聖書ではなくナチスの模倣とみたほうが正しかろう。「産めよ、殖やせよ」が本格的な標語として一世を風靡するのはまだちょっと先の話であるが、日中戦争のため若者の出征がふえ、このころの出生率がぐんと減っていたこともたしか。

このほか、十一月六日、農林省が米の強制買上制を実施。十一月兵役法施行令改正公布。十二月六日、小作料統制令公布。二十五日、木炭の配給統制実施。二十六日、商工省・農林省が暴利行為取締規則を公布……と、とにかく法律や規則でやたらに統制を強化する。

なかでも特筆したいのが十二月十二日の軍機保護法施行規則改正と同二十六日に公布の「朝鮮戸籍令」の改正であった。長くなるので後のほうだけちょっとかくと、祖先を重んじ、氏《うじ》を大事にし、儒教道徳を信奉する朝鮮人にとっては、その氏名を日本式に「創氏改名せよ」といわれることは、とうてい許すことのできない暴圧と感じられたのである。

朝鮮総督の南次郎陸軍大将は「総督に背くものは、日本領土の外へ出ていって生きるべきである」とまでいい、脅迫政治を強引に推し進めた。あらかじめ六カ月間の期限を設けていたが、期限をすぎても三〇パーセントの届出しかなかったという。それでいっそう躍起となったため、自殺者まで現れたという。が、そのいっぽうで、創氏改名を逆手にとって、反逆調の氏名をつくった人も少なくなかった。「田農丙下」（天皇陛下）とか「南太郎」とか。ただし認められたかどうかはわからない。そして詩人の金素雲は鉄甚平とした。その意は「自己の金、（姓）を失っても甚だ平気なり」であったそうな。

日本の芸術家のなかには、これ見よとばかりペンネームを変えた人もある。千田《せんだ》是也《これや》（新劇の演出家・俳優）がそれで、千田は住所の千駄ヶ谷から、是也は朝鮮のKOREAからであるそうな。このユーモアと反骨を見よ、である。

こうして国民精神総動員の名のもとに統制、統制で窮屈きわまりない状況のもとに、年の暮を迎えた。年末は経済戦強調運動のかけ声も高く、物資節約・貯蓄奨励・生活刷新でいかねばならないこととなる。やむを得ず百貨店組合では、（一）年末贈答品の大売出し廃止、（二）門松全廃、（三）歳末年始贈答品の配達中止などを決定する。もちろん、ショーウィンドウの華美な陳列なんかはもってのほか。さっそく成果が現われた。

「先月二十二日、門松のトップを切って松飾をたてた日本橋区通二丁目の某呉服店では、東京府精勤部の厳重な注意をうけて、さっそくこの門松をとりのぞき、自粛の意を表している」

（報知新聞　十二月一日付）

まさに、漱石ではないが「住みにくさが高じると、安い所へ引き越したくなる」はずであるが、ドッコイ、われら不敵の日本の民草、かならずしもそうではなかったようなのである。そんな上からのさまざまな強圧にもめげずに、秋の終りから十五年初めごろにかけての、ほんの数カ月ほどのつかの間の〝平和〟を大いに謳歌していたらしい。歌謡曲は「名月赤城山」が大当たり、「何日君再来《ホーリージユンザイライ》」やら「チャイナ・タンゴ」やら「熱海ブルース」やら、そして「一杯のコーヒーから」でミス・コロムビアが美声をふるわしていた。映画も『純情二重奏』『新女性問答』『暖流』とメロドラマに押すな押すな。ついでに片岡千恵蔵、轟《とどろき》夕起子の『清水港』が大当たりしている。当局が、これでは全世界の激変に、いざというとき遅れをとる、といっそう躍起になるのもわからないでもないのであるが……。

昭和十五年（一九四〇）

初代の神武天皇の即位の年を元年とする日本独自の年号で数えると、昭和十五年は皇紀二六〇〇年の年で、全国民があげて祝うべき記念の年として開幕した。しかし、はたして目出たい年であったかどうか。前年に廃棄を通告されていた日米通商航海条約は、明けて間もなくの一月二十六日に完全失効となる。この損なわれた日米関係を何とか修復しなければ、太平洋の波立ちの治まることはない。年初の阿部内閣総辞職をうけて成立した米内光政内閣の最優先解決事項をあげれば、この一事につきた。

しかも、ヨーロッパでは予期していたとおり〝かりそめの平和〟が突如として終り、西に向けてのドイツの総攻撃作戦が開始された。四月九日、ノルウェー、デンマークが侵略され、五月十日にはベルギー、オランダそしてフランスへの電撃的侵攻がはじまる。

地球が燃え上がるという激変の中で、七月三日、陸軍中央部はこれからの時局処理方針を決定する。①日独伊三国枢軸の強化、②南方への進出を決意、という内容である。その上で、米英協調路線を守ろうとする米内内閣を策謀によって打倒する。そして七月二十二日、その後継にふたたび近衛文麿を登場させる。

近衛はそれ以前からこんどこそ陸軍の政治介入を阻止するために、大々的な新体制の国民的組織をつくり、それを基盤に政策を強力に進める計画を練っていた。そんな近衛をなぜ陸軍が推したのか。じつは近衛なら思うように操縦できるという自信が陸軍にあったから、とみるほかはないのである。

案の定であった。いざ首相の座についてみると、近衛は陸軍の主張をあっさりと容れ、対外積極方針を打ちだした。一つは「基本国策要綱」で、世界はいまや歴史的一大転機に際会しているとの判断のもと、「八紘ヲ一宇トスル肇国《ちょうこく》ノ大精神」で世界平和をつくる、と謳いあげ、もう一つは、それにもとづいて「大東亜新秩序の建設」を目指す、というのである。英米にはこの政略はヒトラーのヨーロッパ新秩序に呼応する敵対戦略として受けとられるだけで、友好回復どころの話ではなくなった。

そして、その後に近衛内閣が行ったことはまさに陸軍の時局処理方針を地でいくものであった。九月二十三日の北部仏印への武力進駐開始、そして同月二十七日の日独伊三国同盟の締結である。こうして対英米戦争への道が大きく切り拓《ひら》かれた。とくに三国同盟は、これ以上にない誤った政治決定となった。それはイギリスと、その支援者たるアメリカとを準敵国にすることを意味した。いわゆる「ノー・リターン・ポイント」を超えた判断といえる。

しかし、日本人はかならずしもそうは思わなかった。友邦ドイツの快進撃に目を眩《くら》まされ、世論は雪崩《なだれ》現象を起こす。いまこそ南進のチャンスだ、と火事場泥棒的な気分が国じゅうを満たし、「バスに乗り遅れるな」という国民的な大合唱となる。結果は、かくまでもない。日米関係は悪化のいっぽう。北部仏印進駐にたいしては屑鉄の対日輸出全面禁止と、アメリカはきびしい政策で応じてきた。つぎは石油だ、とだれもが予想した。はたして打開の道はあるのか。

政府はそうなっていっそう日本精神運動に血道をあげて国民を煽った。この年の秋ごろから、英米、というよりも、いまや米英となって、つまりアメリカを主敵とみる世論は、日本国民の間に燃え盛るようになっていったのである。

斎藤隆夫の最後の抵抗

雑誌「文藝春秋」の十五年新年号に、時代の風潮を知るうえに面白い世論調査が載っている。東京・神奈川・埼玉・千葉の読者六百九十六人に質問十項をだしてその回答を得たものである。

「・現状に鑑《かんが》みて統制を一層強化すべきか
強化すべし四六一　反対二二八　不明七
・対米外交は強硬に出るべきか
強硬に出る四三二　強硬はよくない二五五　不明九
・最近の懐《ふところ》具合は良いか
良い一〇八　悪い五七三　不明一五」

などなどであるが、これでみると、〝最後の平和〟を愉《たの》しんでいる人びとのいるいっぽうで、そうした悠長な国民的気分にかなり苛々《いらいら》として、もっと指導者による強い国家指導を望む声の高くなっているのがわかる。それに「懐具合」がかなり悪くなっているのも、はなはだよろしからざる気分を助長していたのであろう。それでなくとも統制が強化され、新聞も紙の事情からすべて朝刊八ページ、夕刊四ページ建てを余儀なくされ、情報量は減ってきている。そのことが人びとによりいっそうの思考停止をもたらしているのかもしれない。

ついでにかくと、この新年号には日独伊三国同盟推進派の大島浩駐ドイツ大使、白鳥敏夫駐イタリア大使のそろい踏みにはじまって、固い時局ものがずらりとならんでいる。社長菊池寛も巻頭に「二千六百年私感」というやや張扇《はりおうぎ》的な一文を寄せている。その結びは何とも評しようのないほど強い言葉になっている。

「果して幾人の日本人が、新しい東亜の黎明に参ずることが出来るだろうか。犠牲を踏み越え、われわれはこの空前の大事変を乗り切らねばならぬ。かつてわれわれの祖先が示したような、大勇猛心が、今ほど必要とされている時代は、二千六百年を通じて、絶無なのである」

国よ、もっと強くなれ、勇壮たれ、との声が二六〇〇年という節目の年を迎えて、ぐんぐん昂《たか》まってきていたのであろうか。そんな時代の空気のなかにあって、恐らくこれが最後の抵抗といえるであろう特筆したいことが、折からの第七十五議会の衆議院本会議場において起こっている。A面的な話題となるが、民政党の斎藤隆夫議員の軍の威嚇《いかく》をも恐れない名演説である。「支那事変処理方針」をめぐって政府、いや正しくは軍部に命がけで食らいついたのである。昭和史に輝く記念碑的演説となるので少し長く引用する。

「(いまの世界情勢の現実を無視して)ただいたずらに聖戦の美名に隠れて、国民的犠牲を閑却し、いわく国際正義、いわく道義外交、いわく共存共栄、いわく世界の平和、かくの如き雲をつかむような文字を並べ立てて、千載一遇の機会を逸し、国家百年の大計を誤るようなことがありましたならば、現在の政治家は死しても、その罪を滅ぼすことはできないのであります」

と頭ごなしに政策批判をした上で、陸軍にたいして、いわば喧嘩を売った。

「支那事変がはじまってからすでに二年半になるが、十万の英霊をだしても解決しない。どう戦争解決するのか処理案を示せといいたい」

これにたいして米内首相も畑俊六陸相も、「なかなかうまいことをいう」と感服したが、それは控え室でのひそひそ話。そんなに物分りのいいはずのない陸軍は「聖戦目的を批判した。

聖戦を冒瀆《ぼうとく》するものだ」と激昂し議員辞職を要求した。しかし、斎藤は「正論をいったまでだ。オレは議員を辞任しない。文句があるなら除名せよ」と息まいて一歩も引かなかった。これが二月二日のこと。

その後すったもんだと議会は大荒れに荒れて、三月七日になって本会議で投票ということになる。賛成二九六、反対六、欠席・棄権一四四で、斎藤隆夫議員の除名が可決となる。斎藤はその希望どおりになり、さばさばとして議場を去っていった。そしてまた除名に反対した社会大衆党議員六名も党から除名された。

そしてこの反戦演説事件が最終的にもたらしたものは、となると、まことに情けないものなのである。三月九日、衆議院が断乎として「聖戦を貫徹する」という決議でまとまった。さらに二十五日、親軍派の政党人百余人が結集して「聖戦貫徹議員連盟」を結成し、この非常時に及んでは全政党を解散して、強力な一大新党を結成すべきである、体制を刷新すべきであると、米内内閣打倒、近衛文麿の担ぎ出しで活潑に動きだす。

すると、担がれるとすっかりいい気持ちになる近衛は、六月二十四日に枢密院議長を辞任して、新体制運動推進の決意表明という呆れた展開になるのである。斎藤隆夫の最後の抵抗は、せっかくアメリカとの協調を何とか回復しようと努力する米内内閣の命運をちぢめる結果となった、といえるようなのである。

統制そしてまた統制

どうもA面的な話となると自然に力が入って、調子にのってどんどん時間を先へと進めてしまうが、話題をB面に転じ、時間も戻して、このかんの三月十六日に、内務省からの指示で、芸能界が異変に遭遇させられている。警視総監安倍源基の名で、新興行取締規則なるものが公布され、芸能人は新たに技芸証を内務省から発行してもらうことになったのである。これも総動員体制で戦地慰問の白ガミをだすため、という名分があったのであろう。要するに許可証である。「思想、素行、経歴その他不適当と認むるもの」は不許可となって、芸能人の技芸証がもらえなかった。

お蔭で芸者出身の映画女優の花柳小菊は「俳優と芸者の二足のワラジは不適当なり」といわれて、さんざん考えぬいた揚句に、やむなく芸者のほうを選んだ。そっちのほうが稼ぎが多かったのか。

さらに三月二十八日、内務省は世にもばかばかしい命令を、映画会社やレコード会社に発した。芸名のなかで、ふまじめ、不敬、外国人と間違えやすいものの改名を指示してきたのである。漫才のリーガル千太・万吉、同じくミス・ワカナ、低音が魅力の歌手のディック・ミネ、東宝映画の藤原釜足《かまたり》、日活映画の尼《あま》リリスなど、該当者十六名ぜんぶがアカンとなった。それでリーガルは「柳家」、ミスは「玉松」、ディック・ミネは「三根耕一」、藤原釜足は「藤原鶏太」と改名させられる。また、中村メイコは本名が誕生月の五月からとってメイであったが、メイは敵性語だからけしからんといわれ、「コ」をつけて日本名らしくした。

この技芸証の徹底で芸能人の戦地慰問・軍隊慰問がやりやすくなったのはたしか。もともとは昭和十三年からはじまった慰問隊名づけて「わらわし隊」は、このときから二線級三線級もどしどし徴用されて組織化され、つぎつぎに中国大陸や満洲に送りだされていった。昭和十六年八月までに、計三百六十団、三千二百六十人が参加させられたという。総力戦体制の名に恥じない芸能人の活躍ぶりである。

この十五年の初夏のころに中国へ渡った「わらわし隊」の漫才界の先達・砂川捨丸と中村春代の題して「支那事変阿呆陀羅経」という漫才の台本が残されている。たとえばの話として引用してみるが、戦場の兵隊たちはこんなどうということのない掛け合いにもドッと沸いて、大喜びしていたのである。

捨丸「アー、いまの時局、ボロクズ、綿クズ、糸のクズでもみな大切や、火薬の原料じゃ。火薬というても加薬ウドンと間違っちゃいけない。捨てるな紙クズ、タバコの銀紙、空カン、針金、どんなクズでも決して捨てるな。けれど特別あんたばかりは捨ておけじゃ」
春代「なんで、わてを捨てるねんな」
捨丸「あんたはネ」
春代「………」

捨丸「人間のクズやさかい、役に立たんから捨ておけ、放っとけやがな」

なんでこんな掛け合いでドッと笑えたのかわからないが、クズも火薬になる、諸事倹約の銃後の様子が入っていることが受けたのであろうし、当局のお気にも召したのであろう。

政府がこの愚かさであると、それに輪をかけるお調子ものがきまってハバをきかせてくる。諸事百般からアメリカ色、イギリス色はすべて一掃しよう、という声が高まりだした。

「敵性器具に頼るな!」

すなわちマイクロホンで歌うな、にはじまって、以下、プラットホーム↓乗車廊、自転車のハンドル↓方向転把、ビラ↓伝単、パーマネント↓電髪、さらにラグビー↓闘技、アメフト↓鎧技、スキー↓雪艇とよぶ。野球のスタルヒンという投手がいる、とにかく横文字名は直せということで須田博と名を改めよというバカ騒ぎ。

医学研究所で目下研究中のペニシリンは、カビで緑色をしているから碧素とよぶときまった。もはや滑稽もきわまって、評すべき言葉もない。

もう一つ、上からの統制といえばニュース映画というものがあった。

日中戦争勃発このかた、その戦況を伝えるニュース映画は大そうな人気を集めた。皇軍の快進撃はニュース映画によってよく理解できる。これによってしか、戦争を目にすることができない。ということで、ニュース映画専門館もあっちこっちにできてくる。たとえば新宿なら、武蔵野館の裏の朝日ニュース劇場、伊勢丹前の新宿文化映画劇場……こうなると、学生がしきりに出入りしても、時局を知るためにはよいことと、口うるさい教師もここは不良の巣窟だなどと糾弾できなくなった。

それにそれまで朝日一社しかつくっていなかったニュース映画を、「東日・大毎」「読売」「同盟」などもつくりだし、外国のニュース映画も、パラマウントのほかにワーナー・ニュースとか、パテー・ニュースとかいうのもやりはじめた。ヒトラーやイタリアのムッソリーニはこれをどう政治利用しているか。添えものではなく積極的に、「大衆を啓蒙するのにニュース映画は有効である」とさかんに使っている。戦争指導者はただちにこれを見習え、となって、すぐに思いついたのは、新聞や雑誌と同じように当局による指導・統制ということである。

すなわち、ニュース映画の乱作は面白くない傾向と当局には感じられ、ただちに手を打つこととなる。四月十六日、新聞・通信社系の四つのニュース映画を一つにしよう、ということで、社団法人日本ニュース映画社の設立となり、社員総会が開かれる。社長には同盟通信社の古野伊之助が就任した。

いらい終戦まで、「日本ニュース」の独占となったのであるが、どうも当局の監視のもとにワンパターン化し、日の丸を掲げて万歳する兵隊たちが毎回でてきて、勝った勝ったとやっている。このために日中戦争が点と線を確保しているにすぎない、ドロ沼である、という〝事実〟が伝わらなくなっていった。

名言「ぜいたくは敵だ」

海軍大将米内光政とかくと、十四年の平沼内閣のときの海相としての、山本・井上とならべて海軍良識派の三羽ガラスの見事といえる活躍が大きく映ってしまう。それで何となくけなしにくいのであるが、首相としての米内となると、これもういけません、というほかはない。率直にいってほとんどみるべき仕事はしていないというのが正しかろう。

かき忘れているわけではないが、ヨーロッパでは〝まやかしの戦争〟が突如として五月十日に終り、ドイツ軍の電撃作戦がほこ先をこんどは西に向け、オランダ軍およびベルギー軍があっという間に席捲された。そしてさらに進撃はフランスへ。ヨーロッパにいたイギリス軍はダンケルクに追いつめられる。逃げだすのにやっとである。かくて六月十四日には完膚《かんぷ》なきまでにフランス軍は撃破され、パリにドイツ軍が無血入城したのが十四日、そして二十二日には無条件降伏、ヒトラーはパリに意気高らかに入城する。

そんなときなのである。戦争には不介入を宣言しているものの、日本国内はこのドイツの快進撃にすっかり眩惑されている。ドイツは強い、オランダはもちろんフランスやイギリスは弱くてダメだ、という考え方が大方の日本人に定着する。このときに、とくに陸軍と、海軍や外務省の親ドイツ派の連中の眼は、東南アジアのフランスやオランダの植民地に向けられる。日中戦争がうまくいっていないときであるから、いっそう強く惹きつけられる。そこにある資源が喉《のど》から手のでるくらい欲しい。とくに石油である。宗主国がドイツに降伏したいま、その資源はどうなるのか。東南アジアに発言権のある日本は、いまこそ「千載一遇のチャンス」、戦敗国の植民地国家の遺産相続に加わるべきである。火事場泥棒的な空気が日本中を満たし、「バスに乗り遅れるな」という昭和史を飾る名言が国民的大合唱となりはじめた。

つまり、そうした急変する世界情勢をバックにおいてみると、英米友好を基調とする米内内閣のおかれている国内的条件は、相当にきびしいものがあった。そこで精々できるのはさらなる引き締め、しかも物資の統制、ということになろうか。それで横浜と名古屋と京都と神戸では六月一日から、東京と大阪は五日から、砂糖とマッチの配給切符制を導入し実施したのであろう。一人一日マッチ五本、砂糖は一人当たり一カ月に約三百六十グラム。万事節約のいわば先駆的政策ということになるのである。

これもやむを得ないことと、同情しつつかいてみても、このあともやたらにくだらないと思える法律をつくって、統制することで国家総動員体制の実をあげようとしている。これらを「さすが米内さん」とほめるわけにはいかない。しかも、お終いに戦時下日本の名言中の〝名言〟といえる「ぜいたくは敵だ」を歴史に残した、のであるから、やっぱりみるべき仕事をしなかったというのが正確な評価となろう。

この〝名言〟の発端は、七月七日に米内内閣が公布した「奢侈《しやし》品等製造販売制限規則」で、翌日から断乎実施を決定した。これを世に七・七禁令という。つまり、この日から「ぜいたく品よ、さようなら。あすは閉じる虚栄の門」ということになった。
「草の根をかじっても聖戦遂行への総意を固め直さねばならない。趣味の、ぜいたくのといってておれない時勢だ」（大阪朝日新聞　七月六日付）
とさっそく新聞は協力の太鼓を叩いた。中央標語研究会なる民間機関もこれに和した。「身にはボロ着て心に錦」。なんだか流行歌的な、七七調のうまい標語であるが、でも、「ぜいたくは敵だ」にはかなわなかったようである。禁止になった主な物は「指輪、ネクタイピン、宝石類、高価なる白生地羽二重、丸帯、洋服等」で、たとえば「夏物の背広は百円、時計は五十円、ハンカチは一円、ワイシャツ十円、洋傘二十五円、玩具十円、下駄は七円、靴は三十五円、香水は五円まで、それ以上は禁止」とされた。
百貨店の食堂なんかもぜいたくは禁止で、これからは代用食とすることにきめる。大阪毎日新聞はスクープのごとく百貨店の代用食案出の腕くらべを大きく報じた。
「阪急『私の方では米の代りにうどんを使って〝うどん寿司〟をつくって成功しました』。そごう『うどん、馬鈴薯、玉ねぎをいっしょに油で揚げたものを〝国策ランチ〟と銘打ち、ご飯の代りにそばをのりで巻いたものを〝そば寿司〟として試みています』。百貨店の食堂は代用食が続々と登場、われわれを喜ばせてくれるであろう」（七月十四日付）
なお、「ぜいたくは敵だ」の名言に即して、大きくかかれた看板が街頭にやたらに立てられだしたのは、東京では八月一日から。「日本人なら、ぜいたくは出来ない筈だ！」とばかりに計千五百本の立て看板。ただしそのときには米内内閣は総辞職して、第二次の近衛文麿内閣にかわっていた。ユーモラスな反抗精神の持ち主がいて、敵の上に「素」の字をかきこんで、「ぜいたくは素敵だ」とやったのは、この年の秋になってからのことである。

この八月一日の永井荷風の日記『断腸亭日乗』には思いがけないことがかかれている。

「贅沢ハ敵也ト云フ語ハ魯西亜《ロシア》共産党政府創立ノ際、用タル街頭宣伝語ノ直訳也ト云」

ほんとうであろうか。

余談となるが、岡本一平画伯がつくる朗らかにして軽快な歌「隣組」（飯田信夫作曲）が、徳山璉《たまき》によって歌われ、はじめてラジオの国民歌謡の時間に流れたのは六月二十二日から。「とんとん　とんからりと隣組」はわたくしだっていまも歌えるほど流行した。月日からみると米内内閣のときなのであるが、内務省が全国に強制的に隣組を設置するよう通達したのはこの年の九月で、いくら統制好きだからといって、こっちのほうは米内内閣とは直接には関係ない。歌の大流行も相当にあとになってからのようである。

ドイツとイギリス

七月二十二日、米内内閣が強引に崩壊させられて、近衛内閣が成立した。じつは陸軍の策謀がものの見事に成功したのである。ヨーロッパ戦争に不関与、ヨーロッパを席捲しつつあるドイツとの軍事同盟を結ぼうとの急接近に反対、また、日本もドイツばりの「強力な一元政治」をとるべしという声にも耳を貸さない、対米関係の改善を何とか図りたいと、やること為すこと反対の方向に進もうとしている米内内閣の存在が、陸軍にはその戦略上から邪魔で仕方がなかったのである。それで軍部大臣現役武官制という奥の手を使って、これをあざやかに倒してしまう。

八月一日、近衛新内閣はすでに予定稿としてきめてあった「基本国策要綱」を発表した。

「皇国の国是は八紘を一宇とする肇国の大精神に基き世界平和の確立を招来することをもって根本とし、まず皇国を核心とし日満支の強固なる結合を根幹とする大東亜の新秩序を建設するにあり。これがため、皇国自ら速《すみや》かに新事態に即応する不抜の国家態勢を確立し、国家の総力を挙げて右国是の具現に邁進《まいしん》す」

いっていることはじつに立派である。八紘一宇の大精神といい、東亜新秩序といい、だれもこの大理想に文句のつけようもない。そのために国内態勢を刷新する……なんてことが、現実の日本にはたしてできることなのか。中国との戦争でもうニッチもサッチもいかない状況に陥っているのである。しかも、いまや強国英米が〝敵〟として眼の前に立ち塞《ふさが》っている。しかし、当時のわが国民は「できる、いや、しなくてはならないのだ」と本気で思わせられた。ほかに道はない、そう思わせられた。思想的・精神的そして知的にも逼迫《ひっぱく》してきて、大戦争に率先して身を寄せていく空気が生じてきたのである。幻想と武力こそが国家指導に必要である、というよくいわれる原理が正しいといやでも思わせられる。

そして事実としては、第二次近衛内閣が成立した七月二十二日、太平洋戦争への道が決定的になった、といってもいいのである。外相松岡洋右、陸相東条英機など、対英米強硬派がぞくぞくと閣僚に親任された。終戦時の首相となった鈴木貫太郎の、当時の批判はすこぶる手きびしいものがあった。

「松岡ヲ外相ニシタノハ誰カ。近衛公トシテハ認識不足モ甚シ」

しかし、新首相の近衛は記者会見で大言壮語した。

「米国は、日本の真意をよく了解して、世界新秩序建設の日本の大事業に、積極的に協力すべきであると思う。米国がわが内閣がやろうとしている日独伊三国同盟の立場と真意をあえて理解せず、どこまでも同盟をもって敵対行為として挑戦してくるにおいては、あくまで戦うことになるのはもちろんである」

この大ボラを、近衛が本気で考えていたとはとても思えない。大衆の「バスに乗り遅れるな」の大合唱に迎合しての人気とり、とみれば、あるいは理解できようか。いや、本気か人気とりかとそんな忖度《そんたく》とは関係なく、近衛内閣成立に合わせて、世の風潮はまさしく新体制運動の一色に染まっていく。たとえば電車に乗って宮城や明治神宮や靖国神社のそばを通るとき、「宮城前（あるいは明治神宮前、あるいは靖国神社前）でございます」と車掌の声がかかる。乗客はいっせいに立ってそっちを向いて最敬礼しなくてはならなくなる。それが新体制運動への参加の一端で、これがどんなに馬鹿げていると思えても、ただもう素直に従わねばならない。従わないヤツは非国民のレッテルを貼られ、あとで恐ろしいことになる。そしてたちまち通りすぎる電車の中で最敬礼したって、それが忠君とか愛国になりはしないのではないか、という陰の声もあったためであろうか、間もなくそのときには電車がのろのろと走るようになった。

そしてさらにナチス・ドイツ人気が高まっていく。「近衛さんの新体制運動の手本はドイツにあるんだ」「ヒトラーにならって強国をつくるんだ」とのひそかな囁きが広まって大きな世評となり、ヒトラー著『我が闘争』（室伏高信訳、第一書房、七十八銭）が売れだしてあれよという間に十万部を突破する。

作家安岡章太郎が『僕の昭和史』に、そうした社会風潮にたいする不満というか苛立ちをかいている。

「僕は漠然と、ドイツ人は頭が良くて理論的で全体主義国家というものが独創的な思考から理路整然と組み上げられているのに、日本の国家指導者ときたら理論も何もなしに上っつらだけヒトラーの真似をして、それで戦争に勝つつもりでいるんだろうか、と腹を立てていた。だが、どうしてそんなことでイラ立つ必要があるのだろう?」

こんな風に、理路整然ならざる（?）苛立ちを感じている人もたしかにいたであろうが、それはいてもごく少数で、いわば新体制の名のもとに大衆的同調社会がいつの間にか成立していたとみたほうがいいであろう。ヨーロッパにおけるドイツの勝利によって、間違いなくアングロサクソンが形成してきたワシントン体制は打破され、世界新秩序体制ができるのだ、それに日本も加わるべく東亜新秩序建設のため国家改造を一日も早くしておかなければならない。そのいちばんの捷径《しょうけい》はドイツとの同盟である。その声が高まるいっぽうとなる。

それにつれて反英、排英の運動がさらにいっそう強くなっていく。八月二日、ロンドンで英官憲が日本の商事会社の支社長を検挙するという事件が起こった。これをとりあげて、「実業之世界」九月号に浅沼稲次郎が「英国を東洋から追放せよ」というはげしい論文を発表している。これにはびっくりさせられる。

「過去三年間、英国の敵性露出によって日本は散々苦しめられて来たが、一方に大戦を控えているため忍び得ざるものを忍んで来た。そしてその侮辱に耐えて来たのが三年目に堪忍袋の緒を切ったのである。国民は目には目、歯には歯、報復には断乎報復をもってという、断乎たる態度を政府に要望しているのである」

さらに返す刀でアメリカにも切りつける。

「昨年夏以来、英国の退潮に比例して、米国の極東前進を見るのである。米国は、英国の後退以上に東亜新秩序建設の妨害者として前進して来ている」

社会主義者にもこの声あり、というだけではない。同じ雑誌に法律家清瀬一郎もすさまじいことを主張している。

「この際日本としては、英国本国にいる日本人を全部引きあげる様心がくべきである。この態勢を取らなくてはならない。新聞も馬鹿騒ぎをせずに、南阿、印度、或はシンガポールあたりからどしどし日本人を引きあげさせることだ。要するに英領から日本人を一日も早く引きあげることだ。（中略）これが真の音無しの構えである」

もう思想・信条を問わず識者の間にも排外的な強い言論が飛び交っていたことがわかる。この英米にたいする敵視が、ドイツへの親近感を増幅させ、日本人の心情をぐんとヒトラーに傾斜させていった。ヨーロッパの戦況は圧倒的にドイツが優勢であったし、八月下旬ごろからドイツ空軍は連日のように数百機を出撃させ、イギリス本土各地の猛爆撃を開始した。そのときに、やがてドイツにも力が尽きるときが来るであろうことを予見できるものが、いるはずもなかったのである。

八月中旬、東京・大阪の全朝日新聞の編集幹部たちだけの会議が大阪でひらかれる。主筆の緒方竹虎《たけとら》がはっきりと全員に告げた。

「国際政治の上に独伊の比重が非常に重くなって来ている。（中略）独伊とも適当に連携するのは、防共協定の関係からも反対できない」

たいする反対意見なし。社論の方向が同盟支持へときまっている。

そういえば、わが記憶にはくっきり残っている。わたくしの家にはなかったが、四、五人の同級生の家の欄間《らんま》に妙な写真が麗々しく飾ってあったものであった。日本が世界地図の真ん中にあって、東京のところに天皇、ベルリンにヒトラー、ローマにムッソリーニの写真が円く掲げてある。世界はこの三人によってやがて統治されるといわんばかりに。東京の下町には、先頭を切って壮語する軍国主義の大人が結構多かったから、そんな親をもつ同級生の家に遊びにいくと、無理矢理にこの写真にお辞儀をさせられたものであった。

✺在郷軍人会のおっさんたち

こうした反英米、親独の空気の強まるなかで、ちょっと戻るが八月一日、アメリカが航空機用揮発油の輸出を禁止、さらに石油輸出を許可制にすると発表していたのである。屑鉄や鉛につづく石油である。遅かれ早かれ、全面的に石油を止めるであろうとの予測が軍を戦慄させた。ともあれ、日本の政策に真っ向から異を唱え、友好条約の廃棄につづくこの許可制、真の〝敵〟の立場をアメリカがもろにだしてきたとみるほかはない。英米と呼んでいたのにいつの間にか逆転して米英となったのはこのころからである。

そして近衛内閣発足とともに内閣情報部は情報局となり、報道規制はさらに強まる。十月十一日、横浜港沖で観艦式があったとき、各新聞社に配られた「取材心得」には「服装はモーニングにシルクハット」「記事は艦隊において検閲を受くるものとする」とあった。これでは何もかけない。それで、たとえば東京朝日新聞の十二日付夕刊は「天皇旗は紺碧の空をくっきりと真紅に截《き》って御紋章の金色が朝日に映え燦然《さんぜん》と輝いている」と軍国日本をひたすら讃美する。

万事がこんな風で、そんなお祭り記事はかきたくはないという選択はなくなった。

そして銃後の〝空気〟は、ドイツ軍の英本土上陸を予想させる世界情勢の緊迫化にともない、米内内閣当時のようななにとはなしの太平楽をきめこんでいるわけにはいかなくなっている。近衛内閣は新体制運動のひとつとして「戸毎《こごと》に翼賛運動」というのをはじめた。すなわち、近衛の筆になる「臣道実践」「大政翼賛」の二枚の札を玄関の扉や柱に貼る、という他愛のないことであったが、それを実行するために当局が利用したのが「隣組」というすでにできている組織であった。そのいっそうの強化が指導されたのである。

つまり近衛のいう翼賛体制というのは、反対するもののいないこと、大勢順応、全会一致、議論なし、ということであった。

九月十一日、内務省は「部落会町内会整備要綱」を発表、つまり隣組を「国民の道徳的錬成と精神的団結を図る基礎組織」とすることを表明する。かくて、積極的に近所づき合いなんかしなくてもすんできた住民たちは、否応なしに互いに接触せざるを得なくなる。回覧板を回したり、配給物を配ったり。なかには隣組づき合いの好きな人もあり、やたらに人の家に出入りするようになる。隣組から出征兵士がでようものなら、総出でこれを見送り、隣組全員が署名した日の丸を贈るのが習わしとなった。

そして基本的には十軒が一組となり、常会《じょうかい》というものが月に一度、各家の回りもちで開かれる。要は、仲よく集まってお上からの命令をおごそかに聞くのに役立つ組織のはずであるが、やがてそうはいかなくなった。

「おい、お前《まえ》んちのおやじは非国民なんだってな、やたらに近衛さんの悪口をいっているって、俺んちのおやじがいっていたぞ」

と、わたくしはつい四、五軒先の相撲仲間の中学生から何度も聞かされたりした。隣組はたちまちに監視機関・密告機関となっていく。当時さかんにいわれたスパイ防止の標語があった。「聞いても語るな知っても言うな」「スパイはスパイらしくなし」。おやじにいわれて、ほんとうだな、これは、と思ったことである。

それと俄然猛威をふるいだしたのが在郷軍人会という組織である。軍隊というところは不思議な社会で、天皇の兵士の名のもとに軍服を着たとたんに星一つの違いで、天と地ほどの違いがでる。小作人の伜《せがれ》が先に召集をうけていたゆえに星が一つ多くなり、あとから来た地主の伜に非人間的な往復ビンタを張ることは正義なのである。ところが満期になって除隊して、軍隊でいうところの「地方」に戻ると、肩章《けんしょう》もなければ星の徽章《きしょう》のついた軍帽もないから、まさに木から落ちた猿と同じに元の身分へ戻る。しかし、彼らにも一つだけ楽しみがあった。在郷軍人会という組織である。ここでは元の階級が活きているから、軍人としての自尊心をもう一度満足させることができる。

これが大いに重用されだして星一つ上が威張りだした。防空演習があったり隣組での軍事訓練が行われたりするときには、在郷軍人会メンバーが軍服を着用してでてくる。これまで軍人会の内部でしか通用しなかった命令指揮系統が外部においても縦横に発揮されるのである。いつの間にか一般人は元軍人の指揮に従わねばならなくなった。さらに九月から国民体育法が公布され、十七歳から十九歳までの男子約二百万人の体力検査が、日本中で行われることとなる。百メートル走、二千メートル走、走幅跳などにプラスして軍事教練的な手榴弾《しゆりゆうだん》投げ、土嚢《どのう》運搬。こうなると鍛えてある在郷軍人の大声の号令がまたしてものをいった。さらにこれに警防団が指導に加わる。

そういえば思いだした、わが近所に超熱血の在郷軍人のおっさんがいて、われら悪ガキを集めて知らなくてもいいことを訓育してくれた。兵営ラッパについてである。

「いいか、軍隊ではな、起床ラッパは〝起きろよ、起きろ、みな起きろ、起きないと隊長さんに叱られる〟と吹くんだ。寝るときの消灯ラッパは、〝新兵さんは、可哀想だね、また寝て泣くのかよ〟で、そして突撃ラッパは〝進めや進め、みなみな進め、進めや進め、みなみな進め〟と勇ましくやるんだ。覚えとけよ、将来かならず役に立つからな、少国民諸君！」

いまでも、ときどき「起きろよ、起きろ、みな起きろ」などと自分を鼓舞して、眠い眼をこすって起きたりしていることがある。まったく「三つ子の魂百までも」であることよ。

その上にまた、十月五日付の東京朝日新聞を引いてみると――。

「厚生省では男子用国民服を祭典・儀式に際し、従来のフロック、モーニング、紋付羽織袴等の式服と共に着用できるよう〝国民服令〟の制定を急いでいたが（中略）今月末の勅令をもって公布されることに決定した」

それでなくとも防空服装の名目のもとに、男はゲートルをつけろ、女はモンペ着用のことと、元軍人が服装にまできびしく指示を発していたのであるが、これがいよいよ法律ないし規律化されて国民服となった。特徴は従来のカラー、ワイシャツ、ネクタイ、チョッキを一蹴し、色は国防色つまり陸軍のカーキ色を建前とし、ズボンの形式はこれこれ、なんて細かく規定される。ウヘェー、野暮ったい、とか、ドロ臭いのといってはいられない。これぞ近衛首相のいう臣道実践の証しなのである。

こうして人を服装から演習だの検定だの、団体行動の面から統制し、とんとんとんからりの隣組によって日常生活や言論の監視がいつしか奨励されるようになった。これは批判や反抗を抑圧するのに大いに役立つ。どんどん一色に染まっていく。近衛内閣になっていっそう閉鎖的同調社会への傾向が強まっていく。強力な国民一致の組織をつくろうとする新体制というのは、じつはこのような国家主義的な体制をつくることであったのか。そして戦時下の軍部はこうした国民の一致協力体制を大歓迎する。

✺「わしゃかなわんよう」

こうした〝空気〟に乗って、九月二十六日には軍部は北部仏印に武力進駐をやってのける。

蔣介石軍が頑張れるのは、米英が軍需品などの援助物資を背後から輸送しているからである。その援蔣ルートの一つに仏領印度支那（現ベトナム）からの仏印ルートがある。そのルートの全面封鎖のためのやむを得ざる進駐なのであると、国民は当局の説明に即座に納得した。

翌二十七日、日独伊三国同盟がそれこそアッという間に調印となった。近衛がふたたび首相となったとき、彼の頭にあるのは三国同盟と政治新体制の二つの問題だけ、そのほかは馬の耳に念仏であった、といわれていたその二つの目的の一つが成就したことになる。が、あに近衛のみならんや。新聞各紙も大歓迎した。朝日新聞の二十八日付社説は「誠に欣快《きんかい》に堪えざるところである」と手放しで喜び、「いまぞ成れり〝歴史の誓〟／万歳の怒濤」などと特大の活字でその意義を伝えている。そしてこの日、同盟締結に関する詔書がでて、

「大義を八紘に宣揚《せんよう》し、坤輿《こんよ》を一宇たらしむるは、実に皇祖皇宗の大訓にして、朕《ちん》が夙夜《しゅくや》、眷々《けんけん》措《お》かざる所なり。……」

と、天皇もまた、同盟に賛意を表しているのである。

ところで、二十九日、作家野上弥生子は日記にこんな不敵な文字をかきつけている。

「英米の代りに独伊というダンナもちになって、十年後にはどんな目に逢うか。国民こそいい面《つら》の皮である」

永井荷風の九月二十八日の日記も、いやはや、あっぱれである。

「愛国者は常に言えり、日本には世界無類の日本精神なるものあり、外国の真似をするに及

ばずと、然るに自ら辞を低くし腰を屈して、侵略不仁の国と盟約をなす、国家の恥辱之《これ》より大なるは無し、(以下略)」

こうした人がいることはいた。しかし、もはやほんのひと握りしかいなかった。国民の多くはだれも「国家の恥辱」なんて思ってもみなかった。

そして新体制運動の中核とされた大政翼賛会は十月十二日に発足する。会の目的は、実践要綱によれば「上意下達・下情上通を図り、もって高度国防国家体制の実現に努む」ということであった。

高度国防国家体制をつくる、さてさてそれにはまず「産めよ殖やせよ」、というわけではないが、十月十九日、厚生省が全国の子宝隊(優良多子家庭)を表彰すべく、選ばれた一万三百三十六家庭の名簿を発表する。このニュースを伝える新聞の見出しが「出たゾ、興亜の子宝部隊長」ときた。その人は長崎県庁の総務部長の白戸半次郎さん。なんと男十人、女六人を育てている(わたくしの長岡中学の同級生に十五人兄妹の末ッ子がいた。残念! 一人足らなかったのか)。

この白戸さんを筆頭に表彰されるのは満六歳の子十人以上の家庭で、しかも父母が善良な臣民の条件を兼ね備えていること。これに目出たくパスした家庭は北海道が九百七十八、以下鹿児島県五百四十一、静岡県四百四十四、最低は鳥取県の三十九。

いまの日本の大問題の一つの少子化を考えるにつけ、戦前の国策をもちだすわけではないが、「産めよ殖やせよ! 国のため」というスローガンがなつかしくもある。とにかく昔のお父さんお母さんは、国の将来のため、頑張ったんであるな。このスローガンが前年に厚生省発表の「結婚十訓」に依拠するものであったことは、すでにふれたとおり。高度国防国家建設という国策のために、人口をふやすことは大事であったのである。そういえば「一億一心」という官製標語もこの年につくられている。この一億には朝鮮、台湾、樺太《からふと》などの植民地の人口もふくむ。この年十月一日の国勢調査では日本内地の人口は七千三百万人強。それゆえの子宝隊表彰であり、「結婚十訓」であったのである。

あとB面的な話題は、といっても、大政翼賛という大義名分が大手をふるい、規則ずくめの世となってはそんなに多く見つけることはできない。十月二十日、日本野球連盟が監督・選手・マネジャーをそれぞれ教士・戦士・秘書と改称することをきめる。同二十七日、戸田ボートコースが竣工する。全長二千四百メートル、幅七十メートル。ほんとうはこの年に開催されるはずであった東京オリンピックのレース会場、となる予定であったのである。同三十一日、外国名のタバコ「ゴールデン・バット」が「金鵄《きんし》」、「チェリー」が「桜」に改名される。

左様、この十月三十一日は日本じゅうのダンスホールが完全に閉鎖された日となった。東京では十のホールがあって、ダンサー三百六十一名、楽士百九名が職を失った。最後の夜はどこも超満員。やけっぱちでハシゴをするものも多かったとか。いよいよラストで、ワルツの「蛍の光」が演奏されたとき、ホールのあちこちですすり泣く声が高くなった。

「くだらねえ、権力で抑えつけるなんて」

歌手の三根耕一（ディック・ミネ）が隅のほうで口惜《くや》しそうにいった。

そして十一月十日、紀元二六〇〇年の大祝典が宮城外苑で盛大に挙行される。戦前の日本の最大のお祭りであったが、わたくしにはあまり記憶に残っていない。奉祝の花電車を見にいったことと、「金鶏かがやく日本の、栄えある光身に受けて、今こそ祝えこの朝《あした》、紀元は二千六百年」の祝歌なんかどうでもよく、「金鶏上がって十五銭、はえある光三十銭、鵬翼《ほうよく》高い五十銭、紀元は二千六百年」とタバコ値上げの替え歌をしきりに歌って、晴れ晴れしい顔をした在郷軍人のおっさんにゴツンとやられた覚えだけが残っている。

十一月二十四日、元老西園寺公望が世を去った。享年九十一。日独伊三国同盟が結ばれたとき、「これで日本は滅びるだろう。お前たちは畳の上で死ねないことになった。その覚悟をいまからしておけ」と側近にしみじみ

盛大に催された紀元2600年祝祭。「一億一心」をスローガンに、歓声をあげて宮城前へ押し寄せる行列（「写真週報」昭和15年より）

と嘆いたという。その言葉だけは、やはりかきとめておきたい。

当時の国民には、西園寺のそんな憂いなどが伝えられるわけはない。日本が亡びるとは思ってもみないことである。もっぱら大人も子供もひそかに口にしていたのはこの流行語。

「あのねェ、おっさん、わしゃかなわんよう」

もとは喜劇俳優の高勢実乗《たかせみのる》が、チョンマゲにチョビヒゲ、目の回りに墨をぬって、スクリーンで頓狂《とんきょう》な声で叫んだセリフである。とにかくやたらに重苦しくなっていく時代。取締りだけがきびしいときに「わしゃかなわんよう」と悲鳴をあげることが、一部の民草には一服の清涼剤となっていたのであろう。

しかし、これすらも九月に、皇道精神に反するとして禁止命令が下される。悪ガキは心底からガッカリした。でも、だからこそ、時々「わしゃかなわんよう」とやっていた。

昭和十六年(一九四一)

日独伊三国同盟を締結したあとの日米関係は、当然のことながら険悪化するいっぽうとなる。ドイツとイギリスとは激越な戦闘をくりひろげている。そのイギリスを同盟国として公然と支援しているのがアメリカである。ドイツは準敵国、そのドイツと手を結んだ日本は、アメリカにしてみれば、同じように準敵国視せざるを得ないからである。

米海軍長官ノックスのきつい発言がある。「日独伊三国同盟は、アメリカを目標としたものであるが、われわれは挑戦された場合、いつでもこれに応ずる用意がある」。

十六年四月十六日から、そのアメリカと、友好関係を元に戻そうとの交渉が再開された。が、外相松岡洋右の関心はドイツとソ連で、アメリカにはない。なるほど、電撃外交で日ソ中立条約を締結する（四月十三日）と派手なことをやってのけたが、アメリカをまったく軽視する。そのため日米交渉はギクシャクして、さっぱり進展をみないのである。石油のほとんどをアメリカから輸入している大日本帝国の現実から考えると、関係悪化のままは由々しきこと。とくに海軍は事態を深く憂慮した。

折から海軍中央には薩長出身の、日米戦争を宿命と考える対米英強硬派の面々が集結していた。日本が選択すべきは先手必勝で南進することである。しかも対米比率七割の海軍戦備を完整しているいまをおいて、わが戦略を実行に移すための絶好のときはない。一年後はおろか半年後には戦力において太刀打ちできなくなる。いまこそ南部仏印に進駐し万一のときに備えておかなければならぬ、と彼らは主張した。

この海軍の強い意見が陸軍を引きずった。こうして七月二日の御前会議で南部仏印への進駐が決定される。これをうけて二十七日、陸軍部隊は南部仏印進駐を敢行する。日本の外交電報の暗号解読に成功しているアメリカは、これを待たずに二十五日に在米日本資産を凍結、そして八月一日、石油の全面禁輸令を発動する。峻烈なアメリカの戦争政策に、海軍の軍務局長岡敬純《おかたかずみ》少将は「ここまでやるとは……」と天を仰ぎ、「石油は俺たちの生命である、これを止められたら、戦争さ」と嘆息した。

あとは一瀉《いっしゃ》千里と形容するのがいちばんであろう。ギリギリのところでの交渉はつづけられるが、戦争突入のための儀式とみられなくもない。結局は十一月二十六日のハル・ノートで万事休する。国民総生産でいえばアメリカは日本の十二・七倍である。以下、生産力は、艦艇四・五倍、飛行機六倍、鋼鉄十倍。保有力でみれば、鉄二十倍、石油百倍、石炭十倍、電力量六倍。そんな数字をあげて、開戦に疑問を投げかけようものなら、この敗戦主義者め、と大本営の秀才参謀の叱咤を浴びる以外にはない。日露戦争のとき、帝政ロシアは日本の十倍の国力をもっていた。その超強国にわが父祖は見事に大勝利したではないか。戦いは物量でするにあらず、必勝の信念でやるものだ、と彼らは豪語するばかりであったであろう。

こうして大日本帝国は最大の危機のときにリアリズムを失い、ドイツの勝利をあてにして、蜃気楼のようなみずからの大勝利の夢想を前途に描いて、対米英戦争に突入していった。それが国を亡ぼすことになるとは露《つゆ》思うこともなしに。

昭和十六年の年が明けるとともに、近衛内閣はいっそう日本精神強調による戦時体制確立への動きを増強していった。大袈裟にいえば、やがて戦うことになるかもしれない対米英戦争のための準備ということになろうか。前年の十一月にポリドールが売りだしたレコード「月月火水木金金」が年が明けるとともに、やたらに巷で歌われだしている。いいか、日本人よ、いま大変なときなんだ、日曜日なし、半ドンの土曜日なしでせっせと働こう、お国のためだ、とやたらに元気づけている歌。もともとが海軍省の依頼でつくられたものというが、何となく街の暗鬱さを吹き飛ばして明るく景気づけよう、いざというときに屈せず頑張れる心構えをもとうという狙いにピッタリであった。

とにかく世は四方が何となく行き止まりで、頭に重たいものが乗っかっているように鬱陶しく、だれの心もくさくさしていたのである。

そんなときの一月八日、東条陸相が中国で戦っている将兵を対象に「戦陣訓」を示達《じたつ》した。むしろA面の話題かもしれないが、これからあとの昭和史にもっとも大きな影響を与えることになった「生きて虜囚の辱《はずかしめ》を受けず、死して罪禍の汚名を残すことなかれ」の名言（？）を素通りするわけにはいかない。

戦後になってわたくしは「戦陣訓」の起草にたずさわった元陸軍中尉白根孝之氏にインタビューする機会があった。東条陸相の命で陸軍省総務課長鵜沢《うざわ》尚信大佐と軍務課長岩畔豪雄《いわくろひでお》大佐が指導し、浦辺彰少佐と白根中尉たち数人がもっぱら草案をねったものであるという。

とにかく中国の戦場での日本軍の兵隊の暴行があまりにひどすぎる。軍紀違反や風紀の乱れがかつてないほど増大した。南京事件もその一つ。陸軍上層部からの命令で、この不面目を改めなくてはと、風紀粛正のためにこの仕事にとりかかった。昭和十四年春からのことという。白根元中尉は言葉を探しながら語ってくれた。「明治このかたの『軍人勅諭』で、忠節・礼儀・武勇・信義・質素がきちんとかかれているんですが、どうも昭和の兵隊たちは文章がむつかしいとか何とかいってこの勅諭を歯牙《しが》にもかけないんですな」と元中尉は苦笑する。

「それでまあ、ぜひわかりやすくハッキリ説かなければならないと思った。そこでね、〝もし性欲がムラムラと起こったら、国に残してきた女房のことを思いだせ〟という一項を考えだしました。しかし、上のほうの手が加えられているうちに、どんどん『軍人勅諭』に近づいていく。結局は浦辺少佐が『恥を知る者は強し。常に郷党家門の面目を思い、いよいよ奮励してその期待に答うべし』とまとめることになりました。……ざっとすべてがそんな具合でしたね」

そして悪名の高い「生きて虜囚の辱を受けず」はこの「郷党家門の面目を思い」という言葉につられて、そのあとにでてきたものであるという。

「つまり〝恥を知る者は強し〟という前にかかれた主題の文を強めるための、具体的な例というか調子を強めるための文句だったんです。〝死して罪禍の汚名を残すことなかれ〟と対でね。ところが、これだけが独立して『戦陣訓』となると、『生きて虜囚の……』となるとは、まったく思いもしませんでした。まあ、ともかくも十五年の秋までに完成させたのですがね」

白根元中尉はそれ以上あまりいいたくないように眉を曇らせた。

一応はでき上がったものに軍中央部はさらに文章にみがきをかけるべく、作家の島崎藤村や、哲学者の井上哲次郎らの推敲を仰いだ。藤村は細部にまで筆を入れ、全体に知的な要素のないことを指摘したが、軍は兵隊に知は必要がないと一蹴する一幕もあったという。白根元中尉によると、それでも文中の「『立つ鳥跡を濁さず』と言えり。雄々しく床しき皇軍の名を、異郷辺土にも永く伝えられたきものなり」は藤村が強くいってかき加えられたものであったという。残念ながら藤村の願いはとどかなかった。中国の民衆の心に残るのは「雄々しく床しき」どころか、狂暴にして粗暴な日本兵の汚名ばかり、といったらいいすぎであろうか。

そしていま読んでみると、「大元帥陛下に対し奉る絶対随順の崇高なる精神」とか、「死生困苦の間に処し、命令一下欣然として死地に投じ、黙々として献身服行の実を挙ぐるもの、実に我が軍人の精華」とか、とにもかくにも上官の命令に対する服従が強く強く述べられている。「軍人勅諭」にあった「上級の者は下級の者に向いいささかも軽侮驕慢の振舞あるべからず」はなくなっている。もう上のもののいうことはゼッタイなのである。ビンタをビシビシ張られても「文句をいうな、バカモン」。小学五年生になったばかりのわたくしは何度この怒声を浴びせられたことか。あれも「戦陣訓」のせいなんだ、といまになって大いに恨んでいる。

そのため、というわけでは決してない。当時「戦陣訓の歌」というのがさかんにラジオなんかで流されたらしい。

〽日本男児と生れきて
戦《いくさ》の場《にわ》に立つからは
名をこそ惜しめ　つはものよ
散るべきときに清く散り
御国《みくに》に薫《かお》れ桜花

それなのにこれっぱかしもわが記憶にはない。このころ悪ガキがもっぱら歌っていたのは「隣組」の替え歌であった。

〽どんどん　どんがらりと　どなり組
まわして頂戴　ヤミ物資
教えられたり　教えたり

「戦陣訓」が示達された翌一月九日、葉山御用邸にいった天皇は、夕刻になって静養であるゆえ気も楽になったのか、侍従たちにいろいろと語った。「米、石油、肥料などの御話しあり」とあって、侍従の小倉庫次《くらじ》がしっかりと天皇の言葉をかきとめている。

「日本は支那をみくびりたり、早く戦争を止めて、十年ばかり国力の充実を計るがもっとも賢明なるべき旨、仰せありたり」

たしかに天皇のほうが先見の明があったというべきなのであろう。「早く戦争を止め」なければならないときであった。

✺日劇七廻り半の大騒ぎ

永井荷風『断腸亭日乗』に面白いことがかかれている。二月四日の項である。荷風はこの日も浅草に出かけオペラ館の楽屋に顔をだしたらしい。

「楽屋に至るに朝鮮の踊子一座ありて日本の流行唄をうたう。声がらに一種の哀愁あり。朝鮮語にて朝鮮の民謡うたわせなばさぞよかるべしと思いてその由を告げしに、公開の場所にて朝鮮語を用いまた民謡を歌うことは厳禁せられいると答え、さして憤慨する様子もなし。余は言いがたき悲痛の感に打たれざるを得ざりき。彼国《かのくに》の王は東京に幽閉せられて再びその国にかえるの機会なく、その国民は祖先伝来の言語歌謡を禁止せらる。悲しむべきの限りにあらずや」

なぜ、これが面白く感じたかといえば、じつは昭和十三年ごろには、まだ朝鮮語で歌うことが許されていたことを、荷風が明瞭にかきとめているからである。十月二十六日の項である。

「(午後)十一時オペラ館稽古場に小憩し、女優松平および朝鮮人韓某と共に車にてかえる。浅草公園六区に出る芸人の中には朝鮮人尠《すくな》からず。殊にオペラ館の舞台にては朝鮮語にて歌をうたうほどなり」

それから二年ちょっと。いつから、と指摘はできないうちに、たしかに状況がガラリと変わっていた。おそらくは当局からの強い指示があったからゆえに相違ないであろうが、同じオペラ館の支配人や裏方たちの間にも、朝鮮人の芸人が朝鮮語の歌をうたえないことは不思議でも何でもなくなっていた。「憤慨する様子もなし」と荷風が憤慨している。すなわち世の空気が排外的国粋主義ですでにして充満していた、ということなのではあるまいか。それが当然とだれもが思うことは、もうそのことに世の一般がそれになりきっているからである。当局の監視も注意もいらないのである。

それなのに、といえるようなちょっとした事件がその直後に起こっている。二月十一日、丸の内の日本劇場のまわりは早暁から押し寄せた群衆のため、八時を過ぎたころには収拾のつかない状態になっていた。三カ所ある入場券売り場の窓口それぞれに切符を買い求める行列が溢れて、巨大な円形をなす日劇をなんと七廻り半したうえ、開場と同時に押すな押すな。負傷者が続出する。丸の内署から警官が大挙出動して整理しようとするがとても無理で、ついに消火用ホースによる放水で群衆を追い散らさねばならなくなった。出しものは、折から紀元節の日で、「建国祭記念　歌う李香蘭」と題し、中国人女優の李香蘭の映画と実演である。

映画は長谷川一夫と共演の日満合作の『白蘭《びゃくらん》の歌』や『支那の夜』で、満洲映画協会（通称満映）の美貌のスター李香蘭は、これ以前から爆発的な人気をよんでいた。日・満・中の三カ国語がペラペラの中国人女優としてのもの珍しさもあり、その上に戦争という国家の大事業を支援する「日満親善」という役割も、彼女は中国人でありながらわが大日本帝国のために果たしている。これはもう応援せずばなるまい、というわけなのであろうが、べらぼうに綺麗な中国人女性をひと目みておこうという野次馬根性のほうが大きかった。

それにしても日劇の中国人女性とオペラ館の朝鮮人女性とのこの違いは、勝手な推察ながらいまの日本にも通じているような気がしないでもない。世界に冠たる民族としての当時の日本人には、中朝のどちらの民族にたいしても軽蔑感があった。人種差別があった。基本的には馬鹿にしている思いに差がないが、どちらかといえば中国人にはそう思いつつも得体の知れないものを感じないでもない。下等と見下しながらも、敬して遠ざけるというか、あまり深くつき合いたくはない思い、そうした不気味さを抱かせられていた。一撃ですむと思っていた戦争が長びいて、ドロ沼化しているところからくる嫌らしさが、中国民族とはそも何者なるかの疑問に日本人を投げこんでいたのである。

いまも何となく……なんて講釈はともかくとして、その中国人の人気女優がわざわざ来日して、美声を直接聴かせてくれるのである。娯楽に飢えていた人びとは、もの珍しさも手伝って殺到したのであるが、その騒ぎを知らずにやってくる観客がつぎからつぎへ。それに加えて大騒ぎを知ってかけつける野次馬もあって、混乱は陽の落ちるまでつづいた。ついには丸の内署長が日劇正面のバルコニーに上り「諸君！」と呼びかけた。

「いまやわが国は東亜新秩序の完成に向かって渾身の努力をつづけている。忠勇なる将兵は大陸の広野に戦っている。それを思えば、諸君の今日のこのありさまは何事だッ」

せっかくの署長の〝大喝〟もまた効き目がなかった。混乱は夜になってもまだつづいていた。

後日談がある。李香蘭はほんとうは日本人なのだという噂である。これがまた燎原《りょうげん》の火のごとく広まった。悪ガキのわたくしはそっちのほうに五銭賭けて、近所の軍国大人の痛いゴツンを一発くらった覚えがある。日満親善、東亜新秩序の大使命のためには、彼女が日本人であってはならなかったのである。

戦後になって、李香蘭コト山口淑子《よしこ》は語っている、「日本人であることを隠しているのがつらかった」と。年をとったが美貌は少しも衰えをみせない彼女の顔をみながら、さもありなんとわたくしは心から同情した。

少国民と国民学校

その年は春がいつもの年よりも早く訪れてきた。政治や軍事や経済情勢の急迫にともなって、国全体が臨戦態勢のなかに組みこまれているとは思えないほど、穏やかな日々がつづいている。そのなかで若ものたちの赤紙一枚による応召は相つぎ、日の丸の小旗をふって、〽勝って来るぞと勇ましく……の見送りは、白い割烹着にタスキの国防婦人会や愛国婦人会のおばさんたちと、われら学童たちの大切な銃後の仕事であった。

そのわれら小学生たちの名称が、三月一日に公布され、四月一日から実施となった国民学校令で一夜にして変わった。小学校という名称が国民学校と改称され、科目も修身・国語・国史・地理が国民科、算数と理科が理数科、体操と武道が体練科、音楽・習字・図画・工作・裁縫、家事が芸能科と編成替えになったのである。かわりに、わたくしが両親から通信簿をみせるたびにドヤされていた操行がなくなった。

その喜びもあったし、小学校四年生になるつもりが、いきなり国民学校四年生になって、小から国民へと何か偉くなったような気になった。ついでに文部省は音楽の授業を化粧変えして、「ドレミファソラシド」を「ハニホヘトイロ」と改めるなど、妙なことを仕出かしたのを覚えている。外国の呼称はやめにする、それが理由であったというが、であるからといって、音感ゼロが突然変異で二や三になり、歌がうまくなったりしたわけではない。

文部省初等教育課長清水虎雄の、唱歌が音楽に変わったことの説明が残っている。

「鋭敏な耳、音を聞分ける鋭い耳は、国防や産業にとって、非常に必要であります。（中略）音楽の時間に、この耳の訓練をすることが大事なのであります」

名称が変わったってわたくしの耳は……なんていいたくはないが。

さらにこれまでずっと馴染んできた通信簿の甲乙丙丁が、突如として優良可そして不可となった。これにはちょっと戸惑った。音楽が一年生このかたヘイタイさん（丙のこと）一筋であったのに、新しい成績表では可となった。可というのは「よし」ということじゃないのか。軍隊では「おおむね可と認む」というのは〝ほぼ合格〟ということだ、と在郷軍人のおっさんに教えられて、すっかりいい気になった。ところが、おふくろは頑として認めない。

放課後、こんにゃく稲荷では友だちと相撲や三角ベースの野球を楽しんだ（著者は上右）

「バカだね、『良』がよしということで、『可』は〝もっと勉強すべし〟というときの〝べし〟を可とかくんだよ」

藪を突っついて蛇で、これにはかなりガッカリした。

こうして国民学校となったのは、要は「少国民の錬成」ということにあったのである。この言葉は十五年九月に設立された「日本少国民文化協会」にはじまったことという。非常時ゆえに十分に鍛錬し、男女を問わず子供たちを精神的、体力的に、つぎの「戦力」となるようたくましく育てあげることを意味していた。これもナチス・ドイツの政策の真似であったという。それでそれまで小国民であったのがいつの間にか少国民となり、その錬成の場が国民学校。戦後になってわかったのは、当時の文部省や教育者にはナチス・ドイツかぶれがやたらに多かったということなのである。

そしてまた、四月二日付の朝日新聞に面白い記事が載っている。

「中等学校でも晴の入学式を挙行。今度の新入生から服装も全国一斉にカーキ色の国民服、戦闘帽に統一することになっているが、『なるべくお古で間にあわすように』というお達しがきいたか、国民服で登校した新入生は数えるばかり。大部分が元の『小学生服』か、お兄さんのお古着用という物資活用の初登校だった」

上級学校である中学校や高等女学校では、すでにビシビシと鍛錬がはじまっていたらしいのに合わせて、小学校は国民学校となるに合わせて、よりいっそう軍事色が強められていったとみえる。

そう、かき忘れていたが、上級学校へ進学するのに昔からあった学科試験が中止となって、口頭試問と内申書と、体力検査の三点セットとなったのが十五年の春からである。そしてこの年になって、「少国民の錬成」という目的にそって、いやはや滑稽きわまる入試方法をやった学校が出現したりする。大阪府立佐野高等女学校がそれである。

三月二十二日の朝、番号札をつけた百五十二人の受験生を三班にわけて、校長が大声を発した。「草取りはじめェーッ」。しかも受験生の先頭には校長をはじめ全職員が立ったのである。女の子たちは何事かわからぬままに面白がって、校庭の草むしりをはじめる。ところが、これが合否をきめる入学試験とわかって、びっくり仰天し、いっぺんに必死の形相と変じた。さかんなる意気ごみを示し、草取りの真剣勝負。かくて入学試験の草取りは一時間行われて、その間に先生の手もとには、受験生一人ひとりの熱心度、動作の遅速、丁寧さなどの性格と、とくに体力の有無を重視し、しっかり観察した採点表が残されたという。

何ともバカバカしいというほかはないが、「少国民の錬成」とは結局そんな程度のこと。基礎となる知識や知能の練磨よりも、〝戦力〟となる体力練磨のほうが重要視される時代がやってきたのである。わたくしの中学校受験は二年後で、またそのときにくわしく語ることになろうが、ではそれ以前の入学試験はどんなであったのか、それを知っておくのも益なきことではない。たとえば昭和十二年の東京府立第一中学校（現都立日比谷高校）の入学試験・国語の一部を（武藤康史『旧制中学入試問題集』ちくま文庫）。

「左の漢字の読方を片仮名で書きなさい。

（1）面影（2）修行（3）紺青（4）弁へ（5）信仰（6）臨終（7）著しい（8）訪ふ

（9）小春日和（10）坐る」

こんなもの読めなくとも、草取りが速いほうが大事、ということはあるまいと思うのであるが……。

そういえば十六年三月七日付の朝日新聞に、「国民学校の歌」というのが載っていた。これは文部省と大政翼賛会の後援で、朝日新聞社が社告で公募した歌の当選作であるそうな。

皇御国《すめらみくに》に生れ来た　感謝に燃えて一心に
学ぶ国民学校の　児童だ　われら朗らかに
輝く歴史うけついで　共に進もう民の道
……………

もちろん、わたくしが覚えているはずもない。こんな歌のあったことすらも知らなかった。

多分、しっかり覚えた模範少国民もいたことであろうが、われら悪ガキには縁もゆかりもない話。われらが歌っていたのは、「私十六満洲娘」の替え歌で、「今は非常時節約時代、パーマネントはやめましょう」という歌で、下町のオキャンなお嬢さんから「シツコイね、お前たちは」と追っぱらわれていた。戦時の銃後の少国民はとにもかくにもやたらにガミガミいわれつつ、とにかく鍛えに鍛えられはじめたことだけはたしかである。

戦争を決定づけたとき

ここでA面の話題へと転ずるが、四月十三日、松岡外相の活躍で日ソ中立条約がアッという間に調印される。日ソ相互間の領土の保全、相互不可侵をきめた条約である。有効期間は五年。世界中が両国の離れ業に驚愕し、日本国民もなぜか拍手を送った。左翼的な弁護士の正木ひろしは個人誌「近きょり」五月号の巻頭言にこんなことをかいている。

「日ソ不可侵条約が出来て国民は久し振りに青空を仰ぎ見たように悦んでいる。／三カ月前まで『ソ連憎むべし』と言わなければ安全に世の中が渡れなかったのに、今は外務大臣も『スターリンさん』と呼び、スターリンと抱擁している写真が新聞に大きく出ても、お上はこれを発売禁止にしない。（中略）ソ連と闘わなければ国体が明徴にならないように宣伝され、その反対の議論は非国民扱いされていたのだ。／今、日ソの国交は調整に一歩を進めて来たが、国体観念は少しも動揺せざるのみか、国中が明るくなって来たではないか。して見ると、あの国体明徴派の中には、国民を欺き、国民を威嚇する道具に国体明徴を利用したのか」

まったくの話、イデオロギーといったものがいかにいかがわしいものか、右とか左とかの話ではない、いまは呆れるだけである。

そしてスターリンと抱擁した外相松岡洋右は国民的英雄になった。このときの外遊の往復に詠んだ松岡の俳句をめぐって、わたくしは嵐山光三郎氏と対談をしたことがある（平成二十二年五月、「くりま」文藝春秋刊）。かなり横道にそれることになるが、B面の名に免じてもらって引用することにしたい。

嵐山：「ウラル山何時越えけるか雪つづき」。なるほど、得意絶頂の頃で、自慢してる。

半藤：つまらない句だねえ（笑）。

嵐山：若山牧水みたいで（笑）。「花の園花の顔花曇《かんばせ》」も、気取って鼻にかけてるし。

半藤：「松岡座稼ぐ旅路や十万里」。ヨーロッパへ行った連中を全部集めて「松岡座」と称している。旅芸人じゃあるまいし、松岡座と得意になっている。

嵐山：いい気なもんです。自分で「松岡座」と言っているのが高慢ちき。

半藤：人間、有頂天のときはそういう気持になるのでしょう。

嵐山：「万歳の唇紅し花の人」は、ファシスト松岡洋右の本性が出ていますよ。ヒトラーの人民の煽り方と似てますね。美しく着飾らせたヒトラー・ユーゲントの少女隊が目に浮か

びます。（以下略）

ところが、それから二カ月たった六月二十二日、ドイツはソ連に宣戦布告し、独ソ戦がはじまってしまうのである。スターリンが松岡の誘いに乗って中立条約を結んだのは、こうした危機的事態の到来を予期してのことで、満洲方面で日本軍の進攻をうけての両面作戦は展開できない。その思惑が裏に秘められていた。外交の腹芸では、松岡はスターリンの敵ではなかったようなのである。

そしてこの独ソ開戦の一日前の六月二十一日に、アメリカは石油の全面輸出許可制に踏み切っている。これは日本からみれば事実上の輸出禁止と判断しなければならなかった。翌二十二日、陸軍省燃料課長の中村儀十郎大佐が東条英機陸相に、石油問題で食いついている。航空ガソリンの手持ち量は三十八万五千キロリットル。これを月間使用量一万五千キロリットルで割ると、現在の対中国戦争を戦っていくだけでも二年ほどで尽きてしまうことになる。いや、他方面での必要なコストを考慮すれば、二年といわず一年で作戦不能の状態に陥るであろうことは明白である、と中村は必死の面持ちで説いた。

「それでどうなんだ」

と陸相がいった。ただし静かな口調で。

「したがいまして、一刻も早くご決断を……」

最後まで聞くことなしに、陸相は答えた。

「泥棒をせい、というわけだな」

中村大佐は、米国の禁輸政策が実施されれば、東南アジアの油を狙うほかはない、そのことが陸相にはわかっているものと判断した。「泥棒」という物騒な言葉は明らかにそのことを意味している。

独ソ開戦といい、こんな事実を重ねてみてみると、対米戦争に踏みきる決意を固めることになった決定的な時点は六月二十二日、と思えてきてしまう。さらにまた、もう一つ注目すべき事実がある。陸軍主計中佐秋丸次朗を中心とする戦時経済研究班の、秘密裡に行われていた各国経済力の分析報告である。秋丸がその報告を陸軍中央部の首脳に説明したのも、この二十二日前後のことであったという。

このとき、秋丸中佐は塵一つの誤魔化しをすることもなくいった。

「対米英戦となった場合、経済戦力の比は二十対一程度と判断されます。開戦後、最長にして二年間は貯備戦力によって抗戦は何とか可能ですが、それ以後は、わが経済戦力はもはや耐えることができません」

聞いていた参謀総長杉山元大将は感想を述べるかのように淡々といった。

「わかった。調査および推論は完璧なものと思う。しかし、結論は国策に反する。ゆえに、この報告書はただちに焼却せよ」

東条も杉山も、日本の国力が長期戦には耐えられないことがわかっていた。日中戦争はじまっていらいの対中国戦費はすでに二百八十億円を超えている。ちなみに日露戦争は二十億円。戦死者もこれまでに三十万人を超えている。ちなみに日露戦争は十万人であった。そんな数字は十分に承知しているのである。しかも、「持てる国」を敵とする対米英戦争は長期戦となる、そのことも明白である。でありながら、七月二日の御前会議で、海軍の対米強硬派の連中のいうがままに、南部仏印進駐を決定するのである。もちろん、いろいろな議論のあるところであるが、少なくとも最終的に対米英戦争を決定づけたときとして南部仏印進駐があげられることは間違いない。

七月二十八日、陸軍の大部隊がサイゴン（現ホーチミン）に無血進駐する。アメリカはただちに石油の全面禁輸で応じてきた。日米交渉妥協への命綱が切り落とされたにひとしい情勢となった。

「はなし塚」の建立

ここまで来ると、B面の話をかくのも難儀になってくる。二月に東京のすし屋は四階級に分けられる。特級が三十六、一級九百二十七、二級千三百十五、三級七百二十九の店にしぼられた、というが、特級や一級の店に出入りする客は〝国賊〟的な連中と思われたともいう。さりとて二級、三級店は玄米などを使ったすしで、食べられたものではなかったというのであるが。

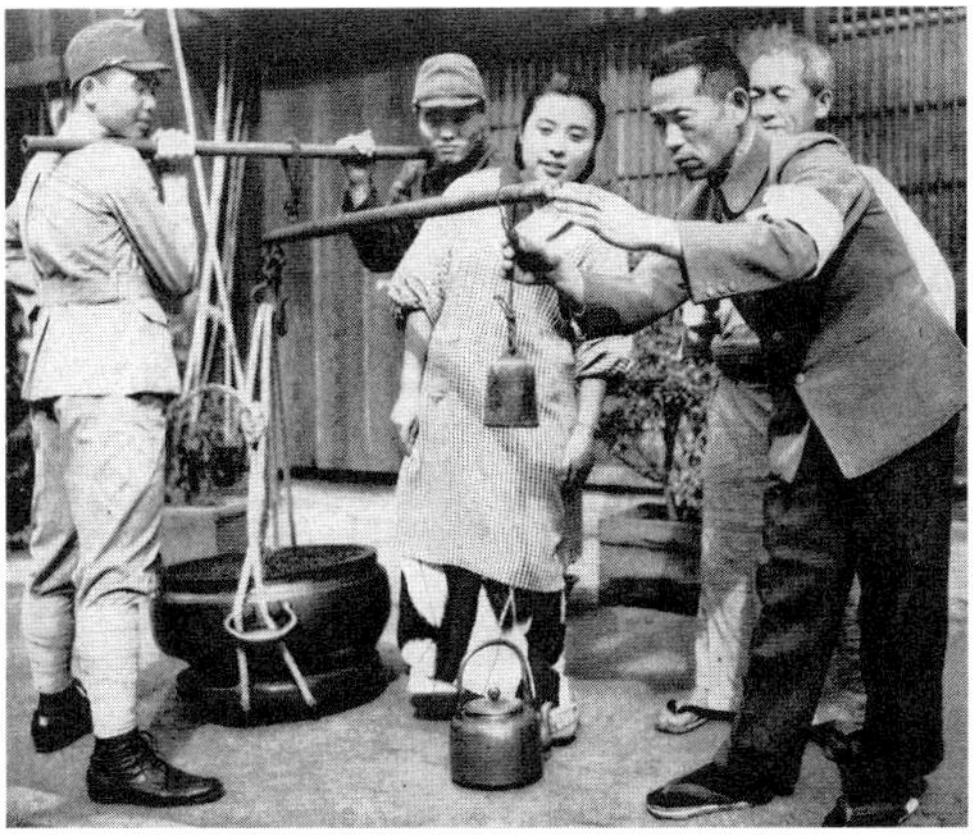

指定買出人が家庭の金属類の品質を鑑定、重さを計り、次々に回収していった（「写真週報」昭和16年より）

八月二日、大政翼賛会の音頭とりで第一回特別みそぎ修練会なるものが箱根で開催された。小磯国昭陸軍大将が先頭に立ち、横光利一、瀧井孝作らの作家・評論家など五十人が参加。全員が白鉢巻、白衣、白袴、白足袋の装束で、毎日朝夕五勺の玄米に梅干一つの食事。昼食はなし。渓流の水に打たれて修行、俗念を洗い清め、神人合一の境地を求めた。すべてを忘れて神がかり。いやはや、情けなくなる。

八月二十九日、閣議で労務緊急対策がきまる。①選《え》り好みの職業につくのではなく国家の要請する職域において勤労する。②平和産業、不急産業の従業員を軍需産業に転業せしめる。③女子にも国民登録を適用し、年齢も従来より幅を広くする。④学生、生徒、一般青壮年を動員する勤労奉仕の組織化を図る等々。要するに、ひとりの有閑人もなからしめるべき、総がかりでの国家奉仕のとりきめなのである。

九月一日、金属類特別回収令が施行される。「回収の対象となるものは現用品または不急品などの製品であって、屑《くず》ではありません。つまり屑ではなくて現在使っているか、あるいは何等かの理由で現在使っていなくても必要に応じていつでも使えるものです」(「週報」二五七号)、であるから、「ナベカマ農具等の生活必需のものは除かれてあります。火鉢、喫煙用具、花器、菓子器、銅壺《どうこ》、コンロ、ヤカン、水差し、置物、火器、つり下げ手洗器等の器物なのです」(新潟県新津市「金津村報」)。このために国民学校の校庭のいちばんいいところに立っていた、薪を背負い書物を手にする二宮金次郎の銅像が、どしどし供出されることとなる。

九月十一日、警視庁がタクシー、ハイヤーなどのガソリン使用営業用自動車を禁止する。つづけて十月一日、乗用自動車のガソリン使用も全面的に禁止された。

十月三十日、浅草寿町の本法寺境内に「はなし塚」が建立される。山ほどもある演目のなかから花柳ダネ(明烏《あけがらす》、居残り佐平次、廓《くるわ》大学、子別れ、品川心中、付き馬、つるつる、六尺棒など三十五種)、妾《めかけ》ダネ(権助提灯、星野屋など四種)、間男《まおとこ》ダネ(紙入れ、庖丁など六種)、艶笑ダネ(疝気《せんき》の虫、不動坊、宮戸川など七種)、残酷ダネ(後生鰻)の計五十三種の古典落語をすべてここに葬ったのである。

上からの命令にあらず、落語協会の自粛によるというのであるから、ちょっと首を傾げたくなる。花柳ダネこそが芸のみせどころと思うのであるが、それを高座にのせないことが聖戦遂行や大政翼賛のためになるというのであろうか。もう日本人がみんなわけのわからないままに集団催眠にかかっていたというほかはない。

十一月二十二日、対米英戦争に突入する直前のこの日、「国民勤労報国協力令」が公布された。議会の審議を必要としない天皇大権で発する勅令によった。しかも、これも強制命令にあらず、国家緊急時には名誉と心得て、率先協力する義務がある、という注釈がついていた。

しかも、十月には「青壮年国民登録」が実施されている。男子は十五歳以上四十歳未満、女子は十五歳以上二十五歳未満で、配偶者のないものをすべて登録させた。国民の〝根こそぎ動員〟の準備はすでに整えられていたのである。

かくて、先んじてかいてしまうが、敗戦までに徴用されたものの百六十万人、学徒勤労動員三百万人、女子挺身隊四十七万人に及んだ。評論家小沢信男のいう「自発性の強制」は国家によって見事に実施されたのである。

と、B面的な話題を拾ってかいてみるが、やっぱり筆が滞りがちになる。このかんに九月六日の御前会議での天皇のいとも稀な「よもの海みなはらからと……」の発言があったり、近衛内閣が倒れて対米主戦論者の東条英機が首相となったとき（十月十八日）の、天皇の「虎穴に入らずんば虎児を得ずだね」の感想があったりしたが、もちろん、国民はまったく知ることはない。十一月五日には大本営政府連絡会議の席上で、永野修身《おさみ》軍令部総長の「いまだ！　戦機はあとには来ない。いまがチャンスなのだ」と卓を叩いての豪語があって、大日本帝国は「自存自衛を完《まつと》うし大東亜の新秩序を建設するため、対米英蘭戦争を決意す」という「国策遂行要領」を決定する。何度も同じ言葉をかくことになるが、もちろん、国民はだれひとりとしてそんなことを知るべくもなかったのである。

愚かさの総和

十月二十六日の東京日日新聞の社説——。

「戦わずして日本の国力を消耗せしめるというのが、ルーズベルト政権の対日政策、対東亜政策の根幹であると断じて差支えない時期に、今や到達している。日本及び日本国民は、ルーズベルト政権のかかる策謀に乗せられてはならない」

ほとんどの日本国民はそう思っていた。

この日、千島列島の単冠湾《ひとかっぷわん》より南雲《なぐも》忠一中将指揮の大機動部隊が、真珠湾めざして出撃していった。そして同じ日に京都では、高坂正顕、高山岩男、西谷啓治、鈴木成高の座談会「世界史的立場と日本」（発表は「中央公論」新年号）が行われている。彼らは説いている。世界史は大きく転回しつつある。西欧という一元的な世界史にかわって、アジアが登場して多元的な世界史がはじまっている。その大いなる歴史的転回に主導的な役割を果たすべき国が、わが日本なのである。日本人がその役割を自覚し、世界史の方向を原理的に考え直すということは、まさに歴史の要請というべきなのである、と。そしていちばん最後に高坂正顕がいいきった。

「人間は憤る《いきどお》時、心身をもって憤るのだ。心身ともに憤るのだ。戦争だってそうだ。天地とともに憤るのだ。そして人類の魂が浄《きよ》められるのだ。世界史の重要な転換点を戦争が決定したのは、そのためだ」

はたして日本人はみな憤っていたのであろうか。

そして十一月二十七日にいわゆる「ハル・ノート」が送られてきて、万事は休した。日本の指導層は声を失った。日本の過去の全否定で、日露戦争前に戻れといわれているにひとしい。とりようによっては〝最初の一発〟を撃たせようとしているとも解釈できた。

そのあとの東京朝日新聞の見出しを拾ってみれば、十二月三日一面トップ「ABCD陣営の妄動／今や対日攻勢化す」、六日一面には「対日包囲陣の狂態／わが平和意図蹂躙《じゅうりん》／四国一斉に戦備開始」とある。Aはアメリカ、Bはブリティッシュでイギリス、Cはチャイナで中国、Dはダッチでオランダである。八月一日の対日石油全面禁輸以後に新聞によってつくられた流行語で、はたしてABCD包囲網（または包囲陣）などの事実はなかったというが、当時の日本国民はみんなそれを信じていた。それらに包囲されていまや重苦しくて息もつけない。これを何とか打破しなければ、とそう思っていた。

十二月六日、芸能家にして随筆家の徳川夢聲が日記に殴りつけるようにしてかいた。

「日米会談、相変らず危機、ABCD包囲陣益々強化、早く始ってくれ」

作家司馬遼太郎が平成三年（一九九一）十二月、産経新聞連載の「風塵抄」にまことに当然きわまることをかいている。長く引用する。

「現実の日本は、アメリカに絹織物や雑貨を売ってほそぼそと暮らしをたてている国で、機械については他国に売るほどの製品はなかった。／地上軍の装備は日露戦争当時に毛がはえた程度の古ぼけたものであった。海軍の場合、石油で艦船がうごく時代になったため、平時でさえ連合艦隊が一ヵ月も走れる石油はなかった。／その石油もアメリカから買っていた。このような国で、大戦争など、おこせるはずがなかったのである」

おそらく当時にもそうした声はあったことであろう。でも、そんな声はかぼそいもので、「早く始ってくれ」という心身ともに憤った、熱狂した多数によって黙殺されてしまった。つまり日本人はその程度にしか賢明でなかったということになる。近代日本になっていらい敗けたことのない無敵日本という自己過信、アメリカの国力に対する無知、ドイツの勝利への根拠なき確信、そしていまや好戦的と変わった国民の心情などなど、そんな愚かさの総和が、結局は大戦争へと突入することを許容してしまったのである。

外交官の重光葵《まもる》がいいことをいっている。

「国民は現状ではやりきれない。なんとか決まりをつけてもらいたい。このようにじりじりやられてはかなわぬといっている。このようにデスパレート（ママ）になっているものは、また大戦争にでもなっていよいよ行き詰まらねば過ちを悟らぬ。（中略）何かの破壊的勢力が動いているとしか考えられぬ。国を挙げて狂気にあらずんば神経衰弱に陥っている有様は見るに忍びぬ気がする」（『重光葵手記』）

こうして日本人は十二月八日を迎えることとなる。そして真珠湾奇襲の勝利、マレー半島上陸作戦の成功の第一報に、気持ちをスカッとさせた。気の遠くなるような痛快感を抱くことになったのである。

歴史の皮肉ということ

ここでA面的になるけれども、やっぱり歴史の皮肉についてかいておかなければならない。日本は結局はナチス・ドイツのヨーロッパ戦線での勝利をあてにし、十二月一日の御前会議の決定で対米英戦争に踏み切った。その四日後、すなわち十二月五日、モスクワまであと三十キロの地点まで攻めこんでいたドイツ国防軍は、ソ連軍の猛烈なる反撃と弾薬の補給不足と、マイナス摂氏五〇度という寒さのために、いっせいに後退せざるを得なくなっていたのである。ドイツ軍の猛将グデーリアン大将はいった。

「機甲部隊への燃料供給困難と寒さとで部隊の力が尽きた。各連隊は凍傷ですでにそれぞれ五百人以上失っており、寒さのため機関銃は火を噴かなくなり、対戦車砲は発射できず、ソ連のT34戦車にたいしては無力となった」

ヒトラーの「断乎として現在位置で抗戦すべし」の命令も空しくなり、「無敵ドイツ」の歴史は終っていた。

日本の政府も軍中央部もそれを知らなかったのであろうか。残念ながら知らなかったといまはいうほかはない。十日午後六時よりひらかれた大本営政府連絡会議は、この戦争の名称について討議した。海軍が反対するのを押し切って、東条首相と陸軍は「大東亜戦争」の名称を強く主張する。過去の戦争の通例からみると、この命名はいささか異例である。戦争の意義を標榜するような、理念的呼称ともいえる。そのとおり、それゆえこの名称は最高の命名なのである、と陸軍側はいいきった。

「今次大戦は、大東亜新秩序建設を目的とする戦争である。太平洋正面においてはむしろ持久戦の態勢を確立し、英国と中国とをまず屈伏せしめ、八紘一宇の大理想、大東亜共栄圏を完成する。しかも、このことを国民にひろく自覚せしめ、かつ徹底させなければならない。その意味において他の呼称は考えられぬ」

こうして連絡会議はこの夜につぎの決定をみた。

「一．今次の対米英戦争および今後情勢の推移に伴い生起することあるべき戦争は、支那事変をも含めて大東亜戦争と呼称す。

二．十二月八日午前一時三十分より戦時とす」

そして翌十一日、内閣情報局はこれを発表、「なお、戦争地域を大東亜のみに限定するものではない」ともつけ加えて解説した。

何という壮語なるか⁉　今後情勢の推移如何によって起こる新しい戦争とは、対ソ戦のことである。大東亜のみに限定せずとは、ドイツ軍が中東方面にまで連戦連勝で進攻してきたときは、わが軍もまたそれと握手するために中東まで攻めこむということである。とにかくドイツ

の勝利をあてにしていることは歴然としている。そのドイツにはもはや勝利の芽がなくなっていたとは⁉

何も知らされていない国民は、そうしたこともあり得るであろうと納得した。いま眼の前にある大勝利に熱狂していないものはほとんどいなかった。こうなればだれもが大勢順応である。個人の思いよりも集団で考えていることのほうが大事なのである。個人の価値よりも集団の利益を先行させねばならない。ヨーロッパ戦線に眼を配るもののいるはずもなかった。ワッショイワッショイと勝利の神輿を担ぐだけ。

勇ましい行進曲つきの大本営発表は、陸海が競い合っている有様となり、街の電気店のラジオの前には黒山の人だかり。戦争はお祭り気分で進められていく。早期講和などは夢のまた夢、というよりは口にすることが愚の骨頂となった。

そして軍人たちが威張りだした。正確には軍隊の階級が威力をもちはじめた。茨城県五箇村《ごかむら》で村長をやっていた長岡健一郎が、貴重な日記を残している。その十六年十二月二十三日の項に、馬もぞくぞく召集されていることにふれ、こんなことをかいている。

「徴発価格は、最高七百八十円、最低六百五十円で、平均価格は六百八十六円だった。／古《こ》河《が》駅で貨車に乗載するときのこと、酔っぱらっていた下士官が徴発馬に蹴られた。相当な重傷だったらしく、『担架！　担架！』と兵隊が走りだしたら、床几《しょうぎ》に腰かけて指揮していた委員長が、『ここは戦場である。酒に酔っての作業などもってのほかである。担架は要らぬ』と怒号した」

この委員長なるものが陸軍少尉ドノ、それが二十歳代前半の若もので、軍刀を手にしてふんぞり返っていたというのである。階級だけがモノをいう時代になっていたことがわかる。そして軍隊内部では「貴様らは所詮、一銭五厘。しかし、馬は違う。どちらが価値があると思っているんだ」と怒鳴って、将校が兵隊にビンタを食わせていたのである。

以下、蛇足になるが、戦時下の銃後の風景を。きまりきったことながら、民衆統制の国家方針はぐんと強まった。十二月十日にラジオによって「決戦生活五訓」が国民に提示される。隣組の常会でこれを徹底するようにとのただし書きつきであった。
一、強くあれ、日本は国運を賭《と》している、沈着平静職場を守れ。
二、流言に迷うな、何事も当局の指導に従って行動せよ。
三、不要の預金引出し、買溜めは国家への反逆と知れ。
四、防空防火は隣組の協力で死守せよ。
五、華々しい戦果に酔うことなく、この重大決戦を最後まで頑張れ。
いずれもごもっともなこの五訓は、敗戦のその日までくり返し強調されていたことばかり。なれど連戦連勝で、それに「酔うことなかれ」といわれても無理な話である。永野軍令部総長ですらが「ホーレ、戦争はやってみなければわからんじゃないか」と底ぬけのご機嫌であり、だれもかれもが長期戦となれば日本必敗となるきびしい現実を忘れてしまっているかのように浮かれに浮かれているのである。

あえていえば、決戦体制で気を引き締めていたのは国民のほうといえるかもしれない。十二月二十一日付の東京朝日新聞を引くことで、少しはそうとわかる。

「百貨店は、虚礼廃止が贈答品にも徹底して皆無同様。従来なら高価な羽子板が売れたものだが、そんな浮薄の影はぴったりひそめて、一、二円程度の実用向きが人気の的。それに引きかえ皇軍慰問品売り場のゆるぎない売れ行きは、銃後の結束も力強くて頼もしい。ある一流料理店の主人の言によると、忘年会も『今年はボの字もありません。この精神があってこそ日本国民です。やせ我慢でなしにうれしく思います』」

ほんとうに、緒戦の勝利に喜びつつも、国民はみんなやせ我慢をしていた。もういっぺん徳川夢聲の日記を引く。十二月三十日と三十一日のほんの一部を。

「三十日（火曜　晴）一家八人の朝食、飯は良く、刻んだ漬物は美味く、番茶香しく申し分なし。坊曰く『おこげが歯で噛めるのはしあわせだ』と。坊やは哲学者である」

「三十一日（水曜日　晴　寒）蕎麦《そば》の代りに、うどんを喰う。坊やは、うどんを下から喰う。二階に上り、火鉢に火はなく、寒む寒むとハガキを書く。年内のものは片づけておくつもり。この頃のラジオ毎夜の浪曲は、甚だ情けなくなる。／除夜の鐘鳴らず地球は廻りをり」

然り、世界はもの凄い勢いで変わりつつあった。大日本帝国はつかの間の勝利で有頂天になっているときではなかったのである。

第七話

「撃ちてし止まむ」の雄叫び

昭和十七〜十八年

昭和十七年（一九四二）

大日本帝国は、対米英開戦にさいして、どんな戦争終結の構想を描いていたのか。開戦直前の十六年十一月十五日に、大本営政府連絡会議は終戦構想について十分な討議をしている。そして、要はその結論は——、

①初期作戦が成功し自給の途を確保し、長期戦に耐えることができたとき。
②敏速積極的な行動で重慶の蔣介石政権が降伏したとき。
③独ソ戦がドイツの勝利で終ったとき。
④ドイツのイギリス本土上陸が成功し、イギリスが和を請うたとき。

こうした情勢が現出するときには、いかに強力な軍事力を誇ろうが、アメリカは戦意を喪失するであろう。そのときには栄光ある講和にもちこむ機会がある、というのがその骨子であった。とくに③と④とはかならず近く実現するものと信じた。ゆえにわれに勝算が必ずあるものと見積もった。つまりはドイツの勝利をあてにしたのである。

ところが歴史は皮肉そのものなのである。日本海軍の機動部隊が真珠湾攻撃であげた大勝利に日本人が有頂天になっているとき、頼みとするドイツ軍はモスクワ正面の戦線で、おりからの猛吹雪のなかに総退却を開始している。つまり、事実として、この戦争でのドイツの勝利は夢のまた夢と化しはじめていたのである。

はたして日本の指導層にそうしたきびしい認識があったかどうか。開戦後の六カ月、

〝ナイフでバターを切るようなやさしさ〟で、昭和十七年の南方攻略作戦は計画どおりに進んだ。マニラ占領（一月）、シンガポール占領（二月）、ラングーン（現ヤンゴン）占領（三月）、ジャワの蘭印軍降伏（三月）と、字義どおり連戦連勝である。

結果として、日本の指導層は、いや国民もまた、全アジアの盟主として大日本帝国が君臨し、新秩序が建設できるものと、国力を無視したような大きい夢を描くことになる。そして、とくに軍部は対米英戦争など朝飯前という驕慢を抱くようになる。緒戦の凱歌につぐ凱歌で、〝無敵〟の宣伝をみずからが信じてしまった、というほかはない。

十七年六月のミッドウェイ海戦が戦争の運命を決した戦いと呼ばれるのはその意味で正しい。この海戦の敗北で日本軍は戦闘の主導権を失ってしまう。そのことは、攻勢作戦で勝利につぐ勝利をかちとり、とにかく短期決戦によって有利な講和へと導く、という道がかたく閉ざされたことを意味する。これからのちは日本が（とくに海軍が）恐れていた物量対物量の消耗戦かつ長期戦に否応なく引きこまれていくことになる。

そのあまりにもむごい戦闘の典型が、八月上旬から戦われたガダルカナル島攻防戦である。この戦いは日米両軍ともありったけの戦力を投入してのがっぷり四つに組んでの戦いとなった。ただ、この島は日本軍にとってあまりにも遠かったのである。いわゆる攻勢の限界点の外にあり、たとえば当時世界一の航続距離を誇った零式戦闘機でさえ、最前線基地ラバウルから往復するのがやっとで、戦場上空にはせいぜい十五分ほどしかいられなかった。これでは制空権はとれない。近代戦では制空権なきところ制海権なし、とうてい思うような戦闘行動はとれないのである。

こうして不利な条件をものともせずに奮戦したが、戦うこと五カ月、日本軍はたくわえてきた戦力（とくに航空機と駆逐艦）を使い果たして一本の飛行場の争奪戦に敗れ去った。もはや奪回ならず、となって、十二月三十一日、大本営は御前会議の決定をまって、ガダルカナル島よりの撤退をきめるのである。そしてこのあとの戦いは勝利のあてのない防戦につぐ防戦いっぽうとなった。

ラジオと世界地図

国民の一人ひとりにとっては、あれよという間に、とにかく国運を賭した戦争がはじまってしまっているのである。そしてラジオはほとんど連日のように一日じゅう、「軍艦マーチ」と「抜刀隊の歌」をくり返し、大本営発表の戦果をつぎからつぎへと発表している。鉦《かね》や太鼓のお祭りが毎日つづいているようなのである。敵は弱いチャンコロ（中国兵）にあらず、大強国アメリカとイギリスである、しっかりしろよ、と勇ましい軍国おじさんにいわれなくともわかっていた。いや、この二大国だけではなく、ほとんど全世界を敵にまわして戦っているのだともハッパをかけられた。しかし、そういう切ッ羽つまった実感は、当時国民学校五年生のわたくしにはまったくなかったような、おぼろげな記憶だけがある。

ただ、おやじが「アメリカと戦争をして日本が勝てるはずはない」と何度もわたくしにいっていたことははっきりと覚えている。勝てないのなら、じゃ敗けるのか。であるからといって、その戦争が現に戦われていることに子供心にも深い憂慮を抱いた、などということはない。とんでもないことが起こっているとも思っていなかった。

そりゃそうだ、下町の悪ガキにすぎないころなんだから、とも思う反面で、いや、当時の日本人のほとんどがそうではなかったか、とも考えられてならぬ。つまり、だれもがもはや対米英戦争は避けられないと覚悟をきめたまさにそのときに、戦争は起こったのである。というのも軍と政治の指導者の長いあいだの巧みなリードがそのうしろにあったのであるが。

ここでちょっとB面ならざる理屈をこねると——。さまざまな内政的苦難があり解決に窮したとき、すべては外敵の仕業にする。そうすることで、国内に現前する諸問題はたちまちに、国民の怒りが外敵に向かうことによって解消される。およそ世界各国の指導者が歴史から学べる、それこそが教訓というもので、戦争はいつだって「自衛のためのやむにやまれぬ戦争」になるにきまっているのである。アメリカの対日石油輸出全面禁止も、ＡＢＣＤ包囲陣のかけ声も、いまになればきちんとなぜそうなったのかを説明できるが、当時の国民はその歴史的事実の裏側などなんら知らなかった。知らされていなかった。その上で、晴天の祖国の危機を救えと強く訴えられれば、そうか、もはやほかに手の打ちようがないのかと、無意識のうちにも自覚する。そして、どんな強国が相手であろうが、ただ「来るべきものが来た」と受けいれるだけとなる。戦争がはじまったころの日本人の大人たちはほとんどが、いまさら少しも驚くべきことにあらずという心理にあったと、わたくしはみるのである。そしてそのことについてはくわしく『十二月八日と八月十五日』（文春文庫）でかいている。

それに連戦連勝、勝ちすぎたのがいけなかったのも確か。これでは緊張感や先憂感など吹っ飛んでしまう。二月十五日のシンガポール陥落のときの情景など新聞に大きく報道されて、国民は心から雀躍《こおど》りした。「マレーの虎《ハリマオ》」とよばれた日本陸軍の総司令官山下奉文《ともゆき》中将が、敵英軍の総司令官パーシバル少将に無条件降伏を突きつけたときの「イエスかノーか」の問いつめ方は、新聞が大きく載せた。これが日本人には気に入って、後世までの語り草となった。

山下　降伏意志があるかどうか、それから聴こう。無条件降伏、イエスかノーか。
パーシバル　返答は明朝まで保留されたい。
山下　明日、明日とは何だ。日本軍は今夜、夜襲しますぞ。それでもよいか。
パーシバル　では日本時間午後十一時半まで待っていただきたい。
山下　十一時半、それならその時間まで日本軍は攻撃しますぞ。
パーシバル　（返事なし）
山下　それでもいいか。はっきり聴く、イエスかノーか。
パーシバル　イエス。

その直後の朝日新聞の記事である。お蔭でわれら下町の悪ガキの間でも、「イエスかノーか」が大流行。「メンコやろうぜ、イエスかノーか」「おおイエス」という調子である。じつは、これは事実ではなかったのであるが。

そして二月十八日には、大東亜戦争第一次祝賀国民大会が全国的に開催される。第一次と銘打ったところに、如何に国家そのものが勝ちに乗じて有頂天になっていたかがわかる。全国津々浦々、末端の市町村にまで酒や菓子の特別配給があった。東条首相がラジオを通じて、その時刻になって、全国民一斉の万歳の音頭をとった。恐らく首相の電波を通してのかけ声に合わせて、手すきの日本人すべてが「バンザーイ」と声を合わせて叫んだ未曾有のときではなかったか、と思われる。

大阪毎日新聞十八日付の記事がすこぶるつきの威勢のよさで報じている。

「十八日、中之島公園で戦捷《せんしょう》第一次祝賀会を挙行。府市民の代表約二万人が参列する。（中略）それぞれが団服、制服で日の丸をかざし、ラッパ隊、鼓隊を先頭に入場。代表の挨拶、戦う陸海将兵に対する感謝電文を満場にはかり、万歳を高唱して閉会。その後、二隊にわかれ歩武堂々の旗行進をくりひろげ、皇軍に感謝の赤誠を捧げ、征戦完遂の覚悟を新たにする」

この万歳高唱はまさしくラジオの東条首相の音頭とりに和したものであったにちがいない。お蔭で、というわけでもあるまいが、開戦後からラジオを購入する人びとがぐんぐん増えた。とにかく大戦争となって国民の欲求は戦況をいち早く知ることを至上としたのである。それも

「軍艦マーチ」つきの勝利の報道を。それはまた当局にとっては、民衆統制のためには絶好な手段として、大歓迎するところでもあった。

それと開戦後のベストセラーとして世界地図があった。地図の上に手づくりの小さな日の丸の旗を立てるのを、喜びの日課とする少国民がこれまた激増した。のちの映画監督大島渚少年(当時十歳)も「自分で書いた『南洋』の地図の上に『皇軍』『進撃』の後をたどるのが日課であった」と回想している(「文藝春秋」一九八一年十二月号)。さては、わたくしと同様に世界地図を買ってもらえなかったのか、いやまだ大島少年は幼すぎたのか。

そしてまた、大政翼賛会と理容業界が、日本男子の理想的髪形として「国民調髪〝翼賛型〟」を制定したのもこの年の初夏のころである。そのスローガンに曰く「刈れ翼賛型、撃て米英型、翼賛型は闘う頭髪型」。いまにして思えば、国民の髪形にまでうるさく介入してきた国家がほかにあったであろうか。これでわれら少国民はバリカンによる一分刈り(約三ミリ)か五厘刈り(クリクリ)にされ、坊っちゃん刈りはほぼ完全に消滅する。もっとも、それにわれら悪ガキは快哉を叫んでいた。

こうして連戦連勝で浮き上がり、すべてが勝利をめざして動員される世相の背景に、おっかない現実があることもかき落とすわけにはいかないであろう。歌人の渡辺順三は開戦直後の十六年十二月九日に特別高等警察(特高)に検束されている。特高の係官は有無をいわせず、「ある子供は/大きな柿の樹を描いていて/枯枝の中に一つ　赤々と実を

この貴様の歌のなかの〝赤い実〟は、弾圧されても共産党は健在だ、と誇示していることだ。怪しからぬ。断じて許せぬッ」

と決めつけたという。渡辺検束と同じ九日に、治安維持法や軍機保護法の違反容疑で拘束された人は六百八十三名を数える。アカとスパイの二語は、国民を震え上がらせるに絶大な威力をもつ言葉となる。挙国一致の体制堅持のために当局はがぜん躍起となっていたのである。

大金持ちと貧乏国

景気のいい話なので、シンガポール攻略が先になってしまったが、国民の生活を窮屈なものにする政略がその前に実施されていた。これがまた手きびしいもので、衣料切符制という暖衣飽食の世の人にはおよそ想像もできない政策なのである。一月二十日に公布、即日施行される。朝日新聞一月二十日付の記事から引く。

「ついに衣服の切符制が断行された。今まで金さえあればいくらでも自由に買えた衣服がもうお金だけでは買えなくなったのである。だが、われわれ一億国民の覚悟はすでにでき上っている。五十年、百年——この大東亜戦争を戦い抜き勝ち抜くまでは……」

はたして国民にはそれだけの覚悟ができていたかどうかはわからないが、とにかくこの切符で、一年間に一人が買える衣料品は年齢に関係なく都市居住者は百点、地方農村の居住者は八十点。この点数以内なら、年間に何をどれだけ買ってもいいということになった。背広三つ揃50点、ツーピース27点、袷《あわせ》着物48点、単衣《ひとえ》24点、学生オーバー40点、スカート12点、ブラウス8点、Yシャツ12点、ズロース4点、セーター20点、靴下2点、パジャマ20点、タオル・手拭3点、レインコート30点、などなど、種類によって点数が決まっている。ただし結婚する女性は特別に五百点、就職する男性や妊娠五カ月以後の女性にも増配が許可された。

さて、愉快なのはこの制度がはじまってから、洋服を一着流せば50点を損するというので、質流れがぐんと減った。それとメリヤスのシャツで五円から十円、Yシャツは繕《つくろ》いものでも三円から五円になる、というので、昔なら見向きもされなかった肌着類が、質屋でいまや歓迎されるようになる。

もう一つ、関連して面白く思われるのに女性の服装の問題がある。男性には国民服というカーキ色の制服が決定されているが、女性のほうはそう簡単にいかない。洋装と和装という重大な美的課題があるから。そこで厚生省はこの衣料切符制を利用して〝婦人国民服〟にあらず〝婦人標準服〟を提案する。大抵のことには挙国一致で頭から押しつけることができたのに、横暴な軍部もついに女性ファッションを徹底的に統制することはできなかったようである。

そして、とりあえずきまったのは甲型（洋装）と乙型（和装）、それに活動着と称する防空着。この防空着には当然モンペが入る。やっとここまできめたが、あくまで標準服であるから、従来から着ている服であれば、どんなにケバケバしくてもそれを着つづけることは咎めることはできない。ただし、新調するときには「いいか、標準服にするんだぞ」と要求するのが関の山。が、袖の長い振袖などは、ともあれ布地の点数をアップすることで制御できる。通常の切符では標準服しかつくれないはずであるぞと、それでも当局は大そうご満悦であった。

しかし実際のところ、銃後にあるとはいえ女性には、この標準服は不評もいいところでほとんど見向きもされなかった。女性に兵隊みたいな制服を着せること自体にどれだけの意味ありや、標準服乙型の芸者と遊んで楽しいのか、と突っこまれると、うまく答えられるお偉方はひとりもいなかった。

それはそれとして、二月二日に制定された「大日本婦人会綱領」をかき残しておくのは、後世のためによろしいか。と勝手にきめて――、

「一、私共は日本婦人であります。神を敬ひ、詔《みことのり》を畏《かしこ》み、皇国の御為に御奉公を致しませう。

二、私共は日本婦人であります。誠を尽くし、勤労を楽しみ、世の為人の為に努力致しませう。

三、私共は日本婦人であります。身を修め、家を斉《ととの》へ、日本婦道の光輝を発揚致しませう」

ウェー、なんていってはいけないことなんでしょうな。

とにかく男にも女にも関係なく世界の最大強国を敵とする戦争が、ある日突然に、はじまってしまったのである。もはや引き返せない。戦い抜き勝ち抜くためには日本国民たるものはも

てる限りの力を、国家のために、天皇のために、捧げねばならないのはだれにでもわかっている。ところが連戦連勝、まさしく無敵陸海軍であることを事実としてみせられている。こうなれば、これを心から喜び、勝ちに驕《おご》らぬもののいるはずはない。それをB面的なさまざまな出来事で、年表として、この年の年明けから春までをあげてみるとこうなる。

一月二日、毎月一日の興亜奉公日を廃止し、毎月八日を大詔奉戴日とすることに閣議決定をする。八日に各戸に国旗掲揚、必勝祈願を行うことを義務づける。

一月六日、海軍機一千機、東京上空で大デモンストレーションを実施する。

一月十三日、東京七デパートで大東亜戦争展覧会をいっせいに開催。見物人殺到。

一月十六日、大阪府、横文字や軽薄な飲食店の名前を禁止する。メトロ、グランドパレス、呑平、与太郎などがたちまちに「ちから」「荒鷲」「黎明」「南進」などに改名する。大阪はとにかく当局の気に入るようやることが素早い。

一月二十九〜三十日、相撲取りの軍事教練が実施される。お相撲さんがノッシ、ノッシ、ノッシと土俵入りのように勇壮に行進する。

二月二日、愛国婦人会、大日本国防婦人会、大日本連合婦人会が解散、大合同して大日本婦人会となる。会長山内禎子《さちこ》。その「綱領」はすでにかいたとおり。

二月二十六日、女子青年団員に傷痍軍人との結婚を奨励。新指導要綱「戦傷勇士に嫁ぎませう」が公布。

三月一～四日、プロ野球の巨人・大洋定期戦で、アトラクションに両軍選手による軍服着用の手榴弾投げ勝負が行われる。巨人の勝。
三月十二日、大東亜戦捷第二回祝賀国民大会が全国で行われる。
三月二十三日、米英撃滅継走大会（いまの駅伝大会）が伊勢神宮より宮城（皇居）間で行われ、優勝は西軍で三十時間二十四分二秒の快記録。

と、そんな賑やかでお祭り騒ぎの話ばかりがあるわけではない。国民の戦闘意識鼓舞のための、指導層の有無をいわせぬ強制に、いっぽうでは心の底の底で反撥する人びとがいないわけではなかった。勝利に踊っているものばかりではなかったのである。三月分の「特高月報」に、ある製靴職人のあえていえば絶望的な抵抗とも思える発言が記録されている（原文は片カナ）。

「日本はアメリカと大きな戦争をぶっ初《（ママ）》めやがったが、小さな国が何で勝てるものか。第一アメリカやイギリスの様な大金持と日本の様な貧乏国と戦争したって、何が勝てるものか。夫《そ》れが証拠に日本は支那と五年も戦争して居てもよう勝たんじゃないか」

もちろん、この職人はただちに逮捕され、発言が表にでるはずはない。当時の言論報道はすべて戦争熱を煽るいっぽうであり、いわゆる有識者が説く「聖戦の意義」や「必勝の精神」のみが紙誌面に躍っている。すでにかいたように言論の自由などはとうの昔に霧消し、きびしい言論統制の時代に、本音を吐きたければせいぜい袋の中か、深山幽谷の地においてのほかにはなかった。いいかえれば、日本国民のほとんどはこの戦争に勝つことにだれもが命を懸けていたのである。まだ戦場ははるか遠くにあったけれども、歯を喰いしばっていたのである。

本土初空襲のあとに

その遠くにあった戦火が、突如としてわが頭上に襲いかかってきた。四月十九日の朝日新聞を長く引く。

「十八日午後零時三〇分頃から、帝都を中心とする京浜地区をはじめ、中京方面、阪神方面の各地は米機の初空襲をうけた。（中略）敵機は市街地区に侵入し盲爆《もうばく》をこころみたが、投下した爆弾はいずれも貧弱な焼夷弾で、警防団、隣組の活躍で見事に消火、被害は軽微にとどまった。なかでも隣組防空群の決死的活動は国土防衛の尖兵として……（以下略）」

もう一紙、報知新聞の同じ四月十九日付の記事を。

「人という人は男も女も、老いも若きも、全く濡れ鼠となっての活躍は壮烈というよりは、むしろ『神聖』である。警防班長が四列縦隊に並んでバケツリレーの真中を『皆さんの御協力で大分消火しましたが、もう一息だから頑張って下さい』と日本民族のみが誇り得る礼節の高度を示して感激と激励をしている」

この日は土曜日、その時刻には、わたくしは近所の東成館という映画館にいた。五年生と六年生の全員、文部省推薦の映画『将軍と参謀と兵』を課外授業とかで観るためにである。記憶のいい同級生によれば、バンツマ（阪東妻三郎）が扮する将軍が「戦争というものは厳しいものじゃのォ」といったとき、突然、映写中止。空襲警報発令ということで、ただちに駈け足で帰宅せよ、となって終りまで観ることはできなかった、らしい。

わたくしの脳裏に刻まれているのは、頭に鞄か何かのせて逃げ帰る途中で、見上げた空に浮かんでいた五つ六つの白い綿アメのような煙の固まりであった。妙な静寂があたりを包んでいる。それが応戦した日本の高射砲の炸裂の弾痕と知ったのは、「ポカンとしてるな。早く家に帰れ。破片が落ちてくるぞ」と警防団員の大人から怒鳴られてからのことである。

来襲した米軍機は中型爆撃機B25で、犬吠埼《いぬぼうざき》の東方洋上、空母から飛び立ったドーリットル中佐指揮の十三機。決して本格的な戦略的空襲ではなく、字義どおり奇襲であった。そして戦後になって十三機全部の飛来航跡図をみて、うち一機がたしかに向島区の上空を南から北へと突っ切っているのを確認した。高射砲の炸裂雲は決してダテではなかったのである。

東部軍司令部は午後一時五十七分に戦果を発表、ただちにラジオ放送をしている。

「午後零時三十分ごろ敵機数方向より京浜地方に来襲せるも、わが空、地両防空部隊の反撃を受け逐次退散中なり。現在までに判明せる撃墜機数九機にしてわが方の損害は軽微なる模様なり。皇室は御安泰にわたらせらる」

たしかにこの最初の空襲による被害は軽微で、東京市民の大部分の人たちは訓練だろうぐらいに思ったようで、たちまちもとの生活に戻り、われら悪ガキもさっそく横丁のいつもの場所で、ベエゴマやメンコのやりとりに夢中になっていた。「敵の戦果は、ドゥーリットルではなくドゥーナッシングだ」なんていっている軍国中学生もいたが、それでも東京だけでも三十九人の死者がでた、なかに小学生や中学生もいたとあとで聞かされたときは、さすがにシュンとなったのを覚えている。

しかもその夜、午前一時ごろに空襲警報のサイレンが鳴り渡り、叩き起こされたときは、真っ暗な家の中で右往左往、二階へ上ったり下りたりをしたことが記憶に残っている。戦争がびっくりするくらい近くにあるんだと、たしかにその夜は思った。が、すぐに忘れてたちまちにまた遠いものになっていったが。

「わが軍の防禦は鉄壁であり、本土空襲ということなどあり得ない」

と、戦争開始直後から豪語していた軍部そして政府への小さな不信感が芽生えたのは、あるいはこの空襲のあとからではなかったか。また、撃墜した敵機は九機と東部軍司令部が発表しているが、これを確かにみた人はいない。それでひそひそと軍部批判の声がささやかれた。

「わが防空部隊が落としたのは九機ではなくてクウキ（空気）じゃねえのか」

そうした必勝の信念こそ高いけれどもどことなく戦争指導者を信頼できない国民の気持ち、それは多分に日常生活が開戦直後からみるみる窮屈になってきたことに起因するのではないかと思われる。衣料の切符制もさることながら、映画とかレコードとかの文化統制の面でも、何かと問題が続出する。ジャズは当然禁止、マイクロホンも機械の力で実際よりは声を大きくするのは卑怯だ、神の国の日本人はそんな卑怯なものは使ってはならんと禁止。映画の配給も白系と紅系に二区分され、白系は白系の映画館のみ、紅系は紅系の映画館でのみ上映と、ややこしくなる。

われら国民学校の男子生徒は、登校下校のさいに帽子をとってお辞儀をしていたのに、このころから軍隊式に挙手の敬礼をするように命じられた。それが少しでもだらけたところがあると、ビンタを張られるようになる。わたくしなどは身に覚えがないのに、毎日のように何かと規則違反の言動を強引に指摘されて、まさにビンタの標的にされた。

それ以上にウヘェーとなったのは、洋服の胸に学年、級名、氏名を記した小さな布を縫いつけるのを強要されたことであった。これからも空襲があるやもしれない。もしや不運に遭うようなことがあれば、何者なるかを特定するために大事なこと、一億みんなそうするのだと説明されて納得したものの、わたくしは嫌で嫌で仕方がなかった。なぜなら「大畑国民学校六年男女組」としなければならないから。男女七歳にして席を同じうすべからずの時代である。喧嘩相手の他校の悪ガキ野郎に対峙するとき、「何だい、お前《めえ》は男女組かよ、ウヒヒヒヒ」と、歯を剝きだして冷笑されるのが無念でならなかった。それで恥ずかしながら、男女組の「女」を見えないくらい小さな字でかいたものであった。

そしてあの初空襲いらい、夜に電灯の光を外部にもらすのがはばかられるようになる。電灯の笠を黒い布でおおって、光が窓外にもれぬよう細心の注意をはらうのが正当のような空気が強まってくる。正式に灯火管制規制が制定され実施となるのは五月八日であるが、うるさい隣組なんかでは光を晴れ晴れしく外へもらそうものなら「非国民め！」と声高に糾弾されることがすでにはじまっていた。抗弁などでき得べくもなかった。

✳「体力、気力、貯蓄力」

前項で戦争指導層への小さな不信感とかいたが、それが如実に示されているのが四月三十日に行われた第二十一回総選挙における国民の反応ではないかと考えられる。いわゆる翼賛選挙で、大政翼賛会推薦の議員が多量に当選（推薦候補三百八十一人、非推薦八十五人当選）したもの。この選挙では棄権するものは事前申告が義務づけられ、投票したものには「投票済証」が交付されて、自宅の軒先に貼らせるという奇想天外なことが実施された。話題としたいのは実に八六・三パーセントを誇った投票率のなかの無効投票で、百人に一人が用紙に指導層を愕然とさせるようなことをかいていたのである。

議員出すより米を出せ
腹が減って居るんだ大馬加野《ママ》郎
債権《ママ》ノ押売リヤメテ呉レ
新しい共産主義者岸信介ヲ打チ殺セ

中小企業は犬猫にあらず殺さレテタマルカ
　岸様の御かげでルンペン

内務省警保局の「内務省治安対策情報」という極秘報告書にある無効票の不穏の文字で、報告書にはこう解説が加えられてあるという。

「戦時下国民の意気或は生活上切実なる問題に関する意嚮《いこう》要望などを表示せんと試みしが如きものの増加を見たり」

　なお岸信介は東条内閣の商工大臣（いまの経済産業大臣）で、統制経済の旗振りであり、企業の強制的な統廃合をつぎつぎに実施していた役所の親分。この強権的な統制が一般には共産主義の政策と同列とみられていたのである。とにかく何から何まで上からのきびしい統制で、国民が悲鳴をあげていたことがわかる。

　さりとて戦争指導者としては戦争が長期にわたることになろうと覚悟せざるを得ない以上、「持たざる国」としては戦力の拡大および国力の保持を第一としないわけにはいかなかった。そのためには、国をあげて質素にかつ節約であり、そして献金奨励である。〝ない袖は振れない〟とは至言なのである。以下、荒俣宏氏の著書によってかくと、六月十八日、賀屋《かや》興宣《おきのり》大蔵大臣もそのことを「戦時貯蓄動員中央協議会」で珍しく大声を発して訴えたという。

「大東亜戦以後の戦費決定のものすでに二百四十六億円、支那事変の総計以上と相成っている。したがって国家資金計画と睨み合わせて決定せられたる本年度の貯蓄目標額も二百三十億円となった。まさに昭和十三年度の三倍である。切《せつ》に国民各位の一層のご協力を希望する次第である」

もう国家予算だけでは戦費はまかないきれない。国民の貯蓄で何とかするほかはない、といって、強制できぬからそこを何とか自発的に国民諸君よ協力せよ、というわけである。といって二百三十億円は眼の球が飛びでるほどの額。当時の総人口は八千万弱で計算すれば、一人あたり約三百円の貯金ということになる。当時の新聞購読料一円二十銭、永井荷風の日記によると豆腐一丁六銭、銀行員の初任給七十円～七十五円であったという。いまの価格に直すと三百円の貯金とはいったいどれほどになるものか。

無理は承知である。戦争指導者はそれゆえに躍起となって鉦や太鼓を打ち鳴らす。大蔵省はさっそく「貯蓄標語」の募集をはじめ、優秀作には賞金として国債を出すことにした。

一等賞「噴き出る汗から湧きでる貯蓄」

二等賞「民貯えて、兵強し」

「体力、気力、貯蓄力」

「銃後にもZ旗揚る貯蔵陣」

さらに荒俣氏が探しだした「貯蓄強調週間」なるものがはじめられることとなったという。

第一日　家計を反省し貯蓄計画を樹《た》てる日。

第二日　節酒、節煙、虚礼廃止の日。

第三日　物見遊山を慎む日。
第四日　働け働けの日。
第五日　物を生かして使う日。
第六日　最低生活実践の日。
第七日　感謝貯蓄の日。

下町の悪ガキのわたくしにはまったく記憶にないが、いまはただへェーというばかり。町じゅうには大きなポスターが貼りだされて、隣組の軍国おじさんや大日本婦人会のおばさんのヒステリックな監視の眼が光りまくった。でも、職場でもむしり取られ、家に帰れば隣組からも強要され、やってられないよと不平不満の声がいたるところからあがったことはかくまでもない。ただし、貯蓄や節約の声が大合唱となっても、決して反戦反政府的な声が高まりまとまるようなことはなかった。大戦争がはじまったからには「勝たなければならぬ」のが国民すべての覚悟というもの。それが素朴な、基本としての愛国心というものであった。

ましてわれら悪ガキが貯蓄週間などに気をとめるはずはない。そんなことより加藤隼戦闘隊長の戦死の報に、子供心に大歎きに歎いたことがしっかりといまも頭にある。

〽エンジンの音轟々と／隼は征く雲の果て

この「加藤隼戦闘隊」の歌（田中林平・朝日六郎作詞、原田喜一・岡野正幸作曲）を若い人は知るまいし、隼を「はやぶさ」と読むことも知るまいか。「加藤の前に加藤なく、加藤の後に加藤なし」といわれた陸軍中佐加藤建夫が、イギリス爆撃隊と交戦し被弾、ベンガル湾上に自爆、戦死したのが五月二十二日のこと。死後に二階級特進し「空の軍神」として顕彰される。

なぜか、おやじの影響もあって、それほど軍国少年でなかったわたくしも、この報にひどいショックをうけた。それで〽エンジンの音轟々と……が八月十五日の終戦のその日まで、わたくしが正しく歌える軍歌の一つであったのである。

そしてそれから二週間後の六月五日、中部太平洋ミッドウェイ沖で、なんと、世界最強を誇っていた日本海軍の機動部隊が完敗する。そんな事実は発表されるべくもない。それどころではなく、むしろ「勝った、勝った」で、海軍報道部の平出英夫大佐がラジオで豪語した。

「刺し違え戦法によって、敵の虎の子である空母の誘出殲滅《せんめつ》が成功した。アメリカは懸命にデマ宣伝を行っている。それに踊らされてはならない。わが方の損害は軽微である。米の損害はわが公表以上なのである」

翌日の新聞も、太平洋の戦局はこの一戦に決す、敵のゲリラ戦の企図はまったく潰《つい》えたり、と報じた。海戦は日本海軍の勝利として国民には受けとられる。いや、海軍は天皇にも四隻の空母全滅の敗北であったことを知らせていなかったことが、いまは明らかになっている。そして事実は、大日本帝国のこの戦争の敗北はこのときにほぼ決定づけられたのである。

これ以後の作戦の主導権はアメリカ軍の手に完全に渡ってしまう。戦力なきほうが強者に先手をとられては華々しく抵抗のしようがない。そして日本のもっとも恐れていた物量対物量の憂鬱な長期戦に、消耗戦に、否応なく日本は引きこまれてしまうことになる。『機密戦争日誌』にも「知らせぬは当局者、知らぬは国民のみ」と国民をバカにしたような不敵きわまる言葉が残されている。さりとてこれ以上かくことはまさしくA面になるので省略とする。

✹タコの親たちゃ悲しかろ

『機密戦争日誌』のいうようにたしかに「知らぬは国民のみ」ではあったが、この年の夏の終りぐらいから報道される戦争の様相は少しずつ変わりだしていた。緒戦の勝ちっぷりのよさは影をひそめ、連戦連勝のままに戦争がつづくと信じている軍国おじさんたちの顔が曇り、険しくなっていく。「軍艦マーチ」が高鳴って伝えられる戦捷報道も減りはじめ、やや控え目になっていく。ガダルカナルという、あとで教えられたがスペインのある小さな町の名を十六世紀にそのままつけられたという南の島が、ラジオや新聞にしきりにあらわれる。そしてソロモン諸島やラバウルの名も。

少し戻るが六月十八日、東京都は都民に妙なことをそれとなく指示している。各家庭の窓ガラスに、空襲のさいに爆風のため窓ガラスが飛び散らないよう紙や布などを貼って予防しておくようにと。ゴム糊やご飯粒はすぐ剝《は》がれるから落第。粘着力の強いニカワが適当。紙は障子紙がいちばん良く、レースは不適当などと、微に入り細にわたっていた。さながら戦勢が突如として容易でなくなったことを示唆するように。

いくらかこじつけ気味のところはあるが、われら悪ガキによって爆発的に流行、ただしひそかに歌われた替え歌の登場もこのころからであったように思う。昭和十五年につくられ、女優高峰三枝子が歌って大ヒットした「湖畔の宿」。〽山の淋しい湖に……と歌いだされる内容もメロディもセンチメンタルで、戦意昂揚には役立たぬと内務省が発売禁止した歌のそれなのである。

〽きのう召されたタコ八が
弾丸《たま》に当って名誉の戦死
タコの遺骨はいつ還る
骨がないから還れない
タコの親たちゃ悲しかろ

どうであろうか、作者不詳ながらよく出来た歌といえるのではあるまいか。低音で歌うと底知れぬ悲しみがにじみでてくる。といっても、元歌を知らぬいまの人たちにはわかってはもらえないか。

これもまた昭和十五年につくられた軍歌で、前にもふれたが、土曜も日曜も返上して頑張ろうという「月月火水木金金」（高橋俊策作詞、江口夜詩作曲）。これの替え歌もわれら悪ガキが大いに、いや正確には警官や軍国おじさんや警防団員のいないところで声を張りあげて、歌ったことも覚えている。ただし、こっちは元歌をかかないと痛快さがわからない。
〽朝だ夜明けだ　潮《うしお》の息吹き
ぐんと吸いこむ　あかがね色の
胸に若さのみなぎる誇り
海の男の艦隊勤務
月月火水木金金
すこぶる快調なメロディで盛んに歌われていたが、替え歌がどこからともなく国民学校にまで忍びこんできてからは、もはや元歌はどこかへ吹っ飛んでいった。
〽夜の夜中の　真っ暗やみで
うんと踏んばる　あかがね色の
クソの太さとみなぎる匂い
裏の畠のこえだめ便所
けつけつかいかいノミシラミ
月月火水木金金のせっかくの戦意昂揚も、ノミシラミとなってはもう形なしもいいところであろう。
そういえば、童謡の〽夕焼け小焼けで日が暮れて……の替え歌も、遊び疲れて今日はこれでアバヨというときに、悪ガキ一同でしきりに合唱したことをいま思いだした。

〽夕焼け小焼けで日が暮れない
　山のお寺の鐘鳴らない
　戦争はなかなか終らない
　　カラスもおうちに帰れない

もちろん、これらの替え歌に反戦的・反軍的な気持ちがこめられていると特に意識して歌っていたわけではない。しかし五月、「金属回収令」による「強制譲渡命令」が発動され、すべての鉄や銅類供出で近所の寺の鐘が次第になくなっていたのは事実である。カラスは出征兵士のことなのである。しかし、であるからといって、念のためにかくが、戦争どこ吹く風とそっぽを向いていたわけではない。出征兵士の見送りや、戦死者の遺骨の出迎えに、わたくしたちはむしろ張り切って日の丸をもって参加していたのである。

少し先のほうにすっ飛ばしすぎた。ちょっと時間を戻すと、ミッドウェイ海戦直後の六月十八日、全国民が一丸となって闘うことを要求されているいま、文学者も例外ではないと大同団結して「日本文学報国会」が結成され、その発会式が日比谷公会堂で開催されている。このことは拙著『昭和史』にすでにかなりくわしくかいているから略すが、吉川英治が朗読した「文学者報道班員に対する感謝決議」の戦意昂揚の文章だけはもういっぺんくり返してかいておきたい。

「……文芸文化政策の使命大、いまや極《きわ》まる。国家もまたその全機能を求め、必勝完遂《かんすい》の大業もその扶与《ふよ》をわれ等に命ず」

文学にたずさわるもの、その国家の扶与の命に応《こた》えて大いに奮発せんと。当時は、これがいかにも荘厳にひびいたのであるそうな。

と、文学統制のほうは簡単にしておくが、かいておかなければならないのは新聞ジャーナリズムの統合のことについてである。七月二十四日、情報局は、新聞の生命の根源である紙の配給をテコにして、地方紙を〝一県一紙〟に統合する、ときめた。

戦争遂行のために報道はきわめて重要である。それなのにいまの日本においては、弱小地方紙が多すぎるため、なかには反政府的・反軍的な論調をこっそり載せる新聞もある。これは「地方庁の指導する国策実行のためにはなはだまずい」というのである。それゆえに、という理由づけがされたが、要するに言論メディアは少ないほうが統制しやすい。世論は朝日、毎日、読売の大新聞で煽りたててリードすればそれでよい。そこに情報局の狙いがあった。

これに新聞ジャーナリズムは唯々《いい》諾々《だくだく》として応えた。一千四百以上あった日刊紙はたちまちに統合が進められて、完了したときにはわずか五十五紙に激減していた。こうして頑張って反政府的なきびしい批評精神のもとに論陣を張っていた新聞はすべて消えていった。なかに激しく抵抗した新聞もあったが、最後には「特高警察が直接に指導に乗りだし」、すなわち怪しからん記者はつぎつぎに拘束して、ということになったという。とにかく強圧的に一県一紙化させ、これからのどこまで長びくかわからない戦いに備えて、大仕事をすませて情報局はすこぶるご満悦と相なった。

銃後ではこんな風に長期戦の対応策がいろいろと模索されているとき、アメリカ軍の本格的な反攻によって主戦場となったガダルカナルでは、一本の滑走路の争奪をめぐって、日米両軍のあらんかぎりの戦力を投入しての凄惨な戦いがつづけられていた。しかし日本国民はだれひとり事実を知ることはなかった。陸海軍報道部の景気のいい戦捷宣伝ばかり。それで日本人一般は勝っているものと思って、都会でも田舎でも戦勝祝いのお祭り騒ぎをくりひろげていた。その大小の例を挙げるに困らないが、ここには二つだけ、かなり大がかりのものを。

この年は満洲国建国十周年の年にあたり、九月十五日、記念の中央式典が日比谷音楽堂で賑々しく行われている。委員長が高松宮宣仁《のぶひと》殿下。東京の空に満洲国軍の航空機が十一機飛来して、市民たちを大いに喜ばした。そして、建国十周年に関連して面白いものを見つけたので、お目にかける。陸軍の善通寺師団司令部が発行した宣伝ビラである。

「(満洲国の現状は)人口四千三百万、鉄道延長四倍、石炭採掘量三倍、発電力三倍、鉄精錬量三～四倍、郵貯高四百倍!……だが、銘記せよ! この大発展の蔭には十余万の英霊と、北辺を守る皇軍の労苦のあることを。南の夢に北を忘れてはならぬ」

何をおっしゃる善通寺さんよ、である。できたてのホヤホヤの満洲国は、なるほど、三倍とか五倍とかで裕福になっているかもしれないが、皇紀二六〇二年のわが日本は物資不足でアップアップし、南の夢もいまや強風の前の塵のごとくに吹き飛びつつあったのである。
もう一つ。日本文学報国会は、事務局長久米正雄の主唱のもと、大いに国に報いるための大事業として「大東亜文学者大会」を大々的に帝国劇場で開催した。発会式が十一月三日のことで、その目的は「日本文化の真姿を認識せしめ、かつ、共栄圏文化の交流を図って、新しき東洋文化の建設に資せんとするものである」という。そのために、大東亜共栄圏諸地域の代表的文学者約三十人を東京に招いたのである。

出席は満洲国から古丁、爵青、呉瑛、バイコフ。蒙古から和正華……とかいてもまったく無意味であろう。一行はまず宮城奉拝、明治神宮参拝をさせられ、最高級旅館の最上の部屋に通され、出されるのは超一流のコックや板前による特別料理……なんてことも、もうどうでもいいことか。下司《げす》の勘ぐりながらずいぶんとカネがかかったことであろう。

肝腎の会議は四日、五日に開かれる。発言した日本の文学者の名はかいておくに値することであろうか。菊池寛、久米正雄、武者小路実篤、斎藤瀏《りゅう》、亀井勝一郎、長与善郎、藤田徳太郎、横光利一、吉屋信子、吉植庄亮《よしうえしょうりょう》（以上第一日）。富安風生《とみやすふうせい》、白井喬二、細田民樹、加藤武雄、尾崎喜八、木村毅《き》、川路柳虹《りゅうこう》、舟橋聖一、林房雄、高田保、片岡鉄兵、吉川英治、中河与一、村岡花子、豊島与志雄、春山行夫、一戸務《いちのへつとむ》、高橋健二、中村武羅夫《むらお》（以上第二日）。

何でつまらぬことをかくのか。もちろん、戦時下の文学的資料の意味もある。それよりも何よりもすごく盛会であり有意義であったであろうことを、皮肉でなしに示したいからである。

と、少々偉そうにかいたものの、当時国民学校六年生のわたくしには文学者の名前など知るはずもなく、そのいずれのお祭り的行事とはまったく無縁、記憶のカケラもない。覚えているのは、大東亜文学者大会のちょっとあとの十一月二十日、校長が朝礼のときに「とくに六年生の諸君は、しっかり覚えるようにしなさい」と訓示し、強制的に覚えさせられた、まことに迷惑千万なもののほうである。この日の新聞にいっせいに掲載された「愛国百人一首」。いまはそんなカルタのあったことなど知る人ぞ知るのみなれど、当時は鳴りもの入りで発表された。日本文学報国会選定、情報局後援、陸海軍省および大政翼賛会賛助、毎日新聞社協力というものものしさ。選定委員には佐佐木信綱、斎藤茂吉、北原白秋、折口信夫《おりくちしのぶ》、川田順などなどというお歴々がずらりと名を連ねている。大袈裟にいえば国を挙げての大事業である。

悪ガキであったわたくしも、翌年の中学校受験をひかえて一所懸命に覚えようとした。その記憶はたしかにあるが、いまも頭に残っているのはほんの数首のみ。当時中学生や国民学校上級生であった読者は、さて、どんなものか。どんなに頭をひねっても朗誦できるのは十首もないのではあるまいか。なかでわたくしが忘れられないのはつぎの二首。

・今日よりはかへりみなくて大君の
　　しこの御盾《みたて》と出で立つ吾は

下野国《しもつけのくに》の防人《さきもり》の今奉部與曾布《いままつりべのよそふ》の作。そしてもう一首は楠木正行《まさつら》の作。

・かへらじとかねて思へば梓弓《あずさ》

なき数に入る名をぞとどむる

こうかきながらあらためて思えてくるのは、まさしく十七年の終りごろから、よりいっそう忠君愛国の精神が強調されてきた、ということである。戦勢の潮の流れが変わったことなどは知らない。しかし、戦争は国家総力戦、国民の一人ひとりが戦う人間「醜《しこ》の御盾」とならなければならぬ。戦力とならねばならない。そのためにもますます忠君愛国の精神を磨かねばならないと、強く要請されてきたのである。そこには大人と子供の区別はない。つまりいつまでも悪戯好きの悪ガキではいられなくなったということであった。

欲しがりません勝つまでは

悪ガキということでもう一つ、同じころに忘れることのできない〝事件〟がある。秋も深まった十一月十五日、「大東亜戦争一周年記念・国民決意の標語」の大募集が行われたのである。読売、朝日、東京日々の三大新聞と大政翼賛会が主催し、情報局の後援という大がかりのもので、十九日締切り、二十七日発表というあわただしいものながら、応募総数三十二万人余。入選作の賞金は百円の国債であった。

これがなぜ〝事件〟なのか。となれば、まことに恥ずかしながらの話なのである。このときわが学校からも三人の優等生がとくに選ばれて、知恵をしぼって応募した。が、全員落選。しかも、二十七日の各新聞にいっせいに発表された入選作十篇のうちの、もっとも人気のあったと報じられた一篇「欲しがりません勝つまでは」の作者が、なんと麻布区（現港区）笄《こうがい》国民学校五年生の女の子というではないか。そうと知ってわれら悪ガキ仲間は地団駄を踏んで口惜しがった。

「なにッ、五年生のアマッチョが一等だと⁉ そんなバカな。だれか他のものが作ったんと違うか」

「先公《せんこう》（先生）がオレたちにやらせなかったのがいけなかったんだ。オレたちならもっとスゲエのを作って一等賞なんて朝飯前だったんだ」

「先公は人物を見る眼がねえからな」

この思う存分の悪口を教室で恐れもせずに思いきり大声でやった。そこまではよかった。が、これをそっくり担任の先生に聞かれてしまったのである。先公（失礼！）の怒ったのといったら、これはまさに天を衝《つ》いた。結果、自分たちの脳味噌の腐ったのもわきまえぬ大タワケどもというので、その日は放課後になるまで朝礼台の上に立たされて、全校生徒のいい笑いものになったのである。これを〝事件〟とよばないわけにいかないではないか。

戦後も二十年余ほどたって、ほんとうの作者は少女の父親（天理教布教師）であるとわかった。悪ガキのカンは当たっていたことになるが、何の慰めにもならない。

なお、ほかの入選作には「さあ二年目も勝ち抜くぞ」「頑張れ！　敵も必死だ」「たった今、笑って散った友もある」「その手ゆるめば戦力にぶる」「理窟言う間に一仕事」「今日も決戦明日も決戦」、そしてまた「足らぬ足らぬは工夫が足らぬ」という秀作があった。

なかでもこの「欲しがりません勝つまでは」が国民学校五年生作というので爆発的な大人気。銀座といわず新宿といわず、盛り場のあちこちにこの標語のポスターが貼りだされたというが、残念ながらその記憶はない。その上に、「この標語ではまだまだ足らぬ。もっともっと強く、『欲しがりません、どこまでも』とすべし。勝っても欲しがってはいかん、欲しがるのは米英の思想だ」と、意気も高らかにハッパをかける投書があったと何かの本で読んだことをかすかに覚えている。さらには作詞山上武夫（「お猿のかごや」の作詞者）、歌手は川田正子・孝子姉妹で歌にもなったそうな。もちろん、まったく知らないことながら。

それよりも鮮明な記憶として残っているのは、こんな落書が近所の質屋の黒塀などにいくつも大書されていたことのほうである。

「足らぬ足らぬは夫《おっと》が足らぬ」

あわてて警防団員や軍国おじさんが雑巾《ぞうきん》で、事実を見事に衝いている悪戯書きを消していたが、なかなか消えず、ぼんやり眺めていたわれら悪ガキ一同が「お前たちも手伝え」とたちまち雑巾をもたされたことであった。

しかし、この「工」の一字を消しての「夫が足らぬ」はまことにいい得て妙、これぞ現実であったのである。若ものは赤紙一枚でどんどん召集されていく。町にはがぜん女子供の姿が多くなった。悪戯書きの悲鳴はあまりにも正しかったのである。いや、夫ばかりではない。政府の統制強化で銃後の生活はきびしさを増すいっぽう。何もかもが足らなかった。こうなると、さきにふれた貯蓄二百三十億円がはたして達成できたかがどうしても気になってくる。

これを調べてみると、この年の第一四半期が六十八億七千八百万円となかなか健闘したのに、第二四半期のそれは四十億二千六百万円と大幅にダウン。十一月五日に半期の貯蓄実績は百九億円で、目標の半分にも達しなかったのである。当局は天を仰いで歎いた。

「日本国民は熱しやすく冷めやすいなぁ」と。

そうとわかっていても、とにかく国家総力戦であるから、少々のことは「欲しがりません勝つまでは」で我慢せいで、戦争指導者はいろいろと手を打たざるを得ない。以下、新聞記事から、勝つまで我慢せねばならぬ出来事のいくつかを拾ってみる。

十一月七日、鉄道省は行楽や買い出し旅行制限のために、乗車券発売制限と乗越しと途中下車の制限を実施。ついでに手荷物の受託《チッキ》停止を通達する。この受託停止は「野菜魚類買出し部隊に対する鉄槌となった」（朝日新聞　十一月八日付）。

同じ十一月八日、吉本興業が通天閣を献納させられる。重さ五百トン、時価約四万円の鉄材を一万円かけて献納する（毎日新聞）。

十一月十四日、東京市内の梵鐘百五十、半鐘百五十、正午にいっせいにゴーン、ガーン、カンカン。これを名残りにすべて回収される（朝日新聞）。

統制・配給となったもの一覧

年	月	食糧・日用品
昭和14	2	大工・建具業者のクギ・金物
	4	米穀配給制度公布
	6	ハンドバッグ用の動物の皮革
	12	白米
昭和15	4	肉なしデー
	6	砂糖、マッチ
	11	木炭・豆炭、育児用乳製品
昭和16	2	清酒
	4	家庭用小麦粉
	5	衛生綿
	6	食用油、ビール
	8	お菓子（割当て制）
	9	香辛料
	11	魚介類、鶏卵
昭和17	2	みそ、醤油、塩
	5	パン類
	7	氷使用のすべて
	8	ちり紙
	10	パーマネント用電熱器
	11	野菜

十一月二十五日、大阪府内の三千寺院のうち八百四十六寺院の大小の梵鐘が供出と決定。この日の正午にここでもいっせいにゴーン、ガーン、ボーン（大阪毎日新聞）。

そういえば、われら悪ガキも鉄製のベエゴマが供出でなくなってしまい、すべて瀬戸物となった。相手を弾きだすより先に、丸い床の上で相手に当たるとパカンと二つに割れてしまう弱いやつばかり、チッチチッと勢いこんでやる元気も失せていってしまった。ただし、これは新聞などが報道してはくれない。

もう一つ、おまけに。十二月十二日の読売新聞。「尊皇攘夷の血戦、大東亜戦争を完遂するにはあらゆる面から米英思想を排撃しなければならない。（中略）食生活で一番おかしいのはフォークとナイフを使う西洋作法。肉でも、切って出して使いなれた箸で食べればよく、また御飯を皿に盛ってフォークで危なかしくすくう不愉快はやめたい。家庭はもちろん食堂その他でもフォークとナイフは献納して箸を使い、御飯も茶碗によそえば食べ残しの無駄もなくなる。外観だけを容易に移した馬鹿らしい米英模倣を切り捨てるよう努力しようではないか」へヘエー、新聞おんみずからの食い方のご指導、恐れ入りました。

そのほか、この年までに統制・配給となった食糧や日用品の主なものの一覧表をあげておくことにする（前頁）。すごい時代であったことがよくわかるであろう。

✹『ハワイ・マレー沖海戦』封切

昭和十七年となれば、このころ少年時代をすごした人びとには、欠かすことのできない大事な映画がある。脚本・演出が山本嘉次郎、特殊技術撮影が円谷《つぶらや》英二の東宝映画『ハワイ・マレー沖海戦』である。十二月三日に全国で封切られた。製作費七十万円で、東宝撮影所内に千八百坪の真珠湾、百五十坪のホイラー飛行場のミニチュアをつくり、千葉県館山に実物大の航空母艦のセットを建設、六カ月の期間をかけて製作された。そんな当時にあっては奇想天外な製作費をかけた映画とは、もちろん知るべくもない。

戦後になって、リバイバル上映されたこの映画を観て、真珠湾に向かって進撃する航空部隊の、飛行機を吊るしているピアノ線がはっきり認められたりして、いまだ技術の拙劣さをいまさらのように酷評する人も多くいる。それは否定すべくもないが、当時、映画館を借りきりの学校総見で観たときの見事な攻撃ぶりの興奮と勝利の感激で、戦前に観た映画では、アメリカの西部劇、ジョン・フォード監督の『駅馬車』とともに、わたくしにとっては最高に位置する傑作であったのである。

そしてそれは同時に、太平洋戦争におけるもっとも輝ける日の記録ともなった。あとにも先にもこれほど完膚《かんぷ》なきまでの大勝利はなかった。国民は、それゆえに、スクリーンを通してその栄光の再現に酔い狂った。心からの絶讃を送り、観終わると満身の力をこめて万歳を叫んだ。そして、この戦争も、明治の日清・日露戦争に勝ったように、大勝利をもって終結できるものと信じた、いや、信じさせられたのである。

こんなとき知識人は何を考えていたのであろうか。新聞も雑誌も当局の検閲で金縛りにあっているとき、まともなものが載っているはずはない。ではあるけれども、「文學界」九月号と十月号に載った大座談会「近代の超克」はとりあげるに十分に値しよう。ただ戦後になってもとかくの批判をよんでいる企画であり、文学史などの専門の方々によって研究しつくされており、歴史探偵の出る幕ではないところもある。しかしながら、西谷啓治、諸井三郎、鈴木成高《しげたか》、菊池正士《せいし》といったいろいろな分野の人びとが、小林秀雄、亀井勝一郎、林房雄、河上徹太郎たち文学者を相手に、活潑にやり合っていて、結構面白い。全体としては議論が嚙み合わず混乱の気味があるものの、それだけに各出席者の本音がそのままでている、とうけとってもいいところがある。

それで、なかでとくに面白いと思えたところをほんの少々引くことにする。映画評論家の津村秀夫が、戦争となって敵の機械文明を相手にしなければならぬ、ゆえにこれを逆手にとってこっちも種々の最新の機械を使いこなさなければならない、と発言したことに、機械を相手に戦うなんてことはないと、文学者たちが猛反発した。そこに新カント派の哲学者下村寅太郎が割って入ってきた。このやりとりが興味深い。

下村 ……機械も精神が作ったものである。機械を造った精神を問題にせねばならぬ。

小林（秀雄） 機械は精神が造ったけれども、精神は精神だ。

下村 機械を作った精神、その精神を問題にせねばならぬというのです。

小林 機械的精神というものはないですね。精神は機械を造ったかも知れんが、機械を造った精神は精神ですよ。それは芸術を作った精神と同じものである。

下村 機械を造った精神そのものの性格が問題ですよ。

まったく何のことやら、ということになるが、下村のいう「機械」という語を「飛行機」とおきかえて考えれば、操縦者を大事にする米軍機とこれを軽んじる日本機の違いはこのころから歴然としてきた。日本のベテラン搭乗員は戦争が長びくにつれどんどん減っていった。格好などどうでもよく大量生産できるものですます米軍機と、日本の芸術的な曲線美を描く零式戦闘機とでは、その生産量において天地ほどの差ができた。こうした戦闘における日米の戦闘機をくらべてみての避けられない現実を考えると、文学者たちのいう精神と機械は別論は、戦争というもののリアリズムに眼をつむった楽観論ないし夢想論ということになるのではないか。

なぜなら、ということで一席ぶつことになるが、銃後では大勝利の映画を観ながら、あるいは一杯やりながら、だれもが勝利のなおつづくであろうことを信じているとき、最前線における日本陸海軍の敗北はもう決定的になりつつあったのである。とくにガダルカナル争奪戦である。昭和十七年の日本陸海軍の飛行機生産台数は合して八千八百六十一機、たいするアメリカは四万七千八百九十三機、実に五倍以上。この差がもろにガ島の戦場における勝敗に影響してきていた。そして操縦席の防禦壁の有無による搭乗員の死傷者の数の差も。生命を軽んじる日本の戦闘機を墜《お》とすには搭乗員を狙えが、米軍の戦法となっていった。

そうした事実を考慮にいれれば、下村の「機械を造った精神を問題にせねばならぬ」は、いいところを突いており、「精神は精神だ」という小林の論は、やっぱり文学的にすぎるということになる。そう思われるのであるが。

この現実をふまえて、以下ちょっとA面的な話となるが、制空権も制海権も奪われたガ島戦に、日本軍は十七年の冬になるころは手も足も出なくなった。制空権を奪われ船舶による補給もかなわずガ島はいまや餓島となっていた。十二月二十七日、参謀総長杉山元大将がありのままの戦況を報告する。ガ島では食糧不足は極度となり、木の芽や草の根で将兵は露命をつないでいる状況であり、空中補給すらもできない危機にあると。翌日、侍従武官長を通し、天皇の言葉が大本営に伝えられてきた。

「事態はまことに重大である。このガ島危機をいかにするかについて、大本営会議をひらくべきであると考える。このためには年末も年始もない。自分はいつでも出席するつもりである」

軍の統帥者としての天皇（大元帥）の失望と怒りとが、この強い言葉にこめられている。

十二月三十一日午後二時から、宮中大広間で御前会議がひらかれ、ここにやっとガ島奪回作戦が中止され、陸海協同して、あらゆる手段をつくして在ガ島の部隊を撤収することがきまった。戦うこと五カ月、海軍は戦艦など二十四隻を失い、飛行機八百九十三機が落ち、搭乗員二千三百六十二人が戦死。陸軍は戦死八千二百人余、戦病死一万二千人余、そのほとんどが栄養失調による餓死であった。

そして同じ十二月三十一日に、とぼけた話になるが、「愛国百人一首」が発売されている。情報局はその競技大則を決定し発表した。その一に曰く、「競技開始前にかならず宮城遥拝をなすこと」。こうなると競技そのものがおごそかになって、率先してやろうとするものがいなくなった。ただし、わたくしは二、三度、恭《うやうや》しく宮城遥拝してから、「今日よりはかへりみなくて大君のォ……」と無理矢理やらされたことであった。

昭和十八年（一九四三）

ガダルカナル島からの撤退作戦は、山本五十六連合艦隊司令長官の「動ける駆逐艦はすべて投入する。作戦は何としても成功させねばならない」という強固な覚悟を知って、水雷戦隊はそれこそ捨て身になってガ島へ突進していった。そして二月一日から三回にわけて敢行された世界戦史に稀にみる撤退作戦は見事に成功した。救出された将兵は一万六百五十二名（うち海軍八百四十八名）を数える。

いっぽう連合軍のほうでは、一月十四日から十六日まで米大統領ルーズベルトと英首相チャーチルの会談がもたれ、重大なことを決定する（カサブランカ会議という）。心配していたガ島争奪戦を勝利をもって終えたいま、この戦争は先にドイツを撃破することを根本とし、昭和十八年の対日戦はある制限された範囲内で戦闘をつづけるという方針、具体的には日本と東南アジアの島々との海上輸送線をもっぱら潜水艦などによって攻撃し、その国力と戦力を消耗させることに主眼をおいた。米英の首脳はこの戦争には勝てるとの自信を得たのである。

そしてルーズベルトはこのとき一つの政策を明示した。

「世界平和は、ドイツと日本の戦争能力の全面的殲滅をもってのみ達成可能である」

として、さらに、

「ドイツ、イタリア、日本の戦争能力の除去は、その無条件降伏と同義である」

と、「無条件降伏」政策を高らかに謳いあげたのである。この政策に、これからの日本はふり回されることとなった。

対して日本軍は憂鬱の極みにあった。四月、山本五十六長官の戦死。五月、アッツ島守備隊の玉砕《ぎよくさい》。陸軍統帥部は苦悩を深めた。遠く太平洋の島々に分散して駐屯している部隊が、アッツ守備隊のように、敵の上陸を許しつぎつぎに玉砕させられては由々しきこと。連合艦隊が出撃していって支援できるのはどこまでか。参謀本部と軍令部の激論がはじまるが、簡単に結論のでるような問題ではなかった。

そうこうしているうちに、ガ島を基点に中部ソロモン諸島の島づたいの米軍の進撃がはじまる。大戦力による、というわけではないが、制空権をとってジリジリと進みはじめた。さらにはニューギニア方面にも火がついた。九月四日、ラエ、サラモアに米豪連合軍が上陸してきたのである。北からも南からも連合軍の攻勢をうけて、日本の陸海軍中央は浮き足立つ。さらに悲報がくる。八日、同盟国であるイタリア軍が、上陸してきた米英連合軍の軍門のもとに無条件で降伏したという。

その間にも、日本陸海軍の空虚な論議をあざ笑うかのように、夏から秋へ、米軍は軌道にのった膨大な生産力に支えられて、急速に巨大な戦力を築きつつあった。十月の声を聞くころには新編制なった大機動部隊がいよいよ実戦に加わる態勢ができ上がったのである。もちろん、そのような米国の実情を知り得べくもないが、大本営は九月三十日、御前会議で「今後採ルベキ戦争指導大綱」を策定する。いわゆる「絶対国防圏」構想である。第一線を思いきって後方に下げ、航空戦力を急整備して、米英軍の反攻に対決しようというのである。しかし、それはあまりにも遅すぎる決断というほかはなかった。山本五十六長官が生前にしきりに主張していた構想から優に半年は遅れている。

それに「絶対国防圏」と名称だけは立派で、いかにも堅固そうで、難攻不落の感がするが、なんらの防備のできていない空っぽの反撃基地。そこにあわてて築城をはじめようというのである。その準備未《いま》だしの国防圏は、強力な戦力をもった米高速機動部隊の想像を絶した攻撃を、やがてまともに受けることになる。もう半年早ければ、と死児の齢《よわい》を数えるの愚を何度もくり返さなければならないのである。

そして銃後での大動員がはじまる。十二月、学徒出陣。戦争指導層は我武者羅に戦力を増強し、ひたすら国民の戦意を煽り、何とか防御態勢を保持するほかにすべきことは何もなかったのである。

「撤退」にあらず「転進」

くり返しになるが、戦況の急激な悪化の詳細など国民の知り得るところではない。統制と配給に縛られての相変わらずの窮々《きゅうきゅう》たる日常がつづいているし、その上に当局からの思いもかけないような指令やら通達が下りてきて、夏目漱石の『草枕』の文句ではないが、「とかくに人の世は住みにくい」ことにアレヨという間になっていた。

一月十三日、内務省情報局は「米英そのほか敵性国家に関係ある楽曲一千曲をえらび、この演奏、紹介、レコード販売をすべて禁止する」という通達を発した。坊主憎けりゃ袈裟《けさ》まで憎いを地でいったような、すさまじいの一語につきるこのお蔭で、ジャズやブルースは歌うことや演奏などすべて禁止となる。「ダイナ」「アラビアの唄」「私の青空（マイ・ブルー・ヘブン）」をはじめ、「コロラドの月」「上海リル」「サンフランシスコ」などが消えていった。ただし、「ラスト・ローズ・オブ・サマー」と「ホーム・スイート・ホーム」は、「庭の千草」および「埴生《はにゅう》の宿」として、日本語で歌われるときはとくに許可された。

ショパンの曲は？　彼はポーランド人で、いまそんな国はない。ゆえにＯＫ。ドビュッシーはフランスの作曲家、いまフランスはドイツに降参しているからＯＫ。などというアホーな議論がされたあとの千曲追放であったという。

ついでに、歌謡曲「燦《きら》めく星座」（〽男純情の愛の星の色……／佐伯孝夫作詞、佐々木俊一作曲）にまでクレームがついてしまう。

「星は帝国陸軍の象徴である。その星を軽々しく歌うことはまかりならん」

かくて日本の音楽は勇ましくも雄々しい軍国歌謡ばかりに……。

〝星〟が陸軍の象徴ということでいえば、清沢洌《きよし》の『暗黒日記』で愉快極まりない文句を見つけた。

「〝星、碇《いかり》、顔、闇、列〟の世の中だ。〝世の中は星にいかりに闇に顔。馬鹿者のみが行列に

立つ〟――という歌が流行している」（十八年四月三十日）

陸軍と海軍の軍人か町の顔役でなければ人にあらずといった権力者の横暴への怒り、それにヤミ買いと行列買いでどうやら生きつないでいる日常生活への自嘲、それらが交じり合っていたのが、そのころの憂き世ということであったのであろう。とにかくいまにしてみれば「何と愚かな」ということになろうが、必勝ムードにあやつられていた当時にあっては、一千曲追放というこんな非常識の指令も抵抗なく受け入れられていた。

さらに政府は、すべてを黙って受け入れる国民の動向に安心したかのように、一月十七日に間接税百十億円の増税案を発表する。つまり酒とタバコのいっせい値上げである。清酒は一級三円十八銭が七円に、四級二円二十五銭が三円三十銭に。ビールも一本五十七銭が九十銭。タバコは敷島三十五銭が六十五銭、朝日二十五銭が四十五銭、光十八銭が三十銭、金鵄《きんし》十銭が十五銭へ。文句いうなかれ、欲しがりません勝つまでは、なのである。

二月になるとさらに米英語の雑誌名が禁止、改名せよとの命令が情報局からでる。「サンデー毎日」が「週刊毎日」、「キング」が「富士」、「オール読物」は「文藝読物」、「セルパン」は「新文化」に、といった具合である。さらに店の名も軒なみに変えられる。上野・浅草の喫茶店を例にとると、「ロスアンゼルス」が「南太平洋」、「ヤンキー」が「南風」に、なかでも「ルンバ」の主人が考えに考えてつけた店名が傑作である。一字だけ変えて「グンバ」（軍馬）とは、お見事！

こうした状況下で、国民がいくらかは戦局がおかしくなっているのではないかと、その予兆といえるものを感じとったのが、二月九日の大本営発表ではなかったかと思われる。
「ソロモン群島のガダルカナル島に作戦中の部隊は、昨年八月以降引続き上陸せる優勢なる敵軍を同島の一角に圧迫し、激戦敢闘よく敵戦力を撃摧《げきさい》しつつありしが、その目的を達成せるにより、二月上旬同島を撤し、他に転進せしめられたり」（朝日新聞　二月十日付）

わがおやじがこの大本営発表のウソを見破って、妙なことをいったのをいまも記憶にとどめている。

「おかしいぞ。勝ち戦さなら転進などしなくたっていいじゃないか。うまくだまそうたってそうはいかない」

それから半年ばかりたって、電波探知機とかブルドーザーとか、いままでの兵器とはまったく概念を異にしたアメリカ軍の新兵器の噂が、ひそかながら急速に下町のほうにまで広まってきたことも、おやじの不吉な言葉といっしょになって覚えている。

そんなこんなで、戦いが不利になりつつある噂が国民の間に浸透しはじめた。あわてた戦争指導層は応急対策を考えたのであろう、情報局からの強い要望が、「ガ島より転進」の大本営発表を追いかけるようにして発表された。

「一、四大節をのぞく祭日はすべて出勤し、勤労の中に祭日の意義を生かすべし。
二、日曜休日を廃止し、十日、二十日、および毎月の最終日を休日とし、各五の日を半日勤務とすること」

とにかく「休日を減らせ」指令である。例の「月月火水木金金」であり、「決戦に休みなし」とか、「第一線の勇士のご苦労を考えろ」とか、さまざまな理由をつけて。これに従って中央官庁、大銀行、大会社などがただちに休日を返上したであろうことは間違いがない。残念ながらわが住む下町の周辺に上級の月給取りらしきものはいないので、確言しかねるところがある。

撃ちてし止まむ

そして二月二十三日、国民を叱咤激励するために、忘れもしない、陸軍報道部によって決定された決戦標語が、大々的に発表された。

「撃ちてし止まむ」

陸軍は、容易ならない戦局を迎えるにさいして、これを大きく掲げることによって不退転の決意を示し、国民に一億総突撃の精神を奮い立たせるための大運動を展開しよう、というのである。この標語は『古事記』の神武天皇の御製とされている言葉からとったもの。「みつみつし　久米の子らが　垣下に　植ゑしはしかみ　口ひびく　吾は忘れじ　撃ちてし止まむ」。要するに、荒ぶるものを平らげて、建国の大業をとげた神武天皇の精神にならおう。われら皇軍を信ぜよ。一億国民よ、いまこそ発揮せよ、大和魂、ということでもある。

百畳敷に引き伸ばした「撃ちてし止まむ」のポスターが有楽町のビルに掲げられた

このため宮本三郎画のポスター五万枚を作成し、本土はもとより満洲、さらには占領地の中国、南方の各地にまでくばられる。東京では、有楽町駅に近い日本劇場（現有楽町マリオン）の真っ正面に、百畳敷の大きさに引き伸ばされたその画が飾られ、道行く人びとの胆を抜いた。ややのちに中学生になったばかりのころ、わたくしはわざわざそれを観に行ったような気がするし、いや、あとで写真などで見てびっくり仰天したものであったか。とにかくバカでかい「撃ちてし止まむ」であったのである。

この標語に即応したわけではないと思うが、日本野球連盟は三月になると「用語の日本語化」を決定する。「東京巨人軍社報」には「連盟にては次の如く用語の邦語化を今回より採用施行す」として、ストライク＝よし、三振＝それまで、セーフ＝よし、アウト＝ひけ、ファウル＝だめ、などの例が示されている、という。

とにかく敵性語の完全追放である。バウンド＝躍転、ダブルプレー＝複倒、ファウルライン＝圏線、ファウルチップ＝即捕外圏打などなど。これでいったい野球の実況放送ができたものか。当時、まったく野球に関心のなかったわたくしは残念ながら存じない。それにしても、あまりの馬鹿馬鹿しさにご同情申しあげるほかはない。

それというのも、中等学校野球大会（現高校野球）は前年の十七年に、東京六大学野球が文部省からこの年の初めに、それぞれ解散を要求された。都市対抗野球にはすでに中止命令が下っている。細々とつづいているプロ野球にも国策上の重圧がかかっていたのか。こうなると背に腹は代えられないのである。何とか続行させてもらうためにも、用語の日本語化はもちろん、隠し球の禁止や「戦闘帽をかぶり、挙手の礼を行う」など、ありとあらゆる苦肉の策も実行するだけなのである。

いや、プロ野球だけではない。プロゴルフ協会もあとにつづいた。ゴルフ用語の日本語化を同じように決定する。ゴルフをやらないわたくしのわかる範囲で拾ってみると、たとえば「砂窪」すなわち「バンカー」のことである。以下、バーディ＝隼、イーグル＝鷲、ホール・イン・ワン＝鳳、パー＝基準数、そしてキャディは球童ときたものである。女子のキャディはいなかったのかな。

さらにかくと、同じ三月、文部省は戦時学徒体育訓練実施要綱を各国民学校・中学校に通達する。かき忘れていたが、国民学校五年生以上の男子に武道が必修教科となっていたのが前年の十一月。さらにこれに加えて、単に武道ではなく、このときから戦技武道の鍛錬へと昇格したことになる。

一、我が国古有の武道に習熟せしめ、剛健敢為なる心身を育成すべし。

二、武道精神を練り、礼節を尚《とうと》び、廉恥を重んずるの気風を養うとともに、攻撃精神、必勝の信念を振起すべし。

三、没我献身の心境を会得せしめ、実戦的気魄を錬成すべし。

近ごろの武張ったことを声高に叫ぶ人びとの喜びそうな文字がならんでいる。とにかく攻撃精神、必勝の信念、没我献身である。これにともなって剣道の教授内容も、技の表記が「打《う》つ」「撃《うつ》」から「斬撃《ざんげき》」に、それまでの「突《つき》」も「斬突《ざんとつ》」となって、旺盛なる気魄、いっそうの攻撃精神が強調されるものとなる。

私事になるが、そんなときに、中学校の入学試験をうけてわたくしは中学生になったのである。前にもかいたように、昭和十五年から筆記試験はなくなり、国民学校から提出される内申書と、それぞれの中学校が行う体力検定、身体検査、それと口頭試問によって合否がきめられることになっていた。もとより体力検定には自信があった。そこは悪ガキ育ちで、押しくらまんじゅうや棒倒しや、騎馬戦や水雷艦長で鍛えてあるから、体力・腕力・気力に関するかぎりは、当時の軍国主義国家が期待する以上に凛々《りんりん》たるものがある。

問題は口頭試問。直前の予行演習で相当に鍛えていったもののどうも自信がなかった。「一旦緩急アレバ義勇公ニ奉ジとはどういう意味なるか」「わかりません」。国民学校の担任の教師が、バカモン！　ゴツン。「八紘一宇の大理想とは何か」「サッパリわかりません」、このオッタンコナスめ、ゴツン。というわけで、ついに予行演習でのお褒めの言葉は一回もなしで、ゴツンの連続であった。

そして試験当日の三月十日、せっかく用意していった八紘一宇も一旦緩急もなく、いまも覚えているのは、お皿に白米と玄米が盛ってあって、「これは何かね」というものであった。「白米と玄米であります」「どこがどう違うのか」「玄米を搗《つ》くと白米になります」「君はどっちを食べているかね？」「両方混ぜたものを食べております」。すると「なぜ、そうするのかね」とさらに訊いてきたのであるが、ムムムと唸っただけで答えられなかった。

さて、なぜ、こんなことを長々と書いたのか、というと、ここからB面の話題となるのである。あとで調べてみると、その年の一月に、総合

この年、著者は大畑国民学校を卒業して中学生となる。国民学校校庭で卒業記念行進（著者は前を歩く人に隠れて見えない）した校舎は後の東京大空襲で焼失した

戦力増強のために、玄米食普及の政策方針をきめて政府が閣議決定をしていたのである。

一、一般家庭に対しては、玄米食普及の趣旨の普及に努め、進んで玄米食を愛用するよう指導する。

二、（略）

三、玄米の希望者には、事情の許す限り、麦類等の混合せざる玄米のみを配給する。

四、（略）

すなわち、国民政治の緊張を一段と高め、かつ剛健にして簡素化を図ることを目的とする、と政府は玄米食を謳いあげていた。そんなことを知らなかったわたくしは、なぜ玄米を食べるのか答えられなかった。何がよかったのか、幸いに中学生になってから、「お前、玄米を食べるのは剛健質朴の精神をいっそう強め、かつ栄養満点ということなんだ。そんなことを知らなかったのか」と大いに馬鹿にされ、いらい七中時代のわたくしにつけられたあだ名はゲンマイであったのである。細長くて浅黒い面相、色調といい形状といい玄米によく似たり、なんだそうであるが、なかにはときにおやじ譲りの妙に大人びた反時代的な悟ったことを口にするので、とくに「ゲンマイ和尚」とよぶ友もいた。

総大将の戦死と玉砕

ちょっと戻るが、三月二日、兵役法が改正され、植民地である朝鮮や台湾の人たちにも徴兵制が布《し》かれて赤紙が送達されることとなった（八月一日から施行）。それまでは朝鮮と台湾の出身者には兵役の義務はなかったのである。もちろん特典ではなく、植民地の人間の忠誠心に疑いをもっていたからである。それと日本語理解力の問題があり、戸籍の不備もあった。しかし、いまやそんなことはいっていられない。いよいよ国民根こそぎ動員のときがきた。

ちなみに、小熊英二氏の著書『生きて帰ってきた男――ある日本兵の戦争と戦後』（岩波新書）によると、厚生労働省の統計にもとづいて、赤紙で徴兵された朝鮮人十一万六二九四名、それに軍属十二万六〇四七名にのぼったという。台湾人が八万四三三名の軍人、そして軍属十二万六七五〇名。そして小熊氏はかいている。「朝鮮人で、戦死もしくは行方不明になったのは、二万二一八二名とされている」と。もちろん十死零生の特攻隊員がいたことはかくまでもない。

四月一日、中等学校改正令（中学・高女・実業学校を一年短縮、これまでの五年制を四年制とする）。また、中学校の徴兵延期制が廃止となる。

四月三日、銀座通りの街灯すべて撤去。

四月九日、警戒警報の伝達方法が口頭からサイレンに。

そのあとに、もっとも大事件ともいうべきことが起きたのである。四月十八日、連合艦隊司令長官山本五十六大将が最前線を視察飛行中に敵機の攻撃をうけて、機上にて戦死をとげる。

ただし、大本営発表は五月二十一日午後三時である。軍部も政府も、国民に与えるショックの大きさを恐れたのであろう。

この五月二十一日はじつはわたくしの誕生日、おやじが中学校入学祝いも兼ねて両国国技館に生まれて初めての大相撲観戦に連れていってくれていたのである。夏場所の十日目。そして午後三時すぎ、山本長官戦死の報が館内に流され、ただちに取組み中止。協会役員や力士が整列、総員起立で一分間の黙禱、館内は粛然となった。思いもかけないことに遭遇したことになる。さて、珍事はそのあとに起こった。

番数もとり進んで幕内中位の青葉山対龍王山の一番は、両者がっぷり四つで動かず再度の水入り、二番後取直しも同じ姿勢となって動かず、ついに引分けとなる。いつもならそれですんだ。が、すでに国民的熱狂という魔物が当たり前の常識や正しい認識を食い滅ぼしていた時代となっていたから、打ち出し後にこの一番が問題となる。真摯敢闘、斃《たお》れてのちやむの攻撃精神が欠如しておる、何たることであるかと、非難の声が協会に殺到した。

協会はやむなく二人の力士に出場停止処分という厳罰を下す。と、双葉山を会長とする力士会が抗議した。動かないように見えているが満身の力をこめている。飛んだり跳ねたりするだけが敢闘精神にあらず、と。そこで協会は、両力士に、今後は撃ちてし止まむの敢闘精神をもって戦いぬく、の誓紙をださせて、十三日目からの出場を許可。しかし、もう一度、二人の対戦を組むという破天荒をあえてした。記録として残された星取り表をいま眺めると、ある種の

感慨がわいてくる。青葉山のを抽記すると、

十日目　×（龍王山）〈引分け〉
十一日目　■（若瀬川）〈出場停止〉
十二日目　や　〈強制休場〉
十三日目　○（龍王山）〈再度の取組み〉

山本長官戦死のショックがこんな形でいまに残っていると思うと、何とも妙な気持ちになってくる。

さらにその九日後の五月三十日、大本営報道部は悲痛な発表を行った。

「アッツ島守備部隊は、五月十二日いらい極めて困難なる状況下に寡兵よく優勢なる敵にたいし血戦継続中のところ、五月二十九日夜（中略）全力を挙げて壮烈なる攻撃を敢行せり。爾後通信全く途絶、全員玉砕せるものと認む」

そのあとで報道部長が談話で大いに美化した。

「十倍の大軍を邀撃《ようげき》、敵の主力に最後の鉄槌、一兵の増援も求めず、全員が莞爾《かんじ》として死に赴いたのである」

この発表のあった翌日、おぼろげな記憶であるが、朝礼のときに英霊に黙禱を捧げたあとで、校長から〝瓦全《がぜん》より玉砕〟という言葉についてしっかりと教えられたのではなかったか。カワラとなって無事に生きのびるよりも、玉となって砕けるのが日本男子のいさぎよさだ。いざと

なったら諸君も、いいか、玉砕する覚悟を固めて国を守るんだぞ、とそのあとに長い長いお説教がついていた。

あとになって、日本軍は玉砕につぐ玉砕で、あまりに濫用されてしまって輝きを失ったが、この「玉砕」という言葉は初めて耳にしたときはほんとうに胸を衝きあげるような響きがあった。戦時下という荒《すさ》ぶる時代の美意識ともいっていい新鮮さがあり、少年なれど覚悟を固めねばならないときがきたと、この悲報から感じたことが思いだされる。

作家坂口安吾もショックをうけたのであろう、この年の「現代文学」六月号にかいている。

「山本元帥の戦死とアッツ島の玉砕と悲報つづいてあり、国の興亡を担う者あに軍人のみならんや、一億総力をあげて国難に赴くときになった。／飛行機が足りなければ、どんな犠牲を忍んでも飛行機をつくらねばならぬ。船が足りなければ船を、戦車が足りなければ戦車を、文句はぬきだ。国亡びれば我ら又亡びる時、すべてを戦いにささげつくすがよい。学校はそのまま工場としてもよく、学生はそのまま職工となるも不可あらんや。僕もそのときはいさぎよく筆をすてハンマーを握るつもりである」

のちに無頼派といわれる安吾までがここまで思いつめたように、あるいは当時の大人たちはみな、戦況がぐんと傾きだしたことにある種の予感を抱きはじめたのかもしれない。いきおい世情は殺気だっていきはじめる。ピリピリとしてきた。とにかく何があろうと勝利の日まで「撃ちてし止まむ」なのである。中学校の廊下の壁などにも陸軍からの強い勧誘のポスターな

どが貼りだされる。「愛国の熱血少年よ、来たれ」と呼びかけて、

「▽少年飛行兵（満十四歳から十九歳未満）

▽少年戦車兵、通信兵、砲兵、防空兵（満十四歳から十八歳未満）

▽少年兵技兵（満十四歳から二十歳未満）

願書締切は六月三十日」

と、さかんに煽りたてるのである。

海軍も負けてはいなかった。飛行予科練習生いわゆる予科練の募集である。昭和十七年から制服もそれまでの水兵服ではなく、七つボタンの詰め襟のカッコいいものに変えられて、少年たちの虚栄心にたくみにつけ入った。そして〽若い血潮の予科練の／七つボタンは桜に錨／今日も飛ぶ飛ぶ霞ヶ浦にゃ……、とリズミカルな「予科練の歌」も大流行する。

わが中学同級生のなかには、がぜん眼を輝かす「愛国熱血少年」が多くなる。いまこそ、天皇陛下のため、国のため、山本元帥につづけ、アッツ島の勇士につづけ、と大いに力みかえる。まだ満十三歳ゆえ来年こそは、というのである。が、わたくしは小学校時代から超近眼で軍隊には向かないダメなやつといわれてきたし、さらにおやじの日頃の薫陶《くんとう》の悪影響もあった。

「いいか、坊ッ、総大将が戦死したり、守備隊が全滅したりする戦さに、勝利の戦さなんてないことはわが国の歴史が証明していることなんだぞ。わかっているか」

ときにはほかの大人とはいささか違うことをいうおやじに反発することもあったが、この言

葉には同感した。少年講談や歴史物語を読んでのちっぽけな知識でも、たとえば日本の戦国時代の合戦で、総大将が討ち死にしてのエイエイオーッとトキの声をあげた例は一つもない。山本司令長官の戦死から、それくらいのことは理解できたのである。ことによると、この戦争はひどいことになるのかもしれないと。

✹予科練と少年飛行兵

アッツ島守備隊玉砕のあと悲報はちょっと途絶えたものの、十八年の夏から秋にかけて南方の島々では引き潮の力戦がつづいていることは容易に察せられた。戦争遂行のために国内状況も、日々やりきれなさが昂じてきた。五月、薪や木炭が配給制となる。六月、衣料簡素化のため、厚生省が「国民服制式特例」を官報に公布する。ところで、この通達では女性にたいし奇妙な注文をつけているのがおかしい。

「……大政翼賛会ではさきに戦時生活実践要項を発表して婦人の作業や活動にモンペを着用するように通牒したが、最近とくに都市の婦人の間では、ことさらに華美なモンペを作り高価な衣地のモンペを新調する風潮があるので、この〝流行モンペ〟に次のように注意を要望する。（以下略）」

時局をわきまえぬ女性のおしゃれに、厚生官僚がカンカンになった様が想像される。

さらに六月、鉛筆の硬度記号が、ＨＢが「中庸」に、Ｂが「一軟」、２Ｂは「二軟」、Ｈが「一硬」、２Ｈが「二硬」へと、野暮ないい換えをさせられて、われら下町の中学生は「へへへ、鉛筆にも軟派と硬派があるんだってよ」と笑い合った。同六月二十五日、「学徒戦時動員体制確立要綱」が決定、学徒の動員がきまる。

七月になると、大日本出版報国団結成。同七月、愛国狂熱の文学者三十名、率先して勝利祈願のミソギ錬成をはじめる。

八月、靖国神社の大鳥居の改修が行われ、そのさい外装に使われていた青銅を陸海軍に献納と決定。軍部は「神威のこもっている青銅であり、しかも英霊の精神を活かす事業でもある」として、この青銅で多数の兵器を製造した。のちの九月三日からその兵器の一部が拝殿に恭《うやうや》しく安置されることになったとの報に、おやじがいった。

「ナニッ？　兵器が神さまになったんだと……」

ちょうど同じころであったと思う。軍部の「動物園非常処置要綱」によって、各動物園では連日、閉園後に硝酸ストリキニーネによる動物の毒殺がはじめられているという噂が、われら中学生の耳にも入ってきたのは。そこで四、五人で上野動物園に確認のために土曜日の午後にわざわざ出かけてみたが、それらしい様子はまったくなく、やっぱりデマだったと納得して帰ってきて皆に報告した。しかし、それは早トチリもいいところであった。

クマ、ライオン、トラ、ヒョウ、象など、二十七種類の動物がたしかに毒殺されていたのである。上野動物園ではライオン三頭、ヒョウ四頭、トラ一頭、そして象三頭……。象のジョン、トンキー、ワンリーは、毒入りの餌を何とあやそうと食べようとはせず、飢えて骨と皮になって死んだとずいぶんあとで聞かされた。

九月四日、当時は一般のものが知り得べくもなかったが、動物慰霊碑の前で「時局に殉じた」動物たちの法要がしめやかに営まれ、「時局捨身動物」と記した墓碑が新たに建立されたという。はたして虐殺された彼らは、人間の勝手な残虐を許してくれたであろうか。

動物たちの悲劇は結局は知らないままであったが、忘れられない歌が、それも二つ、このころに同時に大そう流行した。九月十七日、配給機構を白系と紅系との二つに統制されていた映画界に、情報局選定の「国民映画」（つまり国民総見の映画）が、なんとこの日に同時に公開されたのである。

紅系が東宝『決戦の大空へ』。かの予科練を主人公にした映画で、主題歌が「若鷲の歌」（西条八十作詞、古関裕而作曲）、つまりすでにふれた「予科練の歌」。そして白系が松竹『愛機南へ飛ぶ』で、こっちは陸軍少年飛行兵の偵察員を主人公にした作品で、その主題歌は「索敵行」（野村俊夫作詞、万城目正作曲）。

片や海軍で、〽若い血潮の予科練の……、片や陸軍で、〽日の丸鉢巻締め直し／ぐっと握った操縦桿……。こうかいてきて、多分七十歳以上の人たちは、読みながらどちらかの歌を口ずさんでいることであろうと想像する。当時の人気は「予科練」のほうであったが、「索敵行」

もなかなかいい歌であったように思う。ともあれ、歌も遠くなりにけり、である。

そういえば予科練の七つボタンで思いだしたが、われらが学生服の五つの金ボタンの回収が東京都民生局長より指示されたのも九月であった。もっともカーキ色の制服に戦闘帽に変わっていたのであるから、金ボタンもへちまもないことであったが。

そして、九月十八日付、毎日新聞に理化学研究所の鈴木梅太郎博士の談話が載った。一日の普通人の必要蛋白質量は約七十グラム、配給米からは二十五、六グラムしかとれない。それゆえに麦、豆、甘薯、馬鈴薯、野菜類と何でも食べねばならない、として、

「甘薯の葉には二十パーセントと驚くほどの蛋白質が含まれている。石灰水でアクをぬけば十分利用できる。茶殻にも蛋白質は二十八パーセントある。こうしてみれば栄養学的には日本人のいわゆる粗食の中にこそ強さがある、と見ることもできる。卵の殻を味噌汁のなかに入れて食べるのも一方法だ」

このお蔭かどうか知らないが、細かくした卵の殻の味噌汁を何度も朝食のときに食べさせられた記憶がある。ノドにひっかかって食えたものではなかった。

こんな風に食糧難のはしりというか、空腹な日々がはじまろうとしていたが、戦争指導層は空腹がどうのと悠長なことはいっていられない。九月二十一日、東条内閣は「国内必勝態勢強化方策」を閣議決定し、即座に実行に移す。要は、女子が代替し得る職業に男子が就くことを禁ずというもの。すなわち、満十四歳から四十歳までの男子は、電話交換手、出改札係、踏切

手、給仕人、受付係、集金人、行商、理髪師、車掌など十七職種に就くことはまかりならん、との厳命が下される。いま思えば、これを契機として男に代わって職場に進出してきた大和撫子が俄然強くなっていったのである。そして今日に及んでいるのである。

もしかしたらこれに呼応したから、なのではあるまいが、大日本婦人会の勇ましいおばさんたちが東京の繁華街にハサミをもってくり出したのも九月になってから。長い袖を風にひらめかして歩く女性をみると、ガミガミと説教して長袖をちょきんとやるのである。さらには在郷軍人会と連繋して、この危急にさいしては女性にも銃剣術の訓練をといいだした。「われらも一億総武装でいこう」の勇壮なおばさんたちの赤い気焔はすさまじいばかりとなった。

✳「生等もとより生還を期せず」

たしかに戦局こそは連日の激闘の報道も減って、いくらか落ち着きをみせているが、そのいっぽうで都会でも小さな村々でも、痛々しい包帯姿の兵隊や松葉杖をつく若い将校の姿などを見かけたりすることが多くなった。それとともに、「米機を撃つなら、英機を撃て!」などと大書したビラが、電信柱やガード下の壁に貼りつけられているのを見かけるようにもなっていた。この場合の「英機」とは東条英機首相のことであったのであろう。

戦争指導者はそれゆえに躍起となる。またどこかで大勝利を博さないことには国民の厭戦・

反戦の気運が昂じていくばかりではないか、つまり反政府の運動、とそのことを恐れた。すでにふれたが閣議で国内必勝態勢強化方策を決定し、女子の職場徴用ばかりでなく、航空機生産を最優先、食糧自給態勢の確立と、一朝一夕でできないことを大々的に叫びだす。そして、大学、高等学校在学中のものは、満二十六歳まで兵役につかなくてもよしという「徴兵猶予の特典」廃止という即時に実行できる決定をし、十二月二日に官報でこれを公告し、東条首相がラジオを通して大学生たちに通告した。これによって十月下旬までに該当する学生たちは検査をうけ、陸軍は十二月一日、海軍は十二月十日に入営することとなった。やることはまことに手早かった。念のためにかけば、海軍にはこれまで予備学生制度というのがあり、士官候補生の待遇で採用していたのであるが、この決定をもって陸軍と同じように海軍も、赤紙一枚で学生をいったん最下級の二等水兵で入隊させることとなったのである。

愉快なことに、というより呆れはてたことにというべきであるが、とたんに大学生の値打ちがぴーんと跳ね上がった。新聞やラジオが盛んに大学生を讃美し、巡査や在郷軍人たちの厳しい取締りの眼もややゆるんだ。飲酒遊興は止められているはずであったのに、学徒動員令のでたあとは、酒に酔った学生が肩を組んで高歌放吟しながら大道を闊歩しても大目にみられるようになる。青年がやたらに褒めそやされるときというのは、かなり剣吞な時代になった証しといわれるが、それはまさしく図星といえるであろう。

そして、こういう緊迫した時代になったがゆえに、ということで、戦時下の学生の最後の思い出に、せめて早慶戦を華々しくやって、出征のはなむけにしたらどうか、と慶応の小泉信三塾長が思いついたのである。さっそく早稲田大学に働きかけるが、早大総長は文部省の顔色をうかがうばかり。このとき、「挑戦を受けぬという不甲斐ないことがあるか」と立ち上がったのが、早大野球部監督の飛田穂洲《とびたすいしゅう》。こうして十月十六日に、戦前最後の早慶戦が戸塚球場で行われることとなる。

まことに心暖まるいい話と思うゆえにかくのであるが、試合は残念ながら練習不足の慶応がミス百出で失点を重ねるお粗末さ。青史に残るような名勝負とはならなかった。早稲田の応援団が気の毒がって、慶応の応援もはじめた。こうなれば敵も味方もない。しまいには早稲田の校歌と慶応の塾歌を両校の先生も学生も一緒になって歌う。結果は10対1で試合終了となり、期せずして選手も応援団も声を合わせて「海行かば」を合唱、つきぬ思いを球場に残しながら別れたという。

B面の話は、このあとは自然に十月二十一日、秋雨の冷たく降りそそぐ明治神宮外苑競技場で行われた文部省主催の「出陣学徒壮行大会」にたどりつく。いまもときどきテレビで、そのときの撮影フィルムが写し出される。どしゃ降りの雨のなかを勇ましく行進する学生たち……。東京と近県の大学、高等学校、専門学校と師範学校七十七校から、二万五千人の学生が勢ぞろいした。スタンドには六万五千人の後輩や女子学生が見送りに集っていた。彼らを前に東条英機首相は獅子吼《ししく》した。

「諸君はその燃え上がる魂、その若き肉体、清新なる血潮、すべてこれ御国《みくに》の大御宝《おおみたから》なのである。このいっさいを大君の御為に捧げたてまつるは、皇国に生を享《う》けたる諸君の進むべきただ一つの道である」

岡部長景《ながかげ》文相も精一杯の大声をだしていった。

「諸子の心魂には、三千年来の皇国の貴き伝統の血潮があふれている」

東大生江橋慎四郎がこれに応えて叫ぶ。

「……生等《せいら》いまや見敵必殺の銃剣を提《さ》げ、積年忍苦の精進研鑽を挙げて悉《ことごと》くこの光栄ある重任に捧げ、挺身もって頑敵を撃滅せん。生等もとより生還を期せず、……」

この「生等もとより生還を期せず」は、当時の老若男女の心に深く響き、われら中学生の間にも浸透して流行語となる。いまも記憶する人が多いであろう。

こうして褒めあげられ激励されて出陣した多くの若き勇者は、往きて還らず、空しく消えた。もういっぺんくり返す、「今どきの若いものは」と、若ものの値段が安いときほど、平和なのである、とつくづく思う。

✳疎開、疎開また疎開

学徒動員につづいて、十一月一日に政府は国民兵役法の改正を公布する。兵役を四十五歳まで延長したのである。朝日新聞が「官報」をそのまま載せた上で解説する。

「この決戦を勝ち抜くために今や四十歳を越えた男子も、いつ何時《なんどき》たりともお召に応じて国防、増産の第一線につくべき戦闘体制が整えられた」

こうして日本がもっぱら人的に戦力の増強を図っている間にも、アメリカはその強力な生産力にものをいわせて着々と航空母艦や航空機を増産し、巨大な戦闘部隊を完整させていた。そして、その大戦力を利しての対日進撃路を、統合参謀本部は中部太平洋と南西太平洋の二本の矢とすることも決定している。

以下、ちょっとA面的な話題となるが、これからの戦況に直接にかかわってくるので、あえて解説的に紹介する。対日進撃路の一本の矢の中部太平洋では、まずギルバート、マーシャル諸島を攻略、トラック、グアム、パラオ、マリアナ諸島に進攻する。そのための兵力としては高速空母機動部隊を主隊とする、というのである。さて、その高速空母機動部隊とは？……。普通の場合、二隻の正式空母と二隻の軽空母を中心とし、これを一〜二隻の新戦艦、三〜四隻の重巡洋艦、十二〜十五隻の駆逐艦主力の水雷戦隊が護衛する。これをワン・セット（Task Groupという）とし、それを四つ集めてタスク・フォース（Task force）といった。

艦載機は正式空母に八十五〜百一機、軽空母に三十数機。したがってタスク・グループの艦載機は二百五、六十機になり、タスク・フォースは千数十機を超えている。何ともはや、その強大な破壊エネルギーをみよ、である。これをアメリカは短い期間で作りあげたのである。緒戦の真珠湾攻撃のときの日本の機動部隊の兵力は約三百五十機、それでも圧倒的な威力を発揮した。その三倍にも及ぶマグニチュードをもったエネルギーが、日一日と蓄積されていたのである。

たいしてわが日本海軍は、やっとの想いで小沢治三郎中将の率いる第一航空戦隊（空母瑞鶴、翔鶴、瑞鳳）を編制し、約百八十機がトラック島付近で全力をあげて猛訓練中なのである。空母は真珠湾いらいの生き残りのみであるし、ガ島の攻防戦で多くのベテラン搭乗員が死傷し、新人搭乗員が主力で、その戦闘力は昔日の面影もない。米大機動部隊の整備をはたして知っていたかどうか、そんなことは問う必要もないであろう。かくのがスムースにいかない理由がおわかりになろうか。

B面に戻ると、十二月に入り、全国数万の学徒がいっせいに〝出陣〟していってしまい、東京の街はどことなく間がぬけたようになった。連日のように、駅や街角に鳴り響いていた入隊壮行会の太鼓の音や、応援歌や寮歌のガナリ声も嘘のように消え、エッと思うほど静かになった。こぞの雪いまいずこ、昔日のお祭り騒ぎはどこへやら……。

そんな東京のあちらこちらで「疎開」という言葉がしきりに囁かれている。調べてみると、最初にこの言葉が登場したのは九月二十一日のことという。東条内閣が「現情勢下に於ける国政運営要綱」を閣議決定し、都市防衛のため官庁、工場、家屋、店舗などの整理を指示し、その別紙の最後に「疎開」の文字が記されていたという。

そもそもが軍隊用語で、戦況に応じて隊列の距離や間隔を疎《まば》らに開くという意なのである。それを都市防衛のための時局的な新語としてもちだすとは、軍人宰相ならではのことなのか。

ついで十月五日、閣議決定で、本土空襲が不可避の情勢にあると判断、東京をはじめとする主要都市の疎開方針を定めることとなり、これをうけて十一月十三日には東京都計画局が東京都の建物などの疎開計画を発表する。すなわち、幅広い防火帯（道路や広場）の設置、重要工場と渋谷・蒲田両駅周辺の建物疎開計画、そのほか都内百五十カ所の建物疎開で、建物を壊して広い道路や広場をつくる、対象家屋は四千六百戸に及ぶとあって、その線引きの中にあった人びとはもちろん、明日はわが身かと人心はかなり動揺しはじめる。

こうなると、ある目的のために工場や建物の一部を散開ないし分散させるというそもそもの意味は消し飛んで、強制によって住宅を撤去させられるということになり、世の空気に濃厚な危機感というものが醸成されはじめる。戦争が突如として日常生活の中に押し入ってきた。

さらに十二月十日、文部省が学童の縁故疎開促進を発表する。十二月二十一日、閣議決定で「都市疎開実施要綱」と「改正防空法」とが制定される。工場には自主的に地方移転計画を立てさせ、都市への転入を規制し、家々には家族ぐるみの地方転出が勧奨される。大都市に住むことは危険であるということで、とにかく矢つぎ早に疎開の手を打ってくる。ちょっと調べればわかることであるが、政府はこの人口疎開をドイツに学んだようなのである。この年の七月から八月にかけて、連合軍の爆撃でハンブルクが廃墟と化し、ナチス政府はあわててベルリン市民の百万人以上を地方に転出させている。なるほど、これあるかなと日本政府はさっそく転ばぬ先の杖にと飛びついた、とみればみえるのである。

たしかに危機感がいっぺんにわれらの身辺に迫ってきたのである。東京に間違いなく敵機の爆弾がふってくる。かつての日の南京や重慶のように、軍と民間との見境もなく攻撃目標となる。こうなると、強制される前に自発的に、自分たちの身が大事と、東京を去っていく人びとも出はじめる。この影響はわが家にも及んで、早見えのするおやじと下町が好きなおふくろの大論争のあったことをしっかりと記憶にとどめている。

「親と子が離れ離れになることなんて、ゼッタイに反対です」

「じゃあ、みんな一緒にくたばればいいというのか」

「いいじゃありませんか。みんな一緒にここで死ねるなんて、すばらしいことです」

「バカをいうな、子供たちにそんな覚悟はない。また、死なしてなるもんか」

「じゃあ、一利は中学生だから残る、というのは、一利にその覚悟があるというのですか」

「…………」

決して笑い話ではない。東京ばかりではない、大阪、名古屋など大都市の家庭のいたるところで同様の論争があったであろうと思う。

この年の十二月三十一日の永井荷風の日記を長々と引くことにしたい。

「親は四十四五才にて祖先伝来の家業を失いて職工となり、その子は十六七才より学業をすて職工より兵卒となりて戦地に死し、母は食物なく幼児の養育に苦しむ。国を挙げて各人皆重税の負担に堪えざらむとす。今は勝敗を問わず唯一日も早く戦争の終了をまつのみなり」

まったくそのとおり、日本にいながら日本から亡命したつもりの荷風はこの国の情けなさをよくみている。

それなのに愛育研究所保健部長斎藤文雄『戦時の育児法』はおごそかに説いている。

「一人寝の訓練＝添い寝をしないこと。これは寝つきの悪い甘ったれ子を作る因《もと》ですから、誰かが傍にいないと眠れないという癖は、独立心のない、精神の弱い子供を作ってしまいます。暗いところで寝る訓練＝暗闇を恐れない。臆病な気持を起こさせない訓練。と同時に、灯火管制に慣れさせるため、これはぜひ実行させねばなりますまい」

などなど、赤ちゃんも猛訓練が要求される時代となった。もういっぺん、荷風日記を引く。

「然れども余ひそかに思うに戦争終局を告ぐるに至る時は政治は今よりなお甚《はなはだ》しく横暴残忍となるべし。今日の軍人政府の為すところは秦の始皇の政治に似たり。国内の文学芸術の撲滅をなしたる後はかならず劇場閉鎖を断行し債券を焼き私有財産の取上げをなさでは止まざるべし。かくして日本の国家は滅亡するなるべし。（欄外朱書）疎開ト云ウ新語流行ス民家取払ノコトナリ」

そうした大日本帝国の滅亡を早めんとするかのように、米大機動部隊が中部太平洋の島々に襲いかかってきた。

第八話

鬼畜米英と神がかり

昭和十九〜二十年

昭和十九年（一九四四）

アメリカ軍の〝東京への道〟はその雄大な工業力・資源力に支えられて急速に、かつ強力に押し広げられていく。ソロモン諸島づたいにフィリピンへ、というマッカーサー大将指揮の陸軍にたいして、ニミッツ大将指揮の海軍は中部太平洋の島づたいに攻め上るという遠大な作戦計画をうちたてた。ソロモンからフィリピンまでの進撃は基地空軍の援護で十分である。新編制の大機動部隊はいまや余力となった。この余った戦力で、フィリピン目指してもう一本の矢を放とうというのである。まず空母航空部隊による制空権奪取の猛攻撃、つづいて戦艦・重巡洋艦群の艦砲射撃、そして海兵隊大部隊の上陸という島嶼作戦の公式が、ここに無敵の戦法となってきた。

ソロモン諸島を〝蛙飛び作戦〟で攻め上ってくる米陸軍の一本の矢さきにばかり目を向けていた日本軍は、思いもかけない方面からの大機動部隊の暴風のような攻撃に、戦略態勢の根本からの建て直しを迫られた。しかしながら、資源枯渇、戦力消耗、物資欠乏で整備に余裕のないときに妙案妙策のあろうはずはなかった。時間は待っていてくれないのである。

しかも、陸軍は十九年春からインド進攻のための「無謀なる」という形容詞をつけてよばれるインパール作戦を決行している。じつに十万余の大軍が、二週間ほどの食糧を携行し、しかも山岳地帯をゆくので野砲ではなく山砲を、という具合に軽装で攻撃をはじめる。それがのちにどういう結果をうんだか、もうかくまでもないことであろう。

この年半ばともなると、太平洋の島々やソロモン諸島の島々での玉砕につぐ玉砕、そしてインパール作戦での惨たる敗走また敗走。しかもいたるところで糧食・弾薬が尽き、補給はいっさいなし、餓死者、栄養失調による病死と、日本軍にとっての戦闘の実相は悲惨というほかにかきようがなくなった。そこに六月になって、米大機動部隊が難攻不落の〝絶対国防圏〟を誇っていたサイパン島、テニアン島、グアム島など中部太平洋のマリアナ諸島に目をあけていられないほどの猛撃をかけてきたのである。例によって空からの攻撃、山容も改まるほどの艦砲射撃、そして海兵隊の上陸。

六月二十四日、絶対国防圏は抵抗も空しくあっさり突き破られ、その奪回は絶望となって、大本営はサイパン島放棄をやむなく決定する。しかも、その十日ほどあとにはインパール作戦もまた敗北をもって中止の命令が下されている。

こうして憲兵政治で猛威を奮《ふる》った東条英機を首相とする内閣が倒れた。いや、倒された。新聞論評は一切厳禁されたが、「敵はついに倒れた！」の声は巷にあっという間にひろがる。その「敵」という言葉が国民のだれの胸にも実感として響いたという。

マリアナ失陥のあと、もはやこの戦争の勝機は完全に失われた。状況は絶望的であったが、大本営はなお戦い続行のためにつぎの作戦計画を策定しなければならなかった。それが捷号作戦というものであるが、所詮は蜃気楼のごときものというほかはない。十月のフィリピン諸島レイテ島への米陸軍の上陸、準備していた捷一号作戦が発動されたが、結果的には連合艦隊水上部隊の壊滅、しかも反撃の戦法に窮しきって特別攻撃隊が正式の作戦となる、などかくことは多いがすべて略とする。十九年度の軍事費は国家予算の九〇・五パーセントの七百三十五億円に及んだ。この数字が大日本帝国の断末魔の苦悩をそのままに物語っている。

大言壮語の表と裏

「世界をあげての大戦争のさなかにおける新年のはじめだ。家々には旗がかかげられてはいるけれども、人の足音もきこえず、世間はひっそりしずまりかえっている。このあたらしい年、一九四四年には世界にはおおきな変動がおこり、日本もまた内外ともにあわただしさをくわえるだろう。この身、この家族のうえにもなにごとがおこるかわからない」

一月一日の日記に、哲学者古在由重《こざいよししげ》はかき記している。対米英戦争三年目を迎え、戸ごとに日の丸の旗をかかげていたが、新しい年を寿《ことほ》ぐよりも、前途のますます暗くなる思いに国民はひっそりと身をちぢめている。しかし、同じ日の各新聞には情報局総裁の年頭の辞がすごいことを訴えている。

「戦争とは意思と意思、戦意と戦意との戦いである。世界の列強も、すでに国力をあげて戦うこと数年、それぞれ疲労困憊して一日も早く戦争をやめたいというのが実情であろうから、ここでもう一押し、押し切った方が、最後の勝利を獲得するのである」

なにやら熱心に新聞を読んでいたおやじが、突然、それを放り投げて例のごとく大声であたりに聞こえよがしに毒づいた。

「その押し切る力が、ロクに食うものもなくちゃ出やしねえじゃないのか、ッていってるんだよ」

いまにして思えばこっちのほうが正しかったのであろうが、わたくしとおふくろは「またロクでもないことをほざいて」といわんばかりにたがいに顔をしかめ合った。事実、国民の多くはまだ、国内の生産と補給とが喪失に追いつかなくなり、じり貧どころではなく事態は手のつけようもないほど悪化しているのを薄々は察しつつ、撃ちてし止まむで闘志を燃やしていた。あと一押しと信じようとしていた。それに乗っかるように、いや煽るように、政府も軍部も総力戦の上に永久戦争を唱え、戦局にかんしては楽観的な観測を呼号しつづけていた。

けれどももし歴史的な事実を少しでもこのときに知る機会があったならば、といまはしみじみと思う。国民とは、ほんとうにいつの時代でも、真の情報に接することのできないあわれな存在、ということ。それが歴史の恐ろしさというのではないかと思う。参謀本部戦争指導班の『機密戦争日誌』が一月一日の記で事実をあからさまに記している。

「……八月ごろ、敵の大型機の本土空襲実施を予期す。右諸作戦および空襲を考慮し、本年の国力は相当に低下すべし。……国内的には、一時相当世論動揺あり。現内閣および統帥部に対する批判、深刻化すべし。……帝国の本年度直面すべき危機を打開し、長期持久態勢を確立するための前記施策の実行には、明治維新断行以上の決意と勇気とを要すべく、国家百年の大計のため、首脳部の英断を切望す」

弱い犬はよく吠えるのそしりを、はたしてこの手記は免れることができるであろうか。それにしても戦争指導層はほんとうにそうすれば勝てると思っていたのであろうか。そんなことは知らない国民は、いや、これ以後はまた民草とかくべきなのかもしれない。事実を何一つ知らされず上からの命のままに、風にそよぐ葦のごとくに動かされているのであるからそう改めるほうがいいと思えてくる。で、その必ず勝つと信じている民草は、どこか鈍いところがあったと思えてならない。欲しい衣類があり切符があったとしても、これを手に入れるのを我慢して、古い衣料品をひきだし、ツギをあて「欲しがりません勝つまでは」「足らぬ足らぬは工夫が足らぬ」と標語をたえず口にしながら、夜を日についで働きつづけていたのである。そしてわれら中学生はいざというときのために軍事教練や体力錬磨に汗をしぼっていたのである。

だれもが指導者の豪語する〝幻想〟を信じていたのである。

しかし、その従順な民草にして、古在博士の日記にあるように、自身の身や家族に何事かが起こるかもわからないという不吉な予感を、新しい年を迎えるにさいしてもちはじめたといえようか。

✺「マッチ箱の爆弾」の話

不吉な予感というよりも、あまりにもむごい現実が雑誌ジャーナリズムを襲った。昭和十七年の新聞統合につづいて、検閲や監視を容易にするため、軍報道部と情報局の指導のもとに、全国で五百近くある出版社を百九十五社にしぼる、つまり要らざるものは廃業させる。かつ、口うるさく論評する総合雑誌は四誌のみ、あとは外す、というはなはだしく強圧的な指令が各出版・雑誌社に下された。

残される総合雑誌四つとは何と何と何なのか。これが衆目の一致するところ軍部追従の御用雑誌とみられていた「現代」「公論」「創造」、そして毛色の違った「中央公論」の四誌である。陸軍報道部の出版・雑誌担当の課員である秋山邦雄中佐が、一月十一日に東京・駿河台の雑誌会館でひらかれた会議の席上で、おごそかにご託宣をのべたという。

「『現代』と『公論』と『創造』は文句なし。『中央公論』は首を傾げるところ大であるが、対外宣伝上必要と思われるので、総合雑誌として残すことにする」

まさしく鶴の一声、出席していた各社の担当役員たちはへへェーと頭を下げるほかはない。かくて「改造」が時局雑誌へ、「日本評論」が経済雑誌へ、「文藝春秋」が文芸雑誌へと追いやられる憂き目にあった。

さらに一月二十九日早朝から、出版界を震撼したもっと大きな事件がはじまった。神奈川県の特別高等警察（特高）は、この日を手はじめに、都下の雑誌編集者を中心に、新聞記者、研究所員などの一斉検挙を、ものものしく強行していったのである。計四十九人。罪状は治安維持法違反、これを「横浜事件」とよぶ。

検挙された編集者は「中央公論」「改造」「日本評論」から岩波書店にまで及んだ。これら編集者は、共産党再建をもくろんでいるという嫌疑をかけられているが、もちろんウソっぱち。そこで、その虚構の犯罪事実を強引にでっちあげるために、特高がとったのは脅嚇と拷問の一手で、とにかく、やみくもに架空のストーリーをこしらえあげていった。

逮捕された編集者たち全員が、取調べの合間に聞かされた特高の、嫌味な、自信たっぷりのセリフがある。

「吐いても吐かなくても、どっちでも同じよ。どうせお前さんたちの会社は潰される運命にあるんだからな」

事実、七月十日、「改造」「中央公論」に廃刊令、両社に解散命令。といった具合に、いくつもの出版社・雑誌社がこの年の七月末までに潰されていく。編集者にとっては、すさまじくも、まったく許しがたく嫌な時代になっていた。

さて、こうした事件にはまだひっかからないときに編集され、発行されたものなのか、この年の一月号の「科学朝日」に興味津々の記事が載っている。東京文理科大教授朝永振一郎、東大教授嵯峨根遼吉たち日本の物理学の超一級の学者たちが集まって、東大助教授糸川英夫を司会とする座談会「戦争と新しい物理学」でこんなことを語っていた。

朝永　中性子を当てても他のものでは大したことをやらないのですが、ウラニウムとかトリウムとかですと、非常に変った型の核分裂という壊れ方をします。つまり核が大体半分に割れるのです。

糸川　そのとき出るエネルギーは一グラムあたりのカロリーでは大体どのくらいなのですか。

朝永　……大体同じ重さの石炭の百万倍とでも思えばよいでしょう。

さらに先のところでは、いっそう驚愕せざるを得ない対話がなされている。

嵯峨根　……アメリカでは戦争の始まる前から、もうこういうものを使えそうだという気がしたのかどうか知りませんが、ウラニウムやそれに関係したものを全部輸出禁止しちゃったですよ。

朝永　ウランを売らんというわけですね（笑）。

糸川　なるほど。

嵯峨根　そういう所を考えると、アメリカでは相当真剣にウラニウムのことを考えてるのじゃないかという気もするのです。

このような専門的な、いまとなれば原子爆弾とわかる話が、世の隅々にまで知れ渡っていたといいたいために引用しているわけではない。「科学朝日」をこのときに読んでいる人びとなど極少で、問題にするに当たらないと承知しながらかくのであるが、中学生になったばかりのわたくしの耳にも、たしかに「マッチ箱の爆弾」という超新兵器のことは入ってきていたのである。

　ことの起こりは前年十八年の貴族院の本会議場での、質問に立った地球物理学の権威田《た》中館《なかだて》愛橘《あいきつ》博士の演説にあったという。このとき老博士は、原子力の問題の重要性を説き、政府および軍部に強く反省を求めていった。

「おそらく諸君にはわからないであろうが、今日の物理学の進歩は、原子の力を利用することができるまでに発達したのである。マッチ箱大ぐらいの大きさの爆弾で、実に莫大な爆発を行い、軍艦一隻を沈め得る見込みがついている」

　しかし、博士の声を大にしての忠言もその重要性に気づくものとてなく、議場の高い天井に空しくこだまするだけである。が、一部の新聞がこの田中館演説をとりあげて報じた。〝マッチ箱の爆弾で軍艦が沈められる〟というキャッチ・フレーズは、ジャーナリストには好個の話題であり、新聞の見出しに最適とあって、たちまちにこれが巷に流れでた。もとより原子力にたいする正しい理解のあるはずもなかったが、戦局の前途に多難を察知しはじめた民草の智恵が、戦争を一挙に終結してしまうであろう強大な力をそこに予感したのである。

✺原爆は日本に使用する

中学校一年生のわたくしはたしかに「マッチ箱の爆弾で軍艦一隻」の話を級友たちとした記憶がある。ただし、当時しきりに読まれていた南洋一郎《みなみよういちろう》や海野十三《うんのじゅうざ》らの冒険小説、空想科学小説の世界の話と同じような夢物語として、つまりあり得ない話と心得て一席やっていたにちがいない。が、戦後もずいぶんあとになって東京工大教授崎川範行《さきかわのりゆき》氏から、戦時中の雑誌「新青年」に、ウラニウム235を利用した爆弾を日本がつくり、サンフランシスコを壊滅させたという小説があった、という話を聞かされた。わたくしには記憶はないが、原子爆弾という超近代兵器の概念はかなり当時の大人たちの間にひろまっていたのであろうか。

かもしれないが、朝永、嵯峨根といった超一流の物理学者が、アメリカも「相当真剣に考えている」といった程度の認識でしかなかったのである。いわんや日本の指導者においてをや。それに田中館博士が熱心すぎるほどのローマ字論者であるのがいけなかった。老いの一徹ともいえる信念と情熱のために、「館さんといえばローマ字」と、一直線につなげられていた。博士の重大な提言に耳を傾け、まともに考えるものが少なかったのもやむを得ないことであったのである。

歴史というものの巨大にして強力な流れの恐ろしさ。日本が戦っているアメリカでは、〝相当真剣〟どころか、原子爆弾はこのときには〝現実の新兵器〟になりつつあったのである。しかしたとえ間に合ったとしても、同じ白人種であるナチス・ドイツに使用する意思はなかった。ということであるならば、標的はもう一つのほうとなる。

少し先のことであるが、この年の九月十八日、ルーズベルト米大統領とチャーチル英首相とが、ひそかに米英原子力協定に関する覚書を交換し、これに調印している。それは恐るべき歴史的決断が正式文書となったときであった。

「原子爆弾が完成すれば、慎重に考慮したうえで、これを日本に使用するものとす。日本が降伏するまで、われわれは原爆攻撃を続行する旨、警告することになろう」

連合国の多くの科学者や技術者は、ナチス・ドイツが先を越すのではないかという恐怖と、人類の進歩に参加することになるとして、もう何年も前から原爆製造に身を挺してきた。政治は〝国家のため〟の名のもとに、科学の力によって戦争を勝利に導き、国家の尊厳を保持しようとする。愛国心によって、という大義名分をつけ加えてもいい。そこに疑問の入る余地はない。科学者の思想、技術者の思想、政治指導層の思想とは、およそそういうものであろう。すべては〝国のために〟である。

そしてさらに軍の思想とは？　爆弾は敵にたいし使用するためにつくる。威力や大小を問わない。敵を殲滅《せんめつ》するために使う、それ以外のどんな意味があるというのか。たしかに巨大な工場の建設のために十二万五千人の労働者が必要であった。この工場を稼働させるためにはさらに六万五千人。あるだけの頭脳と技術と汗とを投入した。こうして、二十億ドル以上の巨費を食った「怪物」がいまできようとしている。

ヒューマニズムとかモラルとか、ましてや人の情とかがそこに入りこむ余地はない。人類はじまっていらい、およそ戦争というものはそういう凶暴なもの非情なものであると、だれもがそう思うことで軍人たちは自分の心を納得させていたのである。

日本人はそれを、まったく、知らないでいた。

✹「竹槍事件」のこと

前項はあまりにもA面的な話題であったかもしれない。が、つぎに進むためにはどうしてもかいておかなければならないことであった。これで安心してB面に転じられるのであるが、二月二十二日、東条首相は閣議で国民の一大奮起を求める大演説をした。

「戦局は重大である。決して楽観は許されぬ。これを乗り切ってこそ、初めて必勝の途は開かれる。いまやまさに帝国は文字通り岐路に立っている。国民はこのさい、一大勇猛心を奮い起す秋《とき》。そこに必ず難局打開の道があるのである」

日本軍の最重要拠点のトラック島が敵大機動部隊の猛撃のもとに壊滅的打撃をうけたあとの、いわば苦しまぎれの〝全国民いまこそ奮起せよ〟の叱咤激励なのである。これを翌二十三日、毎日新聞は朝刊一面トップで「首相、閣議で一大勇猛心強調」「非常時宣言」などと、いくらかお太鼓記事で報じた。そこまでは上々であったのに、その解説のような体裁で、毎日新聞だけが一面中央に「勝利か滅亡か　戦局は茲《ここ》まで来た　眦《まなじり》を決して見よ、敵の挟撃侵寇《きょうげきしんこう》」とやった上で、となりに「竹槍では間に合わぬ　飛行機だ　海洋飛行機だ」とかなり大きな見出しで謳いあげた。

「大東亜戦争は海洋戦である。しかも太平洋の攻防の決戦は日本の本土沿岸において決せられるものではなくして、数千海里《カイリ》を隔てた基地の争奪をめぐって戦われるのである。本土沿岸に敵が侵攻し来《きた》るにおいてはもはや万事休すである。（中略）敵が飛行機で攻めて来るのに竹槍をもって戦い得ないのだ。問題は戦力の結集である。帝国の存亡を決するものはわが航空兵力の飛躍増強にたいするわが戦力の結集如何にかかって存するのではないか」

まさに正鵠を得ている記事といえる。ところが、この正論が大問題となった。首相東条が、一億国民が竹槍をもって戦えば九十九里浜で米軍の本土上陸を粉砕できると、大いに息まいて飛ばした檄《げき》を、毎日新聞のみがおちょくったことになる。カンカンとなった東条が新聞社に「反戦思想だ」と弾圧をかけてきた。

じつはそれには裏の事情があった。その直前の二月半ば、陸軍と海軍との間で、血をみないではすまないような激烈な大論争がもちあがっていたのである。海軍側の強硬な要求からはじまった「航空資材をわが海軍へもっと寄越《よこ》せ」大論争がそれで、それこそ海軍の悲鳴にも近い要求であった。しかもこんどこそは、一歩も退《ひ》かじと眦を決してのド迫力をもって陸軍に喧嘩を売ってきた。

しかも、東条首相兼陸相の民草への大演説のあったその日の夕方、海軍報道部長栗原悦蔵大

佐が記者会見で「飛行機がなくては海軍は戦争ができない。しかし、海軍は政治力をもってい
ない。ゆえに、残念ながらどうすることもできない」と切々と、しかし憤懣もあらわにまくし
たてていた。これが即座に陸軍側に伝わる。こうなっては陸軍側は毎日新聞の記事を、陸軍が
軍需物資とくに航空資材を優先的にとっていることへの痛烈な非難にして、新聞に名を借りた
海軍の卑怯な挑戦とうけとめることとなった。

とくに新聞の「海洋飛行機」の文字にカチンときた東条は、断じて許さんと躍起となる。
「毎日は海軍の代弁者だ」ときめつけ、新聞の発行禁止、関係者の厳罰を命じた。新聞社側も
敢然と抵抗し、執筆者の新名丈夫《しんみょうたけお》記者の処罰をこばみ通し、編集局長吉岡文六と次長加茂勝雄
を休職処分にすると発表する。しかし、東条の憤怒はこんなことではおさまらない。時をおか
ずに報復にでる。記事掲載の三日後、三十七歳の新名記者に召集令状を発し、本籍地の四国の
丸亀連隊に入隊せよ、と命じてきた。乱暴かつ無茶苦茶もいいところであるが知ったこっちゃ
ない。これを昭和史では「竹槍事件」という。

これに海軍側が猛烈な抗議をして、即刻に新名記者を海軍報道班員に徴用する。そして大正
生まれの兵役免除者を一人だけ不意に召集するとは何事か、とガンガンとやると、陸軍はなん
と、大正生まれの兵役免除者二百五十人に合わせて召集令状をかける、という天罰も恐れぬ暴
挙をやってのけた。海軍はあわてて新名海軍報道班員をまだ戦場からはほど遠いフィリピンに
派遣することにした。

と、こんなことをかいていると何とも情けなくなる。が、これにて打ち止めにしたい気持ちを押し殺して、あえて蛇足をかく。陸海軍の物資分配大論争の決着である。侃々諤々《かんかんがくがく》、喧々囂々《けんけんごうごう》の議論がそれからも連日戦わされたものの、泰山鳴動して鼠一匹と昔からいうとおり、航空資材の配分は陸海軍で半分ずつ分ける、という政治的な妥協で話がまとまる。なあーんだ、と読者は思うであろう。それでも海軍は、これまでの陸軍六ないし七、海軍四ないし三が、五分五分となったのであるからと「勝った勝った、はじめて陸軍をへこましてやった」と大喜びで乾杯のグラスを連日挙げたという。

陸も海も、軍人たちのやることとは呆れてものもいえない、とはこのこと。いったい、東京にいる陸軍や海軍のお偉方たちや参謀たちは、どこと戦争していたのか。本気でアメリカと戦争をしていたのであろうか。

なお、再召集された大正生まれのこれら二百五十人はのちに硫黄島に送られ、大半が還らなかったという。名前は忘れたがダルマと渾名《あだな》のあった七中時代の軍事教練の教師が、それも間違いなく大正生まれの元准尉ドノが、召集をうけのちに硫黄島で戦死した、と戦後に聞かされたことを想いだした。エッ、なんで四十歳に近いあの人が、という思いをそのとき抱いたが、まさかこのときの犠牲者のひとりであったわけではあるまいが。ダルマ准尉ドノはその渾名のとおり赤ら顔の、きびしいなかに優しさを秘めた、銃剣術で「ヤッ！」という突きの格好が見事にきまったオッサンであった。

赤紙に懲罰召集あり、ということはこの「竹槍事件」で当時ひろく一般に知られた、とは考えられない。「竹槍事件」とは第一に戦後の命名にちがいないであろうから。が、毎日新聞記者はもちろんのこと、ほかの新聞社の記者たちは何をするかわからない陸軍の権力にひとしく震撼した。ということは、かなり民草一般にもわかった、と思われる。そして裏を返せば、情実で赤紙を免れることも可能、ということすらい現実も民草のよく知れるところとなっていたことであろう。まったく、「星に錨《いかり》にヤミに顔」の世となっていたこともわかる。

とにかくすさまじい時代、いや、転落の時代とすべきなのかもしれない。民草が戦場において銃後において歯を喰いしばって死にもの狂いで戦っているが、大日本帝国の滅亡への転落は、速度をましてはじまっていた。

質量ともに爆発的な飛躍をみせるアメリカの大機動部隊の猛威のまえに、戦略が根本的に破綻した日本軍は後手後手となり、防禦いっぽうで、ただその鉄と火の暴風に追いまくられるばかり。太平洋の各所で鉄と火に肉体をぶつける玉砕がつづいた。二月二十五日、大本営はクェゼリン島ならびにルオット島の守備隊四千五百名の全員戦死を発表した。そしてこの夜から十日間、全国のラジオ演芸放送はいっさいの娯楽番組を中止。翌日から劇場、映画館も一斉休場とさせられる。

そしてこの二十五日、政府は閣議で「決戦非常措置要綱」を細かく決め、その詳細の情報局発表が翌日の新聞に載った。ここには毎日新聞のそれをやや簡略にして引用する。

「①原則として中等学校以上の学生生徒はすべて今後一年常時勤労その他非常任務に出動せしめうる組織体制におく。②家庭の根幹たるものをのぞく女子の女子挺身隊強制加入の途《みち》を拓《ひら》く」

さてさて、もうすぐ中学二年生になるわたくしは見事にこれにあてはまった。完璧に学業を放棄して軍需工場に勤務するようになるのは秋からであるが、それまでも何かと勤労奉仕に「出動せしめ」られ大いに国のため働かされた。基礎学力を身につけなければならない肝腎のときに、これを空しくさせられた。で、〝学歴あれど学力なし〟のいまの自分のでき上がったのをこの「決戦非常措置要綱」のせいにしている。

いや、B面としてかかねばならないのはそんな個人的事情のことではなく、情報局発表の要綱の⑥のことである。

「高級料理店、待合は休業せしめ、また高級興業、歓楽場などは一時閉鎖し、その施設は必要に応じて他に利用せしむ」

こんな大それたことがお上の命令一つで有無をいわせることなく実行できたのであるから、ただものすごい時代であったと歎ずるほかにない。

実際の話は、新体制運動が宣言され大政翼賛会が旗揚げした昭和十五年から、芸者をあげて騒ぐ料亭や踊り子がでるセクシーなレビューなどの劇場、そしてキャバレーや高級バーをつぶせの声は高々とあがってはいた。が、高級料亭でお客の「星と錨」が羽ぶりをきかせている間はそうもいかず、「ぜいたくは敵だ」も強制力なきスローガンにすぎなかったのである。

しかし、玉砕そして玉砕のつづくいまや「星や錨」もそんなこれ見よがしに権力をふるっていられるときではなくなっている。軍の上層部そのものが、芸者遊びを認めていると士気が衰える、という理由をあげて、芸者や待合をつぶせといいだしたのである。かくて、「要綱」があっという間に閣議決定され、歌舞伎座、新橋演舞場、帝劇、日劇など、全国十九の大劇場が三月五日から閉鎖となり、精養軒、雅叙園、新喜楽をはじめ東京の八百五十の料亭、二千五十の待合、四千三百の芸者置屋が閉店あるいは休業と相成った。三月四日付の朝日新聞夕刊によると、廃業した芸者は東京だけで八千九百人という。ある築地の料亭などは、休業と決まった五日の前の晩に、手もちの樽酒を全部あけてなじみの客にドンチャン騒ぎで振舞った。翌日の朝が白々と明けるまで出たり入ったり酔客は絶えなかったという。

関連して、永井荷風の日記『断腸亭日乗』三月三十一日の項には、興味津々のことがかかれている。浅草オペラ館の踊り子たちとの別れに、思わず荷風も泣いたというのである。ちょっと長く引く。

「……二階踊子の大部屋に入るに女達の鏡台すでに一ツ残らず取片づけられ、母親らしき老婆二三人来り風呂敷包手道具雨傘など持去るもあり。八時過最終の幕レヴューの演奏終り看客立去るを待ち、館主田代旋太郎一座の男女を舞台に集め告別の辞を述べ、楽屋頭取長沢一座に代りて答辞を述《のべ》るうち感極《きわま》り声をあげて泣出せり。これにさそわれ男女の芸人およそ四五十人一斉に涙をすすりぬ。踊子の中には部屋にかえりて帰仕度しつつなおしくしく泣くもあり。各《おのおの》その住処番地を紙にかきて取交し別《わかれ》を惜しむさま、数日前新聞紙に取払《とりはらい》の記事出でし時余ひそかに様子を見に来りし時とはまったく同じからず。余も覚えず貰《もらい》泣きせしほどなり」

すでに「一億一心」に類する言葉は何度もかいてきた。彼我の物量の差はいまや「一億総玉砕」の言葉と変わってハッキリとなっていた。しかし、たとえ料亭の灯が消え劇場の扉が開かず、シャレた喫茶店がすべて消え去ろうとも、ほとんどの日本人は一億一心で、戦いに勝つことを信じ、あらゆることに堪える覚悟と決意を固めていた。戦争終結や勝利について具体的な材料がなくなろうと、「欲しがりません勝つまでは」であったのである。国家第一主義であったのである。

✹ゲンゴロウの幼虫とサナギ

考えてみるまでもなく、その鬱陶しいというか重苦しい世にわたくしはたしかに日々を送っていたのである。が、いまだ中学生の分際。大人たちとは生活形態を異にしている。中学校は、全部が全部同じというわけでなく校長の方針でかなりの差があるようであるが、とにかく小さな戦士をつくるための軍事教育の場となっていた。鉄拳制裁やビンタなどはもう日常茶飯事、といえるくらいはげしくなった。対向ビンタというものもある。指名された二人がお互いに向かい合って、教師の「ヤメ」の号令のかかるまで交互に頬をひっぱたき合うのである。「頭ァ右ッ」「左向けェ左ッ、前へ進めッ」の分列行進は、やがてダ、ダ、ダと、足並みがきちんとそろって、配属将校から「おおむね良好」の褒め言葉をもらうくらい上達する。匍匐《ほふく》前進、突撃ッ、ワーッと木銃をもって突進する訓練もなかなかに勇ましくなった。

そして雨の日には、室内での教練の時間となる。「伊藤（・―《トツウ》）、路上歩行（・―・―《トツウトツウ》）、ハーモニカ（―・・・《ツウトトト》）……」のモールス信号や、紅白の旗をもった両手を大きく動かしての手旗信号を必死になって覚えた。覚えなければ往復ビンタをどれほど食うことになるかわからなかった。そして、「一旦緩急あらば義勇公に奉じ」と、そのときになれば国に殉じる決意を固めていた。わたくしの場合は固めていたように思うのであったが。

こんなときおやじやおふくろがどんな気持ちで戦局の転落をみていたのか、それはわからない。戦争が終ってからも、多分返答に困るかと思い、聞いてみようとはしなかった。記録によれば、昭和七年の納税は一人当たり平均十七円であったのが、昭和十八年には百三十一円になったという。そして間接税は昭和十九年には化粧品は十二割、羽毛蒲団や座蒲団も十二割、中折帽や靴、ネクタイは四割の値上げと、新聞にかかれている。ついでに酒税についてふれれば、清酒一級は一升七円が十二円に、二級五円が八円、三級三円五十銭が五円に、焼酎は三円五十銭が五円に大幅値上げとなっている。

税金も物価も上がり、しかも物資不足はいよいよひどくなっている。配給はなお一応は守られていたが、遅配がちとなり、それも米の代わりに芋、といった代替食がふえてきた。副食にいたっては滅茶苦茶なことになった。東京ではたとえば五日に一回、一人当たり魚一切れ、ネギが三日に一度一人に三本、牛乳は二人に一合の割り当て、という具合になったという。「週刊朝日」四月二十三日号は「食べられるものいろいろ」特集をして、ゲンゴロウの幼虫やサナギなどがうまいからと勧めていた。

こうした国情にあって、わたくしを含めて子供四人をかかえたわが両親が、どんな苦闘を強いられたものかを聞いても、ただ返答に困るだけであったであろう。

それでも民草一般は、いずれ絶対に神風が吹くと信じ、その日まであらゆる困難を耐え忍べとの政府の掛け声に呼応していた。いま思えば、何と純真な、純情な国民であったことか。そう、酒好きであるからかくのではないが、「国民酒場」というものが、東京に登場した。地方によっては「健民酒場」とよばれていたという。日本酒なら一合、ビールは大瓶一本、生ビールも一杯だけというのが建て前。もちろん立ち飲みである。それでも配給の酒では足りぬ飲んべえには、干天の慈雨というべきもの。酒一合が七十五銭、ビール一本二円。記録には東京では五月一日から、全部で百三店が開店、とある。

とにかく生活的には不平不満だらけであったものの、民草のほとんどすべてがいつか「無感覚」になっていたのである。大局からみればあまりにも明らかであったであろうが、敗戦は信じたくなかった。「軍艦マーチ」に飾られた無敵皇軍の記憶はまだそこにあったし、戦争遂行に不信を抱こうとはせず、玉砕につぐ玉砕にも無感覚になった。そしてせいぜい鬱憤ばらしに、ヤミの安酒をかっくらいながら茶碗を叩いて替え歌を歌うのが精一杯であったのである。それも隣組のうるさい監視の目を気にしながら。

〽人のいやがる軍隊へ
　志願ででてくる馬鹿もいる
お国のためとはいいながら
かわいスーチャンと泣き別れ

もっとも、なかには厭戦・反戦の言を堂々と吐き散らして、当局に逮捕される豪のものもいた。内務省警保局「思想旬報」（四月二十日）にもっとも悪質な厭戦的流言として記されているものがある。

「この戦争は負ければ偉い人は殺されるかもしれぬが吾々——百姓、労働者、貧乏人——は殺される様なことはあるまい。吾々は働かねば食われないのだから、戦争に勝っても負けても大したことはない」

「特高月報」にも旧陸海軍文書にある不穏な言動がいくつも記されている。

「大本営特報、我軍は本日米英に対し降伏せり。よってルーズベルト及びチャーチルは我帝

都に入城せり。陛下はよってたいほせられたり」（三菱重工の落書　一月二十二日）
「戦争に負けたら敵が上陸して来て、日本人を皆殺しにすると宣伝しているが、それは戦争を続けるために軍部や財閥が国民を騙して言うことで、自分は米英がそのような残虐なことをするとは信ぜられん」（岡山市内　四月二十五日）
民草の大多数の性根を割ってみれば、あるいはこれがいちばん正直なところであったのかもしれない。が、戦争は断々乎としてつづけられなければならなかった。敗けてたまるものか、であった。

「お兄ちゃん、サヨナラ」

ここで五月三十日の作家伊藤整の日記から少し長く引いてみたい。知的な人といわれるこの作家ですら、戦争の〝実相〟を知らないゆえに、こんな風に戦局を観じていたのだという証しになろうと思う。この夜、出版報国団の講演会で、海軍の高瀬五郎大佐の話を伊藤は聞いた。飛行機と船舶の生産が上昇曲線を描きだしたので、押され放しの戦局にも一筋の光明を見ることができるようになった、と知り、伊藤はこうかくのである。

「こういう事情であれば、大学、専門学校、中等学校の生徒まで動員して工場や農村の生産を増進しようとする政府の最近の方針は至極当然のことだ、そうしなければこの急場の人力を補って行けないのだ、と私は祖国の運命について、これまでにない急迫したものを感じた」

ところが、そのいっぽうで、年の功といおうか永井荷風は同じ日の日記に、こんな愉快なことをかいている。この日、自宅の天井裏を走り回っていた鼠がひっそりとし音を立てなくなったことに気づいたらしい。

「鼠群の突然家を去るは天変地妖の来るべき予報なりとも言えり。果して然るや。暴風も歇《や》む時来れば歇むなり。軍閥の威勢も衰《おとろえ》る時来れば衰うべし。その時早く来れかし。家の鼠の去りしが如くに」

この翌々日の六月一日、インド東部ナガランド州の要衝コヒマを包囲していた第三十一師団長佐藤幸徳中将は、補給杜絶、作戦続行不可能ゆえをもって独断で指揮下の全部隊に退却を命じた。壮大な夢のインド進攻物語といえるインパール作戦計画は、この日に崩壊が決定づけられた。

さらに六月十五日の米軍上陸を機に戦われていたマリアナ諸島サイパン島の攻防戦は、日に日に日本軍の敗色が濃くなりつつあった。そもそもが敵上陸の当日、マリアナ防衛の総指揮をとる第三十一軍司令官小畑英良中将は、パラオ方面視察中でサイパンには不在、海軍の中部太平洋艦隊司令官南雲忠一中将は「陸戦には口を出さず」としていた。事実上、サイパン戦を指揮していたのは参謀長井桁《いげた》敬治少将であった。

その井桁参謀長に、上陸前哨戦の敵機動部隊による空からの攻撃がはじまった直後に、大本営から暗号電報が送られてきた。

「天皇ヨリ井桁敬治ニ命令ス　アスリート飛行場ヲ死守スベシ」

これに井桁参謀長はただちに返電する。

「デキナイモノハデキナイノダ」

ここには井桁の怒りがこめられている。なぜなら、大元帥直属の日本陸海軍への命令はすべて天皇の命令であるからである。「天皇ノ命ニヨリ」という文面はあったが、「天皇ヨリ命令ス」はありえない。井桁は大元帥がこのような死守命令をだすことはあり得ない、天皇の名をかりた大本営の秀才参謀どもの非情かつ独善なりと、悲壮な判断をしたのである。

であるからといって、井桁が戦闘を放棄していたわけではない。しかし水際防禦は圧倒的な猛攻撃の前にほとんど蟷螂《とうろう》の斧《おの》にひとしかった。アスリート飛行場が米軍に占拠されたのは上陸四日目の十八日のこと、たちまちに航空機の発着が思うままの大基地となっていく。その翌日に生起したマリアナ沖海戦は〝海上決戦〟という名を冠するに値する日米海軍総力をあげての激突であった。結果はあっけなかった。日本海軍は一年がかりでやっと養成した航空部隊が壊滅、そして戦果はゼロ。米戦史が「まるで七面鳥を撃ち落とすように」と形容するほど、アメリカ海軍の開発したレーダー、VT信管などの新兵器の防空幕のなかに、日本機は突入していってつぎつぎに撃墜された。未帰還機はじつに三百九十五機。

マリアナ諸島奪回はかくて絶望となる。すなわちこの戦争における大日本帝国の勝機は百パーセントなくなったのである。「来月上旬にはサイパン守備隊は玉砕すべし。もはや希望ある戦争指導は遂行し得ず、残るは一億玉砕による敵の戦意放棄をまつあるのみ」と大本営は六月二十四日の『機密戦争日誌』に記している。マリアナ諸島を基地に超大型爆撃機B29による日本本土空襲は必至となったのである。

ところで、ここで五月に東京都の防衛本部がきめた「罹災《りさい》死体処理要綱」なるものの一部を引用しておくのも、決して無益ではないと思うのである。すなわち、

「東京がアメリカ軍の空襲に遭ったとしても、一〇、〇〇〇個の柩《ひつぎ》を準備しておけば十分だろう。この数字は、関東大震災の教訓から、そして欧州各地の空襲被害の資料から、厳密に計算されたものである」

都民五百万(当時)のうち空襲による犠牲者はせいぜい一万人、と小指導者どもは楽観していたことが、なんともかき写していると悲しくなってくる。

小指導者はさておいて、政府はこの現実を前に急いで対策を早急に練らねばならなくなった。そのもっとも具体的な方策として〝疎開〟ということがさらに強くいわれだした。そのそもそもはとなると、十八年十二月二十一日の「都市疎開要綱」の制定にあるのであるが、そのときはほとんどの民草の関心をひかなかった。しかし、いまやそうはいかなくなる。五月四日、第四次改正の「帝都疎開促進要綱」の発表があり、東京都は真剣になって、人口疎開や、施設と建物の疎開に本腰を入れねばならなくなる。さっそく標語がつくられる。「勝ち抜く聖戦、断

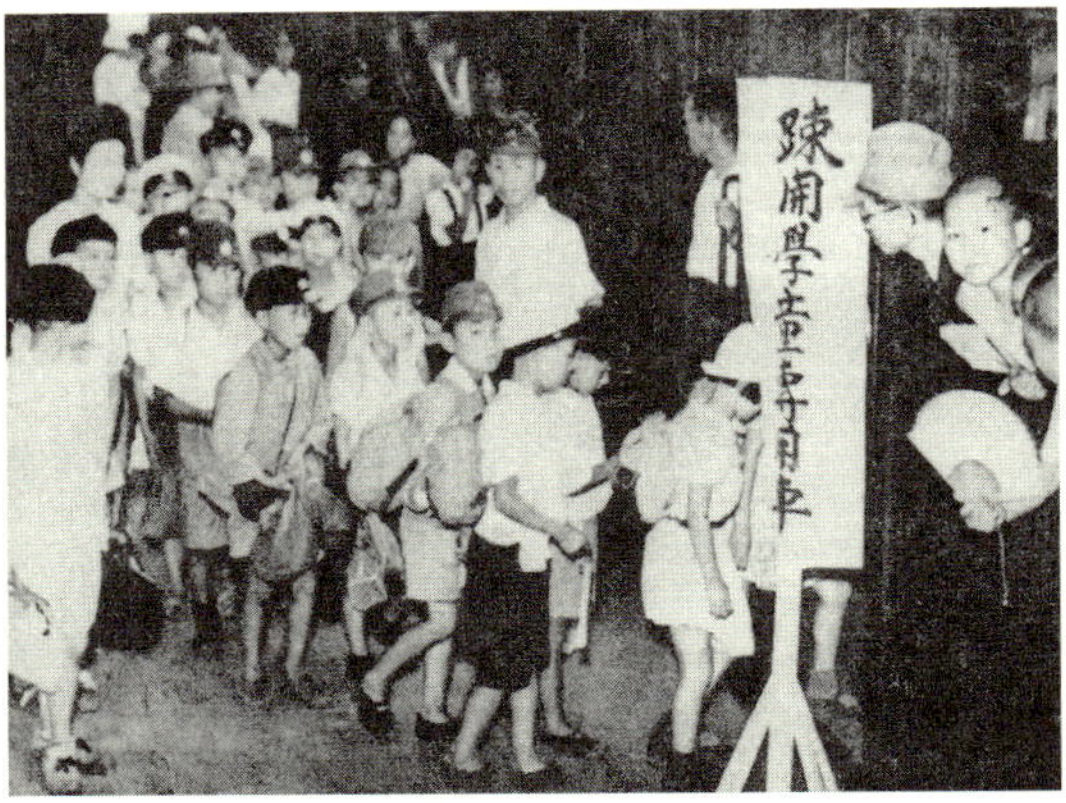

学童疎開がはじまり、兄妹もちりぢりとなった（昭和19年７月）

じて疎開」とか「疎開が帝都の防衛なのだ」とか。

されど都民がなかなか動かないのに業を煮やした当局は強制的に建物の取壊しを実施しはじめる。これが六月十五日。なんと同じ日に中国大陸から飛来したＢ29による北九州への爆撃がはじめて行われたのである。空襲がいよいよ具体的になってきた。こうなってきては建物取壊し作業は強引なものとなり、ところによっては戦車までが出動する。

六月三十日、こうした事態をふまえて「学童疎開促進要綱」が閣議決定される。東京はもとより京浜、阪神、名古屋、北九州などの計十三都市の国民学校初等科児童を縁故を頼って疎開させる。三年生以上の縁故のないものは集団疎開させる、というものである。

「敵機は必ず帝都へやって来る。次代を担う少国民はどんなことがあっても守らねばならぬ。かわいい子供を手放したがらないお父さんお母さんもお国のために決心してほしい」（朝日新聞七月九日付）

そして東京の各区は疎開先の府県を割り当てられた。

七月に入るとサイパン島守備隊の玉砕はもうだれの目にも明らかになり、日本本土はB29の行動圏に入るも同然となった。急げ急げで、学童の疎開は九月一日を目標に、完了させねばならないことになった。かくて集団疎開の第一陣が出発したのが八月四日。品川区城南第二国民学校の百五十九人と板橋区上板橋第三、練馬区練馬第二、石神井《しやくじい》東、石神井西、大泉第二の各国民学校の百九十八人である。そしてすべての計画が完了したのは九月二十四日。

ここには元女優にして参議院議員でもあった扇千景《おうぎちかげ》さんの集団疎開の思い出の記をあげておこう。

「鳥取県岩美郡岩井町に一年間いました。温泉街で、宿舎の前に大きな川が流れていて、湯気がポカポカたっていました。大豆入りのごはんを〝百回噛め〟といわれて食べました」

と、資料にもとづいて長々とA面記事もふくめてかいてきたが、これがわたくし自身のこととなるとどうも記憶がおぼろげになる。うすら寒いとき、のような気がするから十月に入ってからか。弟（五歳）、妹（三歳）、弟（一歳）がおふくろの里である茨城県下妻市の近くにおふくろともども疎開することになった。国策に協力的であったわけではなく、例によっておやじの先見の明というか、敗戦の早目の覚悟によるものである。

「もう東京がやられるのは必至だ。住めるところがあるのだから、さっさと東京から離れたほうがいい」

荷車に山のように積んだ荷物の間に小さくなって坐った弟妹たちは、まるで遊園地かどこか

へ行くような楽しそうな顔で、
「お兄ちゃん、サヨナラ」
と手を振って去っていった。おふくろだけが心細そうに最後までわたくしから眼を離そうとはしなかった。とくにそのときは悲壮感はなかったが、あとから考えると、やがてふれることになるであろう東京大空襲で、もうちょっとのところでわたくしは死ぬような体験をしたのである。それは永遠《とわ》の別れとなるかもしれないサヨナラであったのである。人間、まったく先のことはわからないとつくづく思う。

そんな私的なことではなく、B面の話題として七月十一日付の朝日新聞を引くことは忘れてはならないことであろう。

「わが国思想界に長い間地歩を占めていた中央公論社、改造社は思想指導上不適当なるものとして十日、情報局から自発的廃業をすすめられた。即ち情報局では両社の営業について調査の結果、その営業方針において戦時下国民の思想指導上許し難い事実が明らかになったので、……（以下略）」

というわけで、「中央公論」と「改造」は廃刊となった。この二誌だけではない。十九年の一年間に廃刊になった雑誌は二千三百冊を超えている。敗戦の月まで残ったのはわずかに百八十八誌。総合雑誌ではなくなっていた「文藝春秋」は二十年二月号まで生きのびていたが、以後は休刊となっている。

✹東条内閣の総辞職

以下は完全にA面的な話となるが、かき落とすわけにはいかない。

七月六日、サイパン島玉砕。大本営は重苦しい空気の底に沈みこんだ。陸海の守備部隊四万三千五百名が玉と砕けたのである。それにもまして多くの民間人が軍の盾《たて》となって亡くなった。非戦闘員である女子供も容赦なかった。軍が豪語してサイパンは難攻不落の鉄壁の要塞といいつづけてきただけに、影響はあまりに大きすぎた。陸軍報道部長は涙をこぼしつつこの報を伝える。心ある人には、このまま戦争を継続することの愚かさ、無謀さ、そしてそれは民族の滅亡を意味することを心底から憂えさせた。

そうした民草の声なき声に応えるかのように、七月十五日、陸軍は省部の全幹部が集まって、今後の戦争指導方針の検討会議をひらいている。

第一案　（イ）本年国力をあげて決戦する。
　　　　（ロ）今後のことはどうでもよし。
第二案　（イ）本年国力戦力の充実に徹底的重点を構成する。
　　　　（ロ）全力をもって自活、自戦態勢を強化す。
第三案　本年後期の作戦遂行と、爾後の自活、自戦態勢との二本立にて行う。
議は猛烈に紛糾したが、結論としてはどっちつかず、何とかなるであろうの第三案の採用となった。ではあるけれど、あとは野となれ山となれの、自暴自棄ともいうべき第一案が、むしろ怒号と涙とをもって主張され、それをどうにかこうにか上長が抑えたというのである。

これをうけて東条英機首相兼陸相兼参謀総長は、七月十八日に必勝を鼓舞する談話を発した。

「マリアナ諸島においては六月十一日いらい皇軍将兵の敢闘により、敵に大打撃を与えたるも、サイパン島は遂に敵の掌中に陥り、宸襟《しんきん》を悩まし奉れることはただただ恐懼《きょうく》に堪えない次第である」

東条がこのように天皇に詫びたのは、開戦いらいはじめてのことであったのである。東条はこれまでの度重なる敗戦にも、「戦史に稀なる絶妙の転進」といったような白々しいことを口にしつづけてきた。この、いわば天皇への哀願ともお愛想ともとれる言葉もその甲斐はもはやなかった。その十八日に、二年十カ月にわたって戦争を指導してきた東条内閣は、緊急の重臣会議の結果、総辞職に追いこまれた。天皇の信頼がすでに失われてしまっていた。

ただし、民草に知らされたのは二十日。同日の夜になって、小磯国昭内閣の成立が伝えられる。あわただしい政権の交代である。

この日の、作家山田風太郎（当時二十二歳の大学生）の日記より。

「日本の苦悶――われわれはいかにすべきか。いかに祖国の難に応ずべきか？――一日中、このことが頭にこびりつく。／疎開の運搬作業中も『無責任な奴だなあ！』とみな東条さんを罵る」

評論家清沢洌も長文を日記に残し、東条内閣をきびしく批判している。

「これくらい乱暴、無知をつくした内閣は日本にはなかった。結局は、かれらを引きまわした勢力の責任だけれども、その勢力の上に乗って戦争をしていた間は、どんな無理でも通った」

日記はさらに新聞批判にまで怒りの筆がおよんでいる。

「昨日も、今日の新聞も悲憤慷慨の文字で全面を盛っている。もっとも現在は一週間のうち三日は、ただの二頁であるが、その二頁が〝一億試練の時〟〝南溟《なんめい》に仇を報ぜん〟〝急げ輸送隘路の打開〟〝怒りの汗に滲み職場を離れぬ学徒〟〝津々浦々に滅敵の誓《ちかい》〟（以上、朝日）といった記事で、ほかにはなにもない。『朝日』がそうだから、ほかの新聞は想像しうるべし」

たしかに「滅敵の誓」や「怒りの汗」で、最後に達した戦局がどうなるものでもなかった。サイパン島失墜は、日本国民にとっては〝終りの始まり《ザ・ビギニング・オブ・ジ・エンド》〟であった。

ついでにもう一度、山田風太郎の日記の七月二十一日の項。

「ドイツ大本営爆破の陰謀によりヒトラー総統負傷す。『いやンなっちゃうわねえ！』と下宿のおばさん嘆声をあげる」

わがおやじがこのとき、「あっちでもこっちでも独裁者倒れるの日だなあ。偶然の一致ってあるんだよなあ」と、えらく感心したようにいっていたのを覚えている。

サイパン島につづいてテニアン島は八月三日、グアム島は八月十日に陥落する。東条が倒れても戦局のほうは足早に悪化が進んでいく。もはやB29の日本本土空襲は防ぎようがなくなった。問題はそれがいつか。そのわずかとも思われる時間的余裕を有効に使って、防空＝空襲対策にいろいろと当局が指示をだしてきた。いまも残されている資料をみれば、つい吹きだしたくなるようなものばかりであるが、民草は真剣に、むつかしく考えずにその指示を守ったのである。

そのいくつかを、後世への教訓として。

「**防空服装**

〈鉄兜〉空襲時には頭部負傷が最も多いから男ばかりでなく女も必要である。

〈頭巾《ずきん》〉婦人の毛髪は燃え易いから特に注意し、丈夫な布でできるだけ部厚くする。

〈筒袖上衣・モンペ〉比較的軽装でよいが服装はすべてを通じ火災、毒ガス等予防のため丈夫な布で作り、できるだけ露出部を少なくする。

〈脚絆《きやはん》〉これは女にも着用させたい。

〈足がため〉厳重にする。靴などは屋根の上で滑り易いから縄で滑り止めをしておく。

〈その他〉手袋、防毒面、認識票（住所、隣組、姓名、年齢、血液型等を記載した布片を着用、衣類、持物の個々のすべてに縫いつけておく）、水筒、呼子笛、非常袋（各自用）」

「**警報伝達一覧**

〈警戒警報〉サイレンは三分間ポー、これを連続する。警鐘はカン、カンカンと一点と二点の連打をくり返す。

〈空襲警報〉サイレンはポーと四秒、八秒の間をおいてまたポーと四秒、これをくり返す。
警鐘はカン、カンカンカンカンと一点と四点連打をくり返す」

「　焼夷弾の退治法

○エレクトロン……破裂の瞬間、煌々《こうこう》たる白銀の光を放ち、一面に火沫《まつ》を飛ばす。弾体へ濡れ筵《むしろ》数枚をかぶせ、上からどんどん水を浴びせる。
○油脂……真っ赤な焔と三〜五メートルに及ぶ黒煙を上げる。これを消すには、弾体に砂、泥をかけ、その上から濡れ筵をかぶせる。少量の水をかけると却《かえ》って拡がって危険だ。隣組防火群は、水を使わぬがよい。
○黄燐《おうりん》……落ちた時大きな爆音がし、濛々たる白煙をあげ無数の燐片を飛散させ、百メートルに達することがある。退治法は大たい油脂と同様だが、火力は前二者に比していささか弱いが、破壊力が強大で、爆風、弾片の危険もある」

いまこのように写しながら、あらためて、焼夷弾を退治することなどとてもできないことであったとの思いを深くする。しかし当時は、ナニクソ、消せんだと確信していた。この中学二年生は何と頭の悪い奴であったかと、情けなくなるばかりである。

いやいや、わが援軍がここに現れた。ふたたび山田風太郎の日記である。少し先に飛ぶが十二月五日の項。

「焼夷弾の火力大したことなし。爆弾の爆発力も恐るるほどのものにあらず。いったん消火を始めたる上は死すともこれを放擲《ほうてき》するなかれと教えらる」

大学生だって、こう考えていたのであるんだから……と、いい訳したくなってしまう。

神社一斉に撃滅祈願

八月四日の新聞各紙に民草をひとしく驚かせるような大きな見出しと記事が載った。

「見よ鬼畜米英の残忍性」という見出しで、「ミズーリ州のカトリック教大司教管区の一教徒が、友人の家の子供が南太平洋戦線に従軍中の兄から送ってきた日本人の頭蓋骨をおもちゃにしているのを見て、その旨を教会に通知したのが端緒となり、死体冒瀆問題が重大化するに至った」こと、さらには「ペンシルヴァニア州選出下院議員フランシス・ウォルターが、ルーズヴェルトに太平洋戦線で戦死した日本兵の上膊骨《じようはく》で作った紙切り小刀を贈った」ことなどの外電を、朝日新聞が伝えている。

読売報知新聞も同じ外電を伝え、「これが米兵の本性だ」の見出しで「頭蓋骨を玩具にし、勇士の腕をペーパーナイフとしたこの非人道的な行為は、本国の人間にさえあまりに残虐行為として非難され指弾されているという」と解説して、はげしい言葉で民草の尻を叩いた。

「鬼畜め、野獣！　たぎり立つ憤激のなかにわれら一億は、この不倶戴天《ふぐたいてん》の米鬼どもを今こそ徹底的に叩きつけねばならぬ」

さらに十一日の朝刊で、雑誌「ライフ」に載った〝日本兵の骸骨を前にお礼の手紙を書いている女性の姿〟の写真を民草は見せられた。そのコピーが「屠《ほふ》り去れこの米鬼」。そして説明に曰く。

「可憐なるべき娘の表情にまでのぞかれる野獣性、この野獣性こそ東亜の敵なのだ。あえてここに掲げる英霊の前にわれわれは襟を正して〝米鬼撃滅〟を誓おう」

これ以前から一部に鬼畜米英の声はあったといわれているが、一般的にはこのとき以後ではなかったかという記憶がわたくしにはある。「鬼畜米英」――それこそ最高の標語となり、だれもがこれからのちは口にだし何かにつけて歯ぎしりして唱えるようになる。そしてこの戦意昂揚の超流行語のもとに「いいか負けたら男はみんな奴隷にされる。女はみんなアメ公の妾《めかけ》にされちまう。敵はとにかく鬼畜、野獣と同じなんだぞ」という風説が流れだし、多くの人びとがそれを信じた。もちろん、愚かな中学生がそれに疑いをもつはずもなかった。

少しあとの話になるが、「主婦之友」十二月号にこんな記事が載っている。ルーズベルトによる敗戦後の日本処分案について、である。

「働ける男を奴隷として全部ニューギニア、ボルネオ等の開拓に使うのだ。女は黒人の妻にする。子供は去勢してしまう。かくして日本人の血を絶やしてしまえ。日本本土に上陸したら、虐殺競《コンクール》演をやろう。女は別である。女については自ら道がある。子供には奴隷としての教育を施すのだ」（「敵のほざく戦後日本処分案」より）

あるいは悪い冗談であったのかもしれない。が、世の中全体がおかしければ、悪い冗談がいつか真実のごとくに全体を覆って、現実感《リアリズム》は失われてしまうのである。

もはや勝機はない、つまり敗戦必至となってとるべき術《すべ》をすべて失った当局は狂ったように叫びだした。口だけは減らないというが、まさしくそのとおり、それこそこの「鬼畜米英」を筆頭に、多量の標語が巷に溢れだした。電信柱といわず、公衆便所や公衆電話の壁といわず、民家の塀といわず、ベタベタと標語が貼られ、街角には立看板が立てかけられた。

「綿を出そう、この綿が火薬となって敵艦轟沈――東京都」「銀、航空決戦に銀を出そう――大蔵省」「戦局は一片の白金の退蔵を許さず、白金を出す最後の機会――軍需省」……いまどきの若い人には何のことかさっぱりであろうが、もう少しつづけると、なかには「決戦だ体力だ増産だ――神命丸本舗」「乗り降りは押し合うより譲り合う――家伝夜尿症薬」という標語まがいの広告もまじっていたし、たとえば「沢庵和尚報国大講演会」と太い字でかかれたビラも風に吹かれてひらひらしていた。この講演会の主催者は東京都漬物統制組合とあった。

そしてまた、大きな駅の掲示板などには、「海軍甲種飛行予科練習生徴募!」と大きなポスターが、わたくしたち中学生を「さあ、いらっしゃい」と誘っていた。

さらに世の空気は次第に神がかり的になっていく。「神風は絶対に吹く」を、圧倒的に多数となった軍国おじさんが口々に唱えるようになる。鎌倉時代の元寇のときのように、神風が吹きかならずや敵艦隊を撃滅するであろうと。人びとの神社詣でがさかんになる。それも必勝祈願ではなくいつか敵撃滅祈願となっていく。ついには内務省が乗りだしてきた。内務大臣の名をもって、全国一万六千人の神官神職に訓令が発せられる。「驕敵を一挙撃滅し、神州を奉護する祈願を、諸神社にて一斉に実施すべし」。日本の神々は国土のあらゆるところにも遍在し給うのであるが、とにかくばらばらに祈禱していたのでは、神々も戸惑うばかりである。心を合わせて一斉に祈ることによって一挙撃滅の〝神罰〟が敵に下されるであろう。八百万《やおよろず》の神霊パワーをもって敵艦を轟沈せしめねばならない、というのである。

大日本神祇会はこれに応えて、正式な基準を決定して全国の神社に通達した。

「一、今回の祈願はその性質が祭典とは異なるので、特別な一斉励行として行うこと。そのために恒例の祭事などを中止あるいは延期してもよろしい。

一、全国一斉祈願の執行時刻は、早暁または夜間とし、厳格周到な斎戒の上、神職の励行を主体とし、敵国撃滅のその日まで継続する。

一、執行の前後には太鼓を用い、参加希望者ある場合は、神職みずからこれを率いて行うこと」

かくて時刻こそ定めなかったが、まさに八月二十八日が「寇敵撃滅神州奉護の祈願」のその日となった。ただしこの全国一斉の調伏《ちようぶく》祈願が「敵国撃滅のその日まで」すべての神社で行われていたとは思えないが、それは確かめようがない。

そして神様への敵撃滅祈願には小磯国昭首相みずからも陣頭に立った。九月八日の大詔奉戴日の首相の行動の一部始終を新聞が報じた。朝五時起床、ただちに〝みそぎ〟を行い、官邸の庭から宮城遥拝、つづいて仏間で読経、六時半に官邸の放送室から国民への講話を流し、七時半官邸をでる。そして、このあとである。打ち合わせどおり米内《よない》海相と杉山陸相と連れだって明治神宮へ、つづいて靖国神社へ。そして軍人宰相の小磯は「明治神宮で、明治天皇の霊に敵国撃滅を心から祈願した」と記者に語ったという。戦争指導のトップに立つ軍人三人がいまや神々のご加護を願うほかはなかったということなのである。

そういえば、その少し前の九月三日、これも元海軍大将であった野村吉三郎《きちさぶろう》がラジオの戦局講演で、「時宗《ときむね》の心を持て」と呼びかけている。元寇のときの北条時宗のスローガンは「死中に活を求める」。野村はだせるだけの声を張りあげていったという。

「必死の敢闘などでではなく、いまや死中に活を求めるといういわゆる一億時宗の気持ちになり戦い抜かねばならぬ。そうすればかならず勝ち得るのである」

もはや戦争の勝利は不可能であると戦争指導者たちは察知していた。しかし、であるから、神仏にすがって「撃ちてし止まむ」と叫びつづけねばならなかった。そうやって勝つことのない戦いをつづけるほかはない。

「学徒勤労動員の歌」

正直にいうと、B面昭和史はここで筆止めとせざるを得ないように思う。かいていても同じようにただ日本人が力んでいる話ばかりとなり読まれるほうも退屈されるだけであろう。せいぜい九月九日から二十六日にかけて後楽園球場や甲子園、西宮球場で日本野球総進軍優勝大会が開催された話ぐらいしかかくことがない。巨人、阪神、阪急、産業、朝日、近畿日本の六チームが参加、選手を三つに分けて二回戦総当たりの十二試合が戦われた。観客は防空頭巾、鉄兜を持参、後楽園球場の二階席には高射砲陣地があるというものものしさであったという。

また、若い男の少なくなった東京の街々では、いざというときに備えて防空頭巾にモンペ姿のおばさんやおねえさんたちが竹槍をもっての突撃訓練、加えて防空訓練。「焼夷弾落下！」のかけ声とともに、バケツ、濡れ筵、はたき、鳶口《とびぐち》などをもって駆けつけて、火の粉を打ち払う猛訓練をくり返す。落下地点に濡れ筵や砂袋を投げつけて、猛スピードで所定の場所に戻る。

「モタモタするな！　全力で走れッ」

と警防団員に怒鳴られてその場にへたりこむ人もいたりする。そんな光景を学校からの帰り道に何度もみかけた。

その背景には昭和十二年に制定された「防空法」があったことはかくまでもない。これに十六年に応急消火義務が追加され、逃げるな、火と戦えと、消火活動が優先され、さらに改定され防空を妨害したものは逮捕されることになっていた。

科学的であれ、合理的であれ、というかつての日のかけ声はもはやどこへやら、みんな神がかりになっていたとかくほかはないか。

その間にも連合軍の侵攻は容赦がなかった。ヨーロッパ戦線では、西からはドーバー海峡を越えてフランスに上陸した連合軍の猛攻、そして東からはソ連軍の追撃戦に挟撃されて、ドイツ軍の敗退につぐ敗退は日ましに急を告げている。ヒトラーの神通力は完全に失われた。九月二十一日、日本では、大本営政府連絡会議改め最高戦争指導会議が、ドイツが降伏してしまったときに対処すべき新国家方針をうちたてた。

「(イ)ドイツ降伏により欧州における米英ソの内面確執は恐らく激化すべく、在欧米英兵力を全面的に東亜に転用することは不可能なること。
(ロ)欧州戦終結により敵側軍隊に和平気分醞醸《うんじょう》し、その戦意は低下すべく、帝国として飽くまで戦うに於ては敵側継続戦意志に動揺を来たすべきこと。
(ハ)欧州に於て行われたるごとき徹底的大規模なる空襲は、我本土に対しては実行困難なること」
それにしても、この期に及んでも日本の戦争指導者がこうした戦略観をもっていたとは、あまりにも能天気な、あまりにも自己本位な、そしてあまりにも阿呆らしいと申すばかり。そして民草をして「一層の覚悟を強くするの要ある指導をする」とともに「国民をして危惧を抱かしめざることに着意する」ことを決めている。

しかし、歴史的事実は、サイパン島では六月三十日には日本本土空襲のための爆撃機用の基地が完工し、ヨーロッパで使われていた爆撃機よりもはるかに強力な〝超空の要塞〟ボーイングB29の整備も完了しつつあったのである。

また九月の最高戦争指導会議より少し前の八月十一日の閣議で、藤原銀次郎軍需大臣が「物的国力」についてこんな報告をしていた。

「すでに現状において主要食糧は何とか確保し得るも、現状程度の国民生活を爾余は維持することも、逐次困難なる趨勢にあり。すなわち十九年末には国力の弾発性はおおむね喪失するものと認めらる」

総力戦とはいいながら、これが国力の現状であった。そうと知りつつ最高戦争指導会議の面々は、どこを押せばこんな楽観論をいいだせたというのか。「徹底的大規模なる空襲」は実行困難と、いったいどんな根拠があって結論づけられたのか。

あとは少々端折《はしょ》ってかくと、十月二十日に米軍がフィリピン諸島レイテ島に上陸開始。これを撃破せんとした陸軍のレイテ決戦の陸上戦の大失敗、それにともなって出撃した連合艦隊水上部隊は、戦艦大和・武蔵を中心に、「天佑を確信し全軍突撃せよ」との命のもと、死力をつくして戦った。が、制空権のないところ、巨大戦艦も所詮は無力というほかはなく、武蔵は撃沈され、練りに練ったオトリ作戦も成功せず、ここに水上艦隊は壊滅し戦闘力を完全に失った。また、史上初めて編制された神風特別攻撃隊が、米軽空母に果敢な十死零生の体当たり攻撃をかけ撃沈したのは、このときである。

このどうにも挽回不可能の戦況下で、わたくしたち七中の二年生にも総力戦の一翼としての学徒勤労動員の命令がかかる。軍事教練をやっている秋《とき》にあらず、国語・漢文・国史・西洋史・英語・代数・物理などの授業も、手旗信号やモールス信号や匍匐前進の教練も何もかも放りなげて、海軍の軍需工場で零式戦闘機の二十ミリ機関銃の弾丸をつくる作業に従事することとなった。十月下旬からと記憶しているが、いや十一月上旬であった、違う、違う、あれは十二月一日からであったと、いい張る級友もいる。

「何だ、中学校にせっかく入れてやったのに、工員になったのか」

おやじは毎朝くたびれたような顔をして出勤していくわたくしをみてちょっと笑ったが、珍しくそれ以上はいつもの皮肉っぽいことはいわなかった。やがてはじまるであろう米空軍の爆撃では、軍需工場はいちばんの目標になる、学校ならまだいくらか安全であろうに、わざわざ空襲の目標にセガレが通っている、何ということかと内心は思っていたかもしれないが。そんなことは考えもせず、わたくしは国家大難をしっかり意識して、とにかく学校ではなく工場へ毎日カラ元気をだして通うことになった。

いまも〝学徒勤労動員の歌〟がふと口をついてでてくることがある。これがなかなかにいい歌で、一番は全部いまも歌える。

〽花もつぼみの若桜
五尺の生命《いのち》ひっさげて

国の大事に殉ずるは
我等学徒の面目《めんもく》ぞ
あゝ、紅《くれない》の血は燃ゆる
（「あゝ紅の血は燃ゆる」、野村俊夫作詞、明本京静作曲）

終いまでは歌えないが、三番の出だしの「君は鍬《くわ》とれ我は鎚《つち》／戦う道に二つなし」も、どうしてか頭に浮かんでくる。とにかく国家の一大事に身を捨てて殉ずること、そこに最高の生きる意義がある。なにしろ敵は天もともに存在を許さない鬼畜野獣なのである。わたくしもかなり神がかりになっていたのかもしれない。

なお、戦時下の勤労動員の実態について、敗戦直後の九月に厚生省から議会に提出された資料をみたことがある。それによると、学徒動員百九十二万七千三百七十九人、女子挺身隊四十七万二千五百七十三人、ということである。そのうちの主目標となった工場で何人、いや何千人が爆撃をうけて犠牲となったことか、その数は示されていなかった。かなりの学徒が亡くなったことと思う。

本土空襲はじまる

東京上空に、サイパン島から発進したB29がはじめて姿をみせたのは、十一月一日午後一時すぎ。投弾はたしかゼロ。空からの写真偵察にきたものとみられ、悠々として千葉県勝浦付近から去っていった。予想が現実となって軍部の狼狽はその極に達した。この超空の要塞がどのくらいマリアナ基地に集結しているのか、これを確認することが焦眉《しょうび》の急となった。決死の陸軍の偵察機が硫黄島から飛び立ち、その第一報が届いたのは十一月六日。サイパン島に十五機のB29がいることを確認する。さらに九日に海軍機も偵察に成功し、グアム島になんと三十機余が着陸していることが明らかになる。

大本営の秀才参謀たちの眼は血走り、血の逆流は脳天を突きあげる。〃本土の戦い《バトル・オブ・ジャパン》〃が本格的にはじまろうとするとき、大日本帝国は最後の一兵まで戦う決意をあらためて固めた。ただし、政府にも軍部にも戦局挽回の秘策はなかったし、何度もかくが、戦力的には日本の〃敗北〃はもう明らかにすぎた。十九年一年間のタンカーの喪失は七十五万四千総トンが予想され、南方からの石油の還送量はわずか百三十万トン、前年の半分以下となり、艦船はおろか戦闘機の搭乗員の訓練もままならなくなった。これ以上戦争をやりぬくためには、精神力にただ一つの望みを懸けるしかない。

作家大佛《おさらぎ》次郎は、『敗戦日記』の十一月十八日の項で、「主婦之友」十二月号をみて「我が国第一の売行《うれゆき》のいい女の雑誌がこれで羞《はずか》しくないのだろうか」と呆れかえっている。この号の特集のタイトルが「これが敵だ、野獣民族アメリカ」というもので、各ページの上段に大きな活字で「アメリカ人を生かしておくな」「アメリカ兵をぶち殺せ」と物騒この上ない言葉をいちいち入れている。大佛はこの異様な誌面を心底から歎いている。

「日本の為にこちらが羞《はずか》しいことである」

しかし、これも編集部が情報局出版課の指令に従ったまでのことであった。すなわち「米英人の残忍性を実例を挙げて示し、殊に彼らの暴虐なる行為を暴露すること」、それで民草の「敵愾心を激成せよ」というのである。もう民族の矜持《きょうじ》も気宇《きう》も、わずかな自尊心もかなぐり捨てていた。

日本上空を飛行するB29

十二月十一日午後一時二十二分きっかり、小磯首相は、いまいるその場にて一分間黙禱することによって、伊勢神宮に必勝の祈願をせよと、全国民に指令した。その昔、元の来寇《らいこう》のとき神風が吹き日本を救ったという。いままた、全国民の精神力によって神風を吹かせ、連合軍の大機動部隊を撃滅し、B29の編隊を撃墜しようというのであった。

空襲について軍部は国民を指導した。

「爆弾とか焼夷弾は決して全部が全部、

うまく命中するものでない。弾《たま》は目的物になかなか命中するものではないのであって、一〇〇発中一発、せいぜい五〇発中の一発が命中すれば上出来である。一回二〇〇機の空襲をうけて、焼夷弾四〇〇発を投下されたとしたら、直撃弾そのものでは大体一〇〇人くらいの死傷があって、まことに微々たるものであり、戦争する以上は、当然忍ぶべき犠牲である」

それゆえ問題となるべきは精神面での敗北感であると、戦争指導層は躍起になって吼《ほ》えまくった。たとえその最後が日本民族の絶滅を意味しようとも、軍部は委細かまわぬほど狂った。狂気と神がかりでさきがまったくみえなかった。

在郷軍人や警防団員もしきりに叱咤した。

「必勝の信念をもて。この信念をもてば国の興廃を憂える必要がどこにあるというのか。それを憂えるヤツは非国民なんだ。わかったか」

十一月一日にはじめて姿をみせていらい、十数回にわたる写真偵察ののち、マリアナ諸島からのB29による本格的な空襲が開始されたのは、その月の二十四日のこと。編隊は八機、十二機、二十四機と波をなして東京上空に侵入した。この日から東京は〝生き地獄〟となり、無残な死は、すべての民草のすぐ隣りにあった。

つづいて二十七日午後に約四十機、三十日深夜に約二十機、十二月三日午後に約七十機と、東京都内への爆撃はつづいた。もっとも、そのほかにも爆撃効果を確認するための半ば偵察兼務の少数機の来襲は毎日つづいていた。そのつど、警戒警報のサイレンや見張り櫓《やぐら》の鐘が鳴ったあと、「東部軍情報（のち東部軍管区情報となる）敵数目標は南方洋上より本土に近接しつつあり」というラジオの報道がはじまる。やがてこの数目標が十数目標、数十目標と変わると、今日の空襲はでかいぞ、ということになった。

空襲警報が発令されると街は真っ暗である。家庭防護班は防空服装に身を固めて、バケツ、火はたきなどを手にして門口に立つ。男は戦闘帽にゲートル、鉄兜を肩にかけ、女は洋服にズボンかモンペ姿で、防空頭巾をかぶり、戦場にある兵隊と同じ姿であり同じ心で、戦いの日々を送り迎えるようになる。昭和十九年はこうして押しつまる。その十二月三十一日、この夜、東京の民草は空襲警報でしばしば起こされた。

大学生山田風太郎は日記に短くかいた。

「大晦日、一片の色彩も美音もあらず、管制にて闇黒なる都に、むなしき木枯らしの風のみ吹く」

作家海野十三が日記に年の変わり目を記している。

「『一月ではない。十三月のような気がする』とうまいことをいった人がある。／昨大みそか夜も三回来襲。みな一機ずつ。しかも警報の出がおそく、壕まで出るか出ないかに焼夷弾投下、高射砲うなる。

敵機なお頭上に在りて年明くる

ちらちらと敵弾燃えて年明くる

焼夷弾ひりし敵機や月凍る」

永井荷風は句などひねることなくひたすら憤激している。

「夜半過また警報あり。砲声頻《しきり》なり。かくの如くにして昭和十九年は尽きて落寞《らくばく》たる新年は来らむとするなり。我邦開闢《わがくにかいびゃく》以来かつて無きことなるべし。これ皆軍人輩のなすところその罪永く記憶せざるべからず」

荷風によって罵倒された軍人たちは年が明けると「一億玉砕」とか「一億特攻」と叫びだす。戦争をどのように終えるかの判断ももてず、単なるやみくもな戦術として人命を利用することしか考えつかなかったのである。それこそは「亡国の思想」というものであった。

昭和二十年（一九四五）

年が明けて昭和二十年はまさに「特攻の秋《とき》」である。戦場も銃後もなく一億総特攻である。祖国の明日のためには、これ以外に道はないと、決然と死地に赴いた若き特攻隊員が美しく、哀れであればあるほど、それを唯一の戦法と採用した軍の思想は永久に許すことができない。神風特攻も回天特攻も志願によった、とされている。志願せざるを得ない状況にしておいて志願させるのでは、形式にしかすぎないのである。そこには指導者の責任の自覚もモラルのかけらもない。おのれの無能と狼狽と不安とを誤魔化しための、大いなる堕落があるだけである。

さらに昭和二十年は五月の初めに盟邦ドイツが降伏したあと、大日本帝国だけが世界の国々を敵として戦いつづけることとなった。戦うというよりはいっぽう的に痛めつづけられるだけである。銃後もまた、戦場となった。つまり昭和二十年は日本の大・中の都市が焼野原となる年であった。

歌人にして国文学者の折口信夫（釈沼空《しやくちようくう》）は決して「空襲」とはいわず、「焼討ち」といったというが、一夜にしてすべてを失わねばならなかった人には、たしかにそのい方のほうがぴったりであったかもしれない。それはもう不意に猛火と黒煙とが襲いきたって荒れ狂う阿鼻叫喚《あびきようかん》の巷となることなのである。

そして八月、ポツダム宣言を受諾して大日本帝国は降伏する。十五日に放送された「終戦の詔書」には「戦陣ニ死シ職域ニ殉シ非命ニ斃《たお》レタル者及其ノ遺族ニ想ヲ致セハ五内《ごだい》為ニ裂ク」とある。然り、のべ一千万人の日本人が兵士あるいは軍属として戦い、戦死二百四十万（うち七〇パーセントが広義の餓死である）。原爆や空襲や沖縄などで非命に死んだ民草は七十万人を超える。戦火で焼かれた家屋は日本中を合わせて二百四十万戸以上。まさしく鬼哭啾々《きこくしゆうしゆう》、万骨の空しく枯れたのちに戦争はやっと終結することができたのである。

その惨たる年に、B面の物語などがあるべきはずはないであろう。とにかく、八月十五日正午の天皇放送を聞くまで、日本人は最後の一人になるまで戦い抜くつもりでいた。天皇放送を聞き、多くの人は満目蕭条《まんもくしょうじょう》たる焼け跡の広がりを眺め、そしてことあらためて思ったことは、この戦争で空しく死ななければならなかった人たちのことではなかったか。その人たちはいまもなおわたくしたちに語りかけている。すなわち戦争が悲惨、残酷、そして非人間的であるということを。さらに、空しいということを。

無慈悲な寒気と栄養失調

この年の新年は零時五分、警戒警報のサイレンで明けた。すでに残酷無慈悲な毎日の生活に慣れている東京の民草は、警戒警報などは無視して、空襲警報の短い、断続的なサイレンがヒステリックに鳴りわたるまでは起きようとはしなかった。この年は寒さがとくにきびしく、しかも燃料のないことに困窮しきっていたからでもある。

その上に、割当てのガス使用量をわずかでも超えた場合には、待ったなしに栓を閉められてしまう。超過使用三〇パーセント以上になれば、延々一カ月にわたって閉められた。ガスの代わりの薪や炭はもう半年以上にわたってほとんど配給されていなかった。家庭でも職場でも燃えるものは燃やして寒さを凌《しの》いだ。企業では、まっさきに古い書類が燃やされ、つぎに空いた書棚。さらには応召された同僚の机、腰掛けの順で火中に放りこまれた。そして室内でも外套や手袋をはめたまま事務をとった。

そんな国情ながら、元旦の新聞はこんな歌を掲げて新しい年を言祝《ことほ》いだ。

神鷲が護る都の空高らかに
　　初日かがよひ新春来る　　佐佐木信綱

神国のちから見よと黒けむり
　　空にうづまきてＢ29墜つ　　斎藤茂吉

一月二十四日付の毎日新聞にこんな投書が載っている。

「都内にはいたるところ樹木がある。丘の上に、路上に、邸内に、つい眼の前に薪炭資源は豊富にあるではないか。都内の立木は防火防空そのほか特殊な目的のため必要なものをのぞき、ことごとく伐り倒して燃料とする。伐採の跡は戦時菜園とする。（中略）都内の立木は、お国の役に立つべく待っているのだ」

燃料ばかりでなく食糧事情もまた惨憺たるものであった。米はもとより野菜や魚や肉も完全統制であった。これを買い求めるための長時間の行列が日常となる。が、生鮮食品は保存がきかない。計画的に生産できない。当局としては厳重に取り締まりたいが、そうも簡単にいかない。いきおい自由市場つまりヤミの流通が大手をふっていた。そこで農家や漁場への買い出し、ヤミという「好ましからざる」取引きを認めるほかなく、ずるずると公定価格の締めつけを甘くしないわけにいかなくなった。

民草の買い出しを皮肉るような替え歌があったことを想いだした。

若い疎開のおばさんが
七つばかりの子供を連れて
今日も行く行く買い出し部隊
でかいリュックにゃイモがある

これをかの「予科練の歌」の節回しで歌いながら、買い出し部隊は田舎道をせっせと歩いたのである。

ずいぶんと時間を先に飛ばすが、日本中の都市で、民草がいかに食べものに窮して悲鳴をあげていたかがわかる新聞記事がある。七月二十九日付の京都新聞。でてくるのは蛙や鼠や蛇。情けないと思えば思うほど、おかしい記事ということでここで引く。

「戦時栄養失調は一般に脚気《かつけ》、貧血などのほか下痢をともなうが、原因は動物性蛋白の不足である。だが、現状では一般食肉が不足しているので、蛙、鼠、蛇などが注目される。調理はごく簡単で、首を切り皮を剝《は》ぎ臓物を除けばよく、いわゆる〝テリ焼き〟などにして食すると非常にあっさりする」

というが、わたくしはこれらのテリ焼を食べたことはまったくない。そういえば、主食として米の代わりにクローズアップされたものにイモがあった。しかも前年の十九年度にはサツマイモ十九億貫（一貫＝三・七五キログラム）とジャガイモ九億貫の生産が計画されていたから、民草にはその大量生産に期待するところがすこぶる大きかったのである。ところが、一月二十五日、折から会期中であった衆議院予算総会で杉山陸相が、イモもまた第一級の軍需品であることを力説したではないか。これを教えられて心の底からがっかりした。

「イモの増産が食糧ならびに液体燃料の増産に重要であることについては、軍としてもっとも重要事項として考えている。すでに軍の用地をイモの増産に提供することにしているが、軍自体においてもイモの生産に着手することになっている」

すなわち、それゆえに生産されるイモの大半は軍需品として軍部にまわされねばならない。イモからつくられるブタノールを原料とし、飛行機の燃料イソオクタンを生産する。国民諸君はそれをよくよく承知して貰わねばならぬ、と。

こうして寒さにも堪え、空腹にも我慢のかぎりをつくして堪えている民草の頭の上に、爆弾や焼夷弾の雨が容赦なく降りそそいだ。皮肉にいえば、戦う軍隊ではなく、穴掘りやイモづくりの農民と化した陸海軍は、火力を誇るB29にたいして抵抗すべくもなかったのである。

しかし、民草の悲鳴や怒声や呻吟にかぶせるようにして、大本営はつぎつぎに戦果を発表し、士気の昂揚をはかり闘志を煽り立てようとする。一月七日＝荒鷲《あらわし》は六日リンガエン湾・ミンダナオで三十二艦船を轟沈破す。同十日＝本土来襲B29六十機中二十九機撃墜破す。同十二日＝九、十の両日リンガエン湾で空母など九隻轟沈す。同十五日＝十四日名古屋来襲のB29六十機中四十三機を撃墜破す。ダモルテスに新上陸の米軍にたいし、わが荒鷲は艦船二十七隻撃沈破の戦果をあぐ。……そしてこれら発表の前後には勇壮な「軍艦マーチ」が日夜をわかずにつづいていた。

もちろん、マーチの勇壮さと裏腹に、これらの戦果が誤断ないしはいかさまであることを統帥部は認識していた。それゆえにいっそう言葉というものがもつ政治性あるいは効験という点からみて、絢爛たる内容の発表を呪文のようにいいつづけた。そのことによって自分自身に魔術をかけ、信じることで、それこそが真実と空中に楼閣を懸命に描くのである。それに民草がかならずや追随するものと確信するのである。事実、当時の日本人のほとんどはまだ軍に絶大な信頼をおいていた。神風は、やがてかならず吹くものと信じ、そして念じていた。しかし、沈めても落としても、敵艦隊がいつまでも厳然と存在し、B29の大編隊が毎日のように来襲してくるということは、いったいどういうことなのかと、疑念が少しずつではあるが湧きだしていたこともまた事実である。

そういえば二月に日比谷公園で、「撃墜敵機B29展」というのがあって、見物客が押すな押すなである、という噂を聞いて、おやじに見せに連れていけとせがんだが、ダメだ、途中で空襲があったりしたらコトだ、とあっさり拒否されたことが思いだされた。なのに、おやじはこっそり見にいってきたらしく「本物じゃない、張りぼてのB29だった。坊、だからわざわざ行く必要はない」といっていた。これには少なからず落胆した。何だ、模型なのかという思いのほうが強かったからである。

✳つぎは「本土決戦」のみ

その二月に入って、降ってわいたように「本土決戦」ということがいわれだした。日本本土への敵の大挙しての上陸作戦は、むしろ日本軍にとっては最高の好機となる。引きつけて敵の力ののびきったところを一挙に粉砕する。戦局はそれによって天地のごとくひっくり返る。程度の低い下町の中学生は「そうか、そのためにわが連合艦隊は微動だにせずであったのか」「海軍？　そんなものおりはせんというぞ。海の底だとさ」「デマに踊らされるな。そんな敗戦思想は許さん。神風は必ず吹くんだ」といった会話を、わたくしたちは軍需工場の片隅でやっていたことが思いだされる。

当時、日本国内にひそかに流布されていた冗句に、こういうのがあった。

「戦争がはじまっていらい、

○増産されたもの＝法律とお金、歌わぬ音楽とシラミ

○減産されたもの＝物資、食糧と親切心

○不明のもの＝大和魂あるいは必勝の信念」

いま思うと、ずばりと当時の世相を射ぬいているといっていい。

とくに必勝の信念が、不明とされているところが意味深長である。巷にあっては反戦や厭戦の言辞はとんでもないことであった。「造言蜚語《ひご》」（憲兵隊）あるいは「不穏言動」（警察）の用

語のもと、言論はもとより噂ばなしであろうと、びしびしと摘発された。憲兵隊は、隣組や翼賛壮年団のなかに「憲兵連絡者」という名の協力者を組織し、多数の密告者と、好意的な通報者との協力をもとめ、徹底的に反戦・反軍の言辞を取り締まった。

なんだ、前項でもかいたことのくり返しではないか、とあるいは読者は思われるかもしれない。いや、何度くどくどかいても足りないとの思いが残る。当時の社会情勢を少しでも知る人には、容易に、われら日本人の狂態を思い返せるが、知らぬ人にはいくら叮嚀に説明してみたところで想像のつかない話であろう。国亡ぶるさなかの人間の浅はかさは、ほんとうに情けないもの。国難を思うあまりすべてが〝神がかり〟。しかもその信念たるものを、軍にとり入る手段としたり、自己の生活の安穏裕福を得るためのものとする。狡猾、強欲、傲慢、横暴と、いくつもこんな言葉をならべたくなるほどに、当局に媚《こ》びるとにかくひどい人間がまわりに多かった。親切心などこれっぽっちももっていなくなった。いまだって、あの時代の大人たちのことを考えると、われら日本人ってそれほど上等な民族じゃないぜ、世論の叡智なんていう甘い言葉は信じられないよ、とそう思いたくなってくる。

そうしたいわば強制された〝神がかり〟の世論を背景に、陸軍は本土決戦による必勝を豪語する。二月十九日、ある民間の協議会で、前例を破って参謀本部作戦部長宮崎周一中将が戦況について語った。

「戦局はいまや本土決戦を要請している。陸軍はガダルカナルの転進いらい、存分に陸戦を行う機会がなかった。しかし、もし本土に米軍を迎え撃つこととなれば、これこそ陸軍が待望した一大陸戦展開の好機である」

ガ島、クェゼリン、サイパン、テニアン、そしてレイテといずれも島嶼戦を戦い、兵力、弾薬や糧食の補給は海軍に依存せねばならず、海軍が敗れたために陸軍も一敗地にまみれざるを得なかった。海軍がだらしなかったためである。建軍いらい七十年の伝統を誇る帝国陸軍は、狭い島より、広大な原野において、数個師団が正面からぶつかり合う本格的な陸上決戦を本意とする。そう宮崎部長は自信をもっていい切るのである。

この陸軍の夢想をあざ嗤《わら》うかのように、同じ日、米海兵師団七万五千人が日本本土の表玄関ともいうべき硫黄島への上陸作戦を開始した。日本本土から千二百キロ南にある孤島、しかし輸送機でも三時間でゆける要地である。

島では栗林忠道中将の指揮のもとに、陸軍部隊一万五千五百人、海軍部隊七千五百人が堅牢な地下陣地網によって果敢に迎撃する。「われら敵十人を斃《たお》さざれば死すとも死せず」の栗林中将の訓令を覚悟とし、将兵は死力をふるった。

しかし、陸軍中央部は硫黄島防衛をとうの昔に放棄していたのである。視線は日本本土防衛にのみ向けられていた。二月二十二日、三日間にわたる大論議ののちに「本土決戦完遂基本要綱陸軍案」を決定している。それは本土防衛の戦備を三月末までに三十一個師団、七月末までに四十三個師団、八月末までに五十九個師団に拡大動員する。これに国民義勇軍の編制までも検討された。特攻攻撃による人海戦術によって米上陸軍を海へ追い落とすためである。

参謀本部より要求された動員計画の数字をみて陸軍省は呆然自失した。国民生活、生産、行政などの要員を勘案すれば、ぎりぎり四個師団（約十万）というのが、昭和二十年度の計画決定なのである。それを十倍以上にせよというではないか。『機密戦争日誌』にあるように「実に十二、三歳の少女に子供を産めというに等しい」計画となる。合同会議の席上で陸軍次官柴山兼四郎中将は大声で疑義を呈する。

「いったい、兵備は多いのがよいのか、少数でも充実したものがよいのか」

宮崎作戦部長は顔を真ッ赤にしていった。

「質よりも、いまは数だ。数を第一とする」

参謀次長秦彦三郎中将もこれを援護する。

「本土上陸はあらゆる手段を講じてでも、その第一波を撃摧するにある。もしこれに失敗せば、その後の計画は不可能である。あとのことは考えない。全兵力を投入して、第一波を完全撃摧することが最重要である」

そのための、人柱としての百五十万の大動員なのである。こうして梅津美治郎参謀総長、杉山陸相以下関係課長まで全員が出席の上で「基本要綱」が決定された。

と、かきながら、拙著『昭和史』を開いてみたら簡潔にすでにかいているではないか。昭和二十年のこの国に、B面の話題がそんじょそこらにころがってはいないのである。

それでも高見順の日記の四月二十四日の項にこんなことが記されている。
「爆弾除けとして、東京ではらっきょうが流行っている。朝、らっきょうだけで（他のものを食ってはいけない）飯を食うと、爆弾が当らない。それを実行したら、知り合いにまた教えてやらないとききめが無い」

また金魚を拝むと爆弾が当たらないという話も大いに広まっていた。

そして、前年十月に一円五十銭に値上げした新聞の月極め料金が二月一日から一円六十銭に値上げとなった。三日、全国の神社で米英撃滅豆まき節分が実施された。十六日、大阪では日没後は警戒警報発令とともに一般郊外電車と同様に省線（現ＪＲ）も運行が停止されることになった。十八日、「我日本の新兵器、風船爆弾出現、万歳」と新聞が大きく発表する。二十五日、東京の神田警察署が空襲時に盗みを働いた者を逮捕、ところが犯人は空襲で家を焼かれた罹災者であった。二十八日、鉄道省は空襲罹災者の鉄道運賃を無料とすることを決定する。

ざっと二月の話題としてはそんなことぐらいしか拾いだせない。つまり申し訳ないが、どんどんＡ面的な昭和史になってしまうのである。

忘れていたわけではないが、二十二日に硫黄島の摺鉢山《すりばちやま》の山頂に星条旗がひるがえったという世界的なニュースがあった。その掲揚場面の写真が、日本は別として、大きな反響を世界にまき起こした。旗を押し立てている六人の兵士が、その血統がインディアン、東欧からの移民、フランス・カナダ系というように合衆国の構成人種をうまく代表していた。その写真はつまり

硫黄島に星条旗をはためかせた兵士らはアメリカを象徴していた？

「アメリカ」そのものであった。そのことがこの写真の人気をいっそう煽った。いや、これはアメリカ版のB面史であって、関係のない話であったか。

　でも、この写真はなぜかいまも硫黄島というとわたくしには象徴的に思いだせる。

人道無視の無差別爆撃

　三月、五日間で攻略できるであろうと予定されていた硫黄島の激戦がなおつづいているとき、マリアナ諸島の米第二十空軍司令部の不満は、爆発点に達しようとしていた。本土爆撃開始いらいすでに四カ月に及んでいるのに、日本上空の強い偏西風に影響されて、回数二十二回、のべ二千百四十八機の出撃、五千トンの投弾によっても、優先的に設定された主目標十一のどれ一つとして壊滅し得なかったからである。隊の士気の日ましに落ちていくのに業《ごう》をにやしたカーチス・ルメイ少将は、ついに決断を下した。それまで守られてきた〝爆撃の騎士道〟をかなぐり捨てたのである。

一、日本の主要都市にたいし夜間の焼夷弾攻撃に主力をそそぐこと。
二、爆撃高度を五千より八千フィートとす。
三、各機は個々に攻撃を行うこととす。(以下略)
作戦の根幹は焼夷弾による低空からの市街地への無差別爆撃である。

「日本の一般家屋は木と紙だ。超低空からの焼夷弾攻撃で十分効果があげられる」

とルメイは自信たっぷりにいった。

この新戦術によるB29の大群の無差別絨毯《じゅうたん》爆撃が開始されたのが三月十日未明。それは東京の下町にたいする猛火と黒煙とによる包囲焼尽作戦であった。

その夜、わが家は焼夷弾の直撃をうけ、自分の家の火は何とか消したが、燃え上がった付近の家の火はもう消すどころではなかった。「それは世界最大の火災であった。ふき上がる火炎の明かりで時計の文字盤が読めた」とアメリカ兵搭乗員は語ったという。わたくしはその火の海の中で「焼夷弾は消せる」と真面目に消火活動したばかりに逃げ遅れて、猛火と黒煙に追いたてられ、ついには川に落ちて危うく生命を落としそうになるというひどい体験をした。しかし、そのことについてはすでに何度もかいているから略すことにする。

この無差別爆撃の惨状について、わたくしがウムと唸らせられた描写がある。戦後の二十一年春にかかれたものであるが、作家坂口安吾の『白痴』という小説である。この夜の絨毯爆撃後の下町の情景を、大森に住んでいた安吾はわざわざ〝見物〟にきたのである。わたくしが同じ話をくり返すよりも、これを引用したほうがずっといいことかと思われる。

「人間が焼鳥と同じようにあっちこっちに死んでいる。ひとかたまりに死んでいる。まったく焼鳥と同じことだ。怖くもなければ、汚くもない。犬と並んで同じように焼かれている死体もあるが、それは全く犬死で、然《しか》しそこにはその犬死の悲痛さも感慨すらも有りはしない。人間が犬の如くに死んでいるのではなく、犬と、そして、それと同じような何物かがちょうど一皿の焼鳥のように盛られ並べられているだけだった。犬でもなく、もとより人間ですらもない」

このリアリズム！　そう思う。辛うじて生きのびたわたくしが、この朝に、ほんとうに数限りなく眼にしたのはその「人間ですらない」ものであった。たしかにゴロゴロ転がっているのは炭化して真っ黒になった物。人間の尊厳とかいう綺麗事はどこにもなかった。しかし、いま思うと、わたくしはそれまでにもあまりにも多くの爆弾で吹きちぎられた死体の断片を見てきていたために、感覚がすっかり鈍磨しきっていて、転がっている人間の形をしたそれらがもう気にもならなかったのである。

戦争というものの恐ろしさの本質はそこにある。非人間的になっていることにぜんぜん気付かない。当然のことをいうが、戦争とは人が無残に虐殺されることである。焼鳥のように焼け死ぬこと。何の落ち度もない、無辜《むこ》の人が無残に殺され転がるだけのことである。とくに二十一世紀の戦争は、人間的なものなど微塵もないほどにいっそう非人間的な様相を呈するようになっている。しかも非情な兵器の威力は人間の想像を超えた。殺人に容赦はなく、大義の有無や正邪などは問われることなく、われら民草はただ殺戮されることになる。楽しく語れるB面の話などまったくない。

余計な余計な談義であった。急いで本筋に戻ると、この九日から十日にかけての夜間攻撃による死者は、いまでも約十万ということになっている。焼失家屋二十六万戸、罹災者百一万人。「東京空襲を記録する会」の調査報告によると、正確には死者九万二千七百七十八人であるというが、それにしても一夜にしてこれほどの死者をだした戦闘の例は有史いらいない。しかも死者は全員がまったくの非戦闘員であり、それを百も承知のホロコースト（焼き殺し）を、ただただ運命と堪えざるを得なかった。これを「受忍《じゆにん》」というのであるそうだが、それが国家の命令に忠実な当時の日本人であった。そして十日正午のニュースで「帝都に来襲、市街地を盲爆せり。右盲爆により都内各所に火災を生じたるも、八時ごろまでに鎮火せり」とだけ大本営は発表したのである。

三月十一日、蕭条たる焼野原からは離れた赤坂で帝国議会が再開され、首相、陸海相、内相らが決意そして戦況報告などを演説した。小磯首相は勇ましくもいい切った。

「驕慢なる敵を洋上に撃滅し、水際に叩き、陸上で殲滅する！」

まだ焼けくすぶる焦土を眼の前にして、どこを押せば三段構えの殲滅戦の大言壮語が生まれるのであろうか。

敵はそんな強がりを歯牙にもかけない。二日後の十二日に名古屋、十四日大阪、十七日神戸、十九、二十日ふたたび名古屋、二十九日北九州、翌四月十三日には東京・山手、十五日は東京、横浜、川崎と無差別な絨毯爆撃がつづく。それらの「悲惨」は略とする。

ただ一ついえることは、この三月十日の空襲でわれら民草は大いに学ぶところがあったのである。要はそれまでの防空演習などお遊びにすぎないということ、焼夷弾は消せないということ。防空壕などというものは身を守るどころか、坐して蒸し焼きにされるところ。川や運河に飛びこんで助かろうとしても、火焔は水面を走って顔面を焼き頭髪を燃え上がらせ、黒煙が蔽いかぶさり窒息させられるだけということ。

そしてわたくしが得た教訓はただ一つ。黒澤明監督『七人の侍』という名画のなかで、侍のひとりが百姓に戦い抜くための訓練をつけながらいっていた言葉、「いいか、戦さというものは走って走って走り抜くことだ。走っていれば生きられる。走れなくなったときは死ぬときだ」と。まったく然り。焼夷弾攻撃をうけたならばいち早く逃げて逃げて逃げ、火の及ばないところにゆくしか助かる道はない。

四月、五月にも東京は大空襲をうけたが、死者は数千人程度であったように思う。それは民草がお上のいうことより実体験のほうを最大の教訓としたからにほかならないと、わたくしは不遜かもしれないが考えている。

いずれにしても、じつに情けないことに、その悪魔の使者のごときルメイどのに、昭和三十九年十二月にわが日本国は勲一等旭日大綬章を授与している。これを知らされたときのわたくしの怒髪《どはつ》が天をついたのは、いかがであろうか、無理はないことと読者は思われぬか。同時に、日本人の人の好さにホトホト愛想をつかした、いや感服したことも事実である。

統帥の外道・特攻

三月二十三日の朝、読谷《よみたん》、嘉手納《かでな》、小禄《おろく》、伊江《いえ》の沖縄の日本軍の飛行場はいっせいに攻撃をうけ濛々たる爆煙につつまれた。那覇の軍港も徹底的に叩かれ炎と煙のなかにある。しかし迎撃する日本軍戦闘機は一機もいなかった。そして夕方六時、まるで勤務が終ったかのように、敵艦上機群はさっと引き揚げていった。

翌日も、またその翌日も、夜明けとともに敵機は来襲し、攻撃は夕刻まで正確にくり返された。二日目の午後からは、機動部隊護衛の戦艦・重巡部隊からの艦砲射撃も開始された。

沖縄上陸作戦がはじまったのである。

二十六日、大本営はここに沖縄防衛のための天一号作戦を下令した。杉山陸相は全国民にむけて勇ましい談話を発表する。

「肉を斬らせて骨を断つ。これが日本剣道の極意である。戦争の極意もまた然りである。必ず敵を殲滅して宸襟を安んじ奉る」

しかし、第一線の指揮官の苦悩の色は濃かった。

「連合艦隊は本日『天一号作戦発動』を下令、ここに挙軍決戦に入る。／右により三航空艦隊余の指揮下に入る。これまた練度未熟の後詰、とても心細き次第なり」

沖縄航空決戦の総指揮をとる第五航空艦隊司令長官宇垣纏《まとめ》中将の日誌『戦藻録』二十六日の記録である。航空決戦を豪語しようにも「練度未熟」のものばかり、つまりは十死零生の特攻攻撃のほかに戦法はない。

四月一日、快晴下の嘉手納正面に米軍が上陸、沖縄攻略作戦がはじまった。海兵二個師団、陸軍二個師団を基幹とする十八万三千人が先陣に立つ。嘉手納沖は、ひしめき合う上陸用舟艇にうずめられた。これ以前に天一号作戦下令のもとに、ほそぼそと、ときに十数機が翼をつらねて敵大艦隊にたいする特攻攻撃を開始していたが、本格的な特攻作戦が開始されたのは四月六日、陸海軍機が協同攻撃による菊水一号作戦からといっていいかもしれない。同じ日、連合艦隊は最後の水上部隊である戦艦大和を中心とするわずか十隻の残存の艦隊にも特攻出撃を命じている。

沖縄攻防戦がはじまってからは、もう志願にして志願にあらず、諾否を許さない状況下で非情の作戦命令として、軍部は一丸となって特攻の組織化を急いだのである。ここに一つの海軍の極秘文書が残されている。一部の特攻隊員に手渡されたものである。

「一、最後マデ照準セヨ。眼ヲツムルナカレ。眼ヲツムレバ命中セズ。

二、過速トナルナカレ。六百キロメートル以上ハ、最後ノ舵キカズ。
三、命中角度ハ六十度〜四十度ヲ可トス」

軍上層部が定めたもので、さまざまな実験の結果、体当たり攻撃は突入する角度で効果の違うことが判明したのである。三十度の角度では六十度の角度にくらべて三分の一の威力しか示さない。また速力が六百キロメートル（時速）以上になると、零戦は操縦ができなくなる。そのことを心得の条として示したのである。特攻隊の若き戦士がこれをどんな思いで読んだものか。何とも無残、非情、残酷なことというほかはない。

元海軍少佐安延多計夫氏が調査した航空機の特攻の数字がある。八月十五日までに陸海軍合わせて二千四百八十三機、命中機は二百四十四機。至近弾、つまり敵艦艇のそばに突っこみ少しでも損傷を与えたもの百六十六機。したがって奏効率一六・五パーセント。戦死した人が海軍二千五百三十五名、陸軍千八百四十四名であったという。わたくしの調べでは海軍二千六百三十二名、陸軍千九百八十三名なのであるが……。どの範囲まで数えるかによって差がでるという問題になるが、ほぼこれほど多くの若ものが生命を散らしたということになる。

ちなみに回天特別攻撃隊で亡くなった人が八十名。ただ、出撃前の訓練で殉職した人が十六名いる。桜花、すなわちロケット爆弾での戦死が五十六名。ただし桜花を抱いていった親機である一式陸上攻撃機も落とされていて、総計五十二機で搭乗員三百七十二名。しかも桜花は命中ゼロ。それに援護の戦闘機の搭乗員も同じくらい撃墜されてしまっている。

しかし五月二十九日付の朝日新聞には「一発轟沈神雷特攻隊　ロケット弾に乗って敵艦船群に体当り」の見出しで、くわしくも華々しく報ぜられていた。

「攻撃機の腹下に収めて敵艦隊上空にいたり、上空に到達するや噴射推進式の『人間爆弾』が人体の耐え得る最大速力を以て敵艦に突入、一屯といわれるその炸薬を以て一発必ず敵空母、戦艦を瞬時に轟沈せしめるものである」

飛行機、水中兵器、水上兵器、それにロケット。なぜ若ものがそこに最後まで乗っていかなければならなかったのか。ただ目標に方向をきちんと定めるだけ、そのためにだけといっていい。技術と資金の不足を人間の生命で贖《あがな》ったのである。手段に窮したから精神主義に頼る、若ものが犠牲になってもらう。こうした風潮はいまも決して失せたわけではない。

こうかきながら、悪ガキのころからさんざんに仕込まれた「武士道」をついつい想起してしまう。死ぬ事と見付けたり、死は鴻毛《こうもう》よりも軽し、不惜身命《ふしゃくしんみょう》、などなどとともに、死して悠久の大義に生きる、という武士道の究極の極意なるものを。武士道における生命とは、単なる個人の生命ではなく、悠久の国家の生命をつなぐ長い鎖のなかの一環として、おのれの生命を位置づけなければならぬのである、とコンコンと教え諭されたものであった。

中学生には理解不可能といってよかった。わからんなら、もういっぺんいう。いいか、日本人の死というのは、光輝ある民族精神の継承という尊いものがふくまれておる。先祖からうけついだ高貴の遺産の上に、なにがしかの意義あるものを加え、それを子孫に譲り渡す、その崇高な任務を果たすための死と思えば、何事かある、死は恐るに足らずだ。死して悠久の大義に生きるとは、ざっとそういうことだ。……

いま思いだしながらかいているのであるが、恐らく多くの特攻隊の若ものたちも同じようなことを上のものからいわれていたのではないか。

特攻攻撃とは、軍上層部の無責任かつ人間無視の非情の作戦でしかなかった。精神的な苦痛や動揺を乗りこえて、まっすぐに死地に赴いた若い人たちの心情を思うと、辛《つら》すぎる。親潜水艦から、回天に乗りこんで下から扉をガチャッと閉めるとあとはもう戻れない。たった一人で操縦桿を握り、暗い海の中を敵艦を目指した若ものたちは、いかなる思いを抱いて突き進んでいったのか……。

これ以上はあまりに悲しすぎるので、もうかき進めることをやめにしたい。いまにしては、われら想いを正しく馳《は》すこともなく、安穏に死者への挽歌をうたうべきではない、と強く思っている。と、かいたそばから一人の元海軍少佐の言葉を思いだした。美濃部正という当時、千葉県木更津《きさらづ》の第三航空艦隊の最若輩の飛行隊長であった。ときに二十年二月、連合艦隊司令部主催の次期作戦会議の席上でのこと。会議は連合艦隊参謀の「全機特攻」にだれも異論をとなえるものがなく終ろうとした。そのときに、若輩の少佐が立ち上がったのである。

彼は「このためたとえ銃殺刑をうけることになろうとも甘んじて受けよう」という悲壮な覚悟で、正面から反対論をぶった。

「練習機までつぎ込んでいる戦略戦術のあまりにも幼稚な猪突で、ほんとうに勝てると思っているのですか。降伏なきわれら皇軍にはいまや指揮官先頭、全力決戦死闘して、天皇および国民にお詫びする時なのではありませんか。訓練も行き届かない少年兵、前途ある学徒を死突させ、無益な道づれにして何の菊水作戦でありますか」

結果として、彼が指揮する芙蓉部隊の三百人の部下は特攻編制からはずされ、夜襲部隊として菊水作戦に参加することになる。少佐は常に陣頭に立った。戦死者も多くでたが、ともかくも十死零生の作戦を強要する権利はない、という統帥の正道を少佐は守りぬいた。

「これで海軍からは抹殺されるなと思いつつ発言をつづけたとき、身体は自然にぶるぶる震えましたな」

と、ちょっと苦笑の表情をみせながら、元少佐はわたくしの取材に答えていた。

東京は完全に爆砕した

四月一日からはじまった沖縄攻防戦の実相は、当然のことながら民草のほとんど知るところではなかった。そして四月二十七日には情報局総裁下村宏がラジオを通して内地の民草の尻を叩く大演説をぶち、情況がかならずしも優勢に進んでいないことを知らせた。ただしわが日本軍も相当の犠牲をだしているが、飛行機と艦船の損耗では敵のほうがケタ違いに大きい。とにかくいまこそ前線も銃後もなく、一億が火の玉とならなければならないときだ、といったあとでこう結論した。

「一億総特攻あってこそ神州は不滅であり、大東亜戦争の完遂期して待つべきものがあるのである」

こうして少しくわしく時間を追ってかけばかくほどA面的になっていくばかりである。どんな苛酷な環境であったとしても、そこに生きて暮らしているかぎり、人びとのささやかな喜怒哀楽はあったはずである。しかしながら、民草ののんびり落ち着いた、まともな、居酒屋でオダをあげたり、友人と冗談やら猥談やらをいえる生活、つまりB面の歴史を綴ることが容易ではなくなっている。それにわたくしはこれまでにも『15歳の東京大空襲』(ちくまプリマー新書)や『原爆が落とされた日』(PHP文庫)などで、かなりくわしくこれ以後のことをかいている。ほんとうはここですっぱりと筆を擱《お》きたいとも思うのであるが、いくつかの拙著を参考にもう少しすすめることにする。

五月、永井荷風が日記に「近日見聞録」と題して東京の現状を皮肉まじりにかいている。

「一、東京市街焦土となりてより戦争の前途を口にする者憲兵署に引致せられ、また郵書の検閲を受け罰せらるる者はなはだ多しと云、

一、目黒祐天寺辺に住せる売卜者《ばいぼく》、この頃大に人気あり、戦争は六月中日本が勝ちにて突然終局に至ると言える由、新宿笹塚辺にもお地蔵様のお告《つげ》なりとて戦争終局同じく六月

中なりとの流言盛なる由」（八日）

もう一人、作家内田百閒の日記を。こっちは焦土の東京にツバメの飛来している喜びを記している。

「四谷駅の麴町口の軒に今年も燕が巣をつくり、今日見たら卵を温めているらしい。ぐるりが廃墟になったので今年は来るかしらと心配していたが、今までどおりやって来て、まず安心した」（十六日）

そしてその四日前の朝日新聞には、何ともとぼけた記事が載っていてびっくりする。三月十日の大空襲で焼けだされて茨城県下妻市在に疎開していたわたくしの記憶にはまったくないことであるが。

「朝日新聞社が全国の少国民たちからＢ29やＰ38、グラマンなどにつけるアダ名を募集したが、このほど次のように呼ぶことに決まった。少国民の激しい敵愾心が結集して敵機に進上した傑作の名は、Ｂ29が『ビイ公』、Ｐ38はめざしにして撃墜してやるというので『めざし』、艦上機のグラマンはぶんぶんうるさく鳴ってくるというので『くまん蜂』」（十二日付）

そんな悠長な応募をやっているときにあらずと思えるのであるが、じつは新聞は、この年の一月から編集関係の指導や用紙割当ての重要部門を、情報局にひきあげられ直接統制のもとにおかれていたのである。その結果、「日本新聞会」は解散し、三月からは「日本新聞公社」が設立、情報局の協力機関となった。いつか大本営発表の掲載方法や取扱いまでが、情報局や軍の指令するところとなり、編集権は新聞記者の手から情報局に強奪されていた（らしい）のである。

つまり軍や情報局の「記事指導」というのがあり、新聞記事のかき方までが指導されることになっていた。たとえば、特攻隊の記事はこう指導されていたという。（イ）父兄の感想談中に、子弟を過度に賞揚またはことさらに冷評せざること、（ロ）わかき未亡人の感想を取り扱わざること、（ハ）家庭の悲惨感を印象せしめざること、などなど。

しかも新聞社は協力一致（?）して四月の終りごろに妙な声明をだしている。

「来る五月一日を以て、一種の新聞を御購読の各位には、一紙に限り購読願うことになりました。右は戦局緊迫に伴う新聞用紙に対処し報道使命の完遂を期せんがための措置でありますから各位の御協力を願います。ついては各配給所よりそれぞれ手配しますから御諒承願います」

そして朝日・東京・日本産業経済・毎日・読売報知と五社の名が連ねられている。要するに用紙も記事も当局におさえられて言論の自由なんてものはない。どれも同じ、ということを各新聞社が告白しているのである。

こうして日本人のほとんどが、戦争に敗けているのは明らかであるが、勝っていると思いこまされわけのわからない輿論がつくられ、いろいろな考え方が一色に染めあげられて一つの方向に引きずられていく。陸軍報道部長は新聞とラジオを通して民草の尻を大いに叩いた。

「古来勝者は常に強靭《きょうじん》な神経と烈々たる闘志をもって難局を突破してきた。戦う銃後は静かな落着きのなかに燃ゆる闘志を蔵することがいちばん大事である。そして負けじ魂を職場に生かし、日常の生活のなかに生かさねばならない。私は確信する。〝勝利は必ず勝つとの信念に存し、敗北は敗れたりとの感覚による〟と」

ではあるけれども、東京は五月二十四日の五百二十機による焼夷弾三千六百四十トン、さらに二十五日から二十六日未明にかけての五百二機による三千二百六十三トンの猛攻をうけ、焼け残っていた西部、北部ならびに中央部が灰燼《かいじん》となった。東京駅、乃木神社、海軍省、陸相官邸、三笠宮邸、秩父宮邸、大宮御所などから、ついに宮城正殿も炎上する。必勝の信念とはかかわりのないきびしい現実なのである。

疎開していたわたくしは、宮城正殿などの焼失の記憶はおぼろげであるが、伊勢神宮が炎上したときのことはしっかりと覚えている。この伊勢の大神《おおがみ》さまこそが国難を救い給う神通力のある神と信じていたのに、それが焼夷弾で焼け落ちたというのである。このとき、おやじがいった言葉がいまも忘れられない。

「そうなんだ。神がかりで戦争に勝てるはずがないんだ。坊ッ、お前もその覚悟をしろ」

それはともかく、二十六日の夜が明けたとき、四月七日から内閣を率いることになった鈴木貫太郎首相は天皇へのお詫びの談話を発表する。さらに民草にもおのれの決意をのべる。

「この道義を無視する敵を撃滅することをもって、この非礼きわまる蛮行にたいする返答とするの決心をいよいよ深くした次第であります。私はおそらく一億国民の胸中もみな私の気持と同じであると信じます。……」

はたして民草の気持ちが同じであったかどうか。三十日付の毎日新聞「硯滴」欄が悲しむべき道義の低下をするどく衝いている。つまり、断乎滅敵の気持ちがかなり怪しくなっていたといえるのではないか、と。すなわち「忍ぶべからざることは、悪質の地金があまりにも露出している世相の一面がある。壕舎生活をしているひとがいちばん嘆いていることは、盗難の多いことで、盗まれるものなんかありそうもない壕舎専門の泥棒がいるとみえ、届けとかなんとか、いろいろの手続きに奔走している留守に狙われる。配給一切をやられた人々は少なくないし、さらに気の毒をきわめるのは、唯一の持出品、リュックサックにいれておいた大切な書類を失った人々である」。

列車や電車の座席の革やビロードは完全なまでに切りとられ、ボロむきだしになったが、これとても下駄の鼻緒そのほかの原料として闇ルートで売られたためであった。しかも元凶は車輌を大切にしなければならないはずの鉄道従業員であったともいう噂が広まった。

少し先の話になるが、ジャガイモを盗んだというので、横浜の南太田町の自警団がこの男を捕まえて撲殺したという事件があった。それを七月八日に横浜地検があえて起訴猶予にしたということを新聞が報じたが、だれも奇異とは思わなかった。

道義は日に日に地に堕ちた。盗難は頻々として生じ、ある大通りで、焼け残った電柱に中年の男が縛られていて上に貼り紙がしてあった。「焼跡で盗みを働いた不届至極の者なり。見せしめのため衆目にさらすものである」とかかれていた。人びとは生きるためだけの努力をする。爆弾が人間を裸にし虚栄の観念を奪ったあとには、民草は遠い道を歩くことに慣れ、入浴は週一度、ハンドバッグの代りに大根を下げて歩くことを誇りとするようになった。

作家邦枝完二の日記も引いておきたい。

「五月三十一日……〔大正十二年の震災は〕一両年にして華やかなる復興を完備せり。いまや敵国の飛行機来りてひとと物とを滅し去らんとす。いつの日か復興のことあらんや。ハンブルクの如く、ロンドンの如く、やがて東京都は武蔵野の昔に返るなるべし。国破れて山河あり。なんとしても勝たねばならぬ戦争だけに、敵を知らずして作戦を開始したる軍当局の明なきを悲しむや切なり。これ独り余のみならんや」

「武蔵野の昔」とは、少々いいすぎかもしれないが、東京の六月末の人口は二百五十四万人、前年十九年二月の六百六十九万人とくらべると三分の一近くにまで減っていた。

同じ日、サイパン島にいたカーチス・ルメイ少将は声明を発した。

「東京はほとんど完全に爆砕した。この結果、東京は軍事目標ではなくなった。現在灰燼に帰せる区域は、宮城を中心とする五十一平方哩《マイル》である。マリアナ基地のB29は七百五十機に達し、実働機は五百三十機である」

そしてこの日以後、米軍機の目標は多くの地方都市に移されていくのである。

✷「沖縄県民斯く戦へり」

四月いらい激戦がつづいてきた沖縄攻防戦も、六月になったころは勝敗が明らかになっている。が、多くの避難民がいる南部へと撤退し、持久戦をつづける戦術を選んでいた。

もはやあらためてかくまでもないであろう。大日本帝国にとって、沖縄防衛は本土決戦準備のための時間稼ぎであったのである。沖縄戦の作戦を立案した元陸軍大佐八原博通は戦後に「本土決戦を有利ならしむる如く行動」「戦略的には持久戦」と著書に記している。そのために軍は県民を「軍官民共生共死」のスローガンのもとに戦闘にまきこんだ。一言でいえば、沖縄は本土の盾にされ、県民は軍の盾にされて死ななければならなかったのである。

それゆえB面の話などはない。のであるが、ここでは、二つの言葉だけを残しておく。一つはあまりにも有名なものであるが、あえてかく。六月六日付の、沖縄方面特別根拠地隊司令官大田実海軍少将が発した海軍次官あての長文の電文である。これを読むたびに粛然たる思いにかられる。これほど尊くも悲しい報告はないと思われるからである。その一部を——。

「沖縄島ニ敵攻略ヲ開始以来、陸海軍方面防衛戦闘ニ専念シ、県民ニ関シテハ殆《ほとん》ド顧ミル暇ナカリキ。然レドモ本職ノ知レル範囲ニ於テハ、県民ハ壮青年ノ全部ヲ防衛召集ニ捧ゲ、残ル老幼婦女子ノミガ相次グ砲爆撃ニ家屋ト家財ノ全部ヲ焼却セラレ、……」

にもかかわらず、沖縄県民が総力をあげて軍に協力し、敵上陸いらい戦いぬいている事実を大田少将は記して、こう結んだ。

「沖縄県民斯《か》ク戦ヘリ。県民ニ対シ後世特別ノ御高配ヲ賜《たまは》ランコトヲ」

日本軍は常に軍の作戦を至高至上のものとし、日本国民はただそれに従うべきものときめて、日中戦争いらいのこの長い戦争を戦いつづけてきた。そのときに非戦闘員にたいするかくも美しい心遣いを示した軍人のいたことを、わたくしたちは心から誇っていい。

それともう一つは、沖縄ひめゆり学徒隊隊長西平英夫の最後の訓示である。六月十八日に野戦病院長より「学徒動員は本日をもって解散を命ずる。自今行動は自由たるべし」との最後の命令がでる。それまでに死者十一名、ほか負傷者多数をだしていたとはいえ、なお百四十名余の隊員が残っていた。その夜、沖縄の戦場は青白い月明のもとにかがやいていたという。壕内に生徒を集めて西平は別れの訓示を与えた。

「皇軍の必勝を期して頑張ってきたが、残念ながらこんな結果になってしまった。今となっては、われわれに残されている道は国頭《くにがみ》突破しかない。……皆が一かたまりになっていくわけにはいかないから、それぞれ四、五名の班をつくって行くことにする。……しかし戦線突破は決してやさしいものではない。もし誰かが傷つき動けないようなことがあったら捨てて行け。戦争というものは不人情なものなのだ。……不幸にして負傷した場合には、負傷者もその点はよく覚悟をしなければならない。一人の負傷者のために皆死んでしまってはなんにもならない。一人でも多く生き残らねばならない。

しかし――捕虜になるな」

捕虜になった沖縄女性に関する記事を、戦場で刷られたタブロイド判の新聞・沖縄民報で女生徒たちは読んでいた。命惜しさに敵陣に走った女性が米兵にさんざんもてあそばれた末、軍艦に乗せられ毎夜のように彼女たちの悲しい歌が海上に流れているという。生き残れ、しかし捕虜となるな、この大きな矛盾を彼女たちは当然のことと胸にうけとめた。

十九日午前一時、月明下の脱出がはじまった。「先生、行きます」「気をつけて行け」。あとにつづくのは砲弾の炸裂音と、幾筋もの赤い火箭《かせん》であった。壕は次第に空間を多くしていき、無限の闇のなかに静まっていった。

その後のひめゆり部隊の記録は伝えている。戦死三十四名、行方不明六十名、生き残ったもの六十三名と。沖縄の戦いの民草の悲惨とは、いわば共通してこのようなものであった。

✺「全員最後の攻勢」

そしてもう一話、すでに前にかいたことであるが、特攻隊員の遺した川柳について記しておきたい。『きけわだつみのこえ』などで特攻隊員の遺書、あるいは悲痛な遺詠の詩歌は数多く目にするが、およそ川柳のあることは考えだにしないことであった。松田征士氏が発掘したそれを川柳の総合雑誌「川柳マガジン」で初めて接したとき、しばし痛哭《つうこく》の涙が目に溢れでてきたことがいまも忘れられない。
「前進基地の鹿児島県第一国分基地で、出撃待機中に川柳をつくった四人の若者がいた。（中略）盛岡高等工業学校の及川肇（岩手県）、米沢高等工業学校の遠山善雄（山形県）、東京薬学専門学校の福知貴（島根県）、日本大学の伊熊二郎（静岡県）である」と松田氏が紹介しており、その遺した川柳は百句に及ぶという。
彼らは神風特別攻撃隊第三御盾隊として、三月三十日に陸軍の第一国分基地に進出している。米軍の沖縄上陸のまさに直前である。
　女とは良いものだぞと友誘い
　未だ生きているかと友が訪れる
能筆は、遺書に代筆よくはやり
自分の死も生も、すべて客観視しているこのリアリズムこそ川柳の神髄であると思えるが、いや、四人の若ものはだれもが生きることをとうに諦めきっていたのかもしれない。
　生きるのは良いものと気付く三日前
　後三日、酔ふて泣く者、笑ふ者
出撃予定は三日前に通達されたものと、これらの句でわかる。その三日間、彼らはどのような想いで朝夕を迎えていたのであろうか。
　諸共と思へばいとしこのしらみ

アメリカと戦う奴がジャズを聞き
人形を抱いて寝ている奴もあり

四月六日、菊水第一号作戦の発動で、出撃してふたたび還らざる陸海軍協同の特攻機二百十五機。及川と遠山の二人がその一員として征った。戦果は撃沈駆逐艦三隻、損傷空母一、駆逐艦十五隻など（米海軍発表による）。

生き残った二人はなおも句作にはげんだ。

特攻隊神よ神とおだてられ
慌て者小便したいままで征き
万歳がこの世の声の出しをさめ
父母恋し彼女恋しと雲に告げ

四月十一日、特攻出撃三十九機。残っていた福知と伊熊の名もそのなかにある。この日、わが艦艇に沈みしものなし、と米海軍省は得々として発表している。それにしても、とあらためて思う。再度いいたい。スローガンにいう「一機一艦を屠《ほふ》る」が幻であることをとくと承知しながら、数限りない有為の青年たちを十死零生の作戦敢行にかりたてていった指導者たちの無責任さというものについて、われわれは何をいうべきかと。言葉を失うだけなのである。

六月二十二日、米軍は沖縄戦の終了と正式占領を発表した。宇垣纏中将は前日の二十一日の『戦藻録』に記した。

「四月一日敵沖縄に上陸いらい奮戦をつづけたる第卅二軍も去る十九日最後の電を発し爾後敵情もまったくなきに至れり。八旬〔二カ月半余〕の援助、至らざるなき奮闘努力もついに当然の結果に陥る。まことに悲憤の至なり。本職の責浅からざるものあるが、顧みてほかに撰ぶべき方途なかりしを信ず。しからばすべてかくなる運命なるべきか」

菊水一号より前日二十日の第十号まで、陸軍機八百五十機、海軍機一千五十機を投入し、精根をつくした特攻作戦もこの日で打ち切られた。戦後の米軍の記録は伝えている。米艦隊の損傷三百六十八隻、沈没三十六隻、飛行機七百六十八機を喪失し、沖縄を占領したことを。

この惨たる戦いの果ての敗北が、日本本土の民草に知らされたのは三日後の二十五日である。新聞はこのとき〝玉砕〟の言葉を使わなかった。「軍官民一体の善戦敢闘三カ月、二十日敵主力に全員最後の攻勢」と報じた。玉砕ではなく攻勢であった。沖縄県民の死者十二万二千二百二十八人（うち軍人・軍属が二万八千二百二十八人）、他の都道府県出身の軍人の戦死者六万五千九百八人であるという。が、その数は当時は知らされていないゆえ、民草にはほとんど動揺はなかった。うちつづく敗戦で研ぎすまされた直感力は、沖縄の運命を通りこして、最悪の事態をとうに見透していたのである。

大本営は出血作戦といい常にこれぞ決戦と豪語しつつ、富士山の頂上に追いつめられても、まだ戦局はわが方に有利といいつづけるであろう、と民草は陰でささやき合った。沖縄決戦から九州決戦、さらに関東決戦、山梨決戦、信州決戦と永遠に決戦がつづくに違いない、とひそかに国の運命と、ひいては自分の運命にあきらめをつけた。

参謀本部は民草の厭戦意識となげやりの気持ちをすばやく察知する。『機密戦争日誌』の二十六日の項に「口伝《くでん》を各方面を通じて開始す。いまや国民に必勝作戦の具体的方策を論ぜざれば不可」とある。たとえ沖縄で敗れようとも、本土決戦に必勝の確算があることを各方面を通してクチコミで宣伝、国民の士気を鼓舞せねばならぬ必要にせまられた。このままでは国内的に滅んでしまう。政府も、軍も、新聞も、ラジオもいっせいに本土決戦必勝を呼号しはじめる。沖縄戦は本土決戦を前にして九十日の貴重な時をかせいだのである。敵に八万（事実は戦死一万二千五百人）の出血を与え、本土侵攻がいかに困難であるかを教えたのである！

しかし作家海野十三は一カ月ぶりでかきだした日記で嘲笑した。

「当局は（中略）沖縄は天王山でも関ケ原でもなかった。そんなに重要でない。出血作戦こそわが狙うところである――という風に宣伝内容を変えてもみたが、これはかえって国民の反感と憤慨とを買った。そんならなぜ初めに天王山だ、関ケ原だといったのだと、いいたくなるわけだ」（七月十四日）

漫談家にして随筆家の徳川夢聲も日記にかいている。

「鈴木首相その他日本の指導者たちは、如何なる見透しのもとに戦争を続けているのか。見透しなんてつかずにやっているのか？／新聞などで、この戦争必ず勝つ、きっと勝つと毎日のようにくり返しているが、そんなに勝つ勝つと念を押さねばならぬようでは心細いではない

か」(七月三日)

A面の話ゆえに飛ばしてかいてきたが、じつは米軍が沖縄占領を発表した六月二十二日に、大日本帝国は最重大な決定をしていたのである。『聖断』(PHP文庫)や近著の『「昭和天皇実録」にみる開戦と終戦』(岩波ブックレット)など、いくつかの拙著でこのことをくわしくかいているから簡略にするが、この日の午後、天皇召集による御前会議(正しくは御前懇談)がひらかれている。そこで天皇は明確にいった。

「戦争を継続するのは当然であるが、また一面においては、戦争終結についても、この際いままでの観念にとらわれることなく、速やかに研究することもまた必要であると思う」

これまでだれも口にしなかった「戦争終結」という言葉を、天皇が政治・軍事の指導者の前で公然と語ったのである。大きく国家の舵がやっと講和の方向に切られたことになる。何とも時間のかかりすぎる決断であったが、沖縄の民草の大きな犠牲を基《もとい》として、どうにか和平を探る突破口がみつかったのである。

全国民の軍隊化

その和平への突破口として、政府はただちにソ連を仲介とする工作をすすめることを決定する。日露戦争のときに、米国を仲介に和平の道を探った先人の政略があり、それが成功したという歴史があろう。それに倣《なら》ってという思惑があったのであろう。されど、溺れるものは藁《わら》をもつかむ、それがいかに愚劣な政策であったことか、いまになると情けないほど明らかになっている。

それが証拠に、昭和十六年いらい、米ソ、英ソ間でそれぞれ相互援助条約が結ばれ、ルーズベルトが武器貸与法を制定して、ソ連に多量の武器援助をしていることを、日本政府も軍部も知らないはずはなかったのである。戦時中、ソ連が米国から受けとったもの、大砲九千六百門、飛行機一万八千七百機、戦車一万八百台……と呆れるほど大量であった。

もちろん、民草はだれ一人としてそんな重大なこととは存じてなんかいない。それよりも直接にふりかかってきた思いもかけない新たな法制に、腰をぬかさんばかりに驚いていた、としたほうがこの場合は正しかろうか。翌二十三日、議会の承認を得て成立した「義勇兵役法」と「戦時緊急措置法」が、この日ただちに施行となった。早くいえば国民残らずが統帥権下におかれたのである。「兵隊」になるのである。

それは法律なんていうものではなく、一億国民の生命・財産をあげて生殺与奪の権を政治に一任するという白紙委任状である。「秦の始皇の政治に似たり」と悪評さくさくであったが、軍の強い要請があってそれは議会を通過した。

たしかに、すでに四月から軍需、食糧の増産など戦力増強のために国民義勇隊が編制されてはいた。それがさらに法律によって、十五歳から六十歳までの男子、十七歳から四十歳までの女子のすべてが義勇召集をうけ、国民義勇戦闘隊を編制せねばならなくなった。全国民の軍隊化である。その数二千八百万人。

国民義勇戦闘隊は自分の住居地を中心に陣地構築、補給など軍の後方勤務にあたり、ときに、軍の遊撃戦を補助するものと定められた。遊撃補助とは、軍の挺身斬り込み戦法に協力することである。二千八百万人が本土戦場で玉砕しようという大戦略。そのためにとくに教令をつくり、一人ひとりに配布し、軍は火のような闘志と鉄の規律を義勇戦闘隊に求めるのである。その一つだけをかく。

「戦闘隊員は、激闘いかに熾烈となるも命なくして任務遂行の職場を離るることあるべからず。たといその身重傷を被るとも、これがため戦意を沮喪《そそう》することなきを要す」

もっとわかりやすいパンフレット「国民抗戦必携」というのもあった。たとえば、上陸してきた米兵との白兵戦となったとき、

「銃、剣はもちろん刀、槍、竹槍から鎌、ナタ、玄能《げんのう》、出刃庖丁、鳶口に至るまで、これを白兵戦闘兵器として用いる。刀、槍を用いる場合は斬撃や横払いよりも背の高い敵兵の腹部目がけてぐさりと突き刺した方が効果がある」

「鎌、ナタ、玄能、出刃庖丁、鳶口などを用いるときは、後ろから奇襲すると最も効果がある。背後からの奇襲は卑怯ではない。敵はわが神土へ土足で入りこんだ無礼者である。正面から立ち向った場合は半身に構えて、敵の突き出す剣を払い、瞬間胸元に飛びこんで刺殺する」

こうして当時の資料をかき写していると、何ともいえぬ心持ちになってくる。本気で陸軍中央は、かりに夢であってもあり得ないこんな阿呆なことが民草に〝できる〟と考えていたのであろうか。もし本土決戦が行われたなら、たしかに「一億総玉砕」「一億総特攻」の地獄図が実現し、民草の屍《しかばね》が累々としてこの国の山野を埋めたであろう。そこにあるのは祖国滅失のみではなかったか。

戦争終盤、全国各地で銃後の女性たちも竹槍訓練に励んだ

「勝札」一等十万円

民草は、しかし、とにかく純情である。勝たねばならないと思っている。七月になると暑いなかで、全国の村々で村民総出の竹槍訓練がはじまる。「気をつけいッ」の号令で、顔を真ッ赤にして身体をもじもじさせたおばさんが「オラァ、子供さ産んでからおかしいの、こらえると小便でちまってよォ。こんなこんで勝つずらかァ」とぼやく。いまになると笑い話としかいいようがないが、わたくしが新潟県長岡市在の小さな村で実体験した、ほんとうの話なのである。

これ以上かいても同じような話のくり返しとなる。本土決戦に狂奔する陸軍とそれに無理やり従わせられる民草。このころの軍部には結局のところ、戦争とはただただ戦う行為であり、そのために国民は命を捨てるのが当然のこと、という考えしかなかった。もう勝つ意思も自信もなく、ただ戦うために戦う、戦うことが目的になっていた。そのために国民を道連れにすることに何のやましいところもないのである。

であるからA面的なことから離れて、あとはいくつか少しは楽しめる（?）B面の話題を拾うことにする。宝くじの前身とされる「勝札」が政府のキモ煎りで日本勧業銀行本・支店から売りだされたのが七月十五日のこと。一枚十円で、この日から発売して発売締切りは一カ月後の八月十五日。各新聞が賑やかに報じたが、ここには十五日付の朝日新聞を引く。

「一等に当れば十万円、籤運《くじ》が悪く全然当らなくても勝ち抜くための献金となる。この勝札の抽籤は売出締切十日後の八月廿五日、麴町区内幸町勧銀本店で一般公開して行われる。第一回売出二億円〔二千万枚〕で十万枚一組に一等十万円一本、二等一万円九本、三等千円九十本、四等五十円九百本、五等十円一万九千本、計二万本の当り籤があるから五本に一本は必ず当るわけ」

なお、抽選は敗戦後の八月二十五日に本店ではなく勧銀長野支店でたしかに行われた。が、十万円を受けとった一等当選者数は不明らしい。ところで十万円はいまの額にするといくらぐらいになるか。日銀の企業物価指数で計算すると、二千百万円ほどになるそうな。

とにかく何となくのどかな日々が、地図の上からは抹消され空襲のなくなった東京には訪れていたらしい。七月二十二日、日曜日、前日の豪雨も遠のいて東京の空は綺麗に晴れ上がった。作家高見順は日記にかいている。

「焼跡の小屋のまわりで蒲団や衣類を乾しているのが目立った。焼トタンで作った仮小屋は昨日のような豪雨では雨漏りがするのであろう。いたましい。焼跡も赤錆《さび》の一色なら、仮小屋のトタンも赤く錆び、満目錆色の荒涼さ」

焼かれようと、食えなかろうと、民草は生きるために、俗物的な強さ、あるいは動物的強さを発揮している。赤錆のバラックだろうと、だれでもが少しでも住みよくする工夫を自分でせっせとした。難破して沈みかけている船の甲板で、手すりの真鍮を熱心にみがいているような生き方といってよいかもしれない。それが戦争のなかの民草われわれというものであった。

同じ日の日記に徳川夢聲もかいている。

「夾竹桃咲き初む。焼銀杏の返り若葉勇ましくまた傷々し。観音堂は焼跡の前方に小さな仮本堂建築中。（中略）浅草の焼跡に生きているものは、興行街と、樹々の青葉のみ」

そして浅草の劇場がいずれも満員であることを、夢聲は描写した。

「ほかになにもなきこの興行街に、若き産業人たちが、地下鉄や都電を満員にしてやってくる。そしてガツガツと〔映画や芝居を〕二ツも三ツも見て行くのである。あわれふかき風景である」

あわれふかく、そしてそれは、なんとなく平和な風景ではなかったか。しかし、地方の都市には爆撃がつづき悲惨はなおつづいていた。

日本降伏の日

ソ連を仲介とする和平工作はその後も遅々として進まない。ソ連政府が曖昧な態度をとり、返事をえんえんと引きのばすだけであったからである。それには、ベルリン西郊のポツダムで、米英ソ三国首脳会議がひらかれるゆえいま忙しい、という理由もつけられていた。

七月十七日、そのポツダム会議が開催される。その前日の朝に、米ニュー・メキシコ州アラモゴードで、人類初の原子爆弾の爆発実験が行われ、それが成功した。結果として、国際情勢は激変する。日本の降伏を促すためには、ソ連の対日参戦が必要と考えていたアメリカの政策は、「戦争は原子爆弾を投下すれば終る」と一転した。いっぽうソ連政府はスパイによってアメリカの原爆実験の成功を知るや、戦後の分け前とともに、アジアにおける発言権の確保のためにも、一日も早く対日参戦しなければならないと、ソ満国境線での戦闘準備を急ぎだした。そうした裏側の動きのいっさいに関係のない日本政府は、ただ一途にモスクワだけをあてにして、和平仲介乗りだしの返事を鶴のように首を長くして待ちのぞんでいたのである。

二十五日、トルーマン米大統領の承認を得た原爆投下命令が、ポツダムよりワシントンに送られる。これがただちに軍に伝えられる。

二日後の二十七日は東京の中枢部が震撼した日である。降伏を勧告するポツダム宣言が送られてきたのである。宣言は、即座に降伏する以外の「日本国の選択は、迅速かつ完全なる壊滅あるのみとす」と明確に謳いあげていた。「完全なる壊滅」とは原子爆弾攻撃を意味していたという。にもかかわらず、原爆実験の成功をまったく知らない日本はなお強気であった。翌日の新聞は「笑止！　自惚《うぬぼ》れを撃砕せん」と壮語し、煽られて政府も、せっかくソ連に和平の仲介を頼んでいるのであるからという理由もあって、こう声明する。

「このポツダム宣言は重大な価値があるとは考えない。ただ黙殺するのみである」

この黙殺（ノー・コメント）が連合国には何としたことか、「日本はポツダム宣言を ignore（無視）」、さらに「reject（拒絶）した」と報ぜられてしまうのである。そしてこれがのちの原爆投下やソ連参戦を正当化するための口実に使われてしまったことはよく知られている。

これからあと、八月六日の広島への原爆投下、九日未明のソ連の満洲侵攻、そして長崎への原爆投下。これらをうけての十日と十四日の二度の御前会議による〝聖断〟と、十五日正午の天皇放送による日本降伏までの波瀾万丈については、もうくどくどとかくことはやめる。すでに周知の事実であろうし、わたくしは何冊もの本をかいている。

一つ、B面的な話としては、広島への原爆投下を報じた新聞記事のことを付記しておきたい。よく知られているように、「原子爆弾」ではなく、「新型爆弾」とされていた上に、それまで空襲の被害はきまって「軽微」としてきたものを、このときは「相当の被害」と大本営は発表した。そしてそのあとである。各新聞は長々とした説明を記している。

「戦争遂行中において新型兵器が出現すると、その威力が過大に評価されるのを例とする。例えばドイツのＶ１号出現の際のごとき、英国は相当の被害をみせたが、その対策完成とともに冷静に帰したるごときその例である。わが方は敵の非人道に断固報復を講ずるであろう」

聞くところによれば、これが太平洋戦争において軍がだした最後の「指導記事」であったという。いまになると、ただア然とするばかりの指導ということになる。

そして八月十五日、当時この世に生きていた民草の一人ひとりが、朝からの雲一つない晴天と、沁みいるような蟬の声を覚えている。気温はどこも三十度を超えていた。名古屋三十六度五分、京都は三十六度三分、そして東京は三十二度三分を示している。その日、青天の霹靂《へきれき》ともいうべき天皇放送をどこで、どんな想いで聞いたか。すでに故人である何人かの人を代表に。

小林桂樹（俳優）　愛知県で本土決戦に備えて穴掘りをしていた。玉音放送で戦争が終ったことはわかった。泣いた記憶はある。生きて帰りたかった。陸軍兵長。

林家三平（落語家）　千葉県で本土決戦用の穴掘りをしていた。放送を聞いて、中隊百人とともに号泣。それから虚脱状態に。恐怖感がわいた。陸軍上等兵。

峠三吉（詩人）　広島の爆心地より三キロの自宅にいて、昼食中ひょっこり帰ってきた父から、放送のことを聞いた。事の意外なるに暫《しば》し呆然。山に籠り命をいずれ捨つる覚悟なりしを。

ただ情けなく口惜しき思いに堪えず。

加藤芳郎（漫画家）　二十年九月半ばまで、八路軍の進撃を阻止しようとする蔣介石軍の計画で、北京の北の古北口にとどまって忙しかった。部隊の芸能班の一員でもあった。陸軍一等兵。

淡谷のり子（歌手）　公演旅行で山形県にいて、演奏中止となってホッとして、宿でぼんやりしていた。

植草甚一（エッセイスト）　映画館新宿文化の主任。一階は満員。放送を場内に流さんとしたが、ラジオが拡声器に入らず失敗。伊勢丹前に群衆。声なし。会社の方途は如何になることかと心配。

丹波哲郎（俳優）　立川航空整備隊所属の陸軍少尉であった。僕は本来楽天家だから、その場その場でうまくやっていた。その日もそうであった。

奥野信太郎（中国文学者）　北京の輔仁大学で教鞭をとっていた。放送を聞く。すでに天暗く、雨沛然《はいぜん》として至る。永い病人が息をひきとったという以外、感想もなにもない。

そして、八十五歳で健在のわたくし自身である。勤労動員先の軍需工場で放送を聞いた。祖国敗戦、奴隷にされるのなら人生の楽しみを早く知っておこうというので、使わなくなった防空壕で悪友たちと生まれて初めてタバコをくゆらした。味はまったく覚えていない。その夜、帰宅したわたくしは、さっぱりとした顔になっているおやじに、男は全員が南の島で一生奴隷に、女はみなアメ公の妾になるのだという話の真偽をたしかめた。聞き終るなりおやじはとてつもない大声をだして一喝した。

「バカもん、なにをアホなことを考えているのだ。日本の男を全員南の島に運んでいくのに、いったいどれだけの船がいると思っているのかッ」

「日本中の女性を全員アメリカ人の妾にしたら、アメリカの女たちはどうするんだ、黙っていると思うか。馬鹿野郎」

この一喝に、わたくしはパッと目が覚めた。のちになって知ったのであるが、久保田万太郎の八月十五日を詠んだ句に、じつにいい句がある。

何もかもあっけらかんと西日中

この夜のわたくしの目覚めた気持ちが見事にいい表わされている。当時の民草すべての人が同じような思いを味わっていたのではないか。じつにあっけらかんとなった気分で、廊下でぼんやりしていたわたくしの眼の前には、たしかに、国破れても美しい越後の山河がいっぱいにひろがっていたのである。

エピローグ

天皇放送のあとに

九月二日まで

長い長い戦乱の時代は終った。大日本帝国の降伏は、厳密にいえば九月二日の米戦艦ミズーリ号艦上での降伏文書の調印によって完了するのである。

が、日本国民の実感としては、やはり天皇放送をもって戦争がやっと終った、の感のほうが強い。その日、夕闇が迫ってくると、灯がともりはじめた。電灯や窓を覆っていた黒い布はとり払われる。ロウソクの火であってもよかった。その明かりがもう爆撃の目標にならないのである。常に死と隣り合わせの、長く苦闘に満ちた時代のなかで、日本人がひとしく待ちのぞんでいたのは、その赤い暖かい光であったのである。

それだけに面白いことは、今日になっても戦時下を生きた人びとのほとんどは八月十五日のことは憶えているが、驚くほど翌十六日の記憶は失っている。そのあとのことも然り。のちの米戦略爆撃調査団の報告「敗戦直後の国民意識」が語るように、本土にあった民草の大多数は、空しさ、悲しみ、惨めさ、無念さ、幻滅、そして将来の不安をもって敗戦を迎えた。そうした混淆《こんこう》した複雑な感情をもてあましているものに、記憶にとどめるべきその後の日々のことのあろうはずはなかったのである。

放送のあと九月二日までに、占領軍先遣隊の日本到着（二十八日）、首相東久邇宮稔彦《ひがしくにのみやなるひこ》の「一億総懺悔《ざんげ》」の新聞発表（三十日）、占領軍総司令官マッカーサー元帥の厚木着（同）などなど、ふれなければならないこともあるが略して、われら民草がいったいどんな思いで、あのくそ暑く鬱々《うつうつ》として気の抜けた天皇放送後の夏を過ごしていたか、そこにだけ視点をあてて、以下に蛇足みたいな探偵報告を綴ってみる。

✸ヤミ市とRAA

戦後の「虚脱」と一言でいう。要は無気力ということである。大袈裟にいえば、天皇放送以後、日本人の多くにとっては自分たちが懸命に生きてきた〝歴史〟というものが一気に消えてしまった。非常時そして戦時下の名のもとにことごとにうるさくいわれていたことが無に帰すと、つまり制約が一切合財なくなってしまうと、妙なことに人びとは無目的となりなぜか落ち着かなくなってしまう。忠君愛国、撃ちてし止まむ、挙国一致、一億総特攻といったきびしい体制が、いわば社会秩序になっていたのに、一瞬にして、それらからわけもわからず解き放たれてしまうと、何らかの精神的退廃に陥ってしまうのか、と思えてならない。

あの日の慟哭《どうこく》と嗚咽《おえつ》が遠ざかるにつれて、その反面で日本人はアッという変貌をみせはじめる。その勢いたるやすさまじいものがあった。死ぬ必要がなくなり、いまや生きるための欲望に憑かれてしまった人びとの関心のなかには、これからの祖国の行方も、民族の誇りも精神も、いや隣人も他人もなくなった。生きぬくためには、もう自分のことしか考えられなくなった。

八月十八日、都内の主要三紙にこんな広告が掲載された。

「転換工場ならびに企業家に急告！　平和産業の転換はもちろん、その出来上り製品は当方自発の〝適正価格〟で大量引受けに応ず。希望者は見本および工場原価見積書を持参至急来談あれ。淀橋区角筈一の八五四（瓜生邸跡）新宿マーケット　関東尾津組」

長く新宿に根をおろし、露天商人を統括してきたテキヤ尾津組の尾津喜之助親分がだしたもの。その着眼は見事に的を射て、この広告は一種の旋風を捲き起こした。勝たんがために昼も夜もなく一所懸命につくったのに、突然の終戦で納入先が消えてなくなり、多量の製品をかかえ途方にくれていた軍需産業の町工場や下請け業者が、広告をみてぞくぞく尾津組事務所に詰めかけたのである。

新宿は当然のことながら焦土、荒涼たる瓦礫《がれき》の街である。その焼け跡の新宿駅東口に、広告のでた二日後の二十日、突如として、裸電球が紐で吊るされてずらりと並び、露店街が出現したのである。売られているのは、だれもが生きるために必要としている日常雑貨。たとえばご飯茶碗一円五十銭、下駄二円八十銭、フライ鍋《パン》十五円、手桶九円、ベークライト製の食器・皿・汁椀三つ組八円といったところ。飛行機用材のジュラルミンやアルミニウムを急遽加工してつくった鍋や弁当箱も並べられる。いずれも粗悪品であるが、とぶように売れた。

それはもう、国家権力が介入できないアナーキーな、自由市場であった。非合法なマーケットゆえに「闇市」とよばれるが、民草は欠乏と疲弊と混乱のなか、ともかくも生きぬくためには法律などをかまってはいられないのである。売るものも日用品から食糧、衣類、酒類へとひろがっていき、食うためのあらゆるものがそこにゆけば手に入るまでになる。民草は、まことに、たくましく生活しはじめたのである。つまり〝戦後〟がはじまったのである。

たくましい、という形容詞でいえば、あるいはあてはまらないかもしれない。尾津組の新聞広告がでた日の一日前の十七日、内務省警保局長橋本政美が各庁・府県長官あてに、とてつもない指令を発している。しかも秘密電で。これもかき落とせない。「進駐軍特殊慰安施設について」と題するその設置準備令なのである。すなわち、現下において急速に充実をはかるべきものは、日本にやって来る連合軍将兵用の性的慰安施設、飲食施設、娯楽施設であり、「これら営業に必要なる婦女子としては、芸妓・公私娼妓・女給・酌婦・常習密売淫犯《いんぱん》らを優先的にこれを充足するものとす」

という内容の指令である。

これが、要するに「良家の子女の〝防波堤〟」として準備した、というので悪名高いRAA（特殊慰安施設協会）設立指令なのである。しかもこの日に、天皇の親任式を終えたあと、東久邇宮内閣は初閣議をひらいている。閣議で何が討議されたか不明となっているが、このRAAはどう考えてもその日の閣議決定にもとづくものであったと考えられる。まったく日本人の早手回しには呆れるほかはないし、そこにあるのは、勝者にたいする迎合、阿諛《あゆ》、卑屈といった情けない敗者の姿勢ということになる。

この協会の理事であった山下茂が「サンデー毎日」昭和四十九年九月一日号で語っている。

「池田さんの『いくら必要か』という質問に野本さん〔協会副理事長〕が『一億円ぐらい』と答えると、池田さんは『一億で純潔が守れるなら安い』といわれた」

池田さんとは勇人《はやと》、当時の大蔵省主税局長、のちの首相である。

結果として、第一号の占領軍用の慰安婦施設は、八月二十七日に大森の小町園で開業する。そして記録によれば、占領軍の第一陣が本土に上陸してくるはずのその二十七日（じつは台風で二日遅れるが）までに、千三百六十人の慰安婦が確保されていた。そして歴史的事実は、千人を募集したところ、応募してきた女性は四千人という驚くべき数を記している。なんという大和撫子のたくましさ。ほんとうに、国破れて……の感を深くする。

「街を明るくせよ」

もう一つ、ちょっぴり情けない話をかいてしまうと、これら親分や女性にくらべると、この宮様を首相とする新内閣はどことなく動きのにぶい内閣であった。万事に後手後手となって心ある人をヤキモキさせた。その一人に天皇がいる。見るに見かねたのであろうか、その天皇みずからが内閣についに注文をつけている。すなわち「十九日午前十時、東久邇首相宮殿下を宮中にお招きになり、畏《かしこ》くも戦争終結後の国民生活の速やかに明朗にするようにせよ、例えば灯火管制を直ちに中止して街を明るくせよ、娯楽機関の復興を急ぎ、また信書などの検閲を速かに停止せよ、との心から国民生活を御軫念《しんねん》あらせられる有難き御言葉があった」と二十日付の各新聞が報じているとおりである。

これが『昭和天皇実録』になると、こうなる。

「午後二時よりの閣議において、首相は本日拝謁の際、天皇より国民生活の明朗化のため、灯火管制の即時停止、娯楽機関の速やかな復興、信書検閲等の即時停止につき御沙汰を下された旨を発言する。御沙汰の趣旨は閣議決定となり、翌二十日正午を以て警戒準備管制が解除される」

こうしてやっと宮様内閣は重い腰をあげる。そして二十日の夜から日本中の家庭の電灯は天下晴れてあかあかと光を戸外にこぼし、町や村はいっぺんに明るくなり生気をとり戻した。作家海野十三が日記にその喜びを記している。

「電灯の笠を元どおりに直す。防空遮蔽笠（ボール紙製）を取除き、元のようなシェードに改めた。家の中が明るくなった。明るくなったことが悲しい。しかし光の下にしばらく座っていると、『即時灯火管制を廃して、街を明るくせよ』といわれた天皇のお言葉が、つよく心にしみてきて、涙をおさえかねた」（二十四日）

同じ十七日に、内務省は東京都、神奈川県そして千葉県の民草に「連合軍本土進駐前の心得」なるものを配布している。その一部を。

「（一、二、三、四を略す）

五、婦女子はふしだらな服装をせぬこと。また人前で胸を露わにしたりすることは、絶対にいけない。

六、外国軍人がハローとかヘエとか片言まじりの日本語で呼びかけても婦女子は相手にならず避けること。

七、特に外国軍隊駐屯地付近に住む婦女子は夜間はもちろん昼間でも人通りのすくない場所はひとり歩きをしないこと」

こうして官僚どもがみずからがつくった幻の恐怖から、やたらと神経質な指令を発し、その上にデマがひとり歩きをはじめ、とんだ大騒ぎがいたるところで起こることになる。

「県で婦女子は逃げた方がいいと触《ふれ》したのが誇大につたわり……駅に避難民殺到す。あさましき姿なり。横浜では警官の持場を捨てて逃亡続出すと。役人からこの姿なのだから国民がうろたえ騒ぐのは当然である。日本人のどこに美しく優れたところがあったのか。絶望的である」(『大佛次郎　敗戦日記』十七日)

「鎌倉のある町内会長は、五才以上〔以下の誤記か〕の子供をどこかへ隠せ、敵が上陸してくると軍用犬の餌《えさ》にするから……そういいふれて歩いたとのこと。何という馬鹿馬鹿しい、いや情けない話であろう」(『高見順日記』二十三日)

警官逃亡のことを大佛日記が歎いているのに触発されて、軍人逃亡のことについてもふれておきたくなった。しかもそのことを日記に残しているのが野田毅航空少佐。と、かいてもほとんどの読者にはだれのことか思い当たらないであろう。昭和十二年の項でふれておいたが、新聞で百人斬り競争（でたらめの話であったが）で大いにもてはやされた二人の少尉どののうちの一人である。のちに飛行科に移り、このとき本土決戦のため第十六飛行団司令部部員として熊本にあった。そして克明な日記を残している。その八月二十一日の項。

「……川辺大尉、小林中尉、臼井中尉は鉄道の貨車の整理が終ると、そのまま帰郷してしまったらしい。命令もないのに勝手なことをして、これはまさに戦時逃亡罪である。しかも敵前であるから死刑に値する。かくの如きは許すべからざる行為である。俺は断じてこれらの将校を殺す。かくの如き将校がいるから日本は敗れたのだ。下士官、兵にも劣る犬畜生だ。今度あったら半殺しか、生かしておかないか、どちらかだ。……」（阿羅健一監修『野田日記』）

このように逃亡する情けない軍人がいたのもたしかだが、その逆に、このときになってもまだ一部にはこのように抗戦的な、一種狂的な軍人もいたことをこの日記は示している。それにしても権力を笠に着て威張りちらしていた軍人や役人の無責任な逃亡ぶりには、大佛さんが絶望的と歎くのもむべなるかな、と思うばかりである。

一億総懺悔とは⁉

天皇にせかされたゆえの効果もあったのかもしれないが、町や村が明るくなるとともに、政府をはじめとして、地方行政のほうも動きをどうやらとり戻しはじめた。東京都では、大量の食糧の配給をさっそく実施。本土決戦にそなえて軍が保有していたものの大盤振舞いである。缶詰が一人当たり三個、乾パン、砂糖、漬けもの、するめ。平和ということの有難さがそのままに配給品のなかにこめられているかのように、焼野原に掘っ立て小屋を建てて住んでいる都民のだれもが感じた。

また、八月二十二日の、作家長与善郎の日記に心娯《たの》しくなる記載がある。

「今日から、四年振りか、ラジオの天気予報が開始された。／小笠原西方面——とかに低気圧がある、とか何とか遠くでいっている。久しぶりの懐しい声のような感じがある。丁度久方ぶり天候あやしくなり、所々どす黒くなった空に、さっと夕立の前触れらしい秋風が吹き、木の葉を飛ばしている。悪くない」

さらに二十三日には、音響管制解除、電報小包み制限解除、電話も個人の架設許可、休演中の映画・演劇再開と、つぎつぎに平和の有難さを感じさせるような指令がだされてくる。そのいっぽうでこの日、広島と長崎の原子爆弾による死傷者概数が発表された。

当時、日本交通公社に勤めていた美術評論家富永次郎が日記に書きとめている。

「台風去る。（中略）広島死者五万三千、長崎三万余、しかしそんなものではないらしい。記事にも続々死亡者が増加していることを記している。今でも、この土地に二、三時間とどまると生理に異状を来たすらし、またこの土地には今後相当の年数植物が生長しない。数年ともいうし、五十年ともいう」

わたくしもその当時たしかに、広島にはこれから五十年草木一本も生えない、と人に教えられたのか新聞で読んだのか、その記憶がある。

同じ日の、当時世田谷区新町に住んでいた東京文理大教授福原麟太郎の日記もかきとめておこう。当時の東京の交通事情をそれとなく知ることができるから。

「門の扉がたおれ、垣根の一部が傾いている。真に台風一過の趣き。（中略）十時頃家を出たが、玉電が通っておらぬので三軒茶屋まで歩き、そこから電車、渋谷へついたのが十一時半。十二時まで待っても省線が来ないので引き返す。こんどは電車で帰り中食」

もう一つ、二十五日の項。

「保障占領地区よりのわが軍隊撤退のため、東京鉄道管区内汽車電車一般利用禁止なれば家に居る。米機しきりに監視飛行を行なうといえども雨雲のため見えず。驟雨《しゅうう》しばしば襲い来る」

東京都内の交通事情はまだかなりの不便をきたしていたようである。

ところが、もうこのころの湘南の海岸では、ビーチパラソルを立て海水浴でバチャバチャ、大いにはしゃいでいる人たちが多くいたというのである。彼らはみんな敗戦などどこ吹く風と安心しきった顔をしていたなと、実見したわが友が一つ話のように語っていた。

そして、いよいよ米軍先遣隊による日本本土への進駐が開始された日、すなわち二十八日、読売報知新聞に元陸軍中将石原莞爾のインタビュー記事が載った。これを読んで、「どいつも愚劣なやつばかりと思っていた軍人にも、少しは土性骨《どしょうぼね》の据わったのがいるもんだねえ」とおやじがひどく感心していたのが思いだせる。

「戦《いくさ》に敗けた以上はキッパリと潔《いさぎよ》く軍をして有終の美をなさしめて、軍備を撤廃した上、今度は世界の輿論に、吾こそ平和の先進国である位の誇りを以て対したい。将来、国軍に向けた〔日本国民の〕熱意に劣らぬものを、科学、文化、産業の向上に傾けて、祖国の再建に勇往邁進《ゆうおうまいしん》したならば、必ずや十年を出《い》でずしてこの狭い国土に、この尨大《ぼうだい》な人口を抱きながら、世界の最優秀国に伍して絶対に劣らぬ文明国になり得ると確信する。世界は、猫額《ひたい》大の島国が剛健優雅な民族精神を以て、世界平和と進運に寄与することになったら、どんなにか驚くであろう。こんな美しい偉大な仕事はあるまい」

明日に何が待ちうけているか皆目不明であり、ただ戦々恐々としている民草が、はたしてどれほどの冷静さと深い思考とをもってこれを読んだことか。ほとんど夢物語として屑籠に捨てられたにちがいあるまいと思う。

もう一つ、同じ二十八日にこっちは歴史に残っている言葉が発表されている。東久邇首相宮が記者会見で、とつとつとして太平洋戦争の敗因について語ったのである。

「ことここに至ったのはもちろん、政府の政策のよくなかったからでもあったが、また国民の道義のすたれたのも、この原因の一つである。このさい私は軍官民、国民全体が徹底的に反省し懺悔しなければならぬと思う。一億総懺悔することが、わが国再建の第一歩であり、わが国内団結の第一歩と信ずる」

首相から「懺悔せよ」と諭された民草が、これを読んだのは三十日の朝刊紙上においてである。ところが、なぜ、超大国を敵としての戦争に敗けたことをわれわれが反省し懺悔しなければならないのか、懺悔と詫びねばならぬのは政府・軍部たち指導者ではないか、ときびしく考えた人はあまりいなかったようなのである。むしろ首相の明快率直な言葉のいちいちに同感を禁じ得なかったらしい。詩人岡本潤も、作家高見順も日記にそうかいている。

つまりは、戦後日本は、生活面のたくましさとともに、精神面では、いわば首相によって表明されたこの「一億総懺悔」からはじまったといえるのかもしれない。よく考えれば、戦時中のスローガン〝一億一心〟を裏返しにしたものである。戦争指導者の責任は、国民全体の責任へと拡散されて転嫁され、国民一人ひとりの責任は全体へともやもやとまぎれこんで、結局は雲散霧消した。そして国民総被害者という思考の図式が自然にでき上がっていくのである。しかもそれを戦争を煽ったメディアがさかんに報じるとは。とにかく日本人はみんなして心を一つにして責任逃れをしようとしていたのではないか。

もっとも、あからさまにいえば、そんな責任がどうのというよりも、とにかく民草は空腹を満たすことのほうに一所懸命な日々を送っていたのである。正義も空腹には勝てぬということか。それで食うに困っているからエッと驚くようなものすごいこともいまや堂々と実行されていた。

長野県立松本高女校長を退職したばかりの森下二郎の、その事実を語る貴重な日記がある。八月二十二日と少し前のことになるが。
「牛肉一人当り八〇匁《もんめ》配給あり。これは上よりの命令にて各部落一頭宛の牛を屠殺し配給すべしとの事にて、当諏訪形《すわがた》部落においては下村丈一氏の牛を買いあげ屠殺したるものなり。代価は一〇〇匁三円五〇銭なり。／何と思いてのこの肉の配給なりや。まさか敗北祝にはあらざるべし。敵進駐軍の徴発をおそれてというならばその愚や及ぶべからず。（中略）／いずれにもせよばかばかしき配給なり。しかもそれが隣家の牛、春いらい水田つくり、畑への肥料運びなどにて幾度も世話になりし牛の肉なり。余は食べる気がせず」（西尾実・清水義穂編『神と愛と戦争』太平出版社、一九七四年）
もう一つ、これは新宿中村屋の創業者相馬愛蔵の妻黒光の日記から。八月三十一日の項。
「豆腐屋に申込み、大豆一升をやり豆腐十二丁を受取る。久し振りの好物に家中の喜びと期待大なり。これで主食としてのお米よりも多量に配給される大豆の使いみち一部明るくなる。しかし手に入れるまでには三回位無駄足をし、バケツなどかついで豆腐屋へ通わねばならない」（相馬愛蔵・相馬黒光『晩霜』東西文明社、一九五二年）
たったの二例ながら、敗戦直後の民草の日々の食糧事情がどんなものであったかが、そこはかとなく察せられるであろう。民草はほんとうに腹を空かしていたのである。

降伏調印のこと

九月二日、東京湾に錨をおろした米戦艦ミズーリ艦上で行われた降伏調印式での、連合国軍最高司令官マッカーサーの演説は、わずか三分間であった。しかし、その一語一語は、居並ぶかつての敵味方の将兵の心を打った。その全文を載せることにする。

「本日私たちは、この度の戦争の主要な参加国を代表し、平和を取り戻すための重要な最終合意を交わすためにここに集いました。私たちがそれぞれにいだく理想やイデオロギーには大きな隔たりがありますが、その立場の違いにより引き起こされた様々な問題については、世界を舞台にしたこれまでの戦いで既に決着がついており、ここで議論するものではありません。また私たちは、地球の大多数の人々の代表として、不信や悪意や憎悪をぶつけあうためにここに来たわけでもありません。今ここで、私たち勝者と敗者が一堂に会して成すべきことは、私たちの目指す崇高な目的に唯一かなう尊厳ある高い見地に立ち、この場で正式合意される取り決めを私たちの国々の国民全てに余すところなく忠実に履行させるべく行動することであります。

私は、いや全人類は、心から祈念します。今日この場で行なわれる荘重な儀式よりのち、過去の流血と虐殺の惨事から得た教訓をもとに、より良い世界が始まりますように。すなわち、信仰と相互理解を基礎とし、人類の尊厳、そして人類が最も強く希求する自由と寛容と公正さへの願いがかなえられる世界となりますように」（黒田敏彦氏の訳による）丸腰の開襟服で乗りこんできた征服者が、いま「自由と寛容と公正」とを説くのである。日本全権たちは隠しきれない讃嘆の眼をもって、彼をまじまじと見つめるばかりであったという。太平洋戦争は大日本帝国の降伏をもってこの日に終ったのである。

さて、日本の民草ははたしてどこまでこの日に戦争が降伏をもって終結したのかがわかっていたであろうか。近代日本になってから日清・日露・第一次世界大戦と十年おきに三度の大戦争に勝者となった時代に育った日本人が、降伏するということの意味を、そして国際法的な正式な手続きについてよく理解していたとは思えない。

すでに一度、『十二月八日と八月十五日』という拙著でかいたことであるが、あえてくり返す。明らかに敗戦であるのに「終戦」と呼び替えたことが、「敗けた」という事実を認めようとしない、あるいはそれを誤魔化そうとする指導者たちの詐術のごとくに、いまきびしく批判する人がいる。それはもうそのとおりである。しかし、そこには一億総特攻、一億総玉砕という総動員体制がスウーと一日にして消え去ったという安堵感があり、とにかくこれ以上戦わなくていいのだ、死なないでいいのだ、戦争がともかくも終ったのだという安心した気持ちに「終戦」という言葉がぴったりで、国民的な実感がそこにあったから、という気がしてならない。と同時に、いまもう一点つけ加えると、降伏ということにたいする無知と錯覚が当時の日本人にはあったゆえ、とも考えられる。それは多くの人の日記の九月二日の項をみることで、それとなく察せられるのではないかと思われる。

たとえば、しばしば引用した高見順日記。小説家にして詩人のこの人はこの日のことを微細に街での見物をかいている。その一部。

「牛肉が氾濫している。もちろん、闇だが。／一斉に密殺したらしい。香風園でも牛肉の大盤振舞だった。牛肉を買わないかという話が、私たちのところへもいろいろな方からやってくる。／横浜に米兵の強姦事件があったという噂。／『敗けたんだ。殺されないだけましだ』／『日本兵が支那でやったことを考えれば……』／こういう日本人の考え方は、ここに書き記しておく『価値』がある」

そして降伏調印に関しては、読売報知新聞の記事を切りぬいてペタンと貼りつけておくだけですましている。

作家大佛次郎の日記には調印に関しては一行もなし。これもその一部を。

「午食の後横浜へ行き米軍上陸の日の街を見る。門田君と歩く。ニュウグランドはマッカーサーが入ったことで歩哨が立っている。上陸したばかりの兵隊どもが道路に休憩し珍らしそうにこちらを見ている。野暮ったい百姓臭い奴がいると思ったら蘇聯《それん》兵である」

そして愛読する永井荷風の『断腸亭日乗』ときたら、

「昨夜木戸氏東京より来りて一泊せり、午後その書斎に入りて余の災前に預け置きし書冊の恙《つつが》なきを見る、またその語る所によりて五叟《ごそう》〔杵屋五叟〕の熱海に移居せし事情、および木戸氏ここより東京中野に家を購い急ぎて移転せし訳を知り得たり」と、たったこれだけ。相変わらず天下国家のことなどわれにかかわらずわれに関せずということなのである。

いくら何でもこれだけでは残念なので、眼をいくらか皿にして探偵し、いくつかみつけた。その一つは民俗学の泰斗《たいと》柳田國男の『炭焼日記』（修道社、一九五八年）。ただし、ただの一行。

「降伏条約調印の報をきき浩歎す。大きな歴史なり」

作家海野十三は少しくわしくかいている。

「かくて建国三千年、わが国最初の降伏事態発生す。／この日雨雲低く、B29その他百数十機、頭上すれすれに、ぶんぶん飛びまわる。（中略）／降伏文書調印に関する放送も、二度聞くともうたくさんで、三度目、四度目はスイッチを切って置いた。飯がまずくなる」

もう一人は大物で、陸軍大将の宇垣一成の九月三日の項の全文を。

「昨日横浜沖合米艦上にて無条件降伏条約の調印成れり。屈辱!!! 千秋の恨事也。咄《とつ》!! 敵を恨まず他を咎《とが》めず身から出た錆《さび》と諦め、内に省み、自ら戒めて新日本の建設皇国の興隆に粉骨砕身すべきである!!」

そして偉そうにかいてきたわたくし自身であるが、まったく何一つ覚えていない。八月二十八日に文部省が通達した「九月中旬までに全学校の授業を再開するようにせよ」にもとづいて、在学する新潟県立長岡中学校（現長岡高校）は九月一日から二学期の授業をはじめている。ただし、この日は土曜日で、始業式の校長の長い長い訓示と全校内の総がかりの大掃除で終った。それまで軍需工場へ出勤していたから、わたくしにとっては初めて三年二組の教室で自分の机の前に坐ったことになる。あたりはすべて初対面といっていい同級生ばかり。あまり頭のよさそうな面魂《つらだましい》のやつがいないのにホッと安堵したことは覚えているが。

翌二日は日曜日。真向いに聳《そび》える鋸《のこぎり》連峰を眺めながら、ほぼ一日中自分の家の畠仕事に精出した。この年はかぼちゃの当たり年で、こやつらの手入れに汗をいっぱい流していた。いま思えば、宇垣元大将のいうとおり「粉骨砕身」し、人糞肥料の桶をエッサエッサとかついできて、かぼちゃよ大きくなれよ、と長い柄杓《ひしやく》で撒いてやっていた。そんな中学生に、戦争に敗北するとはいったいどういうことなのか、わかるはずもなかったのである。

しかも、これまでの戦争中のことを思い返して、苦しかったし長かったが、ビンタをさんざん喰らい、苦しみつつも最善をつくし、そして堪えてきたこと。そして空襲で死にそこなったのに、なぜか生き残ったこと。空襲で黒焦げて焼死した人を山ほども見たこと。歓呼の声で送りだして戦って戦ってほんとうに多くの人が死んだこと。生き残ったものはそれを黙って見守るしかなかったこと。その責任はいったいだれがとるのかということ。そうした大事なことをこの日にまったく考えようともしなかったのはたしかである。

そのことがいまは、せっかく生きのびたのに情けないことであったと思っている。

あとがき

またまた部厚い本をだして読んで下さる皆さんにご迷惑をかけることになりました。もう少し簡潔に、要領よくかけないものか、オレも相当に耄碌《もうろく》したなと、ゲラを読み直しながら、つくづくとそう思いました。タイトルにはB面という、あるいは死語になっているかもしれない言葉を使いました。いまはインターネットを介してやりとりする音楽ファイルが全盛とかで、レコード屋とかレコードジャケットとかの言葉を耳にする機会がほとんどなくなりましたが、昔は、わが下町でもちょっと裕福な家には、そのレコードなる円盤をのせて回転する蓄音機というオーディオ機器があったものです。そしてそのレコードには主となるほうのA面と、その裏側に従となるB面とがありました。それにならえば、昭和史も政治・経済・軍事・外交といった表舞台をA面、そしてそのうしろの民草の生きるつつましやかな日々のことをB面と呼んでも、それほどおかしくないと勝手に考えました。

思い起こすと五十年前に『日本のいちばん長い日』をかいたときも、また十二年前に『昭和史』をだしたときも、かかれているのは表舞台の出来事だけで、裏側の庶民の生活がネグレクトされていると、それとなくお叱りをうけたりしました。そのたびに、よし、いつかそれを主題にかいてやるぞ、と決意を固めるのですが、なかなか手につきませんでした。それに国民という集団的な物語は、その時々の政治や経済にとりこまれやすくて、それだけをとりだすのは非常に困難なのです。とくに昭和史の場合はそれに軍事が大きくからむ。これら大きくはだかる歴史的事実を抜きにして、〝喜びも悲しみも〟をもっぱらとする歴史をかくことは手に余ると、正直にいって後込《しりご》むものがあったのです。そんな逡巡《しゅんじゅん》するわが尻を叩いたのが、『昭和史』の編集者でもある山本明子さんです。

「新聞などには、よく〝疾風怒濤《しっぷうどとう》のような〟と形容される昭和十三、四年ごろと、いまのわが国の剣呑《けんのん》さはそっくり、などと識者がいっていますが、実のところはどうなのですか。歴史はほんとうにくり返すのでしょうか」

以下は略しますが、とにかくこの調子で大いにハッパをかけてきたのです。そうなると、そこは下町生まれのおっちょこちょい、尻に帆をかけて退散とはいかなくなる。「こちとら餓鬼のうちから一度たりとも敵にうしろを見せたこたァねえや」などと、たちまちに大発奮して、という次第なのです。本書はこのように山本さんの鼓舞激励によってでき上がったものです。

たしかに「歴史はくり返す」と昔からいわれています。わたくし自身はかならずしもそうは思っていないのですが、かなりそのとおりと確信している人が多くいます。なるほど、歴史をふり返ると、そう考えても間違ってはいないように思われる共通点がある。たとえば、国力が弱まり社会が混沌としてくると、人びとは強い英雄（独裁者）を希求するようになる。また、人びとの政治的無関心が高まると、それに乗じてつぎつぎに法が整備されることで権力の抑圧も強まり、そこにある種の危機が襲ってくるともう後戻りはできなくなる。あるいはまた、同じ勇ましいフレーズをくり返し聞かされることで思考が停止し、強いものに従うことが一種の幸福感となる。そして同調する多くの仲間が生まれ、自分たちと異なる考えをもつものを軽蔑し、それを攻撃することが罪と思われなくなる、などなど。そうしたことはくり返されていると、やっぱり歴史はくり返すのかなと思いたくなってしまいます。

それに、歴史は人間がつくるものなのです。つくった当事者は去っていっても事実は残ります。そのあとに、その当事者とはまったく異種の人間が生まれ育たないかぎり、多分に同じようなことをするに違いないのです。征服欲、虚栄心、攻撃性、名誉欲、暴力への恍惚といった感情が、素地として植えつけられた人間があとを継ぐ限り、太平洋戦争のように国民が大政翼賛の空気に押し流され、ちょっとしたきっかけで暴発することは、永遠にくり返されるのかもしれません。人間が断々乎として、無謀で悲惨な殺し合いを拒否する意思を保たなければ、歴史はくり返すというほかはないかと、いまはわたくしもそう考えないわけにはいかないかなという気持ちになっています。

しかし、『戦争論』で知られるクラウゼヴィッツは「戦争は、それ以前の事態にまったく関わりなく突如として勃発するものではない」といっています。それはそのとおりで、教訓としなければならないのは戦争への過程、つまり前段階です。あとになって「あのときがノー・リターン・ポイントだった」と悔いないためにも、わたくしたち民草がどのように時勢の動きに流され、何をそのときどきで考えていたか、つまり戦争への過程を昭和史から知ることが、平和でありつづけるための大事な日常的努力ではないかと思われるのです。

過去の戦争は決して指導者だけでやったものではなく、わたくしたち民草がその気になったのです。総力戦の掛け声に率先して乗ったのです。それゆえに実際に何があったのか、誰が何をしたのか、それをくり返し考え知ることが大事だと思います。無念の死をとげた人びとのことを忘れないこと、それはふたたび同じことをくり返さないことに通じるからです。少々疲れる努力ですが。本書が少しでもその役に立てばありがたいと本気で願っています。

なお、引用の日記や回想などの文献は、詩歌句をのぞいてほとんどすべて、若い読者のために読みやすさを考慮して、旧字を新字にし、カタカナをひらがなに替える、漢字をかなに改める、句読点を付す、などの改変をほどこしていることをお断りいたします。

二〇一五年十二月十五日

半藤一利

関連年表

元号(西暦)	首相	B面の話題	A面その他のおもな出来事(*は世界の出来事)
大正 十五(一九二六)	若槻礼次郎	12月25日、初めてテレビのブラウン管の画面上に「イ」の字が映る	12月25日、大正天皇が亡くなる
昭和 元		「昭和」改元に際し、「光文」などの他案が巷で噂される／宮中大奥のお局制度廃止が決定	同日、皇太子裕仁親王が第百二十四代天皇に即位して、昭和改元
二(一九二七)	田中義一	円本ブームで文士ほくほく／のち流行語にもなる「小田急」や西武鉄道が開通／芥川龍之介自殺(7月24日)／日本初の地下鉄が上野―浅草間で開通	大蔵大臣の「東京渡辺銀行破綻」の失言で銀行が次々に倒産、金融恐慌へ／陸軍が第一次山東出兵
三(一九二八)		相撲の実況が初めてラジオで流れる／菊池寛が衆院選で落選／アムステルダムオリンピックに日本初参加、陸上三段跳びの織田幹雄選手が金メダル、女子八百メートル競走で人見絹枝選手が銀メダル／「東京行進曲」大流行	最初の衆議院普通選挙が行われる／三・一五事件の大検挙／第二次山東出兵により済南事件／張作霖爆殺事件(満洲某重大事件)／パリ不戦条約調印／石原莞爾が「満蒙問題」に関して次々提案
四(一九二九)	浜口雄幸	エノケン出演のカジノ・フォーリーが大入、モボ・モガ、ステッキガールなどが盛り場を賑わす／映画『大学は出たけれど』封切、就職難で流行語に／「説教強盗」出没	*ウォール街株式市場が大暴落、世界的不況に
五(一九三〇)		帝都復興祭／★著者誕生(5月21日)／「ルンペン」がはびこる／東北の農村で娘の身売りが頻繁となる／都会では「エロ・グ	

昭和			
		ロ・ナンセンス」が流行／カフェー文化隆盛／川崎で「エントツ男」出現／谷崎潤一郎の「細君譲渡事件」／産児制限に関する相談所開設	ロンドン海軍軍縮条約の調印をめぐり統帥権干犯問題が浮上、政界の権力争い激化／海軍部内で条約派と艦隊派が対立
六(一九三一)	若槻礼次郎(第二次)	「のらくろ」登場／中村草田男「降る雪や明治は遠くなりにけり」とよむ／女性の断髪・洋装流行／肉厚のトンカツが初登場	中村震太郎大尉、中国軍に虐殺される／満洲で万宝山事件起こる／満洲事変(柳条湖事件)起こる／チチハル占領
七(一九三二)	犬養毅 斎藤実	「爆弾三勇士」ブーム／お歯黒どぶバラバラ事件／坂田山心中で「天国に結ぶ恋」流行歌に／満洲国建国で開拓移民はじまる／「非常時」が流行語に	錦州占領／山海関に進出／上海事変／血盟団事件／中国東北部に満洲国建国／上海事変停戦調印／五・一五事件／リットン調査団報告、国際連盟が日本の満洲からの撤退勧告
八(一九三三)		三原山で自殺ブーム／小林多喜二の拷問死／滝川事件／国定教科書全面改訂／松竹歌劇団の踊り子が「桃色スト」／ソ連を仮想敵国に防空演習が行われる／「東京音頭」完成／『キング・コング』初封切	国際連盟脱退、「栄光ある孤立」へ／海軍から良識派が去りはじめる
九(一九三四)	岡田啓介	渋谷駅前に忠犬ハチ公の銅像完成／パパ・ママ論争(?)	溥儀、正式に満洲国皇帝となる／ワシントン条約廃棄決定
十(一九三五)		「二人は若い」大流行歌に／贅沢封じに東京でネオン制限	天皇機関説問題起きる／国体明徴声明発表／永田鉄山暗殺(相沢事件)
十一(一九三六)	広田弘毅	プロ野球初の公式戦、東京巨人軍が地元名古屋金鯱軍に敗北／阿部定事件に世間騒然／ベルリンオリンピック水泳で「前畑がんばれ」コール／都市で結婚ブーム／吉屋信子『良人の貞操』が爆発的人気	二・二六事件／軍部大臣現役武官制復活／不穏文書取締法、日独防共協定調印／「大日本帝国」の呼称決定／＊西安事件により中国は抗日民族統一戦線へ
十二(一九三七)	林銑十郎 近衛文麿	〝躍進日本〟が世界的評判に／志賀直哉『暗夜行路』、堀辰雄『風立ちぬ』、川端康成	盧溝橋事件をきっかけに、日中戦争はじま

昭和

十三（一九三八）		『雪国』、永井荷風『濹東綺譚』、吉川英治『宮本武蔵』など昭和文学興隆／「神風」号がロンドンに飛び大ブーム／「露営の歌」「愛国行進曲」「海行かば」など流行／発禁が相次ぎ言論の自由が脅かされる／『愛染かつら』の映画と主題歌が大ヒット／〝やくざ唄〟の流行／日中戦争の激化で銃後の千人針が広まる／漢口陥落で旗行列、提灯行列続く	る／南京陥落 トラウトマンの和平工作打ち切り／「蔣介石を対手にせず」の近衛首相声明／国家総動員法成立／「東亜新秩序声明」発表／＊ドイツでウランの核分裂実験成功
十四（一九三九）	平沼騏一郎 阿部信行	双葉山の連勝記録が69でストップ／ゼロ戦誕生／大学生の軍事教練を徹底／賃銀統制令公布／映画法施行／満蒙開拓青少年義勇軍計画発表／国民精神総動員委員会の設置で「生活刷新」を推進／〝九・一八ストップ〟政策の反動で「ヤミ市」広がる／「結婚十訓」発表／「創氏改名」（朝鮮戸籍令改正）	三国同盟締結をめぐり五相会議盛んに開催／ノモンハン事件／＊スターリンが独ソ不可侵条約承諾／アメリカが日米通商航海条約廃棄を通告／＊ドイツとソ連が不可侵条約締結／山本五十六が連合艦隊司令長官に／＊ドイツのポーランド侵攻、第二次世界大戦起こる
十五（一九四〇）	米内光政 近衛文麿（第二次）	「不敬」な芸名など改名／芸人慰問集団「わらわし隊」が中国大陸へ／「ぜいたくは敵だ」のスローガンのもと統制が盛んに／「産めよ殖やせよ」と叫ばれる／ダンスホール閉鎖／紀元二六〇〇年の大式典開催／「わしゃかなわんよう」の悲鳴が流行る	＊オランダ降伏、ブリュッセル陥落、ドイツがパリ占領／ヒトラー特使シュターマー来日／日本軍が北部仏印に進駐／＊イギリスが独軍からの本土防衛成功／アメリカが屑鉄の日本輸出禁止／日独伊三国軍事同盟調印
十六（一九四一）	近衛文麿（第三次） 東条英機	「生きて虜囚の辱めを受けず」の「戦陣訓」が示達される／李香蘭の出演で日劇七廻り半の行列／小学校が国民学校となり、小学生は少国民に／金属類特別回収令が施行され、家庭の鍋釜、小学校の二宮金次郎銅像	松岡外相訪欧、ヒトラーと会談、モスクワでスターリンと日ソ中立条約調印／＊ドイツがソ連に進攻／第一回御前会議／アメリカが在米日本資産凍結／日本軍が南部仏印進駐／アメリカが対日石油輸出全面禁止を通告／第三

年号	年	首相	国内	国外
昭和			などがどしどし供出される／落語家自重で「はなし塚」建立	回御前会議で対米開戦決意／「ハル・ノート」届く／真珠湾攻撃、太平洋戦争開戦／マレー沖海戦、イギリス東洋艦隊撃沈、香港攻略
	十七（一九四二）		衣服が切符制に／「愛国百人一首」が新聞に掲載、その後発売／日本文学報国会結成／「欲しがりません勝つまでは」の標語登場／全国寺院の梵鐘が供出される／新聞統制が強化される／「近代の超克」座談会	マニラ占領、シンガポール攻略／アメリカによる東京初空襲／ミッドウェー海戦で大敗／米軍ガダルカナル島上陸
	十八（一九四三）		米英語の店名や雑誌名など強制改名／「撃ちてし止まむ」の決戦標語が登場／中学校の徴兵延期が廃止に／学徒出陣はじまる／戦前最後の早慶戦／疎開が本格的に	米機動部隊トラック島大空襲／＊米英首脳がカサブランカで会談／ガダルカナル島奪取される／山本五十六戦死／アッツ島玉砕／＊イタリア無条件降伏／＊カイロ会談
	十九（一九四四）	小磯国昭	横浜事件（42～45年）／「竹槍事件」起こる／「決戦非常措置要綱」が決められる／学童疎開はじまる／検閲や監視が厳しくなり雑誌の廃刊促進／神社が一斉に撃滅祈願／学徒勤労動員広まる／本土空襲がはじまる	＊ノルマンディー上陸作戦開始／インパール作戦惨敗／サイパン島陥落／神風特別攻撃隊初出撃／連合艦隊フィリピン沖でほぼ全滅
	二十（一九四五）	鈴木貫太郎 東久邇宮稔彦王	国民義勇兵役法が議会通過、竹槍訓練盛んに／東京大空襲で下町が大被害／沖縄で地上戦、20万人の犠牲者を出して潰滅／広島・長崎に原爆が投下され計約23万人の犠牲者を出す／満洲居留民・開拓民たちの必死の逃亡／8月15日昼、国民が天皇放送をきく	＊ヤルタ会談／「本土決戦完遂基本要綱」決定／硫黄島での敗退／日ソ中立条約廃棄の通告／＊ルーズベルト死／＊ムッソリーニ銃殺。ヒトラー自殺、ドイツ降伏／ソ連に和平交渉の仲介を願い出る／ポツダム宣言が日本に届く／ソ連が満洲侵攻／ポツダム宣言を受諾、終戦の詔書／マッカーサー来日、ミズーリ艦上での降伏文書調印

参考文献（著者の五十音順。全体にわたって参照した主なものを挙げた）

朝日新聞「検証・昭和報道」取材班『新聞と「昭和」』（朝日新聞出版・二〇一〇）
荒俣宏『決戦下のユートピア』（文藝春秋・一九九六）
石川弘義編著『娯楽の戦前史』（東京書籍・一九八一）
石田文四郎編『新聞記録集成・昭和大事件史』（錦正社・一九五五）
伊藤整『太平洋戦争日記』全三巻（新潮社・一九八三）
稲垣吉彦『流行語の昭和史』（読売新聞社・一九八九）
稲垣吉彦・吉沢典男監修『昭和ことば史60年』（講談社・一九八五）
今西光男『新聞――資本と経営の昭和史』（朝日新聞社・二〇〇七）
岩崎爾郎『物価の世相100年』（読売新聞社・一九八二）
宇垣一成『宇垣一成日記』3（みすず書房・一九七一）
宇垣纏『戦藻録』（原書房・一九六八）
内田百閒『東京焼尽』（講談社・一九五五）
遠藤一夫『おやじの昭和』（ダイヤモンド社・一九八一）
小木新造『昭和庶民文化史』全二巻（日本放送出版協会・一九七〇～七一）
大佛次郎『敗戦日記』（草思社・一九九五）
加太こうじ『歌の昭和史』（時事通信社・一九八五）
加藤秀俊・井上忠司・高田公理・細辻恵子『昭和日常生活史』一巻（角川書店・一九八五）

加藤文三『昭和史歳時記』（青木書店・一九七八）
川島高峰『銃後——流言・投書の「太平洋戦争」』（読売新聞社・一九九七）
木下宗一『号外昭和史』（同光社磯部書房・一九五三）
清沢洌『暗黒日記』（岩波文庫・二〇〇四、ほか）
軍事史学会編『機密戦争日誌』（錦正社・一九九八）
昭和ビジネス研究会『昭和ビジネス60年誌——企業・人物・事件がわかるデータブック』（ダイヤモンド社・一九八七）
杉森久英『昭和史見たまま』（読売新聞社・一九七五）
高橋健夫『油断の幻影——一技術将校の見た日米開戦の内幕』（時事通信社・一九八五）
高見順『高見順日記』第三・四巻（勁草書房・一九六四）
立川昭二『昭和の跫音』（筑摩書房・一九九二）
筑紫磐井『標語誕生！——大衆を動かす力』（角川学芸出版・二〇〇六）
戸川猪佐武『素顔の昭和　戦前』（光文社・一九七八）
徳川夢声『夢声戦争日記』第四・五巻（中央公論社・一九七七）
鳥越信『子どもの替え歌傑作集』（平凡社・一九九八）
永井荷風『断腸亭日乗』全七巻（岩波書店・新版二〇〇一〜〇二）
長岡健一郎『銃後の風景——ある兵事主任の回想』（STEP・一九九二）
永沢道雄・刀祢館正久・雑喉潤『昭和のことば——キーワードでたどる私たちの現代史』（朝日ソノラマ・一九八八）
中村隆英『昭和史』上巻（東洋経済新報社・二〇一二）
中村稔『私の昭和史』（青土社・二〇〇四）

長與善郎『遅過ぎた日記──終戦のころから』上下（朝日新聞社・一九五四）
橋本哲男編『海野十三敗戦日記』（講談社・一九七一）
原田勝正『昭和世相史──記録と年表でつづる世相と事件』（小学館・一九八九）
日置英剛編『新国史大年表』第七・八巻（国書刊行会・二〇一一～一二）
三國一朗『戦中用語集』（岩波新書・一九八五）
森田一義監修（日本世相史研究会編）『あの日、何があったか？〈昭和1年より昭和57年まで〉──昭和の珍事件集』（ランダム出版・一九八三）
森輝『風は過ぎ行く──私の戦中ノート』（隣人社・一九六七）
安岡章太郎『僕の昭和史』全三巻（講談社・一九八四～八八）
安田武『昭和東京私史』（新潮社・一九八二）
矢野誠一『昭和の演藝　二〇講』（岩波書店・二〇一四）
山田風太郎『戦中派不戦日記』（番町書房・一九七一）
同『戦中派虫けら日記──滅失への青春』（大和書房・一九七三）
山本七平『昭和東京ものがたり』全二巻（読売新聞社・一九九〇）
読売新聞社編『時事川柳百年』（読売新聞社・一九九〇）

半藤一利（はんどう　かずとし）

1930年、東京生まれ。東京大学文学部卒業後、文藝春秋入社。

「週刊文春」「文藝春秋」編集長、取締役などを経て作家。

著書は『日本のいちばん長い日』『漱石先生ぞな、もし』

（正続、新田次郎文学賞）、『ノモンハンの夏』（山本七平賞）、

『「真珠湾」の日』（以上、文藝春秋）、『幕末史』（新潮社）など多数。

『昭和史 1926-1945』『昭和史 戦後篇 1945-1989』（平凡社）で
毎日出版文化賞特別賞を受賞した。

近著に『「昭和天皇実録」にみる開戦と終戦』（岩波ブックレット）ほか。

2015年、菊池寛賞を受賞した。

＊初出＝『こころ』Vol. 20～28（2014年8月～2015年12月）、
エピローグは書き下ろし

B面《めん》昭和史《しようわし》 1926-1945

発行日………2016年2月12日　初版第1刷

著者…………半藤一利

発行者………西田裕一

発行所………株式会社平凡社
〒101-0051　東京都千代田区神田神保町3-29
電話　03-3230-6583（編集）
03-3230-6572（営業）
振替　00180-0-29639
平凡社ホームページ　http://www.heibonsha.co.jp/

印刷…………株式会社東京印書館

製本…………大口製本印刷株式会社

ISBN978-4-582-45449-9
NDC 分類番号210.7　四六判（19.4cm）　総ページ600